Viel Spaß beim Lesen.

Christine Baumgart

Es ist ein Mädchen

Roman

Christine Baumgart

Es ist ein Mädchen

Roman

Bibliografische Information Der Deutschen Bibliothek
Die Deutsche Bibliothek verzeichnet diese Publikation in der
Deutschen Nationalbibliografie;
detaillierte bibliografische Daten sind im Internet über
http://dnb.ddb.de abrufbar

Bibliografic information published by Die Deutsche Bibliothek
Die Deutsche Bibliothek lists this publication in the
Deutsche Nationalbibliografie;
detailled bibliografic data are available in the Internet at
http://dnb.ddb.de.

Christine Baumgart
Es ist ein Mädchen
ISBN 3-86516-060-3
Alle Rechte bei der Autorin
2004

Herstellung:

Mein Buch

Wir veröffentlichen Ihr Buch

Elbdock, Hermann-Blohm-Straße 3
20457 Hamburg
Freecall 0800-634 62 82
www.MeinBu.ch

„Was im Denken und in der Kunst mein Vorzug ist das macht mir im Leben, besonders bei den Frauen, oft Beschwerden: daß ich meine Liebe nicht fixieren kann, daß ich nicht Eines und Eine lieben kann, sondern das Leben und die Liebe überhaupt lieben muß"

Hermann Hesse

Emilie Behrend

„Entschuldigung Prinzesschen, habe ich dich zu grob angefaßt?"
„Ist sie so zart?" fragte Frau Kaufmann ängstlich die Hebamme.
„Überhaupt nicht, sie ist ein strammes Mädchen von über acht Pfund, die im Leben mal ganz genau weiß, was sie will." Diese Sätze sollte Frau Kaufmann ihr Leben lang nicht vergessen und sie teilte sie jedem mit, der sie hören wollte oder auch nicht. So wurden die eben dahingesagten 'Worte der Hebamme Emilie Behrend fester Bestandteil des Kaufmannschen Familiengutes.
„Wie soll es denn heißen, das kleine Prinzesschen?"
„Franziska – das war das kleinste Übel unter den Kaufmannschen Frauennamen mit Tradition", antwortete Frau Kaufmann etwas abwesend, denn sie war mit den Gedanken bei dem kleinen Mädchen, das sie soeben zur Welt gebracht hatte. Prinzesschen hatte die Hebamme gesagt und das schmeichelte ihr. Ja, sie freute sich darauf, es herauszuputzen wie ein Püppchen. Sie würde ihr die hübschesten Kleidchen der ganzen Stadt nähen und stolz auf ihr Mädchen sein
„Es ist schon das dritte Mädchen seit Mitternacht – es gibt solche Tage, die einem Geschlecht vorbehalten sind." „Einen Jungen hätten sie auch gleich wieder mitnehmen können."
„Welch ein Glück, daß wir das noch dem lieben Gott überlassen müssen – freuen sie sich über ihr Mädchen – manchmal klappt es ja mit den heimlichen Wünschen. Kommen sie, Herr Kaufmann, nehmen sie ihre Tochter. Sie ist nicht aus Zucker." „Aber sie ist ein Mädchen… ", sagte Herr Kaufmann auf eine komisch ernste Art und nahm der Hebamme ganz behutsam das Kind aus dem Arm, als wäre es aus Porzellan. Er hatte während der Geburt mit blassem Gesicht im Türrahmen gestanden. Auch schon bei seinem Sohn Michael war er bei der Hausgeburt dabei, die viel dramatischer und tragischer verlief.

Dieses Mädchen dagegen war ganz unspektakulär auf die Welt gekommen – ja fast herausgefallen.

Inzwischen waren zwei Jungen, zehn und fünf Jahre alt, in der Tür erschienen und warteten wohl auf das Kommando, näherkommen zu dürfen. Die Hebamme sah die gespannten Gesichter der Jungen als erste: „Kommt nur näher und schaut euch euer neues Geschwisterchen an." Langsam kamen sie ins Zimmer und schlichen auf Zehenspitzen zu ihrem Vater, der beugte sich mit dem Kind zu ihnen herunter und sagte ernst aber zugleich geheimnisvoll: „Es ist ein Mädchen."

Emilie Behrend mußte schmunzeln und sie dachte einen Moment darüber nach, warum Herr Kaufmann das Wort „Mädchen" so eigenartig betonte. War für ihn ein Mädchen etwas Besonderes, etwas Minderwertiges oder etwas Unbegreifliches? Wahrscheinlich alles zusammen, dachte Emilie. Sie hatte über die Jahre schon die komischsten Reaktionen auf gerade geborene Kinder erlebt, daß sie sich darüber schon lange nicht mehr den Kopf zerbrach.

Im übrigen wollte sie so schnell wie möglich ihre Arbeit zu Ende bringen, um dann den Schlaf der letzten Nacht nachzuholen. Deshalb sagte sie zu den Kaufmanns: „Ich sehe mir noch die Nachgeburt an, dann erledigen wir den nötigen Schriftkram und ich bin weg. Seit gestern abend bin ich unterwegs. Alles andere erledigen wir morgen. Es ist ja nicht ihr erstes Kind, wenn irgend etwas ist, schicken sie das Mädchen."

Kaufmanns gehörten zu den wenigen Familien, die noch ein Hausmädchen in Stellung hatten. Dieses Mädchen hatte sie vor etwa zwei Stunden ganz aufgeregt zur Geburt gerufen. Vollkommen überfordert schien die Sechzehnjährige.

Eine Weile später radelte die Hebamme zufrieden nach Hause. Wenn sie alle so leicht ihre Kinder bekämen, wäre ihre Arbeit einfach, doch eine Frau Kaufmann war eher die Ausnahme.

Als sie die Wohnungstür öffnete und ihre Tasche an der Garderobe abstellte, fiel ihr Blick auf die Flasche Sekt, die ihr Herr Kaufmann in die Tasche gesteckt hatte. Eine absolute Delikatesse in diesen Zeiten. Sollte sie das Fläschchen öffnen und sich noch eine Weile in den Sessel setzen? Sie war nach all den Jahren immer noch aufgekratzt, wenn sie nach getaner Arbeit nach Hause kam. Sie könnte ohnehin nicht gleich einschlafen.

Deshalb ging sie in ihr kleines, gemütliches Wohnzimmer, zündete eine Kerze an, holte sich ein geschliffenes Sektglas aus dem Schrank und goß sich von dem guten Tropfen ein. Man soll die Feste feiern, wie sie fallen, dachte sie bei sich. Emilie hatte es gelernt, die wenigen ruhigen Augenblicke ihres Lebens zu genießen. Sie ließ sich in ihren einzigen großen, weichen Plüschsessel fallen und rückte sich einen Hocker heran, um ihre geschwollenen Füße darauf zu legen. Lange würde sie diese anstrengende Arbeit nicht mehr tun können. Doch ihre Arbeit war ihr Leben und es lag bei ihr, wie lange es noch dauern sollte.

Nachdem sie den ersten Schluck getrunken hatte, schloß sie die Augen und plötzlich sah sie Bilder, die sie fast vierzig Jahre lang verdrängt hatte.

Sie sah Emma, ihre von ihr so bewunderte und geliebte Lehrmeisterin. Emilie war erst fünfzehn Jahre, als Emma sie zur ersten Geburt mitnahm. Das junge Mädchen hatte ihr keine Ruhe gelassen und Emma hoffte auf Emilie als Nachfolgerin.

Seit Jahren schon gab sie ihr Wissen diesem Mädchen weiter. Allerdings zum Entsetzen von Emilies Eltern, die mit ihrer Tochter ganz andere Pläne hatten. In ihren Augen war der Beruf der Hebamme etwas Anrüchiges. Waren sie nicht als emanzipierte Mannweiber verschrien, die einerseits geachtet, aber auch gefürchtet wurden? Gab es unter ihnen nicht auch genug Kurpfuscherinnen, die sich des Geldes wegen als Engelmacherin betätigten? Auch sie schätzten Emma als eine gute weise Frau, jedoch eine Familie hatte sie nicht und eine anständige Frau hatte nun mal eine Familie zu haben.

Über Emilies Gesicht huschte ein Lächeln, als sie an die endlosen Diskussionen mit ihren Eltern dachte. Irgendwann hatte sie es aufgegeben, ihre Eltern von ihrer Berufung überzeugen zu wollen und tat einfach, was sie tun mußte.

Emilie war die geborene Hebamme und Emma wußte das, und irgendwann schienen es auch ihre Eltern zu spüren und ließen sie in Ruhe. Wie töricht aus heutiger Sicht, daß gerade Emilie selbst etwas gegen diese ihre Berufung tat. Vielleicht war es nötig, um das zu werden, was sie heute war.

Sie selbst hatte ihren vorgezeichneten Lebensweg verlassen und Schicksal spielen wollen. Emilie wußte bis heute nicht, ob ihre kurze Ehe mit den schmerzlichsten Verlusten ihres Lebens von ihr oder vom lieben Gott inszeniert war. Wie oft hatte sie damals mit Gott gestritten und geschrien; „Warum?".

Heute durchströmte sie Wärme und Dankbarkeit, wenn sie an den geliebten Mann dachte. Würde sie ihn immer noch lieben, wenn er jetzt neben ihr säße? Hatte nicht Emma Recht, als sie sagte, daß ihre Liebe bestehen blieb, währenddessen sie den meisten Paaren im Laufe des Lebens abhanden kam?. Damals hätte sie ihr am liebsten das Gesicht zerkratzt, weil sie sich um ihr Glück betrogen fühlte.

Als sie die Nachricht bekam, daß Ullrich bei Verdun fürs Vaterland gefallen war, glaubte sie, irre zu werden. Welches Vaterland? Das hatte sie nie interessiert. Sie hatten kaum registriert, daß der Krieg ausgebrochen war, mit dem sie in ihrer Liebe nichts zu tun hatten. Sie verstand nicht, daß jemand in den Krieg ziehen mußte, der das gar nicht wollte, und der gar kein Krieger war, sondern der liebste, gefühlvollste, friedlichste Mensch, den es gab auf der Welt.

Sie war im siebten Monat schwanger, als sie die Nachricht bekam und schaffte es angesichts ihrer nächtelangen Heulkrämpfe nur noch, das Kind zwei Wochen zu halten.

Als sie Emma rief, weil sie Blutungen bekommen hatte, machte diese ein ernstes Gesicht. Sie sagte später zu ihr, das Kind hätte ihre Trauer nicht überlebt. Als Todesursache schrieb Emma „vorzeitige Plazentalösung" in ihr Geburtenbuch.

Emilie hatte es erst Jahre später nachschlagen können.

Als Emma kurz vor ihrem Tod zu ihr sagte, ein Junge wäre bei ihr fehl am Platz gewesen und vielleicht wäre er ja auch nur Kanonenfutter geworden, fand Emilie Emma noch immer grausam.

Heute wußte sie, wie recht Emma hatte und daß die Hebamme Emma Richter die gütigste und weiseste Frau war, die es in ihrem Leben gab. Sie hatte ihr in doppelter Hinsicht das Leben gerettet.

Nie hätte Emilie damals vermutet, daß die Menschen es fertigbrächten, wenige Jahre später einen Krieg zu führen, der sechsmal so viele Opfer forderte wie der, der ihr den Geliebten nahm. Dreiundzwanzig Jahre wäre ihr Sohn Ullrich gewesen als das Grauen losging und mit Sicherheit wäre er zum Kanonenfutter geworden, weil er die gleichen zarten Züge seines Vaters hatte. Ihre Männer waren nicht imstande, einen solchen Krieg zu ertragen und schon gar nicht, ihn zu überleben.

Heute war sie unendlich dankbar, daß dieses sinnlose Leiden ihrem Sohn erspart geblieben war. Sie war sicher, daß der Verlust eines Kindes, welches sie dreiundzwanzig Jahre ge- und behütet hätte, viel gewaltiger gewesen wäre als der Verlust eines engelgleichen, zarten Wesens, das sich schon wieder zurückgezogen hatte, bevor es geboren war.

Ein Jahr hatte sie sich ihrer Trauer hingegeben, unfähig sich dem Leben mit nur einer Motivation zu stellen.

Eines Tages kam dann Emma und sagte ohne jeglichen Widerspruch zu dulden, Emilie solle sie wieder begleiten, sie brauche sie. Sie ging mit, zunächst wie ein willenloses Tier. Doch nach und nach kam sie wieder, die Faszination, die sie früher auch verspürt hatte, dort zu sein, wo neues Leben entstand – dem Tod etwas entgegenzusetzen. Emilie wachte bei den Frauen, wenn sich die Geburten überschnitten, auch damit Emma nicht zu zeitig zu den Geburten kommen mußte.

Emma war damals genau so alt wie sie jetzt, als sie sagte: „Du bist zwar eine Hebamme, doch nicht auf dem Papier. Du mußt dieses Papier haben, bevor ich nicht mehr kann." Ehe Emilie antworten konnte, entgegnete Emma: „Ich habe dich angemeldet für den nächsten Kurs in Hamburg." Emilie schluckte und wußte, daß Emma ganz selten, aber dann doch sehr konsequent, keine Widerrede duldete. Also fragte sie nur: „Warum denn in Hamburg, das ist doch so weit von hier?".
„Weil die Hebammenschule dort einen sehr guten Ruf hat und weil du dein Leben noch ein wenig genießen sollst, bevor du in diesem Kaff alt werden wirst. Hättest auch nach Halle gehen können – ich war damals dort, eine sehr gute Schule. Doch da kann man von hier fast hinspucken. Du sollst dich frei entscheiden, ob du zurückkommst oder nicht und da ist Hamburg als Versuchung gerade richtig. Ich muß es die zwei Jahre ohne dich aushalten. Du mußt unbedingt auch einen

Nähkurs machen, damit du unabhängig bist von den Herren Doktoren, na du weißt schon!" Dann fügte sie leise hinzu: „Ich werde es schaffen ohne dich, wenn es auch schwer wird."

Zwei Monate sprachen sie nicht mehr darüber. Als der Tag des Abschieds gekommen war, begleitete Emma Emilie schweigend zum Bahnhof, obwohl sie sonst immer etwas zu erzählen hatte. Auf dem Bahnsteig umarmte sie Emilie lange. Sie sah ihr in die Augen und sagte: „Mach's gut mein Mädchen, enttäusche mich nicht, und wenn es dir möglich ist, komm wieder. Ich warte auf dich." Dann ging sie ohne sich nochmals umzudrehen.

Emilie war die Kehle wie zugeschnürt, sie konnte gar nichts sagen. Tränen flossen über ihre Wangen. Als der Schaffner sie zum Einsteigen ermahnte, stieg sie ein, der Zug ruckte und fuhr los.

Vieles mußte sie in ihrem neuen Leben lernen. Natürlich war sie schon vorher in Großstädten gewesen: Halle, Leipzig, Berlin, Dresden. Doch hatte sie noch nie länger in einer Großstadt gelebt.

Schnell lernte sie es, sich mit den öffentlichen Verkehrsmitteln zu bewegen, obwohl ihr am Anfang peinliche Mißgeschicke passierten.

Ihr kleines möbliertes Zimmer bei Mutter Hausmann war eine Geschichte für sich. Was man mit einem Drachen als Wirtin alles erleben konnte, hätte sie vorher nicht mal zu denken gewagt. Doch Mutter Hausmann glaubte fest daran, daß hauptsächlich sie für den meist guten Abschluß ihrer Zöglinge verantwortlich war, denn sie betrachtete sich nicht als Vermieterin, sondern als Gouvernante. Besonders, weil die Hebammenschule auch nicht mehr das war, was sie von einer höheren guten Schule erwartete, die nicht nur Wissen, sondern vor allem Disziplin, Ordnung und Zucht zu vermitteln hatte.

Emilie reichte allerdings die Zucht und Ordnung und vor allem die autoritäre Behandlung, die ihr als Witwe mit Mitte zwanzig an der Klinik und in der Schule zuteil wurde. Die Hebammen an der Uniklinik, die wie die aufgeblasenen Gockel umhermarschierten, schikanierten die armen Schülerinnen und amüsierten sich köstlich, wenn es ihnen gelang. Von den täglichen Visiten ganz zu schweigen. Eine endlose Parade von Weißkitteln: Professor, Oberärzte, Ärzte, Hebammen, Assistenzärzte, Hebammenschülerinnen, Medizinstudenten, die einzigen, die teilweise noch unwürdiger behandelt wurden. Denn immerhin waren die Hebammenschülerinnen billige Arbeitskräfte und zu etwas nutze.

Emilie wollte nach zwei Wochen ihre Koffer packen und abhauen. So hatte sie sich ihre Ausbildung nicht vorgestellt, wo sie doch ohnehin schon alles bei Emma gelernt hatte. Einzig und allein Emmas trauriger Blick hielt sie davon ab, dieser Schikane von Lehrern, Hebammen, Ärzten und nicht zuletzt Mutter Hausmann zu entfliehen.

Sie hielt durch und gewann die Hansestadt Hamburg lieb und merkte auch mit der Zeit, daß es für sie an einer großen Klinik noch viel zu lernen gab.

Noch heute erinnerte sie sich gern an das einmalige Flair dieser Stadt während der goldenen zwanziger Jahre. Nach ein paar Monaten hatte sie sich auch einen gewissen Stand bei einigen ihrer Ausbilder erarbeitet, die anfingen, auf die hübsche, intelligente und in der Geburtshilfe so bewanderte junge Frau aufmerksam zu werden. Das allerdings brachte ihr nicht nur Freunde ein. Vor allem unter ihren Mitschülerinnen war der Neid groß.

Emilie hatte schon mehr erlebt als die meisten ihrer Kommilitoninnen und deshalb war sie nicht auf ihre Zuneigung angewiesen. Sie befreundete sich mit einer jungen Frau namens Hilda, die einen Mann und zwei Kinder zuhause hatte. Ihre neue Freundin war auf das Hebammendiplom angewiesen, denn nicht für alle waren die zwanziger Jahre golden. Ihr Mann war, wie so viele, ohne Arbeit und ihre Ausbildung verschlang ihr geringes Erbe.

Emilie wußte, daß Hilda als diplomierte Hebamme ihre Kinder immer würde durchbringen können. Hilda fiel das Lernen schwer, doch Emilie war davon überzeugt, daß sie eine gute und besonders liebe Hebamme werden würde und so half sie ihr, wo sie nur konnte, mit Erfolg.

Eines Tages fragte ein Medizinstudent Emilie im Kreißsaal der Klinik, ob sie ihn bei der von ihr betreuten Schwangeren Herztöne hören lassen würde. Wortlos gab sie ihm das Holzstethoskop und zeigte auf die Stelle des Bauches, wo die Herztöne besonders gut zu hören waren.

Dies alles beobachtete hinter einer spanischen Wand die Hebamme Schwester Rosmarie. Wie eine Furie sprang sie hervor und fragte Emilie, was sie sich einbilde, und wer ihr erlaubt hätte, ihre Kompetenzen dermaßen zu überschreiten. Ob sie meine, hier die Oberhebamme zu sein.

Emilie verstand überhaupt nicht, wie man wegen so einer nichtigen Angelegenheit so viele Worte machen konnte. Endlich hatte diese Person einen Anlaß gefunden, auch sie vor einer Patientin wie ein dummes Kind herunterzuputzen, so wie sie es zuvor mit ihren Kommilitoninnen immer wieder getan hatte.

Rosmarie war bei den Hebammenschülerinnen die verhaßteste Hebamme und Emilie dachte einen Augenblick daran, was wohl passiert wäre, wenn die Schülerinnen ihr im Dunkeln begegnet wären.

Kaum hatte sich Rosmarie ihr abgewandt, wandte sie sich dem Medizinstudenten zu. Die Hebamme erklärte ihm regelrecht genüßlich, was für ein kleines Licht er wäre und daß es noch eine Zeitlang dauern würde, bevor er Stethoskope in die Hände nehmen könnte. Vor allem sollte er es nicht noch einmal wagen, eine Hebammenschülerin danach zu fragen.

Nachdem die „wilde Rosi" (so nannten sie die Hebammenschülerinnen) erhobenen Hauptes verschwunden war, lächelten sich Emilie und der junge Student etwas verlegen an. Die Patientin, vor deren Bett sie standen, sagte: „Macht euch nichts draus, solche gibt's überall. Nach oben buckeln und nach unten treten."

Nach dem Dienst gingen Emilie und Max einen Kaffee trinken. Sie unterhielten sich nett miteinander und stellten fest, daß sie in vielem gleicher Meinung waren. Es amüsierte sie, daß es Rosmarie gar nicht gefallen würde, sie hier zusammen zu sehen. Eigentlich sollten sie der unbefriedigten, alten Schachtel dankbar sein, ohne ihr Theater hätten sie sich wohl nie näher kennengelernt.

Nachdem sie sich einige Male in Cafés und Parks getroffen hatten, wurde ihnen das eine zu teuer und das andere zu kalt. Max fragte Emilie, ob sie nicht zu ihm oder zu ihr gehen könnten. Emilie gefiel es, daß Max das ganz sachlich und selbstverständlich sagte und deshalb antwortete sie mit der gleichen Selbstverständlichkeit: „Lieber zu dir, ich will nicht für den ersten Herzinfarkt meiner Wirtin verantwortlich sein."

Er lachte und meinte, daß seine Wirtin sie zwar ansehen wird wie die letzte Straßennutte, aber zu sagen wage sie nichts. Bei jungen

Männern wird ein Damenbesuch als Kavaliersdelikt gewertet. Sie fragte nicht, ob er aus Erfahrung spreche, weil er sie auch nie Ähnliches gefragt hatte.

Eine halbe Stunde später gingen sie Hand in Hand an der Wirtin vorbei und Emilie sah ihr freundlich ins Gesicht, wobei die Vermieterin wie beleidigt die Augen zu Boden senkte, so als müßte sie die Scham zeigen, die Emilie nicht zeigte.

Sie zogen sich aus wie ein altes Ehepaar und schliefen miteinander, so als sei es das Selbstverständlichste der Welt. Beide begegneten sich zärtlich und rücksichtsvoll; allein die Leidenschaft war nicht vorhanden. Das allerdings war Emilie sehr recht.

Nie würde sie wieder so eine Liebe wie für Ullrich empfinden können und sie wollte es auch nicht. Sie hatte bei dem Verhältnis, das sie mit Max eingegangen war und das bis zum Ende ihrer Ausbildung andauern sollte, nicht den Eindruck, ihrem Ullrich untreu zu sein. Er würde ihr Leben lang ihre Nummer Eins und ihre große Liebe bleiben, so wie Emma ihr vorausgesagt hatte.

Dennoch war sie glücklich mit Max. Sie gaben sich gegenseitig Sicherheit und Geborgenheit. Einer verstand den anderen, weil sie eine gemeinsame Sprache sprachen. Deshalb war es ihnen möglich, Freud und Leid miteinander zu teilen. Sie betrachteten sich regelrecht als Leidensgenossen in einem für sie menschenunwürdigen Ausbildungssystem. Doch Max wollte genau so leidenschaftlich Chirurg werden wie Emilie Hebamme und für beide stand es fest durchzuhalten, egal was man ihnen antat.

Trotz allem hatten sie eine gute Zeit in Hamburg. Wenn sie ausgingen, nahmen sie meist Hilda mit, weil die Freundin sonst während der zwei Jahre wohl nur ihr karges Zimmerchen und die Universitätsfrauenklinik kennengelernt hätte.

Sie lernten viel gemeinsam und die Wirtin von Max gewöhnte sich langsam an die beiden jungen Frauen, die wohl doch nicht zu den leichten Mädchen zu rechnen waren, obwohl sie den leicht vorwurfsvollen Blick beibehielt, wenn sie den beiden begegnete. Nach Meinung der Wirtin hatte eine junge Frau nicht das Gemach eines ledigen jungen Mannes zu betreten.

Als die letzten Wochen von Emiliens Ausbildung angebrochen waren, sahen sich Emilie und Max oft länger und ernsthafter an als zuvor. Niemand wagte anzusprechen, was vor allem Max mehr und mehr beschäftigte.

Für Emilie stand die Zukunft fest, obwohl ihr die Beendigung dieser Beziehung schwerer fiel als sie sich selbst eingestehen wollte. Max faßte sich eines abends ein Herz und sagte vollkommen unvermittelt: „Wollen wir heiraten?".

Emilie stiegen vor Rührung über diesen guten Kerl Tränen in die Augen. Er würde es wirklich tun, dachte sie. Jetzt mußte sie sich ein Herz fassen und ihm ruhig und sanft beibringen, warum es unmöglich war.

Sie erklärte ihm, daß selbst wenn sie wollte, sie nicht die richtige Partie für ihn wäre. Er komme aus einer traditionellen Medizinerfamilie. Diese Familie wäre nicht erbaut über diese Schwiegertochter. Außerdem sollte er mal ehrlich sein. Er würde nicht glücklich werden mit einer Hebamme, die rund um die Uhr arbeiten müsse.

Seine Ausbildung würde noch etliche Jahre in Anspruch nehmen. Wenn alles gut ging, und daran glaubte Emilie fest, hätte er als Chirurg sein Leben lang eine Arbeit, die ihn oft an die Grenze seiner Leistungsfähigkeit brächte.

Er brauchte eine Frau, die für ihn da war, wenn er nach Hause kam. Eine Frau, die Zeit hatte, die wenigen freien Stunden mit ihm zu verbringen. Seine Frau würde nie arbeiten müssen und das wäre auch gut so.

Emilie sprach und sprach und Max wußte, daß sie recht hatte. Irgendwann legte er ihr seinen Finger auf die Lippen und sie umarmten sich lange. Sie wußten beide, daß ihre Liebe und ihr Respekt füreinander ein Leben lang bestehen würde. Sie liebten sich lange und so zärtlich wie nie zuvor.

Hilda fand es falsch, daß Emilie und Max sich trennen wollten. Für sie waren die beiden ein Traumpaar. Allerdings kannte sie Emilie inzwischen gut genug um zu wissen, daß es unmöglich war, sie von einem einmal gefaßten Entschluß abzubringen.

Die letzten Wochen vergingen sehr schnell: Prüfungen, Examensgeburt, Hausarbeitsverteidigung. Am Tage der Diplomverleihung wurde Emilie als beste Schülerin ihres Jahrgangs gelobt.

Max hatte darauf bestanden mitzugehen. Als sie ihm die Diplomurkunde zeigte, fiel sie ihm um den Hals und brach in Tränen aus. Sie durfte sich ab heute Hebamme nennen. Sie hatte es geschafft! Sie war am Ziel nicht ihres Lebens, doch ihrer Träume.

Das Leben sollte für sie jetzt erst richtig beginnen. Endlich konnte sie ihre Berufung leben. Es war ein harter und steiniger Weg bis hierher.

An diesem letzten Abend gingen Hilda, ihr Mann, Emilie und Max groß aus. Lange hatten sie darauf gespart. Dieser Abend sollte für sie alle unvergessen bleiben und zu den wenigen wirklich glücklichen Augenblicken ihres Lebens gehören. Gegen Morgen brachten Emilie und Max das Ehepaar mit Sack und Pack zum Bahnhof. Emilie blieb mit Hilda ein Leben lang befreundet.

Hilda hatte vor kurzem ihre offizielle Laufbahn als Hebamme beendet, weil sie sich die letzten Jährchen ihres Lebens ausschließlich ihrer Familie widmen wollte. Sie wollte wenigstens als Großmutter präsent sein, weil sie es als Mutter nie sein konnte.

Eine Hebamme blieb immer eine Hebamme! Emilie wußte, daß sie auch weiterhin den Frauen mit Rat und Tat zur Seite stand.

Damals blieb Emilie noch ein paar Tage in Hamburg, um Abschied zu nehmen, von der Stadt und von Max. Sie wußte, daß Emma sie sehnsüchtig erwartete, doch Emma würde sie nie drängen, im Gegenteil, sie hätte es auch akzeptiert, wenn sie in Hamburg geblieben wäre.

Sofort hätte Emilie an der Uniklinik anfangen können, man hatte sie sogar gefragt. Sie wußte, daß es der falsche Weg wäre, dennoch war die Versuchung groß und ein Leben ohne Max konnte sie sich zur Zeit gar nicht vorstellen.

Konnte sie Emma ein zweites Mal wegen eines Mannes im Stich lassen? Nein, sie konnte nicht. Sie schickte Emma ein Telegramm, daß sie am nächsten Abend zu Hause eintreffen würde.

Abends ging sie zu Max und sagte, daß dies ihre letzte gemeinsame Nacht wäre. Sie erzählte ihm in dieser Nacht ihre Lebensgeschichte, weil sie glaubte, daß Max ein Recht darauf hatte.

Als er sie am Morgen zum Bahnhof brachte – sie hatten die ganze Nacht nicht geschlafen – war alles unter ihnen klar und gesagt. Das Leben hatte ihnen ihre Liebe geschenkt, doch keinen gemeinsamen

Weg für sie vorgesehen. Das wußten beide, so bitter es in diesem Augenblick auch für sie war.

Sie küßten und umarmten sich auf dem Bahnsteig ein letztes Mal und Emilie stieg in den Zug. Max verließ den Bahnsteig sehr schnell und drehte sich nicht noch einmal um. Jeder wollte dem anderen seine Tränen ersparen.

Emilie verließ Hamburg und sah diese Stadt nie wieder, auch Max nicht, Sie erfuhr jedoch, daß Max ein begnadeter Chirurg wurde, der im letzten Krieg bei einem Bombenangriff in einem Lazarett sein Leben verlor, wahrscheinlich am Operationstisch.

War es eine Ironie des Schicksals, daß sie, wäre Max ihr Mann geworden, hätte sagen können: „Erster. Weltkrieg – erster Mann, zweiter Weltkrieg – zweiter Mann."

Warum mußte so ein schöner, begabter Mann sein Leben lassen, wobei diesen Krieg so viele Verbrecher überlebten…?. Fragen über Fragen; sie hatte sich das Grübeln abgewöhnt, es war so sinnlos.

Die Bahnsteige in den Provinzstädten sind bis heute überall gleich und sie weisen alle das selbe Phänomen auf: Nämlich, daß man sofort sieht, wer auf dem Bahnsteig steht; ob man von jemandem erwartet wird oder nicht.

Emilie war aufgeregt, Emma nach so langer Zeit zu begegnen und Emma erging es nicht anders. Noch immer fürchtete sie, daß Emilie nicht aus dem Zug steigen würde, weil sie es sich im letzten Augenblick anders überlegt haben könnte.

Emma hielt ein kleines Sträußchen Wicken aus ihrem eigenen Garten in der Hand. Es waren Emilies Lieblingsblumen. Emilie hatte Emma natürlich zuerst gesehen. Sie rollte an Emma vorbei, die suchend in den Zug hineinblickte.

Emilie weinte und war glücklich, daß sie sich für die Rückkehr entschieden hatte. Nie hätte sie es sich verzeihen können, wenn Emma vergeblich auf dem Bahnsteig gewartet hätte.

Als Emma sie beim Aussteigen bemerkte, rannte ihr die alte Frau entgegen und Emilie tat das Gleiche. Beide Frauen fielen sich weinend um den Hals und umarmten sich lange.

Irgendwann hörte Emilie Emma sagen: „Ich danke dir, daß du zurückgekommen bist, herzlich willkommen zu Hause." Die folgenden wundervollen Stunden sollten beide Frauen nie vergessen. Sie hatten sich so viel zu erzählen...

Zwei Jahre sollte Emma nach Emilies Rückkehr noch leben. Nach einigen Wochen gemeinsamen Arbeitens hatte sie sich mehr und mehr zurückgezogen und Emilie das Feld überlassen. Sie stand ihr jedoch bis zu ihrem Tod mit ihrem Wissen und ihren Ratschlägen zur Seite.

Eines Tages fand Emilie Emma im Bett vor und als sie anfing zu reden, wußte die junge Hebamme, daß sie die alte Hebamme zum letzten Mal sehen würde.

Emma sprach ruhig mit warmherziger Stimme: „Du bist die beste Hebamme weit und breit, die ich kenne, Kleines. Du schaffst es jetzt ohne mich. Du mußt mir versprechen, daß du nicht traurig bist wenn ich gehe, denn ich bin es auch nicht. Außerdem werde ich immer bei dir sein, daran mußt du ganz fest glauben, dann wirst du dich auch nicht von mir verlassen fühlen. Ich gehe auf die Reise und du bleibst hier. Als du damals nach Hamburg gingst, fühlte ich mich ähnlich. Der liebe Gott läßt uns viele kleine Abschiede nehmen, um für den großen Abschied zu üben. Meine Reise wird ewig dauern, und was gibt es Schöneres, als eine Reise in die Ewigkeit. Irgendwann sehen wir uns dort wieder, aber zuvor hast du noch einiges zu tun. Jeder Mensch hat ein Lebenswerk zu erfüllen, falls es ihm gelingt, fällt ihm auch der Abschied nicht schwer. Und nun komm, gib mir einen Kuß und laß mich allein, ich bin müde."

Emilie wußte, daß es nicht der Zeitpunkt der Widerrede war.

Als sie am nächsten Tag wieder kam, schlief Emma den ewigen Schlaf. Wie ruhig und zufrieden ihr Gesichtsausdruck war. Ein Hauch von Ewigkeit hatte sich über ihren Körper gelegt, und Emilie fand es faszinierend, daß man sofort sah, daß Emma nicht mehr von dieser Welt war.

Welch ein Kompliment für Emmas Leben war dieser Tod. Emilie glaubte daran, daß die Menschen so sterben würden, wie sie gelebt hatten. Das war für sie die große Gerechtigkeit Gottes. Ihre Hochachtung und Ehrfurcht für Emma stiegen in diesem Augenblick ins Unermeßliche.

Sie zündete Kerzen an und saß eine lange Zeit an Emmas Bett und nahm Abschied, bevor sie den Arzt rief.

Jetzt war es bei Emilie an der Zeit, Abschied zu nehmen. Den meisten Menschen gelang es nicht, zum richtigen Zeitpunkt zu gehen. Sie führten über ihre normale Zeit hinaus ein menschenunwürdiges Leben. Das sollte ihr nicht passieren.

In diesem Augenblick des Nachdenkens stand ihr Entschluß fest, nur noch wenige Monate zu arbeiten. Doch wie stand es mit einer Nachfolgerin?. Emilie sah niemanden in ihre Fußstapfen treten, wozu auch?

Der Trend in der Geburtshilfe war abzusehen. Irgendwann würde es in diesem Land keine privaten Hebammen mehr geben. Die Verstaatlichung machte nicht vor den Menschen halt und sollte mit der Geburt anfangen. Zwar war Stalin, dieser Verbrecher, seit dem Frühjahr tot, doch seine Zeit sollte hier erst richtig beginnen. Die alten Strukturen wurden systematisch zerstört, was nach der Schreckensherrschaft Adolfs auch nicht von Nachteil war, doch mit den alten Strukturen sollten auch gleich gute alte Traditionen abgeschafft werden. Das ging bis zur Abschaffung des lieben Gottes und konnte nicht gut gehen. Emma stellte schmerzlich fest, daß die neue Zeit auch wieder ihre Opfer forderte, und wenn sie eines nicht mehr ertragen konnte, dann waren es sinnlose Opfer. Hatte denn das Ausmaß des letzten Krieges nicht gereicht, um die Menschen zur Vernunft zu bringen? Kein Krieg konnte das, auch das hatte sie inzwischen gelernt.

Acht Jahre danach war die Freude über den Frieden schon längst verklungen, und schon wieder fing es an, das Spiel mit der Angst, der Erpressung und der Bespitzelung.

Inzwischen wußte Emilie, daß der Mensch nur einen natürlichen Feind hatte, vor dem er sich nicht schützen konnte und vor dem es sich zu fürchten galt: Den Menschen selbst.

Was sich Menschen untereinander antun können, wurde im letzten Krieg auf die Spitze getrieben. War damit nicht wirklich eine neue Zeit angebrochen, die Zeit der Hemmungslosigkeit, der Selbstüberschätzung und der Gewissenlosigkeit…?

Sie mit ihrer Arbeit würde bald nicht mehr gebraucht werden, wer sich von Gott löste, wollte es auch nicht mehr dem lieben Gott überlassen, wie und wann die Kinder zur Welt kommen. Die neue Zeit wollte Gott ins Handwerk pfuschen, und damit wollte Emilie nichts zu tun haben. Wozu also eine Nachfolgerin?

Sie hatte ihr Lebenswerk vollbracht und war trotz allem ein glücklicher Mensch, weil sie dankbar war für die Sternstunden ihres Lebens, die ihr im Überfluß beschert waren.

Vielleicht wäre sie einige Monate später noch zufriedener gestorben, wenn sie gewußt hätte, daß sie an diesem Tag ihre Nachfolgerin im Arm gehalten hatte. Gehofft hatte sie es immer, denn wie jede weise Frau wollte auch sie ihr Wissen an eine junge Frau weitergeben. War Franziska zu spät geboren...?

Franziska Kaufmann

„Was macht nur dieses Mädchen mit Ihnen?" fragte eine Kundin Herrn Kaufmann in seinem Geschäft. „Es läßt uns einfach nachts nicht zur Ruhe kommen, das macht uns ganz schön fertig. Seit fast einem Jahr habe ich nicht eine Nacht durchgeschlafen", antwortete Herr Kaufmann etwas verlegen. Er war nicht der Typ, der gern etwas über sein Privatleben ausplauderte und es machte ihn wütend, daß ihn die Leute wegen seines schlechten Aussehens ansprachen. Das mußte endlich ein Ende haben, dachte er bei sich. Heute Nacht ist Schluß damit.

Als er an diesem Nachmittag seine Tochter Franziska beobachtete, sah er ein wohlgenährtes Mädchen mit brauner Haut und dunklen Haaren in ihrem Bettchen liegen und schlafen wie ein pausbäckiges Engelchen. Frau Schild hatte sie ausgefahren und da war das Prinzesschen, wie immer, eingeschlafen. Seine Frau war im Geschäft und das Hausmädchen hantierte in der Küche herum. Er war nicht zufrieden mit dem Hausmädchen, oft verschwand etwas aus dem Haushalt und wenn man sie fragte, leugnete sie.

Herr Kaufmann war oft enttäuscht worden in seinem Leben. Er hatte das Vertrauen in andere Menschen verloren und vertraute nur noch sich selbst. Mißtrauen brachte er vor allem seinen Angestellten entgegen. Seine Kinder sollten es besser haben als er und er setzte alles daran, seiner Familie das zu bieten, was er als Kind vermißt hatte, ein Elternhaus mit einem normalen Familienleben.

Seine Tochter schleppte er nun schon seit einem Jahr Nacht für Nacht durch die Wohnung. Dabei fehlte es ihr doch an nichts. Das sollte heute ein Ende haben. Er wollte sich nicht mehr auf der Nase herumtanzen lassen. Vor dem Schlafengehen sagte er zu seiner Frau: „Wir stellen Franziska heute raus. Es ist an der Zeit, so kann es nicht weitergehen." Frau Kaufmann antwortete ironisch: „Endlich hast du begriffen, daß auch ein Mädchen erzogen werden muß. Mit den Jungen bist du ja auch streng genug."

Als die Kaufmanns zu Bett gingen, stand das kleine fahrbare Gitterbettchen zwei Zimmer weiter im sogenannten Herrenzimmer, welches sich vor allem durch einen gewaltigen Bücherschrank und einen ebenso beeindruckenden Schreibtisch von den anderen Zimmern unterschied.

Nach ungefähr zwanzig Minuten sagte Herr Kaufmann zu seiner Frau: „Ich höre sie gar nicht schreien." „Ich auch nicht, eigentlich sollten wir froh sein, aber ich habe mir auch schon Sorgen gemacht. Es wird doch nichts passiert sein." „Ich hole sie wieder zu uns." So blieb es bis zu Franziskas drittem Lebensjahr.

Franziska glaubte später, daß ihre Eltern übertrieben, wenn sie diese Geschichte erzählten. Ihr war es peinlich, vor allem als Jugendliche, vor Leuten zu hören, daß sie des Nachts gestreichelt werden wollte, um wieder einschlafen zu können. Allerdings sollte es ihr Leben lang so bleiben, daß sie Schwierigkeiten mit der Dunkelheit hatte und bei Tageslicht besser schlief als in der Nacht. Ihre Angstgefühle im Dunkeln konnte sie erst als erwachsene Frau mit großem Kraftaufwand einigermaßen bezwingen.

Franziska glaubte, daß sie mit drei Jahren schon längst bei ihrem Bruder Michael im Zimmer schlief und ihr Bruder Spaß daran hatte, ihre Ängste zu schüren.

Eigentlich sah sie ihre beiden älteren Brüder Gerd und Michael als ihre Beschützer, auch wenn sie des öfteren von ihnen enttäuscht wurde. Die Gegenwart eines vertrauten Menschen im Dunkeln nahm ihr die Angst vor ihrer eigenen Phantasie, die sich manchmal bis zum Verfolgungswahn steigerte – nicht ganz unbegründet, wie sich später herausstellte.

Franziskas früheste Kindheitserinnerung ging in ihr drittes Lebensjahr zurück. Es ist eine komische Sache mit den wahren Erinnerungen. Oft bestehen sie nur aus einem Episodenfetzen oder einem Bild, an das man sich erinnern kann, währenddessen die Gesamtheit der Bilder in unserem Unterbewußtsein schlummert. Egal welche Meinung man dazu hat, es bleibt ein spannendes Phänomen.

Während Franziska die meisten Geschichten, wie alle Kinder, aus den Erzählungen ihrer Eltern kannte, konnte sie sich sehr genau an ein Zimmer erinnern, indem sie links im Halbdunkel in einem Gitterbettchen stand. Die großen Ehebetten gegenüber ihres Bettchens waren leer, doch exakt hergerichtet und mit weißer Bettwäsche bezogen. Sie stand in ihrem Bett und rief verzweifelt nach ihrem Bruder Gerd, welcher mit dem Oberkörper aus dem Fenster lehnte und sich lautstark mit seinem jüngeren Bruder Michael unterhielt, der auf dem Hof Fußball spielte.

Franziska erinnerte sich, daß sie vergeblich nach ihrem Bruder rief und irgendwann aus dem Bett kletterte, um davor ihr großes Geschäft zu erledigen. An diesen Bruchteil der Gesamtgeschichte konnte sie sich später selber erinnern. Alles andere wurde ihr viele Male erzählt. Gerd soll dann nach Aussage ihrer Mutter im Dunkeln in den Haufen getreten und in die Ehebetten gestiegen sein, weil er bei seiner Schwester bis zur Rückkehr der Eltern schlafen sollte. Das bekam natürlich der weißen Bettwäsche des ohnehin schon unfreundlichen Wirtes überhaupt nicht gut und wurde für die Kaufmanns zu einem ziemlich unangenehmen und peinlichen Urlaubserlebnis eines überaus anstrengenden Urlaubs.

Ihre Tochter hatte Keuchhusten und deshalb waren sie kurz entschlossen in die Berge gefahren, weil Höhenluft laut Kinderärztin diese Krankheit mildern sollte. Viel merkten die Kaufmanns nicht davon. Ihre Tochter bekam jeden Tag starke Hustenanfälle und quälte sich mit Schleim herum, daß man glaubte, sie würde daran ersticken. Ihr bis dahin so robustes Mädchen hatte es so richtig erwischt und obwohl ihr Vater sie jeden Tag auf den höchsten Berg schleppte, den es weit und breit gab, war keine Linderung in Sicht. Ein paar Jahre später gehörte auch dieser Berg zum Grenzgebiet und kein Vater konnte mehr sein keuchendes Kind dort hochschleppen. Zum Glück gab es dann auch keinen Keuchhusten mehr, denn in einer Diktatur war neben vielen unangenehmen Dingen auch das Impfen Pflicht geworden.

Ein Bild gab es für Franziska noch aus diesem Urlaub, das sie ihr Leben lang in ihrem Herzen trug. Sie sah sich mit ihrer für sie damals bildschönen Mutter im gleichen Dirndlkleid auf einer bunten Blumenwiese sitzen. Ihre Mutter flocht für sie einen Blumenkranz. Im selben Moment kamen, ihnen zuwinkend, ihre beiden Brüder und ihr Vater, alle im selben gelb-schwarz karierten Hemd, über die Wiese entgegen. Eine heile Familie, wie aus dem Bilderbuch!

Ein anderes Bild aus Franziskas Kindheit war die Wohnung der Schilds. Die Schilds wohnten bei den Kaufmanns zur Untermiete. Am Ende des langen dunklen Flures lag ihre Wohnung. Sie bestand aus einem großen dunklen Zimmer, was zugleich Wohn- und Schlafzimmer war. Es schloß sich eine Küche an. Im „Wohnzimmer" standen zwei rostrote Sessel im Nachkriegsstil. Sie sollten noch nach zwanzig Jahren neu riechen und waren mit weißen Tüchern abgedeckt, die nur zu Weihnachten abgenommen wurden.

Später durfte sich Franziska immer dann in einen der Sessel setzen, wenn sie Frau Schild einmal im Jahr zum Geburtstag besuchte. Zu den Sesseln gehörte ein Tisch und ein Wohnzimmerschrank mit einem Aufsatz aus Glas, hinter deren Scheiben sich Nippfiguren verbargen. Franziska konnte sich an einen Hund, eine Art Collie mit heraushängender Zunge und an eine Tänzerin erinnern.

Hätten ihre Eltern so etwas rumstehen gehabt, hätte sie später mit Schaudern daran gedacht, doch bei den Schilds war das etwas ganz anderes. Jedes Möbelstück blieb ihr in liebevoller Erinnerung.

Direkt neben den roten Sesseln begann das „Schlafzimmer", welches aus riesigen Ehebetten mit passenden Nachttischen, einem Waschtisch mit Marmorplatte und Spiegel und einem riesigen Kleiderschrank bestand. In der Gegend des Waschtisches roch es immer nach Seife. Die Seife lag in einem Prozellanschälchen, welches zur dreiteiligen Waschgarnitur gehörte. Auf der Marmorplatte standen auch noch die Porzellankanne, stets mit frischem Wasser gefüllt, und die Porzellanwaschschüssel, in der Franziska manchmal schmutziges Seifenwasser sah.

Nie sah sie einen der Schilds sich waschen, doch der Geruch ihrer Körper nach der Seife im Porzellanschälchen und das benutzte Seifenwasser in der Waschschüssel ließen darauf schließen, daß sie sich täglich an diesem Tisch wuschen.

An Herrn Schild erinnerte sich Franziska später nur noch bruchstückhaft, ein nicht sehr großer, schmächtiger Mann mit einer Brille, einer Schirmmütze und einem blauen Arbeitsanzug. An jedem Heiligabend waren die Schilds bei den Kaufmanns eingeladen. Da erschien Herr Schild dann Jahr für Jahr in einem von seiner Frau selbstgestrickten weißen Pullover und setzte sich schüchtern und untertänig in eine Ecke und sprach den ganzen Abend kein Wort. Er ging nur wegen Franziska dorthin, weil er die Freude des Kindes über die Geschenke nicht verpassen wollte. Ohne dieses kleine Mädchen hätte sein Leben schon lange keinen Sinn mehr gehabt.

Obwohl ihm der Bauch schmerzte, ließ er Franziska stundenlang auf ihm herum reiten, wenn er in der Küche auf seiner Chaiselongue lag. Das ging so lange, bis seine Frau es dem Mädchen verbot. Übrigens, das einzige, was Anna Schild Franziska jemals verbieten sollte.

Fast täglich nahm er das ruhige Kind mit den großen schwarzen Kulleraugen mit in seinen Schrebergarten. Dort setzte er sich dann mit ihr auf die selbstgebaute Bank und beobachtete den Starenkasten. Franziska war weder laut noch zappelig, und das liebte er so an ihr. Stundenlang saßen die beiden da und blickten in die Höhe. Herr Schild lehrte Franziska auch das Radfahren. Sie konnte sehr schnell fahren, jedoch nicht auf- und absteigen. Ihre Brüder hänselten sie dafür. So setzte Herr Schild sie vor dem Haus auf das Fahrrad und fuhr hinter ihr her, kurz vor dem Eingang der Schrebergartensparte überholte er das Mädchen und nahm sie vom Fahrrad ab. Einmal schaffte er es nicht. Er rannte hinter Franziska her, die schrie: „Herr Schild, Hilfe, Herr Schild!" Sie fuhr nicht ein bißchen langsamer, weil sie Angst hatte umzufallen. Quer durchs Stadtwäldchen, an dessen Ende der Weg direkt in das einzige, stinkende Flüßchen der Stadt führte, radelte Franziska. Kurz vor dem Fluß holte Herr Schild Franziska ein. Er war vollkommen außer Atem, doch glücklich, daß er noch rechtzeitig gekommen war.

Wenn es regnete, war Herr Schild traurig, weil er im Garten nicht die Beete gießen konnte. Zuhause hatte er nichts zu tun. Er lag auf der Chaiselongue und hörte manchmal Radio. Es war ein Vorkriegsmodell und stand auf einem Bord über seinem Ruheplatz. Er brauchte sich nur aufzurichten, um es ein- und auszuschalten. Sonst konnte er noch am Küchentisch sitzen und seiner Frau beim Kochen zusehen oder durch das Küchenfenster auf den Hof schauen.

Seine Frau Anna hatte eine wunderschöne Singer-Nähmaschine im großen Zimmer direkt am Fenster stehen. Jeden Tag hatte sie irgendetwas zu nähen. Das machte ihr Spaß. Für die Nähmaschine hatte er lange gespart. Sie die Nähmaschine und er den Schrebergarten, zu mehr reichte die minimale Rente nicht.

Die Schilds hatten ihr halbes Leben für andere Menschen gearbeitet und dafür freie Kost und Logis gehabt. Als das nicht mehr ging, heirateten sie und zogen zu den Kaufmanns zur Untermiete. Herr Kaufmann erließ ihnen die Miete, dafür half Frau Schild mit im Haushalt, weil die jungen Mädchen in Stellung nicht kochen konnten.

Herr Schild war nach dem Krieg in die Arbeiterpartei eingetreten. Er wollte, daß es keine Herren und Knechte mehr gab, sondern alle Menschen gleich behandelt würden. Er mußte schmerzlich erfahren, daß er durch seinen Parteieintritt blieb was er war. Da er nicht zu den neuen Herren gehören wollte, blieb er ein Knecht.

Als die Schmerzen im Bauch von Herrn Schild immer größer wurden, beschloß er, seinem Leben ein Ende zu setzen. Er schickte seine Frau in den Garten Hühner füttern, weil er sich angeblich nicht fühlte. Er rauchte noch eine Zigarette und dachte an das letzte Gartenfest.

Sie hatten Franziska herausgeputzt wie ein Prinzesschen und den kleinen Holzwagen auch. Stolz hatte er das Wägelchen mit dem hübschen Mädchen durch die Gartensparte gezogen. Das kleine Mädchen wird ihm fehlen, dachte er. Doch bald würde sie in die Schule kommen und nicht mehr so oft bei den Schilds sein. An seine Frau wollte er in dem Moment nicht denken...

Als Frau Schild aus dem Garten kam, schrie sie kurz auf und rannte zu Frau Kaufmann und sagte, daß ihr Mann an der Türklinke der Küchentür hänge und wohl tot sei. Franziska hörte ihr Schildchen weinen, noch nie zuvor hatte sie die alte Frau weinen sehen. Frau Kaufmann schob ihre Tochter ins Kinderzimmer und schloß die Tür. Wenig später sagte sie ihr, daß Herr Schild gestorben sei, weil er krank gewesen war. Komisch, dachte Franziska, warum hat mir das keiner gesagt und gemerkt habe ich auch nichts.

Es war der erste Verlust in Franziskas Leben, sie liebte die Schilds mehr als alle Omas und Opas zusammen. Erst als Erwachsene sollte sie von ihrer Mutter erfahren, wie Herr Schild wirklich gestorben war.

Frau Kaufmann meinte, daß Frau Schild Franziska zu sehr verwöhnte, doch da sie immer viel zu tun hatte und eigentlich den ganzen Tag arbeitete, unternahm sie nichts dagegen. Franziska war für Schildchen das Prinzesschen und wurde von ihr dementsprechend behandelt. Sie fand das ganz normal und Franziska auch.

Wenn das Essen bei den Kaufmanns dem Mädchen nicht schmeckte, ging sie zu ihrem Schildchen. Wenn diese auch nicht das Richtige gekocht hatte, bestellte sich Franziska eine Portion Pudding, dessen Farbe sie je nach Appetit bestimmte. Schildchen rührte ihr ein Ei und ein wenig „gute Butter" unter, damit das Mahl auch zum Mittagessen taugte.

Spätestens seit den Nachkriegshungerjahren gehörte auch Frau Schild zu den Menschen, für die das Essen einen ganz wichtigen Platz im Leben einnahm. Besonders den Kindern hatte man die besten Happen in den Mund zu stecken und wenn ein Kind so mäklig war wie Franziska, mußte man sich nach Meinung Frau Schilds besondere Mühe geben, um so ein Kind gebührend zu füttern.

Da Frau Kaufmann meistens nervös und gereizt mit den Kindern umging, sah sie es als ihre Aufgabe an, sich um das kleine Mädchen zu kümmern. Die Jungen hatten das nicht verdient, denn sie benahmen sich ihr gegenüber mehr als frech und dachten sich immer wieder gemeine Scherze aus.

Franziska kam häufig nachts zu Schildchen ins Bett und kuschelte sich an ihren massigen Körper. Sie war das einzige Kind, daß sich noch nie über ihre Dickheit geäußert oder gar gelästert hatte. Gegen morgen brachte dann Frau Schild das Mädchen in ihr Bett zurück und wachte dort so lange, bis das Kind wieder eingeschlafen war. Sie hatte Angst, daß die Chefin (so nannte Frau Schild für sich Frau Kaufmann) dahinter käme.

Einmal hatte sie die Chefin darauf angesprochen, daß Franziska Angst im Dunkeln habe und zu ihr gekommen sei. Darauf hatte Frau Kaufmann gereizt geantwortet, das käme vom Fernsehen und wenn es noch mal vorkäme, würde sie Franziska das Fernsehen verbieten.

Schildchen glaubte nicht, daß das Fernsehen für Franziskas Ängste verantwortlich war. Nun war Frau Schild zwar eine ungebildete Frau, doch sie hatte so etwas, was Franziska später Herzensbildung nennen sollte. So wußte Frau Schild, die das Kind besser als die eigene Mutter kannte, daß dieses Kind eine ganz besondere Phantasie besaß und einfach mehr sah als sie selbst je in ihrem Leben sehen sollte.

Manchmal saß das Mädchen stundenlang in Schildchens Küche und erzählte und erzählte, obwohl sie Fremden gegenüber sehr schüchtern war. Da Franziska nicht in den Kindergarten ging, verbrachte sie meist den ganzen Tag bei der alten Frau.

Schildchen kam gar nicht auf die Idee, das Kind irgendetwas zu lehren, weil sie ihre Bildung dazu nicht angemessen genug fand. So lehrte das Kind Frau Schild und manchmal redete Franziska so lange, daß Schildchen davon Kopfschmerzen bekam.

Einmal sollte Schildchen Franzel eine Frage stellen. So wurde Franziska immer dann von ihr genannt, wenn sie ihrer unbeholfenen Liebe Ausdruck verleihen wollte. Die Frage lautete: „Franzel, wie ist das Meer?" Franziska schrie entsetzt auf: „Warst du noch nie am Meer, du bist doch schon so alt?" Sie wußte natürlich nicht, daß Schildchen nur einmal im Leben bis nach Leipzig gekommen war.

Franziskas Eltern hatten seit ihrem dritten Lebensjahr ein Haus am Meer, dort verbrachte das Mädchen die Sommer. Für Schildchen war es immer eine besonders schmerzliche Zeit. Sie hatte Angst, daß das Kind ertrinken könnte, weil sie selbst Angst vor dem Wasser hatte. Später sagte sie mal zu Franziska: „Bade bloß nicht, wenn du deine Tage hast. Du wirst blind davon."

Franziska überlegte lange, als sei sie sich ihrer Verantwortung bewußt, jemandem das Meer zu beschreiben, der es nie im Leben sehen würde. Sie sagte: „Das Meer ist so groß und schön, daß man es gar nicht beschreiben kann." Doch dann redete und redete sie und ihre Augen leuchteten. Sie beschrieb das Meer bei Tag und Nacht, bei Sonnenschein und Regen, bei Sturm und Windstille und erzählte, wieviel Spaß sie am Baden hatte, vor allem bei hohen Wellen, wenn sie ihr starker Papa an die Hand nahm und sie sich nicht zur fürchten brauchte.

Nachdem Franzel eine Stunde geredet hatte, sagte Schildchen: „Ich weiß jetzt wie das Meer ist – danke." „Gar nichts weißt du, du mußt es sehen," sagte Franziska bockig und überlegte, warum Schildchen nicht einfach mitkommen konnte. Doch wahrscheinlich war es deshalb, weil sie nicht zur Familie gehörte. Das hatte ihr die Mutter geantwortet, als

Franziska sie fragte, warum Schildchen nur so selten zum Fernsehen kommen durfte.

Schildchen saß meistens abends in ihrer dunklen Küche, um Strom zu sparen. Franziska rief dann in die Dunkelheit: „Schildchen, bist du da?" Dann machte Schildchen das Licht an und wenn Franziska Schildchen fragte, was sie so allein im Dunkeln mache, antwortete sie: „Was soll ich machen, ich simuliere."

Ab und zu saß sie aber auch in ihrem Sonntagskleid, frisch duftend, bei Familie Kaufmann zum Fernsehen. Das hatte meistens Franziska arrangiert und Schildchen kam lieber, wenn Herr Kaufmann nicht da war, was das Mädchen wieder gar nicht begriff, weil sie ihren Vater viel netter fand als ihre Mutter.

Das Fernsehen war eine Angelegenheit für sich bei den Kaufmanns. Später konnte Franziska sich nur daran erinnern, daß es in ihrem Elternhaus immer einen Fernseher gegeben hatte, der abends nur ruhte, wenn ein Fest gefeiert wurde.

In der Tat hatten die Kaufmanns als fünfte in der Stadt einen Fernseher. Das bedeutete, daß öfter Leute zum Fernsehen eingeladen wurden. Bei besonderen Fußballspielen nahmen zwanzig bis dreißig Männer in Kaufmanns großem Wohnzimmer Platz und es herrschte eine Stimmung wie auf dem Fußballplatz. Das Fernsehen wurde zur Hauptfreizeitbeschäftigung, vor allem von Herrn Kaufmann, der gar nicht ahnte, was er sich und seiner Familie damit antat.

Kaufmanns erster Fernseher war eine riesige Truhe aus dunkelpoliertem Holz mit einem kleinen Bildschirm. In diesem Monstrum waren auch noch ein Tonbandgerät, ein Plattenspieler und ein Radio untergebracht – alles brauchte sehr viel Platz. So eine Fernsehtruhe kostete ein Vermögen. Deshalb galt ein Fernseher in den fünfziger Jahren im kleinen Ländchen als Luxus Nummer eins.

Nicht nur das Äußere, sondern auch die Programmgestaltung unterschied sich wesentlich zur heutigen Zeit. Die Nachtruhe der arbeitenden Bevölkerung war auch den Fernsehmachern heilig. Spätestens gegen dreiundzwanzig Uhr endete in der Woche das Abendprogramm. Nur am Samstag gab es einen „späten" Film. Darüber war man sich sogar in Ost und West einig. Doch ansonsten unterschied sich das Programm so sehr, daß das auf die Menschen nachhaltige Auswirkungen hatte. Vor allem als die Antennenwälder auf den Dächern immer dichter wurden, was nicht nur die Dächer zerstörte, sondern auch den Glauben der Fernsehgucker an den Sozialismus. Um die Dächer kümmerte man sich von dem Zeitpunkt an nicht mehr, als die Häuser in Staatseigentum übergingen.

Desto mehr kümmerte man sich um die Menschen, denn die neuen Machthaber waren schon nach wenigen Jahren zu den alten Machthabern geworden. Das Regieren machte auch ihnen so viel Spaß, daß sie vor allem eins nicht verlieren wollten, und das war ihre Macht. Wenn man sich derer jedoch nicht sicher ist, wird Kritik nicht mehr geduldet und wenn das Volk dann Abend für Abend vom Klassenfeind eingelullt wird, ist das besonders ärgerlich.

Für Herrn Kaufmann war jedenfalls die Tagesschau die heilige Kuh und die Nachrichten aus dem eigenen Land wurden nur belächelt. Franziska erinnerte sich später nicht mehr daran, woher sie wußte, daß man in der Öffentlichkeit nicht über das Westfernsehen sprach. In der 1. Klasse hatte einmal ein Junge auf dem Schulhof lauthals über eine Kindersendung des Westfernsehens erzählt. Alle Schulkameraden rückten von ihm ab, auch Franziska. Der Junge sah sich erschrocken um, als er plötzlich allein dastand und schwieg.

Ein Gespräch mit ihren Eltern zu diesem Thema gab es nicht. Allerdings hatte sie schon sehr früh beobachtet, daß ihre Mutter das Fenster schloß, wenn die Fanfare der Tagesschau ertönte, worüber ihr Vater allerdings lachte.

Die Doppelmoral fing in den Kinderschuhen an und die meisten Eltern unterschrieben in den 60-iger Jahren, daß ihre Kinder keinen Sender des Klassenfeindes zu Hause zu sehen bekamen. Die Unterschrift war das eine, doch mit dem realen Leben hatte sie nichts zu tun, man unterschrieb so viel in diesem Land und machte sich schon lange keine Gedanken mehr darüber.

Herr Kaufmann hatte die Unterschrift nicht geleistet mit der Begründung, daß er auf den Bundesligafußball nicht verzichten könne. Frau Kaufmann befürchtete Repressalien und Franziska war stolz auf ihren Vater.

Franziska litt unter lauten Stimmen und Streit machte sie regelrecht krank. Deshalb fuhr sie überhaupt nicht gerne zu ihrer Tante in die Hauptstadt. Sie konnte eigentlich die Tante, die Stadt und vor allem ihren gleichaltrigen Cousin gut leiden. Doch kaum hatten sie die Wohnung betreten, kam es zum unerbittlichen Streit zwischen ihrem Vater und ihrer Tante, weil ihr Vater als erstes den Fernseher seiner Schwester auf den „richtigen Kanal" einstellte.

Der Sieger war in jedem Fall Herr Kaufmann, weil er seine Schwester in Grund und Boden schimpfte, obwohl diese als Lehrerin und Parteimitglied eigentlich nur das leben wollte, zu dem sich die meisten in der Öffentlichkeit bekannten. Irgendwann während des Streits drohte Herr Kaufmann seiner Schwester mit sofortiger Abreise, worauf diese sich fügte, sehr zur Freude ihres einzigen Sohnes.

Ihren Kummer erstickte sie dann im Alkohol, was Franziska viel später verstand. Jedoch für das kleine Mädchen war das Verhalten des Vaters nur ein weiterer Grund, um stolz auf ihn zu sein.

So erzählte sie dann auch allen, daß sie sich zehn Kinder wünsche, aber keinen Mann, weil es so einen Mann wie ihren Vater nicht noch einmal gab. Franziska meinte es ernst und konnte es nicht leiden, wenn ihre Zuhörer über sie lächelten. Viel länger als andere Kinder glaubte sie an den Klapperstorch. Konsequenterweise spielte sie nicht mit Puppen und langsam gewöhnten die Kaufmanns es sich ab, ihr Puppen zu schenken, weil ihre Tochter jedesmal sagte, daß es keinen Spaß mache, damit zu spielen, weil die Puppen nicht lebten.

*

Nachdem Franziska einen großen Teil ihrer frühen Kindheit mit den Schilds und später nur noch mit Frau Schild verbracht hatte, freute sie sich mit knapp sieben Jahren auf die Schule. Für diese Vorfreude wurde sie allerdings von ihren beiden älteren Brüdern ausgelacht, die ihr einreden wollten, wie schrecklich die Schule sei. Den Kindergarten hatte sie mit der Begründung verweigert, daß es ihr da zu laut sei. Nun war sie fest entschlossen, sich erstmals in die Herde zu begeben.

Bei der Einschulungsuntersuchung war ihre Mutter sehr wütend auf sie, weil sie nur stockende und sehr leise Antworten gab. Sie konnte nicht mal bis zehn zählen, woher auch?

Zur Einschulungsfeier gingen ihre Mutter und Tante Marlene mit, die, wie sie später erfuhr, eigentlich ihre Cousine war. Da die Kaufmanns eine interessante Familiengeschichte hatten, brauchte Franziska etliche Jahre, um die Familienbande einigermaßen zu durchschauen. Geredet wurde wenig darüber.

Die beiden Frauen gingen mit Franziska zur Schule, wo in der Aula eine Feierstunde stattfand. Die Kleinen mußten eine sozialistische Rede über sich ergehen lassen, wie sie noch viele während ihrer Schullaufbahn hören sollten. Die Schulanfänger waren ein dankbares Publikum und besonders ehrfürchtig verfolgten sie die Darbietungen der älteren Schüler.

Danach ging man in den Klassenraum und sah die Lehrerin zum ersten Mal, mit der man nun zwei Jahre lang fast mehr zu tun hatte als mit den Eltern. Franziska saß ungeheuer stolz auf ihrem ihr zugewiesenen Platz und konnte den ersten Schultag kaum erwarten. Ihren neuen Schulranzen hatte sie in den letzten Tagen unzählige Male aus- und eingepackt.

Auch hatte sie das Privileg, in die einzige Hausklasse gehen zu können, was bedeutete, daß diese Kinder nicht vor und nach dem Unterricht den Schulhort besuchten. Die Hausklassen waren unter den Lehrern beliebter, weil die Kinder artiger, konzentrierter und dadurch leistungsstärker waren. In der Öffentlichkeit wurde so nicht darüber diskutiert, weil die Frauen aus volkswirtschaftlichen Gründen arbeiten sollten und Hausfrauen zur alten Zeit gehörten.

Zum Schluß der Einschulungszeremonie wanderte man in den nahegelegenen Pionierpark, wo die Zuckertüten der Eingeschulten aus Franziskas Klasse auf einer großen Akazie hingen. Dieser Zuckertütenbaum war durchaus etwas besonderes, so viel Mühe gab man sich längst nicht an allen Schulen. Der Zuckertütenbaum bewirkte, daß sich Franziska und ihre Mitschüler gern an ihre Einschulung erinnerten. Die riesengroße Zuckertüte war für Franziska etwas Wundervolles und sie beschäftigte sich den ganzen Nachmittag mit ihrem Inhalt. Natürlich führte sie auch Schildchen alles vor und Schildchen ließ sie wissen, daß sie stolz auf sie sei.

Am ersten Schultag lernte Franziska sogleich die Nachteile einer Hausklasse kennen. Da ihre Mutter im Geschäft arbeitete und auch gar nicht die Notwendigkeit sah, noch mal mit in die Schule zu kommen, fand sich Franziska auf einmal ganz allein auf dem Schulhof. Als sie schüchtern den Schulhof betreten hatte, sah sie ihre Mitschüler an der Hand ihrer Mütter stehen. Da wurden die Minuten zur Ewigkeit und Franziska wäre am liebsten nach Hause zu Schildchen gelaufen.

Doch sie wußte genau, daß diese Zeit ein Ende hatte und nun der Ernst des Lebens begann. Ihre Eltern hatten ihr diesen Spruch in den letzten Wochen sehr nahegebracht, wohl um klar zu machen, daß der Spaß jetzt vorbei sei. Sie hatte das mit dem Ernst des Lebens nicht richtig verstanden, jetzt verstand sie und mußte die Tränen unterdrücken. Sie fühlte sich verdammt einsam und Blicken ausgesetzt, die ihr Angst machten.

Endlich kam die Lehrerin, Frau Wächter, um die Ecke, eine große, kräftige, ältere Dame mit einem ungemein wissenden und gütigen Lächeln. Sie durchschaute sofort die Situation, nahm Franziska ganz selbstverständlich an die Hand und begrüßte die Mütter mit ihren Kindern. Als Franziskas kleine, dünne Hand in Frau Wächters großer, warmer Hand verschwunden war, fühlte sich das Mädchen wieder geborgen und beschützt und selbstverständlich auch ein wenig stolz und schadenfroh, daß nun gerade sie mit der Lehrerin an der Hand herumstolzieren durfte.

Der Einstieg in das Schulleben war durch die ihr gereichte Hand nun doch noch glücklich verlaufen. Dieser glückliche Start sollte dazu beitragen, daß Franziska von Stund an gern zur Schule ging und selbst spätere pädagogische Fehlleistungen es nicht fertig brachten, ihr die Lust am Lernen zu nehmen. Sie sollte ihre erste Lehrerin nie vergessen und je älter sie wurde, um so dankbarer war sie dieser Frau.

Annemarie Wächter war sehr froh, daß diese Klasse ihre letzte sein sollte. Sie wollte den Kindern lesen und schreiben beibringen und sie nicht bespitzeln und ausfragen, welchen Fernsehsender sie zu Hause sahen. Dabei hatte sie sich so viel versprochen vom neuen Schulsystem. Richtig fand sie, daß nach dem Krieg nicht mehr Lehrer sein durfte, wer die Kinder zu deutschen Herrenmenschen erzog und den Krieg verherrlichte. Auch wollte sie gemeinsam mit den Führenden, daß nie wieder von deutschem Boden ein Krieg ausging.

Doch wie enttäuscht war sie, als sie wieder anfingen, Andersdenkende, nicht etwa Nazis, zu verfolgen. Es gab doch nicht nur Nazis und Kommunisten. Selbst die Christen waren dem neuen Staat suspekt. Da gab es schon wieder Lehrer, die Kinder lächerlich machten, weil sie in die Kirche gingen. Ein Jahr später sollte es noch schlimmer kommen, denn da hatte der erste Raumfahrer, Juri Gagarin, angeblich den Beweis dafür erbracht, daß es keinen lieben Gott dort oben gab. Was sie Kindern damit antaten, die wirklich an Gott glaubten und jeden Abend beteten – leider waren es eh schon zu wenig – war für Annemarie ein Verbrechen. Sie würde keinen Tag länger arbeiten als nötig, denn damit wollte sie nichts zu tun haben.

Es gab kein ideales Schulsystem, das wußte sie. Doch sie konnte nicht verstehen, daß sich immer wieder Lehrer fanden, die sich dem Staat mehr verpflichtet fühlten als den Schülern und der humanistischen Bildung.

Annemarie Wächter hatte Franziska Kaufmann gern. Das Mädchen ging ruhig und intelligent ihrer Arbeit nach, obwohl sie ihr manchmal zu schüchtern erschien. Franziska litt, wenn sie nicht die Beste war oder wenn sie irgendein Problem mit einem Klassenkameraden hatte. Dann versuchte diese Schülerin, stark zu sein. Die Lehrerin hatte sie noch nie in der Schule weinen sehen und das taten in den ersten Klassen selbst die größten Rabauken. Doch dieses Kind litt innerlich dann so stark, daß es krank aussah. Franziska würde schlecht im Leben mit Konflikten umgehen können und bei Problemen ein Rückzugsmensch sein. Dabei hätte sie es gar nicht nötig, jedoch war sie von ihrer Veranlagung her keine Kämpfernatur.

Annemarie Wächter hatte im Laufe von vierzig Jahren einen Blick für die Schüler bekommen und sie wußte nach ein paar Stunden Unterricht, wen sie vor sich hatte. Trotz allem liebte sie ihren Beruf noch immer, und sie durfte gar nicht an den letzten Schultag denken...

Als Franziska stolz ihr erstes Zeugnis nach Hause brachte, auf dem fast nur Einsen zu sehen waren, nahmen ihr die älteren Brüder schnell die Freude. Sie lachten sich kaputt, vor allem über eine Eins in „Betragen" und nannten sie Streberziege. Als ihnen nichts Gemeines mehr zu den Zensuren einfiel, sagten sie ihr, daß sie erst mal in die höheren Klassen kommen solle, da wäre es bald vorbei mit den guten

Noten. Franziska wußte damals noch nicht, daß ihre Brüder nicht recht behalten würden. Deshalb ließ sie sich, wie schon so oft in anderen Situationen, Angst machen und war glücklich, als sie endlich ihren Vater in der Tür stehen sah, dem sie nun ihr Zeugnis zeigte, und der es auch dementsprechend würdigte.

Überhaupt fühlte sie sich von ihrem Vater am meisten verstanden. Ihr stiegen oft bei der kleinsten Kleinigkeit Tränen in die Augen. Deshalb nannten sie ihre Brüder „Heulboje" und „Wabbelkinn". Weinen kündigte sich bei Franziska durch „Kinnwabbeln" an. Die Brüder amüsierte das köstlich und ihre Mutter machte es wütend. Nur ihr Vater forderte sie dann auf, sich auf seinen Schoß zu kuscheln und versuchte sie zu trösten. Oft genug hörte sie ihre Mutter sagen: „Was der fehlt ist eine Tracht, aber die kann ja mit ihren Tränen bei dir alles erreichen." Worauf sie ihren Vater sagen hörte: „Ich kann doch ein Mädchen nicht schlagen."

Diese Haltung ihres Vaters ermöglichte es Franziska, sich bei ihren Brüdern zu rächen. Wenn sie ihnen etwas auswischen wollte, preßte sie sich Tränen in die Augen, ging zu ihrem Vater und behauptete, einer ihrer Brüder oder beide, je nachdem wem die Rache galt, hätten sie geschlagen. Hatten ihre Brüder die Strafe erhalten, die entweder aus schriftlicher Strafarbeit oder Stubenarrest bestand, drehte sie sich auf ihrem Absatz herum, lächelte höhnisch noch mit einer Träne im Auge und verließ zufrieden das Zimmer. Es half ihrem Bruder Michael nichts, daß er dann wutentbrannt seinen Vater anschrie: „Sie lügt ohne rot zu werden und du merkst es nicht."

In der Tat bekam sie von ihrem Vater nicht einmal in ihrem Leben Schläge, wofür auch? Sie parierte ihm aufs Wort und wenn er in strengem Ton „Franziska" rief, fing sie schon an zu weinen.

Sehr lange trug sie ihrer Mutter nach, daß sie von ihr zweimal Prügel bekommen hatte. Der erste Grund war eine im öffentlichen Park gepflückte Rose. Die Mutter brüllte, daß die Stehlerei mit kleinen Dingen anfinge und Franziska kam sich vor wie eine Schwerverbrecherin.

Den zweiten Grund für die Schläge konnte Franziska später schon eher nachvollziehen, weil wirklich etwas passiert war, was ihre Mutter, „Gott sei's gedankt" nie zu erfahren bekam. Franziska hatte den erlaubten Weg zum Fahrradfahren verlassen. Die Mutter hatte sie gesucht und nicht gefunden und sich große Sorgen gemacht. Sie hatte nie verstanden, daß sich die Freude der Mutter über ihre Wiederkehr in einer Tracht Prügel entlud. Dann mußte sie auch noch sofort ins Bett. Eine übliche Strafe bei den Kaufmanns für Vergehen der Kinder und manchmal wurde sie noch durch den Entzug des Abendessens verstärkt. Das erlebte Franziska allerdings nie und mit den Brüdern hatte die Mutter auch meist Mitleid. Irgendwann schob sie ihnen dann ohne Wissen des Vaters einen Teller ins Zimmer.

Jedenfalls wagte es Franziska nicht, sich auszudenken, was passiert wäre, wenn ihre Mutter erfahren hätte, daß sie sich tatsächlich, gemeinsam mit einer Spielkameradin aus dem Haus, von einem Jungen gleichen Alters in ein Wäldchen locken ließen. Angeblich wollte er ihnen etwas ganz Tolles zeigen. Er nahm dann auch jedes Mädchen einzeln mit in das Gebüsch und das „Tolle" war dann wirklich nur sein Schwanz. Franziska fand das gar nicht toll, schließlich hatte sie zwei ältere Brüder. Doch sie wollte dem Jungen die Freude und den Stolz über sein Geschlechtsteil nicht nehmen. Sie machte das von ihm erwartete erstaunte Gesicht.

Vielleicht war es bei dem anderen Mädchen anders, denn die hatte nur Schwestern, aber sie wagte auf dem Heimweg nicht, sie danach zu fragen. Beide Mädchen wußten wohl, daß sie etwas Verbotenes getan hatten und daß man am besten darüber schwieg.

Für Franziska hatte das Ganze eine positive Folge, nie sollte sie sich wieder von einem Vertreter des anderen Geschlechts in irgendwelche dunklen Ecken locken lassen. Von diesem Zeitpunkt an glaubte sie fest daran, daß ihr die Kerle nur den Schwanz zeigen wollten und das fand sie dann doch zu blöd. Das Geschlechtsteil der Jungen war für sie dank ihrer Männerfamilie das Selbstverständlichste der Welt.

Als die Mutter zu ihr sagte, daß sie ab jetzt zu alt wäre, um mit dem Vater gemeinsam zu baden, verstand Franziska es nicht und überlegte, was sie falsch gemacht hatte. Viel später begriff sie, worum es dabei ging und was angeblich alles zwischen Vater und Tochter passieren konnte. Mit neun Jahren war sie ein kleines Mädchen, daß mit ihrem Vater in der Wanne herumspritzen wollte und dabei viel Spaß hatte. Sie fühlte sich ungerecht behandelt und spürte, daß es da irgend etwas

gab, mit dem sie zwar nichts zu tun hatte, für das sie aber bezahlen mußte, weil sie ein Mädchen war.
Sie litt darunter, das ihr Vater ihr körperlich nicht mehr nahe kam. War das der richtige Weg, um sich nicht in Gefahr oder Verdacht zu begeben...?
Später hatte sie lange darüber nachgedacht und kam nur zu einem Resultat. Sie wußte ganz genau, daß der Vater sie nie mißbraucht hatte. Wenigstens darüber brauchte sie sich keine Gedanken zu machen. Doch der körperliche Entzug ihres Vaters hatte sie schwer getroffen und sie fühlte sich für etwas schuldig, was ihr unbekannt war. Ihr Zufluchtsort war ihr genommen und sie hatte Angst.

Als Franziska in die zweite Klasse ging, beschlossen ihre Eltern, umzuziehen. Ihre Mutter bekam noch einmal ein Kind und Franziska war glücklich darüber.Endlich sollte der Wunsch von einem kleinen, lebendigen Baby, welches sie füttern, wickeln und ausfahren könnte, in Erfüllung gehen. Jahrelang hatte sie Zucker ins Fenster gelegt und geweint, wenn ihr ältester Bruder Gerd den Zucker auffraß mit den Worten: „Es kommen keine Kinder mehr ins Haus."
Die Eltern wollten nun ins Zentrum der Stadt ziehen, weil so der Weg ins Geschäft für die Mutter nur ein Katzensprung war. Schon seit längerem besaßen die Kaufmanns ein großes Miets- und Geschäftshaus in der Stadtmitte. Alle hatten Herrn Kaufmann für verrückt erklärt, als er dieses Haus kaufte. Die Menschen fürchteten sich inzwischen vor zu großem Besitz.
Doch in Geschäften sollte Herr Kaufmann immer Recht behalten und sein diesbezügliches Talent verhalf ihm auch im Sozialismus zu einer glücklichen Hand. Franziskas Vater wollte sich ein Vermögen schaffen. Darin sah er den Sinn eines Menschenlebens. Außerdem wollte er nie wieder als armer Schlucker dastehen – zu sehr hatte er als Kind unter den bescheidenen Verhältnissen der Mutter gelitten.
Die Kaufmanns tauschten nun einfach die bisherige Wohnung gegen eine Wohnung in ihrem Haus.
Da gab es nur ein Problem, welches allerdings nur Franziska betraf und es hieß Schildchen. Nie in ihrem Leben sollte Franziska verstehen, wie man Schildchen einfach so zurücklassen konnte. Immerhin hatte sie doch Franziska großgezogen und seit auch das letzte Haus-

mädchen gefeuert war, einen Großteil des Kaufmannschen Haushalts geschmissen.

Franziska fragte sich später oft, wie es Schildchen wohl zu Mute gewesen sein mußte, als sie auszogen.

Schildchen selbst hatte nie etwas beklagt, und so tat sie auch Franziska gegenüber, als ob dieser Umzug das Selbstverständlichste der Welt wäre.

In der neuen Wohnung sollte Frau Kaufmann Schildchen noch öfter bestellen, um ihr bei Festen zur Hand zu gehen und vor allem, um das Silberbesteck zu putzen. Manchmal paßte die alte Frau noch auf Franziska auf, weil das Mädchen nach wie vor nachts nicht allein bleiben wollte. Franziska sollte die einzige der Familie Kaufmann sein, die zu Schildchen bis zu ihrem Tod Kontakt pflegte.

Der Umzug einer Familie ist und bleibt immer eine spannende und unvergeßliche Sache, für Kinder oft nicht einfach, weil die Gründe für den Umzug meist bei den Eltern liegen. So weigerte sich Franziska, die Schule zu wechseln. Lieber lief sie durch die halbe Stadt, als den Horror einer neuen Schule auf sich zu nehmen.

Auch die alte Kirchengemeinde wurde beibehalten, sehr zum Ärger des Pfarrers der nun eigentlich zuständigen Gemeinde. Schon zu diesen Zeiten war man froh über jedes neue Schäflein, noch dazu, wenn es auch noch vollkommen bereitwillig Kirchensteuer zahlte. Irgendwann hatte sich Franziska mit dem Umzug abgefunden. Sie konnte weiterhin die gleiche Schule und Christenlehre besuchen und das war ihr das Wichtigste.

An einem der letzten Sonntage in der alten Wohnung stand Franziska auf dem Balkon, ihrem bisherigen Lieblingsplatz. Franziskas Kopf arbeitete immer. Sie dachte einfach immer und meist dachte sie über das Leben nach. Das machte sie auch an diesem Sonntagnachmittag und plötzlich wurde ihr bewußt, daß sie irgendwann sterben und wieder weg sein würde. Sie beugte sich über die Balkonbrüstung und dachte, ob es nicht das Klügste wäre, sich gleich hinunterzustürzen. Sie hatte doch schon alles erlebt, sogar schon mehr als Schildchen. Es ergriff sie eine Todessehnsucht, welche sie zeitlebens nicht wieder verlassen sollte. Plötzlich aber wußte sie, warum sie noch weiterleben mußte. Die Liebe, die große Liebe, wollte sie noch erleben. Gleichzeitig überfiel sie von diesem Zeitpunkt an eine Todesangst, daß sie z.B. überfahren werden könnte und vorzeitig sterben müsse. Dieses Erlebnis war Franziskas erster unbewußter Schritt zur Erkenntnis. Sie war dem Tod begegnet und verspürte Angst und Sympathie zugleich. Die Vorstellung der Liebe hatte sich in ihren Kopf geschlichen und sie Glück und Leidenschaft ahnen lassen. Tod und Liebe waren sich in ihr zum ersten Mal begegnet und würden ein Leben lang um sie kämpfen. Niemand erzählte sie ihr Balkonerlebnis.

*

Nun sollte bald ihr Geschwisterchen geboren werden und alles andere war für sie im Moment nebensächlich. Der Bauch ihrer Mutter wurde immer gewaltiger und Franziska fürchtete, daß er platzen könnte, bevor das Kind geboren war. Ihre Mutter, die sehr viel Wert auf ihr Äußeres legte, stand häufig schimpfend vor dem Spiegel und beklagte ihre „verhunzte" Figur.

Franziska glaubte, daß der Bauch aufgeschnitten werden müßte, um das Kind herauszuholen. Sie war mit neun Jahren noch gar nicht aufgeklärt. Oft hörte sie Sprüche und Worte in der Schule, über die ihre Schulkameraden lachten und kicherten. Sie verstand das meiste nicht, doch sie wagte nicht, ihre Schulkameraden zu befragen. Einmal hatte sie sich von einer Mitschülerin das „Schweineeinmaleins" abgeschrieben und es stolz Schildchen vorgelesen. Schildchen hatte dazu nur gesagt, sie solle aufpassen, daß es ihre Eltern nicht in die Finger bekämen.

Franziska wußte, daß das Kinderkriegen mit alldem etwas zu tun hatte. Sie stellte sich eine Geburt schrecklich vor, doch es war wohl die einzige Möglichkeit, zu einem Baby zu kommen und Babies waren für sie etwas Wunderbares, gehörte sie doch zu den Mädchen mit einem angeborenen mütterlichen Instinkt.

Sie vergaß nie den Morgen, an dem der Vater sie mit Tränen in den Augen weckte und ihr verkündete, daß ein kleines Brüderchen angekommen sei. Vergessen war, daß sie sich mit ihrer Mutter eigentlich ein Mädchen gewünscht hatte. Die Männer in der Familie waren allerdings strikt gegen ein Mädchen mit der Begründung, daß ihnen ein

Mädchen reiche. Auch ihr Vater hatte solche Sprüche geklopft und sie hatte ihn nicht verstanden. War sie nicht artiger als die Jungen und auch besser in der Schule? Sie konnte sich nicht erklären, worauf ihre Brüder und offensichtlich auch ihr Vater so stolz waren. Sie fühlte sich in ihrer Familie als das Mädchen, etwas Besonderes und gleichzeitig etwas Minderwertiges.

Als sie nach der Schule vor ihrem kleinen Bruder Robert stand, war sie entsetzt. Nein, so hatte sie sich ihren Bruder nicht vorgestellt. Er hatte keine Haare auf dem Kopf, ein vollkommen zerknittertes Gesicht, schrumplige, dünne Hände, von denen sich Haut ablöste und was das Schlimmste war, er hatte eine riesige Beule am Kopf, wodurch dieser wie eine unförmige Birne aussah. Sie äußerte ihr Entsetzen nicht und sagte stattdessen zu ihrer Mutter, daß sie das Baby sehr niedlich fände.

Jeden Nachmittag verbrachte sie nun bei ihrer Mutter in der Klinik, welche einem Freund ihres Vaters gehörte. Sie beobachtete stundenlang den Bruder, den sie auch als ihr Baby betrachtete. Je näher sie den kleinen Kerl kennenlernte, umso hübscher fand sie ihn und nach ein paar Tagen meinte sie sogar, daß sie den schönsten kleinen Bruder der Welt habe.

Für den Tag, als ihre Mutter endlich mit dem Baby nach Hause kommen sollte, hatte sie ein großes Schild mit der Aufschrift: „Herzlich Willkommen" über die neu zurechtgemachte Familienwiege gehängt. Franziska schüttelte unzählige Male die Kissen auf, sah sich unermüdlich die Babysachen an und legte die Windeln ordentlich aufeinander.

Als das Baby nun endlich das erste Mal in die Wiege gelegt wurde, fing es sofort an zu schreien und Frau Kaufmann drückte Franziska ein paar Groschen in die Hand und sagte, sie solle schnell in die Drogerie laufen und einen Nuckel kaufen. Franziska rannte los, als ob es um ihr Leben ginge.

In den Geschäften der Innenstadt war sie bekannt als die „kleine Kaufmann". Natürlich wußten auch alle, daß Frau Kaufmann in ihrem Alter Nachwuchs bekommen hatte. Bei der Fehlgeburt vor zwei Jahren unterstellte man ihr Mithilfe. Doch als sie nochmals ein Kind bekam, glaubte man ihr, daß auch dieses Kind wie alle Kinder der

Kaufmanns, ein Wunschkind war. Franziska hörte und wußte noch nichts vom Klatsch und Tratsch einer Kleinstadt. Jetzt riß sie der lächelnden Verkäuferin den Nuckel aus der Hand und rannte schnell nach Hause.

Sie war glücklich und sehr aufgeregt. Endlich würde sich ihr Traum erfüllen, jeden Tag mit dem Kinderwagen unterwegs zu sein. Sie ahnte nicht einmal, daß gerade das tägliche Ausfahren bald zu einer verhaßten Pflicht werden würde. Glücklich schlief sie an diesem Abend ein.

Am nächsten Tag würde sie mit ihrer Mutter einen Kinderwagen kaufen und sie würden natürlich den mit dem dunkelblauen Streifen und den großen Speichenrädern nehmen.

Zwei Erlebnisse mit diesem Kinderwagen mit den hohen Speichenrädern sollte sie nie vergessen.

Als sie an einem der ersten Ausfahrtage den Wagen eine hohe Bordsteinkante hinaufbugsierte, fiel auf einmal das Kissen heraus und gleich danach das Kind. Gott sei Dank landete ihr Bruder Robert genau auf dem Kissen. Schon hörte sie eine Frau herumzetern, wie unverantwortlich es sei, ein kleines Mädchen mit einem so großen Kinderwagen allein gehen zu lassen.

Mit hochrotem Kopf raffte Franziska Kind und Kissen und schob den Wagen, so schnell sie konnte, weg, in der Hoffnung, daß die Frau sie nicht erkannt hatte. Ihrer Mutter erzählte sie nichts von ihrem traurigen Mißgeschick. Sie hatte Angst vor ihrer Reaktion und vor allem vor ihrem lauten Gejammer. Inständig hoffte sie und betete dafür, daß ihr kleiner Bruder den Sturz aus dem Wagen ohne Schaden überstanden hatte. Wochenlang beobachtete sie das kleine Robertchen beim Baden, um zu sehen, ob es sich normal entwickelte. Dabei sah sie nur, daß der Bruder immer niedlicher und hübscher wurde. Offensichtlich war alles gut gegangen.

Ihre Mutter hatte es ihr wegen der Unruhe und der schlechten Luft verboten, mit dem Kinderwagen durch die Geschäftsstraßen der Stadt zu laufen. Franziska schob also jeden Nachmittag den Wagen durch den nahegelegenen kleinen Stadtpark.

Eines Tages, als sie ihren täglichen Spaziergang hinter sich brachte, sprangen plötzlich mehrere Jungen, mit Stöcken bewaffnet, aus dem Gebüsch und bauten sich vor ihr auf. Sie umklammerte die Lenkstange des Wagens so fest sie konnte, doch die Jungen fingen an, sie zu schubsen und dabei lachten sie und riefen: „Mama spielen, macht's Spaß? Nicht mal Titten hat sie, die Mutter!" Ein größerer Junge entriß ihr plötzlich die Lenkstange, rannte mit dem Wagen los und fuhr im Zick Zack durch den Park, die anderen Jungen hinterher.

Die „Königsbande", dachte Franziska entsetzt und sie fing an zu weinen. Bisher hatte sie die Tränen gerade noch unterdrücken können. Die Familie war ihr bekannt. Sie hatte gehört, daß die Königskinder morgens Schulkinder im Park überfielen und ihnen die Schulbrote wegnahmen. Einer der Jungen hatte einmal in der Mittagspause Geld aus der Kaufmannschen Ladenkasse gestohlen und jetzt war sie das Opfer geworden.

Was sollte sie nur tun, sie konnte doch ihren Bruder nicht mit diesen Asozialen zurücklassen. Eine lähmende Angst überfiel sie. Plötzlich hörte sie den Jungen mit ihrem Wagen rufen: „Oh Scheiße, da ist ja ein echtes Kind drin, nichts wie zurück!" So schnell wie die Jungen ihr den Wagen entrissen hatten, so schnell hatten sie ihn ihr auch wieder in die Hände gedrückt. Franziska dachte, blöde Kerle, glauben die etwa, ich würde eine Puppe spazieren fahren?

Bald wurden Franziska die täglichen Pflichten mit dem Bruder zu viel. Ihre Freundinnen beschwerten sich, weil sie so wenig Zeit hatte. Wenn sie bei den Schularbeiten saß, bewegte sie mit einem Fuß die Wiege, damit der Kerl bloß nicht anfing zu schreien und auch nachts wurde sie oft vom Babygeschrei wach.

Das führte bei Franziska dazu, daß sie zwar ein starke mütterliche Beziehung zu ihrem Bruder Robert entwickelte, sich aber keinen Illusionen mehr hingab, was kleine Babies betraf. Die Aufzucht ihres Bruders schützte sie vor einer eigenen frühen Schwangerschaft.

Das Verhältnis zu Robert sollte immer ein besonderes bleiben. Sie war so ein Zwischending von Mutter und Schwester. Dabei wirkte sie oft wie eine Gouvernante und so sah sie auch Robert, obwohl auch er zu der Schwester eine stärkere Bindung entwickelte als zu seinen beiden älteren Brüdern.

Ständig kritisierte Franziska ihre Mutter bei der Erziehung des Bruders und sie haßte es, wenn ihre Mutter dann sagte: „Du kannst deine Kinder später erziehen wie du willst. Ich erziehe meine Kinder wie ich will."

Dreißig Jahre später sagte sie zu ihren eigenen Kindern die gleichen Worte. Jedes Mal erschrak Franziska, wenn sie sich ertappte, Worte ihrer Mutter zu gebrauchen. Sie haßte es, mit ihrer Mutter verglichen zu werden, doch auch sie konnte die Prägung nicht leugnen.
   Natürlich war Robert das Nesthäkchen. Er war ein Nachzügler und die Mutter war immerhin schon zweiundvierzig Jahre bei seiner Geburt. Für ihren eigenen Körper bekam Frau Kaufmann die Geburt sehr gut. Ihre allergischen Reaktionen der Schleimhäute auf den ständigen Umgang mit den Stoffen wurde abgeschwächt. Auch sah sie jünger aus als ihre Altersgenossinnen und sie hatte durch dieses Kind bis zu ihrem sechzigsten Lebensjahr noch mal ganz andere Sorgen. So konnte sie sich weder den Wechseljahren noch ihrem zunehmenden Alter besonders widmen.

Mit zwei Jahren riß sich der kleine Robert einmal von Franziskas Hand und rannte über die Straße, weil er den Weg erkannte. Franziska schloß die Augen und hörte Bremsen quietschen. Zum Glück war der Kleine heil über die Straße gekommen und Franziska hätte den Motorradfahrer küssen können, der ihr einen vorwurfsvollen Blick zuwarf. Sie war von einem Moment zum anderen der glücklichste Mensch der Welt und sie fragte sich, ob erst so etwas passieren müsse, um glücklich sein zu können. Falls es nicht geklappt hätte, wäre auch ihr Leben zu Ende gewesen. Diese Erkenntnis machte ihr Angst.
   Später passierte ihr mit ihrem kleinen Bruder eine ähnliche Geschichte wie Herrn Schild damals mit ihr. Freunde von Franziska hatten Robert sehr früh das Fahrradfahren beigebracht, doch mit dem Absteigen haperte es noch. Beim Herumalbern mit ihrer Clique im Stadtwäldchen sah sie auf einmal den Bruder, ganz weit weg, kurz vor der großen Straße.
   Sie schrie entsetzt und einer der Jungen rannte los, keine Chance, den Kleinen noch vor der Straße zu erwischen. Als er nah genug war, rief er: „Robert, stürz dich runter ins Gras." Franziska sah ihren Bruder sich regelrecht vom Rad hechten in den Straßengraben. Auch dieses Mal war es gut gegangen. Franziska erfaßte eine große Dankbarkeit, wenn sie an diese Erlebnisse dachte und sie begriff wahrscheinlich eher als andere Menschen, daß es etwas wie Fügung gab. Ohne

Schutzengel hatte man schlechte Karten und sie war glücklich, daß der Schutzengel Roberts immer zur Stelle war, wenn sie versagte.

Robert sollte sich vor allem an ein Ereignis mit der Schwester erinnern. Die Sommerferien verbrachten die Kaufmannkinder im Hause der Eltern auf Rügen. Auch dort schleppte sich Franziska mit ihrem kleinen Bruder herum und meist sogar ganz gern. So brauchte sie nicht allein an den Strand zu gehen, denn in den seltensten Fällen unternahm die Familie etwas gemeinsam. Das war auch gut so, denn sonst hätte sie die langen gemeinsamen Urlaube nicht so viele Jahre durchgehalten.

Franziska hatte sich am Strand mit einem Jungen angefreundet. Sie hatten es gut und wußten vor lauter Übermut gar nicht, was sie anstellen sollten. Also bewarfen sie sich mit Sand und liefen ins Wasser. Es waren wundervolle hohe Wellen. Plötzlich hatten sie keinen Boden mehr unter den Füßen. Franziska suchte sofort ihren kleinen Bruder, er war wie immer hinterhergerannt. Robert konnte erst ein paar Züge allein schwimmen. Sie rief, er solle ruhig bleiben, sie würde ihn aus dem Wasser bringen.

Franziska kannte das Meer von frühester Kindheit an und hatte schon einige kitzlige Situationen am eigenen Leib erlebt und war deshalb nicht so leicht aus der Ruhe zu bringen. Sie wußte, daß sie in ein von den hohen Wellen ausgespültes Loch geraten waren, welches am Vortag noch nicht da war. Sie wollte ihrem Kumpel Zeichen geben, um mit ihm den Bruder aus der Gefahr zu bringen, als sie eine Frau neben sich um Hilfe schreien hörte. Nun verlor auch Franziska ihre Ruhe. Sie bedeutete dem Freund, den Bruder an Land zu bringen und zeigte auf die ertrinkende Frau.

Die Frau war dick und hatte hochgesteckte Haare, die völlig zerzaust waren. Ihre Augen waren hervorgetreten und hatten den Ausdruck von Todesangst. Sie wimmerte vor sich hin: „Ich ertrinke, ich ertrinke." Die Aussicht auf Rettung hatte sie schon aufgegeben, weil die Brandung so laut war, daß man schon aus kurzer Entfernung keinen Ruf vernahm.

Als sie Franziska kommen sah, wollte sie sich an sie klammern, doch Franziska wußte nur zu gut, daß sie keine Rettungsschwimmerin war, wenngleich sie sehr gut schwimmen konnte. Sie sagte deshalb

sehr eindringlich der Frau, daß sie ihr nur helfen könne, wenn sie ruhig bliebe.
Inzwischen war der Freund zurückgekommen. Ihr Bruder stand am Strand. Sie nahmen die Frau in die Mitte. Christian stieß sie am Popo vor sich her und Franziska reichte ihr eine Hand und zog sie. Mit vereinten Kräften gelang ihnen die Rettung. Robert war stolz auf seine Schwester und bewunderte sie.
Am nächsten Tag kam die dicke Dame mit ihrem Mann an den Strandkorb der Kaufmanns. Der Mann überreichte Franziska eine Schachtel Hallorenkugeln und bedankte sich nochmals für ihre Hilfe. Als die beiden sich entfernten, sah Franziskas Bruder Michael hinter dem Strandkorb hervor und meinte: „Ihr Leben ist ihr eine Schachtel Hallorenkugeln wert."

Die Sommerurlaube auf Rügen waren ein wichtiger Bestandteil des Kaufmannschen Familienlebens. Herr Kaufmann hatte noch in den fünfziger Jahren ein Grundstück dort erworben, weil er es satt hatte, in schlechten Quartieren viel Geld zu bezahlen. Für fünf Personen kostete ein Ostseeurlaub eine Stange Geld und den Kindern schmeckte nicht mal das Essen. Wie glücklich und stolz war er über dieses wunderbare Anwesen. Wieder einmal hatte er zum richtigen Zeitpunkt den richtigen Riecher gehabt. Ein paar Jahre später hätte ein solches Grundstück nur noch ein Bonze kaufen können.
Bis zur achten Klasse fuhr Franziska jeden Sommer zehn Wochen ans Meer. Sie bekam zusätzlich zwei Wochen schulfrei und durfte zunächst mit ihrem Vater fahren. Franziska gefiel der Urlaub allein mit dem Vater besonders gut. Sie fühlte sich wohl an der Seite ihres schönen Vaters. Er ging viel mit ihr in Restaurants und fuhr mit dem Auto auf der Insel umher. Alles Dinge, die zu dieser Zeit keineswegs selbstverständlich waren.
Zu Ferienbeginn kam dann der Rest der Familie und Vater Kaufmann fuhr nach Hause, um zu arbeiten. Im August kam er für drei Wochen wieder und sie machten gemeinsam Urlaub. Die Kaufmanns hatten also ihr festes Sommerritual, was vor allem für die jüngeren Kinder ein Segen war.

Selbst als Jugendliche amüsierten sich Franziska und ihre Brüder köstlich während der Sommerurlaube, auch wenn der Ort mit seinen Urlaubern für sie der Inbegriff des Spießertums war.

Da im Sozialismus der Urlaub für wenig Geld gemeinsam mit vielen anderen in sogenannten Erholungsheimen verbracht wurde, war ein Sommerhaus, wie es die Kaufmanns besaßen, die große Ausnahme. Es gab in dem Seebad hauptsächlich Heime für Angehörige der Staatssicherheit und der Armee. Offensichtlich verdienten diese Menschen eher einen Urlaub am Meer als die, auf die sich dieser Staat gründete, nämlich die Arbeiter und Bauern. Diese konnten sich glücklich schätzen, wenn es ihnen gelang, in einem der Heime ihrer Gewerkschaft einen Platz zu ergattern.

Die Kaufmannkinder erlebten Jahr für Jahr dasselbe mit den Neuankömmlingen. Jedes Jahr ertranken einige, die ihre Kräfte mit denen des Meeres messen wollten und den kürzeren dabei zogen. Oder sie legten sich einen ganzen Tag bei Sonnenschein in ihren Strandkorb, um dann den Rest des Urlaubs mit Schüttelfrost, Fieber und wahnsinnigen Schmerzen im Bett zu verbringen. Franziska und ihre Brüder hatten viel zu lachen, wenn eine Familie am ersten Tag, bepackt mit allen möglichen Utensilien, am Strand erschien. Der Wasserball schwamm gleich in der ersten Stunde weg und Luftmatratzen nur für den Sand machten ja auch nicht so viel Spaß.

Nur mit eigener Körperkraft durfte man sich bis zur Boje bewegen. Es gab genug Rettungsschwimmer, die das kontrollierten und für den Notfall patrouillierten die Küstenwachschiffe am Horizont. Übrigens die einzigen Schiffe, die man neben der Schwedenfähre vom Strand aus sah.

Einmal war Franziska im Alter von sieben Jahren mit ihren Eltern nach Trelleborg gefahren, wo sie erlebt hatte, was alles passieren kann, wenn Menschen ihren Hintern nicht dahin bewegen dürfen, wo sie wollen.

Sie sah weinende Männer und Frauen am Kai und an Bord, die sich nach langen Debatten, dank eines verständnisvollen Kapitäns, für fünf Minuten unter Bewachung auf der Gangway treffen durften, um Geschenke auszutauschen. Drei Passagiere sprangen über Bord ins schwedische Hoheitsgewässer. Franziska kaute an einer Riesentafel zollfreier Schokolade und dachte darüber nach, was das alles soll.

Ein Jahr später, um die gleiche Zeit, kam sie morgens wie immer in die Küche des Sommerhauses. Dort saß die Nachbarin und weinte, als Franziska ihre Mutter fragend ansah, sagte diese: „Das verstehst du noch nicht, Hauptsache, wir bekommen keinen Krieg!" Es war der 13. August 1961. Nun durfte man als Bürger ihres Landes auch nicht mehr mit der Schwedenfähre fahren.

Wenn sich eine Familie an das Strandleben gewöhnt hatte und auch langsam anfing zu lernen, sich richtig in Sonne, Sand und Wasser zu bewegen, durfte sie wieder abreisen. Mehr als zwölf Tage dauerte ein staatlich verordneter Ostseeurlaub nicht. Die Menschen, die es sich leisten konnten oder die Beziehungen hatten, versuchten an die wenigen Privatquartiere zu kommen. Jeder Besucher mußte angemeldet sein und um das zu prüfen, wurden am frühen Morgen Kontrollen durchgeführt. Als einmal eine Freundin von Franziska, natürlich unangemeldet, denn es waren nur drei Besuche erlaubt und die Kaufmanns hatten ihre Stammgäste, im Sommerhaus weilte, kam ein solcher Schnüffler und Beate versteckte sich in einer alten Truhe.

Der Service war überall schlecht. Man schätzte sich glücklich, wenn es gelungen war, nach stundenlangem Anstehen ein Eis oder eine Bockwurst ergattert zu haben.

Dabei hätte es jedes Kind aus Bitterfeld oder ähnlichen Orten verdient, einmal im Jahr wenigstens als Entschädigung fürs eingeatmete Gift ein paar Wochen salzige Meeresluft zu tanken. Selbst die Ostseezeltplätze wurden zugeteilt und standen den Bürgern nur alle vier Jahre zu.

Natürlich gab es auch hier Ausnahmen und Geheimtips, und auf diesen Zeltplätzen trafen sich dann die echt netten Menschen. Auch das fanden Franziska und ihre Brüder sehr schnell heraus. Jedenfalls war für die Kaufmannkinder ein langer Ostseeurlaub das Normale und deshalb verstanden sie auch ihre Eltern nicht, weil sie dafür eine besondere Dankbarkeit erwarteten.

*

Wenn Franziska in der Nacht vor dem jeweiligen Schuljahresbeginn wieder die große Wohnung betrat, genoß sie für ein paar Stunden die Größe und Weite der Räume, die ihr sonst sooft Angst machten. Sie freute sich über ihre neuen Schulbücher, die man ihr während ihres langen Meeraufenthaltes besorgt hatte. Eltern, die es sich leisten konnten, kauften ihren Kindern für jedes Fach ein neues Lehrbuch. Die anderen Kinder bekamen Schulexemplare, eines der großen Vorteile des Schulsystems, das Franziska genoß.

Überhaupt waren in ihrem Land Bücher so billig, das sie sich wirklich jeder leisten konnte. Lesen sollte das größte Vergnügen in Franziskas Leben werden. Am Ende der ersten Klasse war sie des Lesens so mächtig, daß sie anfing, Bücher zu lesen. Ihr gutes Lesen hatte sie auch ihrem Vater zu verdanken, dem sie aus der Zeitung vorlesen mußte, vor allem Sportberichte, nachdem sie alle Buchstaben gelernt hatte. Herr Kaufmann hörte geduldig zu, auch wenn seine Tochter mal ins Stolpern geriet.

Wenn Franziska ein interessantes Buch las, lebte sie regelrecht in der Geschichte und konnte es kaum erwarten, aus der Schule zu kommen, um endlich weiterlesen zu können. So las sie schon sehr zeitig z.B. Karl-May-Bücher in alter deutscher Schrift. Es waren Vorkriegsexemplare, da diese Bücher in ihrem sozialistischen Land nicht verlegt wurden. Sie durfte sich die Bücher bei einem Freund ihres Vaters ausleihen. Er war Zahnarzt und hatte die Praxis im Hause. Immer wenn sie ein Buch ausgelesen hatte, durfte sie dort hingehen und sich ein neues Buch holen. Der Zahnarzt fand das kleine schüchterne Mädchen rührend, wenn es wieder einmal mit einem Buch unter dem Arm bei ihm in der Tür stand. Deshalb war er immer sehr freundlich zu Franziska und nahm sich viel Zeit, um ein neues Buch auszusuchen.

Als Franziska Winnetous Tod las, weinte sie so, daß die Tränen auf das Buch tropften und die Seiten wellig wurden. Es war ihr peinlich, als sie das Buch zurückbrachte.

Irgendwann hatte sie genug Karl May gelesen und rührte nicht einen Band mehr an. Des Führers Lieblingsliteratur hatte sich für Franziska im Alter von zehn Jahren erledigt.

Ein paar Jahre später ging es ihr mit Groschenromanen aus dem Westen ebenso. Als sie den ungefähr dreißigsten gelesen hatte und zur Seite legte, erledigte sich für sie dieses Thema fürs Leben. Sie konnte sich nun anderer Literatur widmen nach dem Motto: Alles hat seine Zeit. So fehlte bei ihr auch auf keinem Weihnachtswunschzettel der Wunsch nach einem Buch.

Hatte sich bei Franziska die Euphorie eines neuen Schuljahres gelegt, begann für sie die schönste Zeit im Jahr, nämlich die Vorbereitung auf Weihnachten. Der Heiligabend war für das Mädchen der schönste und spannendste Tag im Jahr. Dieser Tag war auch der Höhepunkt des Kaufmannschen Familienlebens.

Bis zum Totensonntag war Weihnachten noch ein Tabuthema, aber dann ging es los. Vor allem Herr Kaufmann versuchte in seinen Kindern all das zu erleben, was er als Kind und Jugendlicher so sehr vermißt hatte. Frau Kaufmann unterstützte seine Phantasien durch ihrer Hände Arbeit. Nie sollte Franziska erfahren, wie ihre Eltern eigentlich das Fest als Kinder erlebten, aber auch nie sollte sie vergessen, was ihr Weihnachten als Kind bedeutete.

Mit dem 1. Advent fing alles an. Die Wolke mit dem Engelorchester stand plötzlich auf der großen Fernsehtruhe. Musizierende kleine Holzweihnachtsengel waren im Erzeugerland eine seltene Ware. Die Hauptproduktion der Engel, Nußknacker und Kurrendesänger aus dem Erzgebirge wurde für Devisen in den Westen verkauft. Frau Kaufmann gelang es trotzdem, das Engelorchester jedes Jahr durch neue Mitglieder zu vergrößern. Ein Adventsleuchter und mehrere Adventskränze schmückten die Wohnung und die Adventskalender hingen über jedem Bett. Welche Faszination strahlte das alles auf Franziska aus.

An jedem Adventssonntagnachmittag wurden die Kerzen angezündet und die Familie versammelte sich zur Adventsfeier. Dieser Termin war von frühester Kindheit anerzogen und galt als so wichtig, daß selbst die halbwüchsigen Brüder nicht wagten, diese gemeinsamen Stunden zu verpassen. Nachdem Lebkuchen, Stollen und Weihnachtsplätzchen zur Genüge verzehrt waren, wurde gesungen. Jedes Kaufmannkind wußte, daß der Vater nicht singen konnte, die Mutter dafür umso besser. So wachte der Vater über den Gesang der Kinder. Alle nur erdenklichen Weihnachts- und Adventslieder wurden in voller Länge durchgesungen, was dazu führte, daß die Weihnachtslieder die einzigen waren, welche Franziska ihr Leben lang auswendig konnte.

Herr Kaufmann duldete es nicht, daß eines der Kinder herumalberte oder nicht mitsang.

Vom ersten Advent bis zum Heiligabend erschien Franziska die Zeit endlos, doch jedes Jahr verging sie irgendwie. Ein kleiner Trost während der langen Wartezeit war der Nikolaustag. Wie verzweifelt wurden am Vorabend die Schuhe geputzt und dann dem Vater vorgezeigt, der nach dem ersten Putzen nie zufrieden war. Herr Kaufmann genoß es, die Kinder so lange zurückzuschicken, bis wirklich kein Stäubchen mehr an den sonst nicht sehr gepflegten Schuhen war.

Franziska lauschte bis in die Nacht, um nicht den Nikolaus zu verpassen. Irgendwann schlief sie ein und wachte vor Aufregung sehr zeitig wieder auf. In der kurzen Zeit mußte er dagewesen sein, gesehen hatte sie ihn nie. Auch Vater und Mutter Kaufmann stellten ihre Schuhe heraus und alle wurden vom Nikolaus beschenkt. Nur einmal fand ihr ältester Bruder Gerd Kohlen in seinen Schuhen. Das beeindruckte die Schwester sehr und sie fragte sich ganz betroffen, was man wohl anstellen mußte, um vom Nikolaus so bestraft zu werden. In der Familie wurde über den Vorfall geschwiegen.

Auch Franziska hatte ihre Weihnachtsvorbereitungen zu treffen. Wochenlang durchstreifte sie die Geschäfte der Stadt, um nach passenden Geschenken Ausschau zu halten. Schenken war der Hauptinhalt des Kaufmannschen Weihnachtsfestes und Franziska versuchte, ihren Eltern in Form von Windlichtern, Spiegeln und Spitzwegbildern eine Weihnachtsfreude zu bereiten.

Seit Franziska zur Schule ging, hatte sie sich während dieser Zeit auf zwei Auftritte vorzubereiten. Sie wirkte im Krippenspiel in der Kirche mit und sie mußte ein Weihnachtsgedicht zur Weihnachtsfeier der christlichen Partei vortragen.

Schnell hatte man Franziskas Talent erkannt, etwas laut und deutlich mit klarer Stimme vortragen zu können, obwohl sie ansonsten ein so schüchternes Mädchen war. Herr Kaufmann war als privater Geschäftsmann in dieser Partei, die ihm einen gewissen Schutz vor staatlichen Schikanen bot. Ansonsten gab es dort Menschen, die diese Partei der eigentlichen „PARTEI" des Landes vorzogen, denn als Partei wurde nur eine bezeichnet, was auch richtig war, weil nur sie bestimmte, was im Land vorging. Ob diese Menschen nun mit ihrer Parteizugehörigkeit der eigentlichen „PARTEI" dienten oder nicht, wurde unterschiedlich gesehen. Franziska bewunderte als Kind das Flair dieser Leute und als Jugendliche verachtete sie diese Parteimitglieder als Opportunisten. Als Erwachsene sah sie das alles noch mal ganz anders.

Jedenfalls gelang es Franziska an einem Abend des Jahres, die Herzen dieser Parteimitglieder zu erobern, die fast alle der Hautevolee der Stadt angehörten und sich selbst auch so sahen.

Frau Kaufmann nähte für diesen Anlaß ihrer Tochter ein neues Kleid. Die Kaufmanns waren sehr stolz, wenn ihre Tochter, ohne stecken zu bleiben, das Gedicht ganz allein auf der großen Bühne vortrug. Für Franziska hatte dieser Auftritt etwas Zwiespältiges. Einerseits war sie die paar Minuten hinter der Bühne wahnsinnig aufgeregt und hatte große Angst davor, sich zu blamieren und ihre Eltern zu enttäuschen, andererseits fand sie es erhebend, allein auf der Bühne zu stehen, die Menschen unter sich zu haben und sich danach im Erfolg zu baden. Der Erfolg bestand darin, daß sie einen großen Applaus bekam, sich beim Kellner bestellen konnte, was sie wollte und im Laufe des Abends von unzähligen Menschen gestreichelt wurde und gesagt bekam, wie gut sie es gemacht habe. Das allerdings wußte Franziska auch, ohne daß es ihr die Leute sagten. Obwohl sie mit sich sehr selbstkritisch war, hatte sie doch ein gesundes angeborenes Selbstbewußtsein, das ihr im Leben dazu verhalf, Dinge zu tun, wozu anderen die Courage fehlte. Besonders gespannt war Franziska jedes Jahr auf die Ansprache des Pfarrers, wobei sie die evangelischen Pfarrer lieber reden hörte. Sie fand, daß die meisten Pfarrer besser sprachen als die Menschen, mit denen sie sonst zu tun hatte, und das gefiel ihr. Ein Pfarrer faszinierte sie besonders. Er hatte langes, graues Haar und erzählte so ausdrucksstark und spannend, daß Franziska die ganze Zeit mit offenem Mund und großen Augen zuhörte. Ihre Eltern mochten diesen Pfarrer nicht so gern, er war ihnen zu künstlerisch und in der Tat hatte Franziska sich den Pfarrer auserkoren, der auch Gedichte und Bücher schrieb. Nach Meinung von Herrn Kaufmann hatte sich ein Pfarrer ausschließlich um seine Gemeinde zu kümmern und ein einwandfreies moralisches Leben zu führen, an dem sich seine Schäfchen ein Beispiel nehmen konnten. Franziska ließ sich da von ihrem Vater nicht beeinflussen. Sie hatte noch nie zuvor einem Pfarrer so gespannt und interessiert zugehört.

Wochenlang vor Heiligabend probte die Katechetin, Frau Hammer, für das große Krippenspiel. Es wurde von Jahr zu Jahr schwieriger, genügend Kinder zusammenzubekommen, die dann auch noch so oft zu den Proben kamen und einigermaßen talentiert waren. Blamieren wollte sich Frau Hammer nicht, schon gar nicht am Heiligabend, wo das einzige Mal im Jahr die Kirche bis auf den letzten Platz gefüllt war. Man ließ sich das ganze Jahr Kirche verbieten, aber nicht am Heiligabend. So lange es noch zuverlässige Kinder gab, würde Frau Hammer ein Krippenspiel an diesem Tage aufführen. Es gehörte für sie zur Christvesper dazu und außerdem machte es ihr, trotz des Stresses, großen Spaß.

Franziska gehörte zu den Kindern, auf die sie sich verlassen konnte. Sie war begabt und kannte zum Schluß den ganzen Text des Krippenspieles auswendig und konnte so denen soufflieren, die sich nicht drei Sätze hintereinander merken konnten. Franzi bewunderte die Geduld von Frau Hammer, die wieder und wieder mit denen einzeln übte, die nach der zehnten Probe ihre Rolle immer noch nicht konnten. Während dieser Zeit tobte Franziska mit den übrigen Jungen und Mädchen, aber hauptsächlich mit den Jungen, in der Kirche herum. Sie hatte durch den Umgang mit ihren Brüdern ein unverklemmteres Verhalten Jungen gegenüber als andere Mädchen. Frau Hammer schimpfte nie, wenn sie in alle Ecken der Kirche krochen, was bei Franziska bewirkte, daß sie sich in der Kirche wohl und fast wie zu Hause fühlte. Die Katechetin schimpfte selbst dann nicht, wenn Franziska oben auf der Empore stand und ihr von unten die Kissen der Gottesdienstbesucher zugeworfen wurden und sie wiederum die Kissen so kräftig und zielsicher wie nur möglich nach unten warf, um die anderen zu treffen. Sie liebte diese Kissenschlachten in der Kirche. Selbst als sich die Damen beschwerten, die jeden Sonntag unter der Kanzel saßen, und für die das Wichtigste ihr Kissen am rechten Platz war, nahm Frau Hammer die Kinder in Schutz.

Nachdem Franziska sehr schnell aus dem Chor der Engel zu einer Hauptrolle aufgestiegen war, mußte sie immer wieder den Verkündigungsengel spielen. Das hatte den Vorteil, daß sie der Anführer einer ganzen Engelschar war, des Chors der himmlischen Heerscharen, der singen mußte: „Ehre sei Gott in der Höhe und Frieden auf Erden und den Menschen ein Wohlgefallen." Sie nutzte ihre Stellung als Engelführer aus und schimpfte, wenn das Engelvolk nicht gemessenen Schrittes in einem gewissen Abstand hinter ihr herschritt oder nicht ordentlich und laut genug sang. Alberne Engel konnte Franziska überhaupt nicht leiden, denn auch sie nahm ihre Rolle sehr ernst.

Es war in der Kirche mucksmäuschenstill, wenn sie mit klarer, deutlicher Stimme in einem weißen Gewand mit Goldborte abgesetzt und einer Kerze in der Hand ihren Text sprach: „Fürchtet Euch nicht! Siehe ich verkündige Euch große Freude, die allem Volk widerfahren wird; denn Euch ist heute der Heiland geboren, welcher ist Christus, der Herr in der Stadt Davids. Und das habt zum Zeichen: Ihr werdet finden das Kind in Windeln gewickelt und in einer Krippe liegen." Frau Hammer hatte Franziska gelehrt, daß ihr Text der wichtigste vom ganzen Krippenspiel war, weil er die Weihnachtsbotschaft enthielt. Das Mädchen war sich ihrer Verantwortung bewußt und enttäuschte Frau Hammer nie.

Einmal überzeugte die Katechetin sie von der Notwendigkeit, in diesem Jahr den Josef zu verkörpern. Keiner der zur Verfügung stehenden Jungen war in der Lage, den Josef auch mit dem nötigen Ernst darzustellen. Franziska tat es Frau Hammer zuliebe, obwohl sie nicht davon begeistert war, eine Hosenrolle zu übernehmen. Ihre Traumrolle war die Maria und sie fand auch, daß die Maria die wichtigste Person im Stück sei, weil sie ja schließlich das maßgebliche Kind zur Welt brachte.

Als Franziska im Jahr nach ihrer Josefrolle endlich den Mut hatte, die Katechetin zu fragen, ob sie nicht mal die Maria spielen dürfe, runzelte Frau Hammer die Stirn und sagte: „Der Pfarrer soll entscheiden." Am Ende der nächsten Christenlehrestunde erschien der Pfarrer, vor dem Franziska vor allem wegen seiner alles durchdringenden Stimme und seiner schönen großen Hände viel Respekt hatte. Die Konkurrentin für die Mariarolle war ein Mädchen mit langen blonden Haaren und einer großen Brust. Der Pfarrer sah von Mädchen zu Mädchen, lächelte wie ein typischer Pfarrer und sagte zu Franziska, sie solle lieber wieder den Verkündigungsengel spielen, sie sei kein Mariatyp. Für das Mädchen Franziska brach eine Welt zusammen – sie würde ihre Traumrolle nie spielen können. Die Frau Franziska fragte sich einige Jahre später, wo wohl der Pfarrer seine Marienphantasien hergenommen hatte, denn für einen halbwegs theologisch gebildeten Typ war doch klar, daß Maria eines gewiß nicht war: blond und blauäugig, und daß die kleine dünne Franziska mit ihrem dunklen Teint, ihren fast schwarzen Haaren und Augen viel mehr einer orientalischen jungen Frau von ungefähr vierzehn Jahren entsprach als die dicke Blonde.

Der Auftritt in der Kirche verkürzte Franziska den Heiligabend, denn zuvor hatte sie oft stundenlang durch das Schlüsselloch ins Weihnachtszimmer geschaut in der Hoffnung, irgend etwas Interessantes zu erhaschen.

Schildchen kam fast jedes Jahr, um Franziska beim Krippenspiel zu sehen. Das Mädchen wußte, daß Schildchen nicht in die Kirche ging, nicht an Gott glaubte und nur ihr zuliebe kam. Deshalb wollte sie Schildchen auf keinen Fall enttäuschen und hoffte, daß die alte Frau stolz auf sie wäre. Frau Schild war stolz auf Franziska.

Leider sah ihr Vater das Krippenspiel nie, weil er dem Weihnachtszimmer den letzten Schliff verlieh. Franziska wußte zwar, daß der Vater zu Hause unabkömmlich war, trotzdem war sie traurig, daß er ihren Auftritt versäumte und sie somit auf das Lob der Mutter angewiesen blieb. Von ihren Brüder konnte sie eh kein Lob erwarten. Sie konnte machen was sie wollte, sie behandelten sie wie die kleine dumme Franzel, wofür sie sich allerdings sooft wie möglich zu rächen versuchte.

Wenn es dann endlich in das Weihnachtszimmer hineinging, war das alles für ein paar Stunden vergessen. Erst mußten Franziska und ihre Brüder ein Gedicht aufsagen. Dabei schauten die Kinder schon auf die Stelle unterm Weihnachtsbaum, die jedem zugedacht war. Die Bescherung war etwas Großartiges im Hause Kaufmann und da es Geschenke nur zum Geburtstag, zu Ostern und zu Weihnachten gab, fiel der Gabentisch immer recht üppig aus. Nachdem man sich schnell über die eigenen Geschenke informiert hatte, sah man sich die Geschenke der anderen an. Franziska tat das sehr gern, weil sie ein sehr neugieriger Mensch war. Zum Schluß der Bescherung holten die Kinder die Geschenke für die Eltern, auch schenkten sie sich etwas untereinander.

Nach der großen Zeremonie des Schenkens folgte die zweite große Zeremonie des Abends, nämlich die des Essens. Mutter Kaufmann hatte dafür tagelang in der Küche gestanden und es wurde viel aufgefahren: Ragout fin, Zunge in Rotweinsoße und Karpfen blau mit Meerrettichbutter. Die Familie aß diese Köstlichkeiten mit viel Genuß und je älter die Kinder wurden, umso länger dauerte das Mahl. Der Höhepunkt des Weihnachtsessens kam allerdings erst am nächsten Mittag in Form der Weihnachtsgans auf den Tisch. Zu der Weihnachtsgans gab es rohe Klöße, eine fette Soße und selbstgemachtes Rotkraut. Ein Essen, das die Kaufmannkinder so beeindruckend fanden, daß sie es in ihre eigenen Familientraditionen übernahmen, sofern sie welche entwickelten. Am zweiten Weihnachtsfeiertag gab es dann noch Hasenbraten mit Grünkohl, und wer sich damit immer noch nicht überfressen hatte, konnte das tun in Form von Stollen, Lebkuchen, Mohnstollen und diversen anderen Süßigkeiten.

Der besondere Stolz von Herrn Kaufmann war der eigenhändig geschmückte Weihnachtsbaum. Ein Baum, den es größer nur noch in der Kirche gab. Deshalb waren der Pfarrer mit den schönen großen Händen und Herr Kaufmann die privilegierten Kunden beim Weihnachtsbaumhändler, denn gut gewachsene und noch dazu große Weihnachtsbäume waren eine Seltenheit in dem Land, wo ein Weihnachtsengel inzwischen Jahresendflügelpuppe hieß.

Frau Hammers Freude am Theaterspielen ging soweit, daß sie auch übers Jahr Anlässe fand, um mit ihrer kleinen Schauspieltruppe aufzutreten. So übte sie z.B. für den Rosenmontag ein Märchen ein, um so die älteren Herrschaften der Gemeinde zu erfreuen. Franziska spielte im Schweinehirt die zickige Prinzessin und in den Streichen von Max und Moritz den armen Schneider, der auf der angesägten Brücke ins Wasser fiel. Ihr machten diese Auftritte viel Spaß, wobei ihr die Rolle der Prinzessin besser gefiel als die Rolle des Schneiders.

Zum Reformationstag studierte die emsige Frau Hammer ein Stück über das Leben von Martin Luther ein, in dem auch die Legende vom heiligen Martin eine Rolle spielte. Franziska spielte den Bettler, mit dem der heilige Martin den Mantel teilte und es paßte ihr gar nicht, daß sie vor einem Jungen auf die Knie gehen mußte, der ihr nicht ganz gleichgültig war. Außerdem paßte ihr der zerteilte Mantel nicht, weil sie meinte, daß nun keiner von beiden etwas von dem Mantel habe. Am Reformationstag bekamen die Kinder, die zur Christenlehre gingen, vom Pfarrer mit den schönen großen Händen eine Entschuldigung für die letzten Schulstunden, um zum Gottesdienst gehen zu können. Wohl das mindeste, was man zum Gedenken des großen Reformators tun konnte, der nur vierzig Kilometer weiter gewirkt hatte.

Auf einmal wollten alle Kinder mit in die Kirche gehen und Franziska war besonders an diesem Tag sehr stolz, zu den Auserwählten zu gehören. Überhaupt war es für Franziska das Selbstverständlichste der Welt, in die Kirche zu gehen. Sie war eine sehr gute Schülerin und wurde deshalb auch nie von Mitschülern oder gar Lehrern deswegen gehänselt, sowie es überall im Land geschah. Für sie war es so, daß die Schlauen in die Kirche gingen und die weniger Schlauen nicht. Außerdem gingen ihre meisten Freundinnen und Freunde zur Kirche und ihre liebste Schulfreundin war streng katholisch – die Ausnahme in dieser Gegend.

So ging Franziska auch ab und zu mit Helene zur Sonntagsmesse und fand es sehr spannend. Für die Kaufmanns war es egal, ob die Menschen katholisch oder evangelisch waren – Hauptsache, sie waren irgend etwas.

Franziska hörte schon als Kind den Spruch: „Hüte dich vor den Katholiken, sie sind falsch." Falsch wohl im Sinne von: Sie predigen Wasser und trinken Wein. Franziska wußte nicht so recht, weshalb so etwas gesagt wurde und da sie ihre Freundin Helene über alles liebte, ließ sie sich nicht von den bösen Sprüchen der Leute beeinflussen.

*

Bis zur sechsten Klasse ging Franziska in die Christenlehre zu Frau Hammer und in der siebten und achten Klasse mußte sie dann zum Pfarrer mit den schönen, großen Händen zum Präparanden- bzw. Konfirmandenunterricht. Am Ende dieses Unterrichtes sollte die Konfirmation stehen, ein Höhepunkt im Menschenleben, dachte Franziska. Der Unterricht beim Pfarrer überzeugte das junge Mädchen nicht immer, doch der Pfarrer konnte sich schon wegen seiner Stimme bei den Halbwüchsigen durchsetzen und so war immer Ruhe und keiner wagte eine Widerrede. Franziska dachte sich bei den behandelten Themen oft, daß der Pfarrer doch einen sehr intelligenten Eindruck machte, deshalb könnte er doch nicht glauben, was er da erzählte. Oder verstand sie ihn einfach nicht? Irgendetwas mußte es geben außerhalb ihres bisherigen Verstehens.

Gegen die Konfirmation hatte der Staat eine riesige Agitationskampagne geführt, die er auch siegreich zu Ende brachte. Wurden in den fünfziger Jahren fast noch alle Kinder konfirmiert, waren es in den sechziger Jahren ungefähr noch ein Viertel und in den siebziger und achtziger Jahren reduzierten sich die Zahlen fast auf Null. Franziska hatte von dem Kampf um die Jugend gar nichts mitbekommen und sie freute sich auf ihre Konfirmation noch mehr als auf Weihnachten.

Der Staat war in dieser Sache vor allem erfolgreich, weil er die Konfirmation einfach durch ein anderes Fest ersetzte. Die Jugendweihe war keine Erfindung dieses Staates, doch wenn es um die Sicherung der Macht ging, griff man gern auf alte antireligiöse Traditionen zurück. Wichtig war, daß die Jugendlichen nicht dem lieben Gott Gehorsam schworen, sondern ihrem Vaterland mit den drei Großbuchstaben.

Den meisten Bürgern des Landes war es egal, wem sie was schworen. Feierlich sollte es sein, nicht zu lange sollte es dauern, denn wichtig war das Fest danach. Die Jugendgeweihten durften sich in der Regel das erste Mal im Leben mit Erlaubnis der Eltern besaufen.

Bei den Kaufmanns wurde die ganze Sache wie folgt gehalten: Man ging zur Jugendweihe und zur Konfirmation, obwohl sich beides ausschloß. Die Pfarrer hatten es allerdings längst aufgegeben, darauf hinzuweisen. Die Kaufmanns wollten weder sich noch ihrer Tochter, die auf die höhere Schule gehen sollte, Schwierigkeiten bereiten.

Für Franziska war die Handhabung der Eltern mit dem Problem in Ordnung und logisch. Noch dazu, wo an der ganzen Jugendweihe für sie am wichtigsten die damit verbundene Fahrt in die Hauptstadt des Landes war. Franziska wäre traurig gewesen, wenn sie hätte zu Hause bleiben müssen.

Es war die erste mehrtägige Klassenfahrt überhaupt und die Schüler genossen diese Tage, welche für sie nichts mit Jugendweihe und Politik zu tun hatten. Franziska hatte vor allem mit ihrer Freundin Helene viel Spaß. Im Museum für deutsche Geschichte schmerzten ihnen so die Füße, daß sie die Schuhe auszogen und in Strümpfen durch die Räume huschten, die ihnen von Raum zu Raum langweiliger erschienen. Aber da man immer was zu lachen hatte über Mitschüler, mitgereiste Eltern oder Lehrer, ertrug man das Pflichtprogramm mit Gelassenheit. Das Pergamon-Museum mit dem gleichnamigen Altar fand Franziska dagegen viel beeindruckender.

Man besuchte auch das berühmteste Varieté des Landes, welches man aus dem Fernsehen kannte und erlebte die ebenfalls aus dem Fernsehen bekannten Schlagerstars. Franziska war erschrocken, weil das Fernsehen ihr einen ganz anderen Eindruck vermittelt hatte. Die meisten Künstler wurden von den Jugendlichen mehr ausgepfiffen als gefeiert. Eine vom Staat geduldete Rockband trat auf als Ventil für die enttäuschten und frustrierten Schüler.

Sehr viel Spaß bereitete der Besuch des größten Tierparks des Landes, denn in einem Alter, wo der Phantasie und der Albernheit keine Grenzen gesetzt sind, ist dem Besuch eines Tierparks sehr viel abzugewinnen. Während der Heimfahrt lernte Franziska von einem Jungen die Grundregeln des Skatspiels, eine sehr wichtige Sache, wie sich später herausstellen sollte.

Am Sonntag der Jugendweihe ging Franziska das erste Mal in Perlonstrümpfen und Hackenschuhen auf die Straße. Es gab noch keine Feinstrumpfhosen und so mußte sie einen Strumpfhaltergürtel tragen. Alles war furchtbar unbequem, aber wer schön sein wollte, mußte wohl leiden. Die Mutter hatte auf Wunsch der Tochter ein Kleid aus gelber Spitze genäht. Um älter zu wirken, hatte Franziska sich die Haare zu einem Dutt hochgesteckt. Eine Schleife aus derselben Spitze wie das Kleid zierte ihren Hinterkopf. Sie fand sich schön und konnte es ein paar Jahre später nicht fassen, wie sie da rumgelaufen war.

Herr Kaufmann sagte seiner Tochter, daß sie auf der Bühne eine vernünftige Figur abzugeben habe, damit er sich nicht mir ihr blamiere. Diese Ermahnung führte dazu, daß Franziska, eine Gruppe von acht Mitschülern anführend, wie eine stolze Königin, mit erhobenem Haupt auf die Bühne schritt und die Kaufmanns wieder einmal stolz auf ihre Tochter waren.

Jeder Teilnehmer der Jugendweihe mußte das Gelöbnis sprechen, in welchem er sich zu seinem sozialistischen Vaterland bekannte und ihm Gehorsam für Lebzeiten schwor. Franziska fand es nicht richtig, daß ihr so ein Gelöbnis abverlangt wurde, doch sie hätte nie gewagt, etwas dagegen zu sagen und so fügte sie sich der Allgemeinheit, die offensichtlich keine Schwierigkeiten damit hatte. Sie schämte sich später dafür, daß sie dieses Gelöbnis wirklich gesprochen hatte, doch wußte sie auch, daß eine vierzehnjährige Schülerin nicht die Verantwortung dafür trug.

Am Tag der Jugendweihe hatte sie sehr schnell ganz andere Sorgen. Die Opposition ihrer Eltern erschöpfte sich darin, daß es zu Hause keine Feier gab. Franziska wollte zu ihrer Freundin Helene aufs Dorf fahren, um dort an der sogenannten Dorfrunde teilzunehmen.

Sie mußte lange auf ihren Vater einreden, bis er sie endlich mit dem Bus fahren ließ. Nie brachte Herr Kaufmann seine Kinder mit dem Auto irgendwohin. Es war gar nicht in seinem Denken und außerdem wollte er vermeiden, daß seine Kinder mit etwas prahlten, was die meisten anderen Kinder nicht hatten. Er mußte sehr vorsichtig sein als privater Geschäftsmann.

Eigentlich wollte Herr Kaufmann nicht, daß seine Tochter an diesem Tag auf die Feier der Mitschüler fuhr. Er wollte vermeiden, daß man darüber sprach, daß im Hause Kaufmann nicht gefeiert wurde. Wieder einmal verstand es Franziska, ihren Vater so lange zu umgarnen bis er nachgab. Allerdings bestimmte er, daß sie abends zwanzig Uhr wieder zu Hause zu sein hatte.

Sie fuhr also mit dem Bus zu ihrer Freundin Helene, wo es auch nur ein bescheidenes Kaffeetrinken gab. Die beiden Freundinnen trafen alsbald die sechs Jugendgeweihten aus dem Dorf und gingen von Feier zu Feier und bekamen auf jeder Feier mindestens ein Glas, nicht etwa Wein oder Bier, nein, irgendwelchen Schnaps. Die Bandbreite reichte über Braunen, Klaren, Halbbitter und Likör. Sie tranken alles durcheinander und die Wirkung ließ nicht lange auf sich warten. Unterwegs wurde dann auch noch geraucht, weil man nichts auslassen wollte auf dem Weg zum Erwachsensein.

In den meisten Familien ging es so feuchtfröhlich zu, daß vor allem die Männer nicht mehr viel brauchten, um vom Stuhl zu fallen. Sie amüsierten sich alle köstlich und als der Bus fuhr, den Franziska nehmen mußte, fand sie es unverschämt, daß sie so zeitig zu Hause sein sollte. Jedoch wagte sie es nicht mal im betrunkenen Zustand, einen Bus später zu fahren, weil sie den Zorn und die damit verbundene Strafe des Vaters fürchtete. Auf dem Heimweg hatte sie arge Mühe, sich einigermaßen gerade zu halten. Deshalb versuchte sie, auf einer

Linie des Straßenpflasters zu gehen, um nicht die Richtung zu verlieren.

Peinlicherweise rutschte sie, zu Hause angekommen, die drei Stufen hinunter, die in das Wohnzimmer führten. Ihr Vater sah sie kurz an und sagte ernst:„ Franziska, ich weiß Bescheid, geh bitte zu Bett."

So schlief Franziska am Abend ihrer Jugendweihe selig ihren ersten Rausch aus. Die Strenge des Vaters hatte sie vor Schlimmerem bewahrt, denn den meisten ihrer Mitschüler ging es in dieser Nacht überhaupt nicht gut und einige von ihnen waren noch nicht mal fähig, am nächsten Tag die Schule zu besuchen.

Dabei hatte die Schulleitung für die Jugendgeweihten schon die ersten zwei Schulstunden ausfallen lassen. Diese Mitschüler verpaßten den erhebenden Moment, wo jeder Lehrer die angeblich nun Erwachsenen zum ersten Mal mit „Sie" anredete. Die Jugendweihe nahm auch den Platz eines Initiationsritus ein und über die politische Dimension wurde wenig nachgedacht.

Der Konfirmation ging eine sogenannte Prüfung voraus. Die Konfirmanden sollten vor der Kirchengemeinde ihr Wissen in Bezug auf ihre eigene Religion vorzeigen. Franziska freute sich auf die Prüfung, konnte sie doch einmal mehr vor versammelter Mannschaft glänzen. Ihre Mutter hatte ihr ein schickes, hellblaues Wollkostüm genäht.

Der Pfarrer kannte seine Schäflein gut und wollte auch keinen blamieren und so fragte er die Schwächeren im Geist nach den zehn Geboten, dem Vaterunser oder dem Glaubensbekenntnis, während er mit den klügeren Köpfen einen kleinen Diskurs in Bibelkunde und Kirchengeschichte führte. Nachdem Franziska schon einige gute Antworten gegeben hatte und der Pfarrer sich über das Mädchen freute, wollte er diese Prüfung angemessen beenden. Dazu war ihm eine spontane Idee gekommen. Solche Ideen schrieb der Pfarrer dem heiligen Geist zu, was ihn vor zu großer Selbstüberschätzung bewahrte.

Theatralisch schritt er, und er war sich seiner Wirkung auf das Publikum durchaus bewußt, zum Altar. Er ergriff die große Schmuckbibel und schlug eine Stelle im Neuen Testament auf. Er rief Franziska nach vorn und sagte, sie möge bitte diesen Absatz vorlesen. Frau Kaufmann rutschte das Herz in die Hosentasche. Sie flüsterte Herrn Kaufmann zu: „Das kann sie nicht, sie kann doch keine alte deutsche

Schrift lesen." Auch Herr Kaufmann saß auf einmal kreidebleich und sehr gespannt da. Er fand es etwas unverschämt, seiner Tochter etwas zuzumuten, womit die meisten Erwachsenen Schwierigkeiten hätten.

Keiner der beiden dachte an die vielen Karl-May-Bücher, die ihre Tochter schon vor Jahren verschlungen hatte. Inzwischen hatte Franzi aus dem elterlichen Bücherschrank auch noch etliche andere Vorkriegsbücher gelesen.

Franziska holte tief Luft und fing mit ihrer klaren Aussprache langsam und deutlich an zu lesen. Ihr Problem war nur das Gewicht der gewaltigen Bibel und sie betete nebenher, daß ihre Muskelkraft für diesen Auftritt reichen würde.

Dem Ehepaar Kaufmann stiegen alsbald Tränen der Freude und der Rührung in die Augen. Sie waren wieder einmal stolz auf ihre hübsche, begabte Tochter. Am Ausgang konnte sich Frau Kaufmann nicht verkneifen, den Pfarrer darauf anzusprechen, ob das nicht ein wenig schwierig für Franziska gewesen wäre, denn sie hätte sich ja auch blamieren können. Der Pfarrer sagte zu Frau Kaufmann lächelnd: „Aber liebe Frau Kaufmann, trauen sie ihrer Tochter so wenig zu? Ich wußte, daß sie das lesen kann. Außerdem höre ich so gern Franziskas Stimme. Sie hat eine so schöne, getragene Stimme." Schöne, getragene Stimme, dachte Frau Kaufmann, ist mir überhaupt noch nicht aufgefallen. Als sie ihrem Mann erzählte, was der Pfarrer gesagt hatte, lächelte Herr Kaufmann zufrieden.

Vor der Konfirmation hatte Franziska einige Diskussionen mit ihren Eltern geführt. Das sonst so ruhige, schüchterne und angepaßte Mädchen schien auf einmal ihren eigenen Kopf zu besitzen, was Frau Kaufmann nervte und Herrn Kaufmann Angst machte.

Die erste Diskussion drehte sich um die Art der Geschenke. Drei Geschenke hatte sie aus dem Westen zu erwarten. Sie wollte sich so gern Kleidungsstücke wünschen, die es in ihrem Land nicht zu kaufen gab. Ihr Vater war dagegen, weil man sich zur Konfirmation was Bleibendes zu wünschen hatte und eigentlich hatte man sich gar nichts zu wünschen, sondern das zu nehmen, was man bekam. Sie einigten sich darauf, daß sie von ihrer Patentante Mizzi aus Sindelfingen die vorgeschlagene goldene Uhr bekam, von ihrem Opa aus Wolfsburg die goldene Kette und von Onkel Helmut und Tante Erika aus Westberlin durfte sie sich die langersehnte Selastiksteghose wünschen.

Auch sagte Franziska gnatzig zu ihren Eltern, daß sie von den ganzen Spießern, die zu ihrer Konfirmation auftauchen würden, lieber Geld haben wollte als irgendwelche teuren sinnlosen Geschenke und für die Aussteuer wolle sie schon gar nichts haben. Die Mädchen bekamen zu solchen Anlässen die ersten Geschirrtücher, Handtücher und Bettwäsche geschenkt. Der Gedanke an solche Geschenke regte Franziska auf, weil sie keineswegs mit dem Gedanken spielte, sich so schnell wie möglich in den Hafen der Ehe zu begeben. Außerdem wußte sie nicht, warum sie sich über Bettwäsche freuen sollte, die Jungen bekamen so etwas doch auch nicht. Frau Kaufmann verstand ihre Tochter ein wenig besser als ihr Mann, doch sahen sich beide betreten an und hatten den gleichen Gedanken; sie würden wohl mit ihrem Mädchen noch einiges durchmachen. Frau Kaufmann sollte dann immer entschuldigend sagen:„Ich bin froh, daß sie in der Schule so fleißig ist und wir dort keinen Ärger mit ihr haben."

In der zweiten Diskussion ging es um die Einladungsliste. Die Kaufmanns hatten in der Stadt ihren Bekanntenkreis, dem gegenüber sie verpflichtet waren. Die Paten von Franziska waren nicht greifbar. Zu dem Patenonkel, ein ehemaliger Freund des Hauses, hatte man irgendwann den Kontakt abgebrochen und die Patentante war inzwischen im Westen. Gegenüber der Verwandtschaft war man sehr kritisch und die Familienverhältnisse im größeren Maßstab gestalteten sich schwierig, so daß es nicht üblich war, sich zu Familienfesten einzuladen.

Franziska hätte gern Schildchen und einige Klassenkameraden eingeladen. Am Ende der Diskussion war sie froh, wenigstens Helene auf die offizielle Einladungsliste gebracht zu haben.

Als Franziska einige Jahre später ihr einziges Konfirmationsbild betrachtete, war sie entsetzt, daß diese kleine, aufgetakelte Person nach dem Motto „gewollt und nicht gekonnt" wirklich sie, Franziska Kaufmann, gewesen war. Am besagten Tag fühlte sie sich jedoch schön und lief eher in dem Bewußtsein herum „wer ist die Schönste im ganzen Land?"

Sicher ging es den anderen Konfirmandinnen ähnlich. Doch was Kleidung betraf, hatte Franziska zwei Vorteile ihren Mitschülerinnen gegenüber. Ihre Eltern besaßen ein Stoffgeschäft und ihre Mutter war

Damenschneidermeisterin. So hatte ihr die Mutter ein Kleid aus schwarzem Chiffon mit einem schwarzen Taftunterkleid genäht. Das Kleid war besetzt mit schwarzen Samtblüten, die mit einer weißen Perle angenäht waren. Frau Kaufmann hatte viele Abende an diesem Kleid gearbeitet. Es machte ihr Spaß, ihre Tochter zu benähen, obwohl diese ihren eigenen Kopf besaß und sich in den seltensten Fällen von der Mutter beeinflussen ließ.

Als Franziska ein kleines Mädchen war, hätte sie ihr gerne noch ausgefallenere Sachen genäht, aber die Mitschülerinnen waren oft neidisch auf die vielen Kleider der Tochter gewesen und hatten sie manchmal gehänselt. Franziska litt wahnsinnig darunter und wollte dieses Kleid dann nicht mehr anziehen, was Frau Kaufmann überhaupt nicht verstand. Sie selbst hatte es als Mädchen genossen, wenn die anderen sie um etwas beneideten. Franziska jedoch, wollte immer nur von allen geliebt werden und litt schrecklich, wenn es nicht so war oder auch, wenn sie sich ungerecht behandelt fühlte. Doch was konnte Margarete Kaufmann am Charakter ihrer Tochter ändern? Dieses Mädchen war überhaupt in so vielem ganz anders als sie, manchmal war sie enttäuscht darüber. Doch auf das Konfirmationskleid war sie stolz, und an diesem Tage würde ihre Tochter die Schönste sein.

Franziska hatte sich wieder die Haare hochgesteckt wie zur Jugendweihe und trug eine schwarze Chiffonschleife am Hinterkopf. Ihr Vater hatte ihr sogar aus Leipzig einen schwarzen Büstenhalter mitgebracht und sie bekam jedes Mal einen roten Kopf, wenn er die Geschichte vom Einkauf dieses Teils zum Besten gab. Doch Herr Kaufmann schien Spaß daran zu haben. Er erzählte dann ziemlich langatmig mit einigen Anzüglichkeiten, über die Franziska sich sehr wunderte, wie er der Verkäuferin klargemacht hatte, daß es sich um einen BH für seine Tochter handele. Als sie ihn nach der Größe fragte, sagte er: „Na, ein Brötchen müsse schon hineinpassen"; worauf sich alle Zuhörer totlachten, nur Franziska nicht.

An all das dachte Franziska beim Einzug der Konfirmanden in die Kirche nicht. Sie suchte zwei ihrer Klassenfreunde, die kommen wollten, obwohl sie sonst nicht zur Kirche gingen, wobei ihr der eine besonders am Herzen lag und natürlich suchte sie ihre Freundin Helene. Die beiden Jungen fand sie auf der Empore, zum unten sitzen reichte wohl ihr Mut nicht, und ihre schöne Freundin Helene fand sie neben ihren Brüdern. Zum Glück hatte ihr ältester Bruder Gerd gerade geheiratet, denn mit der Schwägerin konnte sie wenigstens etwas anfangen. Sie behandelte Franziska wie eine Gleichaltrige und das gefiel ihr.

Jeder Konfirmand mußte vor der Einsegnung seinen Konfirmationsspruch aufsagen, den er sich, sofern er in der Lage dazu war, selbst aus der Bibel herausgesucht hatte. Franziska sah aus wie die Prinzessin der Nacht und sagte mit einer Stimme, die man auch auf dem letzten Platz verstand: „Ich bin das Licht der Welt, wer mir nachfolgt wird nicht wandeln in der Finsternis, sondern wird das Licht des Lebens haben." Sie sprach den Vers so eindrücklich und überzeugend, daß jemand, der es nicht besser wußte, meinte, sie wäre gemeint mit dem Licht der Welt und nicht der Herr Jesus. Am Ende des Gottesdienstes empfingen die Konfirmanden das erste Abendmahl. Franziskas größte Sorge dabei war, daß sie den Wein nicht schlürfte, daß sie sich nicht verschluckte und die am Gaumen klebende Oblate lautlos hinunterschluckte. Es war ein höchstpeinlicher Auftritt für sie, weil sie sich von allen beobachtet fühlte. Sie hatte Angst umzufallen oder in einen Lachkrampf auszubrechen. An den Herrn Jesus erinnerte sie ihr erstes Abendmahl nicht.

Nach dem Gottesdienst ging die Kaufmannsche Konfirmationsgesellschaft ins beste Haus am Platz zum Mittagessen. Es gab, wie üblich zu dieser Zeit in dieser Gegend, als Vorsuppe klare Gemüsesuppe mit Eierstich, als Hauptgericht Schweine- und Rinderbraten mit mehreren Gemüsen, wobei Spargel und Champignons als Delikatesse galten, und als Nachspeise einen Eisbecher mit Sahne und Früchten. Der Aperitif bestand aus einem Glas Rotkäppchen-Sekt halbtrocken. Zum Essen konnte man wählen zwischen Weißwein und Bier, wobei man wußte, daß Wein vornehmer war, den meisten aber Bier besser schmeckte.

Franziska schmeckte beides nicht. Sie trank gern Sekt, den es leider nur zu ganz besonderen Anlässen gab und sonst bevorzugte sie an alkoholischen Getränken Likör, wobei ihr nach wie vor Eierlikör im Schokoladenbecher das Liebste war.

Während der Feier zu Hause gingen Franziska und Helene öfter in die Dachzimmer der Brüder und rauchten heimlich mit der neuen Schwägerin Annelies eine Zigarette. Ihr Bruder Gerd fand das zwar nicht richtig, aber seine Frau nahm die jungen Mädchen in Schutz. Sie konnte sich gut daran erinnern, daß sie auch mal in diesem Alter gewesen war. Eine Eigenschaft, die den meisten Menschen im Laufe des Lebens leider abhanden kommt. Die beiden Freundinnen saßen kichernd auf Gerds Bettrand mit einer Zigarette in der Hand und sahen trotz gleichen Alters sehr unterschiedlich aus.

Seit ihrem elften Lebensjahr mußte Helene die Monatsblutung über sich ergehen lassen, während sie Franziska, lang herbeigesehnt, gerade erst bekommen hatte.

Nie vergaß Franziska den Augenblick, als sie auf dem Schulklo die ersten Tröpfchen Blut in ihrem Schlüpfer bemerkte. Entsetzt hatte sie nach der Freundin gerufen, die erfahren und gelassen die Situation meisterte. Helene besorgte ihrer Freundin eine gewaltige Binde und packte sie in Franziskas Schlüpfer. Als Franziska damit loslief, hatte sie ein so unangenehmes Gefühl zwischen den Beinen, daß sie meinte, alle müßten doch sehen, was mit ihr los sei. Helene lachte und meinte, sie solle sich nicht anstellen und vor allem nicht so breitbeinig laufen.

An jenem Nachmittag bekam Franziska wahnsinnige Bauchschmerzen und plötzlich war sie froh, daß sie nicht, wie Helene, schon seit vier Jahren von diesem Leiden geplagt wurde. Der Kommentar ihrer Mutter zu einem so einschneidenden Ereignis im Leben eines jungen Mädchens war: „Ich nehme schon mein Leben lang Watte, das ist angenehmer als diese Binden. Wir leben in einem Männerhaushalt und deshalb wünsche ich es nicht, daß irgendwelche Spuren dieser Sache in der Wohnung zu finden sind. Außerdem reiß dich zusammen, damit nicht jeder gleich sieht, was mit dir los ist. Und dann noch eins, merke es dir gründlich! Ich werde kein Kind von dir großziehen, komm mir also nicht schwanger nach Hause."

Diese Aufklärung führte dazu, daß Franziska Watte nahm, daß sie alles daran setzte, die Tage vor dem Vater und den Brüdern zu verheimlichen und daß sie panische Angst vor einer Schwangerschaft hatte.

Franziska war zwar nun rein biologisch eine Frau, jedoch beneidete sie ihre beste Freundin ob ihrer weiblichen Formen. Sie, Franziska Kaufmann, sah aus wie eine Bohnenstange und hatte einen kindlichen Gesichtsausdruck. Darum war ihr jedes Mittel recht, sich älter zu machen. Dazu gehörten vor allem auch Zigaretten. Außerdem waren Zigaretten zu Hause verboten, man mußte aufpassen, daß es die Eltern nicht mitbekamen und alles zusammen machte einen besonderen Reiz aus.

*

Am Ende des achten Schuljahrs mußte Franziska die Schule wechseln, wenn sie das Abitur machen wollte. Franziska wäre todunglücklich gewesen, hätte man sie nicht auf die sogenannte EOS, Erweiterte Oberschule, gelassen. Doch sie hatte Angst, in ihrer Stadt auf diese Schule zu gehen, wo der Ruf des Namens Kaufmann schon ruiniert war. Schon ihre Cousine Marlene war auf dieser Schule unangenehm aufgefallen. – Obwohl Lehrer schlecht vergaßen, waren ihnen die Streiche und die Faulheit der Cousine vielleicht nicht mehr so präsent. Unvergessen geblieben war ihnen mit Sicherheit ihr Bruder Michael. Durch ihn hatte sich die Mehrheit der Lehrer so provoziert gefühlt, daß sie ihn nicht länger an der Schule ertragen konnten und ihn vorzeitig zum Abdanken zwangen. Franziska hörte noch Jahre später den Vater während dieser Zeit am Abendbrottisch brüllen, wenn es wieder zur Diskussion mit ihrem Bruder kam: „Wer die Macht hat, hat das Recht." Falls der Bruder wirklich mal versuchte, sich zu rechtfertigen, zum Beispiel daß er nicht allein rauchend über die Hauptstraße des Städtchens geschlendert war, sondern mit ihm noch mehrere seiner Klassenkameraden, brüllte der Vater, wann er denn nun endlich kapiere, daß er nicht Müller oder Schulze heiße, sondern Kaufmann und daß es noch lange nicht dasselbe sei, wenn zwei das Gleiche tun.

Damit auch Franziska hätte verstehen können, um was es eigentlich gehe, hätte ihr Vater ihr klarmachen müssen, daß die Kaufmannkinder halt in diesem Staat die Kapitalistengören waren und daß alles, was sie taten, politisch ausgelegt wurde. Sie waren von vornherein Kinder des Klassenfeindes und wurden auch so behandelt, wenn sie sich auffällig benahmen. Das Auffällige an ihrem Bruder Michael war eigentlich nur, daß er in einer Rockband spielte, mit einem Beatleschnitt rumrannte und seine Mutter ihm Schlaghosen genäht hatte. Das alles war des westlichen Einflusses zuviel und so stänkerte man den ansonsten friedlichen Jungen so lange an, bis er zurückstänkerte.

Ein Arbeiter- oder Bauernkind hätte diese Probleme so nie bekommen und ein Kind, dessen Eltern zur sozialistischen Intelligenz gehörten, hätte es auch viel leichter gehabt.

Franziska mochte diese Diskussionen nicht, wollte sie doch so unauffällig wie nötig die Schule besuchen und in ihrer Freizeit so viel Spaß haben wie möglich. Sie hatte also überhaupt keine Lust auf Lehrerstreß und war weder so frühreif noch so mutig wie ihr Bruder Michael. Das mußte sie in dieser Familie auch nicht sein, weil sie das Mädchen war. Der Mut war den Jungen vorbehalten und wenn Herr Kaufmann etwas bei seinen Söhnen gar nicht leiden konnte, dann war es Feigheit. Michael hatte diesem Ideal eines Jungen immer entsprochen und wenn sein Mut nun in Bahnen geriet, die Herr Kaufmann zwar insgeheim verstand, angesichts der politischen Lage aber nicht gutheißen konnte, wurde er nun für seine Erziehung bestraft. Hatte er nicht selbst die Geister gerufen, die er nun nicht wieder los wurde? Oskar Kaufmann sah das anders, Selbstkritik war nicht gerade die stärkste Seite dieses starken Mannes.

Als ihr Bruder die Schule vorzeitig verließ, besorgte ihm der Vater einen Platz an der Schule für Tanzmusik in der Hauptstadt. Michael hatte ein nicht zu übersehendes musikalisches Talent. Leider sollte es nie richtig zur Entfaltung kommen, wofür es viele erklärliche, aber auch genau so viele unerklärliche Gründe gab. Gab es Menschen, die unter einem unglücklichen Stern geboren waren oder war jeder Mensch wirklich nur seines eigenen Glückes Schmied? Michael sollte sein Leben lang zu den Glücklosen dieser Welt gehören und die Musik, welche er in sich hatte, erhob ihn nicht in himmlische Höhen, sondern zog ihn in immer tiefere Abgründe. Später versuchte er sein Leid im Alkohol zu ertränken, wodurch seine Melancholie nur noch wuchs und sein Körper zerstört wurde.

Nach dem Auszug des Bruders fand Franziska eines Mittags ihre Mutter tränenüberströmt in der Küche sitzen. Es dauerte eine Weile bis sie mitbekam, daß ihr Bruder verhaftet worden war.

Ein Jahr blieb der Bruder weg. Einen Spitzel hatte es unter seinen Freunden gegeben, und es reichte in diesen Zeiten aus, laut zu denken. Angeblich wollte er mit zwei Freundinnen über die CSSR abhauen. Michael war siebzehn und wurde in der Untersuchungshaft achtzehn Jahre alt. Nur weil er sich mit dem Gedanken getragen hatte, schon wegen der Rockmusik das Land zu verlassen, wurde er morgens um fünf Uhr aus seinem Bett gezerrt und tauchte erst nach einem Jahr wieder auf. Nach der Verurteilung kam er mit achtzehn Jahren ins „gelbe Elend", dem berüchtigsten Knast des Landes mit Kriminellen auf eine Zelle.

All dies erfuhr Franziska und ihr Bruder tat ihr leid, daß er so jung so leiden mußte. Es tat ihr auch ihr Vater leid, der nach jedem Besuch in diesem Gefängnis wortkarg und blaß nach Hause kam. Es tat ihr auch die Mutter leid, die oft Heulkrämpfe bekam und selbst am Heiligabend weinte und sie tat sich selbst leid, weil sie das alles ertragen mußte. Als ihr Bruder eines Tages wieder zu Hause war, traute sie sich kaum, ihn anzuschauen, er war viel dünner, blasser und ruhiger geworden. Es dauerte eine Weile, bis sie wieder einen ähnlichen Umgang miteinander hatten wie früher.

Franziska wollte allerdings trotz allem Verständnis nicht ausbaden, daß ihr Bruder nach seiner Entlassung einem seiner ehemaligen Direktoren auf der Straße vor die Füße gespuckt hatte. Also überredete sie ihre Eltern, sich auf einem Internat bewerben zu dürfen. Sie freute sich darauf, weil sie ahnte, daß auch sie, wie alle Jugendlichen, mit den Eltern Probleme bekommen könnte und denen wollte sie aus dem Weg gehen. Außerdem stellte sie sich ein Internatsleben vor wie im Film; man könnte viel mehr erleben als zu Hause.

Da Franziska eine so gute Schülerin war, stand es fest, daß man sie auf die Erweitere Oberschule gehen lassen müsse, auch wenn Arbeiter- und Bauernkinder bevorzugt behandelt wurden. Der Aufnahmeantrag wurde von der Schule und dem Rat des Kreises befürwortet und direkt an die renommierte Schule weitergeleitet.

Als Franziska eine Absage bekam, fühlte sie sich dermaßen ungerecht behandelt, daß in ihr plötzlich wieder diese Todessehnsucht emporstieg, weil alles doch sowieso keinen Zweck hatte.

Die Begründung ihrer Ablehnung machte sie so wütend, daß sie schnell in ihr Zimmer ging und weinte. Man hatte geschrieben, das Internat habe begrenzte Kapazitäten und die Plätze zunächst Diplomaten- und Künstlerkindern vorbehalten wären, deren Eltern oft im Ausland weilten, und daß man die verbleibenden Plätze an Kinder vergab, die zu Hause schlechtere Arbeitsbedingungen hatten als sie und vornehmlich aus der Arbeiter- und Bauernschaft kämen. Was konnte sie für die große Wohnung ihrer Eltern? Sie konnte doch nichts dafür, daß ihr Vater nicht Schichtarbeiter oder LPG-Bauer war und die Familie nicht in einer kleinen Dreizimmerwohnung lebte. An diesem Tag wurde ihr klar, daß nicht alle Menschen im Land gleich behandelt wurden, obwohl sie es in der Schule so gelernt hatte.

Ihre Freunde, mit denen sie die meisten Nachmittage verbrachte, wollten sie überreden, nicht auf die Oberschule zu gehen, wo nur die hingingen, die etwas Besseres sein wollten. Es gab nur eine Möglichkeit, um nicht einsam und von allen Freunden verlassen auf die unangenehme Schule gehen zu müssen, sie mußte ihre Freundin Helene überreden mitzukommen. Sie könnte Helene beim Lernen helfen und die Freundin würde ihr mit ihrer Reife und praktischen Lebenserfahrung zur Seite stehen; der gemeinsame Spaß war ihnen ohnehin sicher. Es gelang ihr, Helene davon zu überzeugen, daß es besser sei, die Schule mit dem Abitur abzuschließen. Außerdem gehörten die beiden Freundinnen zusammen. Als sie wenige Zeit später erfuhren, daß sie in die gleiche Klasse kämen, war die Freude bei Franziska perfekt. Ihr würde jetzt nichts mehr passieren und wenn sie die Leistungen brachte, würde sie es auch mit dem Namen Kaufmann schaffen.

Ihr angeborener Optimismus, der sie in trüben, dunklen Stunden immer hochriß und weiterleben ließ, sollte recht behalten. Sie hatte insgesamt vier schöne Jahre auf der Oberschule und es waren mit Sicherheit die Jahre, in denen sie am meisten gelacht hat. Auf der vorletzten Bank am Fenster nahmen die beiden Freundinnen Platz und Franziska sollte diesen Platz vier Jahre nicht verlassen.

Schon in den ersten Tagen fragte der Mathelehrer, dessen Spitzname „Knäckebrot" schnell gefunden war, Franziska: „Sie im Dirndl, lachen Sie mich an oder aus?" Franziska wunderte sich, daß Lehrer immer meinten, man würde sich stets mit ihnen beschäftigen. So interessant waren sie ja nun wirklich nicht, obwohl es auch über sie genug zu lachen gab. Meistens beschäftigten sich Helene und Franziska mit ganz anderen Dingen im Unterricht, wobei Franziskas Intelligenz ausreichte, das Nötigste trotzdem mitzubekommen. Sie antwortete Knäckebrot lächelnd: „An, natürlich." Dabei gehörte dieser Mann wahrlich zu den harmlosen lieben Lehrern. Außerdem brachte er seinen Schülern die höhere Mathematik so verständlich bei, daß er zu den wenigen pädagogisch wertvollen Lehrern zu rechnen war.

Zu den Lehrern, die sich als Unicum darstellten und deshalb von den Schülern nie vergessen wurden, gehörte die Englischlehrerin Miss Wolf. Sie hatte ihre Nerven im Schulalltag bereits aufgerieben und das spürten die Schüler instinktiv. Die arme Frau hatte auch schon bessere Zeiten kennengelernt und eine ihrer vielen Macken war diese, daß sie die deutsche Sprache englisch aussprach, was neben ihrer ulkigen Kleidung die Schüler köstlich amüsierte.

Miss Wolf sollte dafür sorgen, daß Franziska ihren Spitznamen für die nächsten vier Jahre innehatte. Sie hatte vom ersten Tag an Fränziska gesagt und als sie mitbekam, daß Franziska von ihren Mitschülern Franzel genannt wurde, sagte sie Fränzel und bald darauf sagten alle Fränzel, was Franziska nicht gerade freute, doch es hätte schlimmer kommen können und so gewöhnte sie sich mit der Zeit an diesen Namen.

Unicum war auch der Musiklehrer, der sich allerdings besser durchsetzen konnte als Miss Wolf. Franziska mußte teilweise im Musikunterricht so lachen, daß sie sich ein Taschentuch in den Mund stopfte, um nicht laut loszubrüllen, zum Beispiel wenn mal wieder so ein total unmusikalischer Schüler singen mußte, was an Lustigkeit schon reichte. Aber wenn dann der Lehrer noch sagte: „Hübsche Melodie, wirklich, doch leider nicht die richtige – Text war richtig – hinsetzen, vier", dann hatte sie eine Woche lang etwas zu lachen.

Schlimmer als für die Unmusikalischen war es für die Unsportlichen, weil Sportlehrer bis auf wenige Ausnahmen einen Hang zum Sadismus haben. Sie stehen mit der Trillerpfeife in der Turnhalle und quälen die unsportlichen Typen auf eine Art, die bei den Betroffenen bleibende Schäden hervorrufen kann.

Franziska lebte in einem Land, wo Sport nicht nur etwas mit gesunder Körperertüchtigung, sondern vor allem etwas mit Leistung zu tun hatte. Diese Leistung konnte man für den Staat erbringen oder ihm verweigern. Sie hatte als Mädchen mal kurze Zeit Sport, was bedeutete Leistungssport, außerhalb der Schule betrieben. Eigentlich nur, weil ihre Mutter es versäumt hatte, sie als kleines Mädchen ins Ballett zu schicken. Sie ging zum Geräteturnen, weil sie es toll fand, sich vor den Spiegeln im Ballettsaal zu bewegen. Dabei lernte sie so einen sadistischen Trainer kennen, der Franziska sooft Knieaufschwung üben ließ, bis sie in der Kniekehle blutete, der sie nicht auffing, wenn sie über das Pferd flog und der eine zynische Bemerkung machte, wenn sie vom Schwebebalken stürzte. Irgendwann sagte sie zu ihrer Mutter: „Ich geh da nicht mehr hin." Franziska bat die Mutter, sie abzumelden, ihr selbst fehlte der Mut. Als Frau Kaufmann dann in der Turnhalle sah, wie die kleinen Mädchen gedrillt und abgerichtet wurden, konnte sie ihre Tochter verstehen. Als dann auch noch der Trainer, der von sich glaubte, der Schönste zu sein, zu ihr sagte, daß sie ihre Tochter nicht einfach so abmelden könne, weil sie bis zum Bezirk gemeldet sei, entgegnete Frau Kaufmann: „Dann melden sie meine Tochter bis zum Bezirk wieder ab." Sie drückte ihm den roten Trainingsanzug und den Ausweis in die Hand und verließ die Turnhalle. Auf dem Flur lächelte sie der Hausmeister an und sagte zu ihr: „Endlich hat dem mal einer die Meinung gegeigt. Die Mädchen trauen sich das nicht und Eltern lassen sich hier nicht blicken."

Das Gute an Franziskas Ausflug in den Leistungssport war, daß sie dadurch die Anforderungen im Geräteturnen für den Schulsport erfüllte und sich vor allem vor den Mitschülern nicht blamierte. Die Jungen und Mädchen hatten gemeinsam Sport, zwar mit unterschiedlichen Lehrern und Programmen, aber doch in derselben Turnhalle. Also kicherten die Mädchen, wenn ein Junge nicht übers Längspferd kam und schon im ersten Drittel sitzen blieb. Die Jungen dagegen lachten sich tot, wenn ein Mädchen beim Radschlagen in sich zusammenfiel wie ein nasser Sack. Dazu kamen noch die fiesen Bemerkungen des Lehrers oder der Lehrerin, die so taten, als ob die Sportlichkeit nur vom guten Willen abhing. Franziska haßte schon den Geruch in den Umkleideräumen und die schönsten Sportstunden waren die, in denen sie sich mit ihren Freundinnen aus der Turnhalle schlich und ins Café ging. Jedes Mädchen hatte ein kleines Heftchen zu führen, in welchem durch Unterschrift der Mutter die monatliche Regel bescheinigt wurde, die ein Mädchen dann vom Sportunterricht befreite. Da Franziska aber lieber ihre Regel hatte, wenn sie mit ein paar Freundinnen verbotenerweise aus der Schule fliehen konnte, mußte sie immer mitturnen, wenn es bei ihr soweit war. Das kleine Heftchen führte sie mit Unterschrift der Mutter in eigener Regie. Woher sollte ihre Mutter wissen, wann sie ihre Regel hatte? Gerade das hatten die Frauen im Kaufmannschen Männerhaushalt doch zu verbergen. Also belästigte sie ihre Mutter nicht mit solchen sinnlosen Heftchen, genau wie sie sich bald angewöhnte, alle Unterschriften im Namen ihrer Mutter zu leisten.

Für ihre Eltern zählte das Zeugnis und so lange es damit klappte, waren sie froh, nicht mit Schule belästigt zu werden und Franziska war froh, daß sie diese Lebenszeit in eigener Regie führen konnte, ohne ständige Einmischungen von Vater oder Mutter. Allerdings beschwerte sich ihre Mutter jedes Mal, wenn sie von einer Elternversammlung kam, weil sie angeblich dagesessen hatte wie eine Dumme und von den Problemen der Schüler und Eltern nichts wußte.

Gefährlich waren für Franziska, Helene und ihre weiteren dazugewonnenen Freundinnen die Lehrer, die als „rot" galten und im Verdacht standen, als Spitzel zu arbeiten. So eine rote Ziege hatten sie in Chemie und deshalb haßte Franziska dieses Fach mehr als andere Fächer. Ihr wurde schon schlecht, wenn sie den Chemieraum betrat, was nicht nur an der Lehrerin, sondern auch am ungesunden Geruch im Chemielabor lag.

Die traurigsten Lehrer waren wohl die, welche die Schüler ganz schnell vergaßen: über die es nichts zu sagen gab, die wie brave Gehaltsempfänger ihre Arbeit taten, ihren Unterrichtsstoff an die Tafel knallten und denen die Schüler glatt am Arsch vorbeigingen. Daß das nicht nur in Franziskas Land auf die meisten Lehrer zutraf, sollte sie erst viel später erkennen.

Ihre Klassenlehrerin in der neunten und zehnten Klasse gehörte allerdings keiner typischen Lehrersparte an. Sie bewegte sich außerhalb dieser gesamten Kategorien und das merkten die Schüler schnell. Fräulein Wolkenstein stand wie ein Engel vor ihnen, oft geistesabwesend wie nicht von dieser Welt. Sie unterrichtete Russisch, nicht gerade ein beliebtes Fach, doch bei Fräulein Wolkenstein machte es zunehmend Spaß.

Sie konnte stundenlang zum Beispiel von den Moskauer Gemäldegalerien erzählen und von ihrer Lieblingsgalerie der Tretjakowka. Sie beschrieb die Bilder so eindrücklich, daß die Schüler die Gemälde vor ihrem geistigen Auge sahen. Es war, als gingen sie mit ihrer Lehrerin durch die beschriebene Galerie.

Den Schülern gelang es fast immer, Fräulein Wolkenstein vom vorgeschriebenen Stundenpensum abzubringen, oder besser gesagt, die Lehrerin ließ sich vom vorgeschriebenen Stundenpensum abbringen. Auch fand sie nicht alles, was in den Lehrbüchern stand, so wichtig und interessant, um es an die Schüler weiterzuvermitteln. Es gab für jeden Lehrer ein vorgeschriebenes Stundenkonzept. Fräulein Wolkenstein setzte sich darüber hinweg und hielt den Unterricht in eigener Regie.

Das Verhältnis der Klasse zu ihrer Lehrerin wurde immer besser und das ist eigentlich das Schlimmste, was einem Lehrer passieren kann. Die Kollegen würden in jedem Fall Mittel und Wege finden, diesem verräterischen Handeln ein Ende zu bereiten. So geschah es auch mit Fräulein Wolkenstein, doch zuvor verlebte die Lehrerin noch viele nette Stunden mit ihrer Klasse – wobei der Höhepunkt eine Klassenfahrt in den Winterferien ins Zittauer Gebirge war.

Eine Woche wagte sich Fräulein Wolkenstein allein mit ihren Schülern in den traumhaften meterhohen Schnee. Alle hatten so viel Spaß miteinander, daß die Schüler nach diesen Tagen für ihre Lehrerin durchs Feuer gegangen wären.

Im Frühjahr mußte die Klasse dann erfahren, daß ihr Fräulein nach Abschluß dieses Schuljahres die Schule verlassen würde. Sie ging freiwillig, doch selbst die Schüler erfuhren, daß sie politisch nicht mehr tragbar war. In der Tat hatte sie ihre Schüler nicht ständig damit gelangweilt, wie toll der Sozialismus sei und ein ewiges Bekenntnis zu diesem von ihnen nicht abverlangt. Auch zensierte sie die Leistung in der russischen Sprache und nicht den Grad der bekundeten Liebe zum heldenhaften Sowjetvolk.

Außerdem munkelte man, daß die Wolkenstein religiös gebunden sei. Sie war zwar zur Freude der Schüler mit der FDJ-Arbeit im Gegensatz zu anderen Lehrern immer sehr schnell fertig, absolvierte aber trotzdem alles, was verlangt war. Sie hatte ihrer Klasse immerhin soviel beigebracht, daß die Schüler in der Lage waren, in der zehnten Klasse die beste Russischprüfung von sechs Klassen zu schreiben. Dazu muß man wissen, daß es keine leichten und schweren Prüfungen gab, sondern im ganzen Land zur gleichen Zeit die gleiche Prüfung geschrieben wurde. Ein Fakt, den Franziska erst viel später zu würdigen wußte.

Am Ende dieses Schuljahres sollte Franziska nicht nur ihre geliebte Klassenlehrerin, sondern auch ihre geliebte Freundin Helene verlieren. Helene war einfach schon zu sehr Frau, um noch länger die Schulbank drücken zu können. Sie hatte durch ihren Freund zu wenig Zeit und wohl auch Interesse am Lernen, daß aller guter Wille Franziskas, ihr vorzusagen oder sie abschreiben zu lassen, nicht mehr half.

Helene wollte eine Lehre als Bankkaufmann beginnen, den Begriff der Bankkauffrau gab es nicht. Die Emanzipation der Frau bestand darin, daß man schuften durfte wie ein Kerl. Die meisten der „emanzipierten" Frauen durften nach der Arbeit auch noch die Kinder versorgen und den Haushalt führen und wenn das Schicksal sie ganz hart traf, ihrem Alten sein „wohlverdientes" Bier servieren.

Franziska hatte inzwischen genug neue Freundinnen in der Klasse, um den Verlust zu verkraften. Für Fräulein Wolkenstein schrieb sie im Namen ihrer Klasse ein Abschiedsgedicht. Auf dem letzten Klassenfest schenkten die Schüler ihr ein Windlicht und trugen das Gedicht vor. Fräulein Wolkenstein verabschiedete sich sehr schnell, weil sie den Abschiedsschmerz nicht länger ertrug. Sie wußte, daß es die meisten ihrer Schüler schaffen würden, auch ohne sie. Es waren starke Kinder und sie glaubte an sie.

Als Franziska einige Jahre später erfuhr, daß Fräulein Wolkenstein an einem Tumor im Kopf gestorben war, hatte sie das Gefühl, daß es so gut war für diese Frau – sie war erlöst. Ihre Schüler würden sie nie vergessen. Je älter Franziska wurde, umso dankbarer war sie den Menschen, die als positive Persönlichkeiten auch ihr Leben positiv beeinflußt hatten.

Allen Schülern war klar, daß sie nach Fräulein Wolkenstein einen „roten" Lehrer bekommen würden, und zwar einen von der scharfen Sorte. Dieser Lehrer haßte Franziska, schon wegen ihrer Herkunft, von Anfang an. Er unterrichtete Staatsbürgerkunde und Franziska wußte nicht, ob sie ihn fürchten oder nur über ihn lachen sollte. Lachte sie in der FDJ-Versammlung, wenn alle lachten, so wurde das nur bei ihr als Staatsfeindlichkeit ausgelegt und sie befand sich plötzlich in einer Rolle, die sie überhaupt nicht angestrebt hatte. Der Klassenlehrer bezeichnete sie als „zentrierenden Punkt eines kleinbürgerlichen

Clubs." Franziska glaubte nicht richtig zu hören, doch sie hatte richtig gehört. Der Mann war gefährlich und wollte sie zum Anführer von etwas machen, was es gar nicht gab. Wenn ihre Freundinnen oft zu ihr kamen, weil sie im Zentrum der Stadt wohnte, war das doch kein kleinbürgerlicher Club, sondern eine harmlose Runde kichernder Mädchen.

Spätestens nach einer Klassenfahrt in die Hauptstadt wußte Franziska, weshalb gerade sie ein Opfer des ganz persönlichen Hasses dieses Mannes wurde. Ihre Klasse wohnte in einem Pionierdorf in Bungalows und Franziska und ihre Freundinnen bezogen natürlich gemeinsam einen Bungalow. Sie wollten sich die Nächte urgemütlich machen und kauften sich ein paar Flaschen eines harmlosen Longdrinks mit Namen „Vinorange" und ein paar Schachteln Zigaretten. Als sie des Nachts auf dem Höhepunkt ihrer Nachthemdenparty waren, klopfte es plötzlich und ihr Klassenkamerad Diethelm berichtete ihnen, daß Bieder, der Lehrer, gleich kommen würde und sie alles wegpacken sollten. Er wäre den ganzen Abend um ihr Häuschen geschlichen und hätte sie belauscht. Dazu konnten die Mädchen nur noch „Scheiße" sagen und der liebe Diethelm, auf den sie sich immer verlassen konnten, verschwand wieder. Allen war klar, daß Bieder dann auch ein Gespräch über die Lehrer mitbekommen hatte. Franziska hatte ihn als Nazischwein bezeichnet, als einen, der in jedem Regime sein Fähnlein in den Wind hing und sie hatte kein Hehl daraus gemacht, wie sehr sie so etwas verachtete. Sie hatte die Geschichte von ihrem Lehrer so gehört und es bereitete ihr Freude, sie den Freundinnen weiterzuerzählen, weil sie nach ihrer Meinung so gut zu dem Typ paßte.

Wirklich stand Herr Bieder wenige Augenblicke später im Bungalow und störte sich nicht daran, daß die siebzehnjährigen Mädchen Dederon-Nachthemden trugen, die so durchsichtig waren, als ständen sie nackt vor ihm. Leider waren die Mädchen nicht so gerissen, diesen Fakt für sich auszunutzen. Es war ihnen auch nicht klar, ob ihr Klassenlehrer sich an ihrem Anblick aufgeilte oder ob er sie in ihrer Nacktheit gar nicht sah.

Er betrat den Raum und brüllte und brüllte von wegen Zigaretten und Alkohol. Die Mädchen versuchten ihm klarzumachen, daß dieser Alkohol gar kein Alkohol sei und daß sie im übrigen alle über sechzehn Jahre alt waren.

Der Lehrer Bieder hatte sich seine Geschichte schon längst zurechtgelegt und wollte ein Exempel statuieren, damit diese blöden Weiber nie wieder ihren Mund aufrissen. Außerdem wollte er die von der Kaufmann beeinflußten Mädchen vom Rest der Klasse isolieren. Das klappte auch unter den Frauen, weil es an Frauensolidarität, wie sooft, mangelte. Doch die jungen Herren ließen sich ihre Freundschaft zu diesen Mädchen nicht verbieten. Jedoch reichten Bieders gewaltige Drohungen, um Franziska und ihren Freundinnen den Rest der Fahrt zu vermiesen. Sie fürchteten sich vor der Rückkehr, weil er ihnen einen Verweis versprochen hatte.

Als Franziska relativ kleinlaut nach Hause kam, wußte ihre Mutter gleich, daß etwas vorgefallen war. Sie erzählte der Mutter, daß sie einen Verweis wegen Rauchens und Trinkens bekommen sollte. Die Mutter sagte: „Das war doch nicht alles, dafür bekommt man doch keinen Verweis, ihr hattet doch Jungen mit auf dem Zimmer." Franziska lächelte und hätte eine solche Antwort ihrer Mutter niemals zugetraut, doch Frau Kaufmann war auch mal jung gewesen und für sie war klar, daß siebzehnjährige Mädchen sich nicht auf einer Klassenfahrt abends nach einem Glas Milch zu Bett begeben würden und wenn es nichts weiter war als ein wenig Alkohol und ein paar Zigaretten, sollte der Lehrer doch eher froh sein. Außerdem hatte sie schon des öfteren Aschenbecher unter Franziskas Bett gefunden, was sie zwar traurig stimmte, doch was sollte sie tun – sie selbst und ihr Mann rauchten nicht.

Zum Glück dachten auch einige Lehrer so wie Frau Kaufmann und vor allem der Deutschlehrer der Klasse war gegen den Verweis. Er gehörte zwar auch zu den „Roten", doch er war ein lieber Kerl, ein überzeugter Kommunist, der sich nach dem Krieg im Schnellverfahren zum Junglehrer ausbilden ließ. Er fand nicht alles richtig was seine Partei beschloß und sagte das auch, und er fand auch nicht richtig, daß eine Schülerin wie Franziska Kaufmann von vornherein kritischer beobachtet wurde als andere Schüler.

Er konnte das Mädchen gut leiden, was sicher auch an ihrem literarischen Interesse und ihrer besonderen Begabung für die deutsche Sprache lag. So machte er seinen Kollegen und vor allem Herrn Bieder klar, daß, wenn diese Mädchen vor dem Fahnenappell, also vor versammelter Schulgemeinschaft, einen Verweis bekommen würden, die Lehrer sich damit nur ein Eigentor schossen. Die meisten Schüler würden sich darüber amüsieren und diese Mädchen wahrscheinlich wie die Helden feiern. Also erreichte ein strenger Verweis, so wie ihn Herr Bieder verlangte, nur das Gegenteil und er wäre dafür, auf eine Bestrafung zu verzichten. Dieses Argument leuchtete der Mehrheit der Lehrerschaft ein, nur Bieder verließ wutschnaubend den Raum. Das Verhältnis zwischen Herrn Bieder und Franziska spitzte sich bis zum Abitur immer mehr zu.

Die letzte Klassenfahrt unternahm die Klasse nach Eisenach. Franziska hatte noch nie die berühmte Wartburg gesehen, wo Martin Luther das Neue Testament ins Deutsche übersetzt hatte. Sie ging ihrem Klassenlehrer aus dem Weg. Es gab genug Schleimer in der Klasse, die während der Unternehmungen seine Nähe suchten.

Die Schüler ritten auf einem Esel zur Wartburg hinauf und hatten viel Spaß. Franziskas Esel turnte immer direkt am Abgrund herum, doch auch dieser störrische Esel brachte sie sicher auf den Berg.

Franzi sah das kleine Zimmerchen mit dem Tintenfleck, in dem Luther des Nachts den Teufel gesehen hatte und sie wunderte sich, wieviel die Führerin über Martin Luther erzählte, was Bieder offensichtlich gar nicht paßte. Doch seit dem Lutherjubiläum war der Reformator wieder hoch im Kurs und hatte sich in der Geschichtsschreibung des Landes vom Bauernverräter und Fürstenbüttel zum positiven Helden gewandelt. Erst viel später sollte Franziska sich ernsthaft mit Reformationsgeschichte beschäftigen und umso weniger verstehen, daß Schüler, die dort lebten, wo die Wiege der Reformation stand, mit einer so ungenügenden Bildung darüber ausgestattet wurden.

So war wohl auch der Geschichtsunterricht der schlechteste Unterricht, den Franziska während ihrer zwölfjährigen Schulzeit genoß. Die letzten vier Jahre wurde nur Geschichte der Arbeiterklasse gelehrt und da auch noch hauptsächlich die Geschichte nach 1945. Franziska ahnte nicht, daß Geschichtsbücher in jedem Land im Sinne der Herrschenden geschrieben werden und keineswegs Wert auf Vollständigkeit gelegt wird. Es ist bequem, wegzulassen, was nicht in den Kram paßt. Obwohl es im Lande hieß: „Aus der Geschichte lernen heißt siegen lernen", waren die Geschichtsbücher mit Abstand die schlechtesten Lehrbücher.

Franziska und ihre Freundinnen Brigitte und Margit beschlossen, eine Abkürzung von der Wartburg durch den Wald zur Jugendherberge zu nehmen. Es stellte sich jedoch sehr schnell heraus, daß die drei jungen Mädchen keine Ahnung von Orientierung hatten und als sie im Wald zum dritten Mal an derselben Stelle vorbeikamen, wurde ihnen himmelangst und Brigitte wollte nach einigen Stunden des Herumirrens das Handtuch werfen und im Wald sitzen bleiben und sterben. Das amüsierte die anderen beiden köstlich. So schleppten sie ihre fußlahme Freundin hinter sich her und kamen irgendwann weit entfernt von der Jugendherberge auf einer Landstraße an. Zum Glück schafften sie es noch zum gemeinsamen Abendessen, damit Bieder wenigstens keinen Streß machen konnte.

Die Mädchenclique um Franziska ging jeden Abend bis zehn Uhr in die Kneipe. Ein Abendprogramm mit dem Lehrer gab es zum Glück nicht. Doch schlich er den Mädchen, die von den meisten Jungen begleitet wurden, immer hinterher und setzte sich dann in der Wirtschaft allein an einen Tisch. Dieses Bild sah so jämmerlich aus, daß der Lehrer Franziska auch irgendwie leid tat. Sie machte sich zu diesen Zeiten große Gedanken, ob Menschen wirklich etwas für ihre Bösartigkeit konnten? Waren sie doch eigentlich arm dran, so wie Bieder, der nicht, wie die Wolkenstein, so viel Spaß mit seinen Schülern hatte und sich deshalb Gehässigkeiten ausdenken mußte.

An einem Abend ging Franziska in der Kneipe an den Jungentisch, weil sie wieder mal etwas unheimlich Lustiges zu erzählen hatte. Sie setzte sich zu einem Jungen auf den Schoß, weil kein Stuhl mehr frei war. Der Kellner kam und sagte zu ihr, das ginge nicht, sie solle sich einen Stuhl an den Tisch nehmen, was sie auch ohne Kommentar und Widerrede tat.

Wochen später, nachdem Bieder alle Register gezogen hatte, um sie bei jedem kleinen Anlaß zu schikanieren und zusammenzubrüllen, rief er sie wieder einmal in der großen Pause zu sich und schrie vollkommen unvermittelt: „Soll ich ihren Eltern überhaupt noch erzählen, daß sie in Eisenach der Kellner ermahnen mußte?" Franziska hatte den Vorfall längst vergessen und war so schockiert von soviel Bosheit und Dummheit, daß sie zum ersten Mal dem viel älteren Mann gegenüber die Fassung verlor. Sie fing an zu lachen, holte aus ihrer Manteltasche eine Mark und gab sie Herrn Bieder mit den Worten: „Hier, Herr Bieder, kaufen sie sich eine Bockwurst und lassen sie mich endlich in Ruhe." Daraufhin drehte sie sich auf dem Absatz herum und ging. Sie war fest entschlossen, sich nicht noch einen blöden Satz von diesem Lehrer anzuhören.

Ihre Mutter hatte längst bemerkt, daß Franziskas Verhältnis zu ihrem Klassenlehrer langsam kritische Formen annahm. Sie wollte, daß wenigstens eines ihrer Kinder das Abitur schaffte und sie befürchtete, daß Herr Bieder alles tun würde, um Franziska einen Strich durch die Rechnung zu machen.

Hatte er ihr doch in der letzten Staatsbürgerkundearbeit einfach eine vier daruntergeschrieben und zu Franziska gesagt, daß er wüßte, daß es mit ihr noch soweit kommen würde. Franziska hatte diesen Vorfall empört zu Hause erzählt, obwohl sie sonst nichts erzählte, und Frau Kaufmann hatte besorgt und schweigend zugehört.

Sie sprach mit ihrem Mann und sagte, daß sie den Lehrer aufsuchen und ihn bitten würde, Franziska doch in Ruhe zu lassen. Außerdem würde sie ihm etwas Sahne ums Maul schmieren und seiner gehbehinderten Frau einen netten Stoff mitnehmen. Dann würde schon alles gut gehen.

Als Franziska nach dem Abitur erfuhr, was ihre Mutter getan hatte, schämte sie sich dafür. Lieber hätte sie auf das Abitur verzichtet als so einem Schleimerbesuch zugestimmt. Sie hörte von der Mutter, daß dieser Arsch erzählt hatte, daß sie, Franziska, noch nicht ganz so verdorben sei wie ihr Bruder Michael.

Bieder fühlte sich geschmeichelt vom Besuch der Frau Kaufmann und hatte der besorgten Mutter mit einem aufopfernden Blick versichert, daß er ihrer Tochter keine weiteren Steine in den Weg legen würde.

Einmal noch schrie er Franziska auf dem Gang der Schule an, als er viel zu spät hörte, daß sie auf der Hebammenschule angenommen sei. Er brüllte: „Das hätte ich mir denken können, daß du in die Medizin gehst, wo keine Leute gebraucht werden, anstatt etwas zu studieren, was dem volkswirtschaftlichen Nutzen entspricht." Franziska ging einfach lächelnd weiter. Eigentlich müßte mein Staatsbürgerkundelehrer wissen, daß man in diesem Land nur studieren oder erlernen konnte, was von volkswirtschaftlichem Nutzen war, dachte Franziska.

Als sie sich für ein Studium oder einen Beruf entscheiden mußte, hatte sie lange gegrübelt und mit sich Zwiesprache gehalten. Ihre Eltern hatten immer gewollt, daß sie in einem der wenigen großen Hotels in einer führenden Position arbeitete. Sie fand das auch ganz verlockend. Wenn man schon nicht selbst reisen konnte, wohin man wollte, dann sollte man wenigstens viele Leute treffen und kennenlernen, die sich freier bewegen konnten.

Sie hätte Betriebswirtschaft studieren müssen und auf einmal kam ihr ein Gedanke, den sie nicht wieder los wurde. Was würde sie am Lebensende sagen, bei der Rechenschaftslegung ihres eigenen Lebens? Was hatte sie vorzuweisen? Daß sie sich an irgendwelchen Hotelrezeptionen die Beine in den Bauch gestanden hatte? Nein, sie wollte etwas Abrechenbares tun und es fiel ihr wie Schuppen von den Augen. Wäre es nicht wunderbar, wenn man sagen könnte, man habe so und so vielen Kindern zum Leben verholfen? Genau das war es – sie wollte etwas leisten für die Menschheit und bei der Berufswahl nicht an Karriere und Geld denken. In diesem Land konnte man sowieso nur Karriere machen, wenn man in der richtigen Partei war oder sich als Spitzel verkaufte. Sie hatte weder das eine noch das andere vor. Nie sollte Franziska auch nur Angebote in dieser Richtung bekommen.

Franziska war glücklich über ihre neueste Erkenntnis, doch sie wußte, daß sie sich an ihrer Schule zunächst für ein Hochschulstudium bewerben mußte. Sie bewarb sich für Psychologie. Sie würde ihr Abitur mit „gut" bestehen, so hatte sie es sich vorgenommen, denn sie wollte nebenbei auch immer noch ihre Tage genießen und außerdem auch nicht als Streber gelten. Mit einem mit „gut" bestandenen Abitur und einer politisch nicht einwandfreien Beurteilung würde es aber schwierig werden, für diese Studienrichtung einen Studienplatz zu erhalten. Falls doch ein Wunder geschah, würde sie mit dem Studium beginnen.

Die Psyche des Menschen interessierte sie, allerdings hatte auch dieses Studium, wie fast jedes Studium in ihrem Land, ganz viel mit Politik zu tun. Die meisten Psychologen arbeiteten als Arbeitspsychologen in Großbetrieben und durften Blumentöpfe aufstellen, um die Qualität am Arbeitsplatz zu erhöhen. Franziskas Rechnung ging auf, sie wurde abgelehnt, weil die Kapazitäten für dieses Fach sehr beschränkt waren. Man brauchte zur Zeit Lehrer, Zahnmediziner und alle möglichen Ingenieure.

War man für das beworbene Studium abgelehnt, wurden so lange Umlenkungsgespräche geführt, bis man sich dazu entschloß etwas zu studieren, was einem zwar keinen Spaß machte, jedoch der Gesellschaft diente.

Soweit durfte es nicht kommen, das wußte Franziska und sie verkündete zu Hause am Abendbrottisch, daß sie am liebsten Hebamme werden würde. Sie würde auch noch gern Lehrer werden, aber nicht in diesem Staat, weil sie eher von der Schule fliegen würde als die Schüler und außerdem sei Hebamme der schönste Beruf der Welt.

Dieser Berufswunsch war für die Kaufmanns vollkommen neu und vor allem Frau Kaufmann war überhaupt nicht begeistert davon. Herr Kaufmann sah seine Tochter schweigend an. Es war nicht möglich, ihr einen einmal gefaßten Entschluß auszureden. Das wußte Herr Kaufmann aus Erfahrung.

Am nächsten Tag telefonierte er ohne Wissen seiner Tochter mit dem gynäkologischen Chefarzt des Kreiskrankenhauses und bekam gleich einen Termin. Zum Erstaunen von Herrn Kaufmann suchte man am örtlichen Kreiskrankenhaus dringend Hebammen, und der Chefarzt konnte sich durchaus vorstellen, Franziska an die Hebammenschule nach Halle zu delegieren. Das wäre eine sehr gute Schule, auch er habe dort Medizin studiert, teilte er seinem Besucher mit.

Beim Abendessen sagte der Vater zu seiner Tochter: „Franziska, du gehst morgen um sechzehn Uhr zum Chefarzt der Gynäkologie ins Krankenhaus, ich habe einen Termin für dich gemacht." Franziska fragte entsetzt: „Was soll ich denn da?" Als sie dann hörte, daß ihr Vater bereits im Krankenhaus war und für sie ein Vorstellungsgespräch organisiert hatte, wußte sie nicht, ob sie lachen oder weinen sollte.

Als Franziska am nächsten Tag das Krankenhausgelände betrat, wurde ihr ganz mulmig in der Magengrube. Wollte sie das wirklich, in so einem Krankenhaus in drei Schichten arbeiten?

Sie interessierte kein anderer Beruf in der Medizin. Ihre Freundin Beate war „MTA" geworden. Man liebte schon wieder die Großbuchstaben, die nur Eingeweihte verstanden.

Auch der Staat zuvor, mit dem man aus gutem Grund nichts zu tun haben wollte, war ein Staat der zwei, drei, vier oder fünf Großbuchstaben gewesen. Auf Kürzel ließen sich besonders gut Witze machen. Ja, sie luden direkt zum Witzemachen ein.

So nannte sich ihr Vater lachend LPG (eigentlich Landwirtschaftliche Produktionsgenossenschaft) und wenn er daraufhin fragend angesehen wurde, sagte er: „Letztes Privatgeschäft." Damit konnte er immer einen Lacherfolg für sich verbuchen und die MTA nannte man „Mitteldeutsche Tanz- und Amüsiermädchen".

Weder Laborantin noch Krankenschwester noch Ärztin wollte Franziska sein. Im Gegenteil, sie fand die medizinischen Berufe überhaupt nicht erstrebenswert.

Hebamme war für sie etwas ganz anderes – eine Lebenshaltung, eine starke Frau mit großem Wissen. Obwohl sie noch keine Ahnung von Hebammengeschichte hatte, erahnte Franziska, was eine wahre Hebamme war. Schon der Name klang für sie nach einer guten, klugen, mutigen und fürsorglichen Frau. Ja, das wollte sie werden oder zumindest versuchen zu werden und wenn das nur über dieses Krankenhaus ging, sollte sie jetzt auch ganz tapfer hineingehen und ihre Schüchternheit und Berührungsangst überwinden.

Sie hörte wenige Augenblicke später vom maßgeblichen Chefarzt, daß sie dringend Hebammen benötigten und wenn sie das Aufnahmegespräch an der Hebammenschule bestünde, könnte sie im September mit der Ausbildung beginnen, falls sie bereit wäre, vier Wochen von ihren Sommerferien zu opfern, um ein Vorpraktikum im Kreißsaal zu absolvieren.

Franziska war zu allem bereit. Glücklich verließ sie das Krankenhaus und war ihrem Vater unendlich dankbar. Sie hatte ein Ziel vor Augen und würde den schönsten Beruf der Welt ergreifen.

Als sie zwei Wochen später mit dem Zug in die Bezirksstadt fuhr, fühlte sie sich großartig. Endlich in der großen Stadt, endlich raus aus diesem Spießerkaff, endlich über das eigene Leben selbst bestimmen. Sie atmete die Großstadtluft tief in sich hinein. Wie hatte sie diesen Tag herbeigesehnt.

Im Raum für das Aufnahmegespräch saßen ihr fünf Damen gegenüber, von denen sich Franziska zwar vorstellen konnte, daß die meisten von ihnen Hebammen waren, doch keine von ihnen stellte sich ihr vor. Dafür beäugten die Damen sie umso kritischer, so wie es eben nur Frauen untereinander tun. Als Franziska nach dem Gespräch zu hören bekam, daß sie angenommen war, wußte sie zwar nicht warum, glücklich war sie trotzdem.

Sie hatte lediglich erklären müssen, weshalb sie den Beruf ergreifen wollte und sie wurde außerdem gefragt, ob sie auch bereit wäre, länger zu arbeiten als acht Stunden, weil das in diesem Beruf oft der Fall wäre und man nicht nur nach der Uhr arbeiten könne.

Franziska fand diese Frage ziemlich kindisch und erniedrigend, weil sie sich ernsthafte Gedanken gemacht hatte, bevor sie hierher gekommen war. Vielleicht hatte man das ja gerade bemerkt. Egal, sie fuhr glücklich und zufrieden nach Hause. Sie wußte nicht, daß ihr zukünftiger Chefarzt noch einen gewissen Einfluß auf die Hebammen seiner ehemaligen Klinik hatte.

Nun brauchte sie nur noch den Segen der Schule. Ihr Vater hatte ihr versprochen, sich darum zu kümmern und dann mußte sie natürlich noch das Abitur bestehen, darum würde sie sich kümmern.

Herr Kaufmann ging wirklich ein paar Tage später zu den Umlenkungsgesprächen. Hebamme war für die dasitzende Kommission ein so ausgefallener Beruf, über dessen Ausbildung man gar nichts wußte, so daß Herr Kaufmann leichtes Spiel hatte, die Damen und Herren davon zu überzeugen, daß sie der Berufung seiner Tochter letztlich zustimmten. Nur einer der Herren hatte noch ein Lehrerstudium für sie vorgeschlagen, aber da war Bieder strikt dagegen, weil diese Schülerin kein Vorbild in puncto sozialistische Persönlichkeit für die Schüler wäre und so hatte Bieder Franziska wenigstens einmal, wenn auch unbeabsichtigt, etwas Gutes getan.

Als eine Klassenkameradin Franziska heulend erzählte, daß sie nun eben Lehrerin für ESP (Einführung in die sozialistische Produktion) werden müßte, sagte Franziska empört, sie könne sich doch keinen Beruf aufschwatzen lassen. Dazu wäre der Beruf eine viel zu wichtige Sache. Helga antwortete resigniert: „Zu spät."

Franziska hatte sich während der letzten vier Jahre zu einer Person gemausert, die nicht, wie so viele im Lande, den Westen kritiklos verherrlichte. Sie war nicht gegen den Sozialismus, im Gegenteil, sie meinte sogar, daß er die bessere Gesellschaftsordnung wäre und sie war bereit, sich mit aller Kraft und Phantasie zu engagieren. Dabei ahnte sie nicht, daß gerade ihre Phantasie und ihr eigenes Denken weder gefragt noch erwünscht waren. Allerdings war sie nicht bereit, ihre Seele zu verkaufen, an Niemanden, und damit auch nicht an die Ordnung, in der sie lebte. Sie hatte sich viele Gedanken gemacht und viel mit ihren Freundinnen diskutiert, vor allem über den Sinn des Lebens. Ständig suchte sie nach Antworten und war glücklich, wenn sie etwas fand, das sie in ihrem Denken wieder ein Stück weiterbrachte.

Das letzte Werk der sogenannten „Pflichtliteratur", das sie im Deutschunterricht gelesen hatten, war der „Faust" von Goethe. Franziska war im Gegensatz zu ihren meisten Mitschülern begeistert. Der Faust war für sie die Krone der Literatur und die Summe von Weisheit und menschlichem Wissen. Wie oft hatte sie dieses Leben sinnlos und nicht lebenswert gefunden?.

Nun hatte ihr Goethe eine Antwort gegeben: „Wer immer strebend sich bemüht, den können wir erlösen." Das war es, das war der Weisheit letzter Schluß. Es würde kein Ziel geben, sondern nur einen Weg. Diesen Weg mutig zu gehen, sich der Zeit und der Vergänglichkeit zu stellen, war der einzige Sinn. Zu verharren, zu glauben, das Ziel erreicht zu haben, bedeutete Tod und Verdammnis. Nichts im Leben gab es, um es festzuhalten. Festhalten bedeutete verlieren.

Franziska war über jede Erkenntnis, die sie durch Lektüre und Nachdenken machte, euphorisch und begeistert. Stundenlang lag sie auf ihrem Bett und zerbrach sich den Kopf.

Deutsch war ihr Lieblingsfach und es lag ihr viel daran, in Deutsch auf dem Abiturzeugnis eine Eins zu sehen. Sie hatte durchaus auch ein mathematisches Talent. Auch fand sie Mathematik logisch und hatte keine Probleme mit dem Verstehen. Doch dieses Fach langweilte sie und das meiste, was sie in der Schule rechneten, erschien ihr total sinnlos.

Knäckebrot wußte das und jeden Lehrer ärgerte es, wenn ein Schüler begabt war und nichts für sein Fach tat. Noch mehr ärgerte es allerdings die meisten Lehrer, wenn Schüler lernten und fleißig die Hausaufgaben machten und trotzdem wenig verstanden.

Franziska schrieb die Mathematikhausaufgaben meist vor der Stunde ab, weil sie einfach zu faul war, sich nachmittags stundenlang hinzusetzen und zu rechnen. Ihr Lehrer wußte das und zog ihr meistens wegen schlechter Form einen Punkt ab, wenn sie eine Eins geschrieben hatte, damit sie wenigstens nur eine Zwei bekam. Er fand das einigen anderen Schülern gegenüber einfach gerechter.

Franziska nahm dann grinsend die Arbeit entgegen. Es machte ihr nichts aus, in Mathematik eine Zwei zu haben und das kränkte den Lehrer.

Jedes Mal war er – Knäckebrot (er kannte seinen Spitznamen und hatte keine Probleme damit) – wieder aufgeregt, wenn er die Abiturarbeiten durchsah. Er versuchte seine Schüler so gut wie möglich darauf vorzubereiten und rechnete mit ihnen Aufgaben aus den letzten Prüfungen. Der Lehrer bekam die Aufgaben im geschlossenen Umschlag auch erst fünf Minuten vor Prüfungsbeginn, Er öffnete diesen Umschlag im Beisein der Schüler. Erleichtert war jeder Lehrer, wenn er alle enthaltenen Schwierigkeiten zur Genüge geübt hatte; immer gelang das nicht.

Im sozialistischen Ländchen war es so, daß die Lehrer mitverantwortlich für die Leistungen der Schüler waren und das sollte mehr Vor- als Nachteile haben. In diesem Jahr war die schriftliche Mathematikprüfung mit Fußangeln und Fallen ausgelegt. Außerdem kamen als Ergebnis der großen Aufgaben immer Kommazahlen heraus.

Das hatte die Schüler verunsichert und Knäckebrot war gespannt auf die Resultate. Er konnte keine zusätzlichen Punkte verteilen, weil es einen Kokorrektor gab. Franziska hatte als einzige Schülerin einen richtigen Ansatz für so eine Fallenaufgabe aufgestellt, doch plötzlich aufgehört weiterzurechnen. Hätte sie diese Aufgabe bis zum Ende gelöst, hätte sie eine Eins gehabt. Auch hatte sie es natürlich nicht für nötig befunden, eine der beiden Zusatzaufgaben zu lösen. Ihr Lehrer seufzte und schrieb „gut" unter die Arbeit. Dieses Mal hätte er ihr gern ein „sehr gut" gegeben.

Am Tag vor dem schriftlichen Mathematikabitur hatte Franziska vor einem Stapel Mathematikhefte gesessen. Sie hatte mit dem Lernen zu lange gewartet und nun würde sie es nicht mehr schaffen. Sie betrachtete den Stapel Hefte, den sie eigentlich noch durchsehen wollte. Nach einigem Nachdenken entschloß sie sich dafür, den Stapel wieder wegzupacken und sich nicht zu verunsichern. Sie überlegte genau, ob sie für diese Prüfung eine Chance hatte und kam zu dem eindeutigen

Ergebnis: Ja. Außerdem spielte sie auch gern mit dem Risiko. So war das Leben für sie reizvoller.

Wenn es gutging, hatte sie sich stundenlange Paukerei erspart, wenn es danebenging, brauchte sie sich nicht zu ärgern, daß sie umsonst gelernt hatte. So einfach war das und sie konnte nach dieser Erkenntnis erstaunlich gut schlafen.

Richtig aufgeregt war sie immer erst kurz vor der Prüfung. Dann bekam sie schweißige Hände und ein flaues Gefühl im Magen. In der Prüfung wich die Aufregung in der Regel einer inneren Anspannung und Konzentration. Diese Fähigkeit sollte sie davor bewahren, jemals durch eine Prüfung zu fallen.

Als sie am nächsten Morgen die Aufgaben las, bereute sie ihren Entschluß des Vortages. Eigentlich wollte sie schon resigniert aufgeben, doch sie begann zu rechnen und sie rechnete wie ein kleiner Weltmeister mit hochrotem Kopf und einem freundlichen, verklärten Gesicht. Da keines ihrer Resultate glatt aufging, glaubte sie nicht an einen Erfolg. Als sie ihren Mitschülern nach der Prüfung verkündete: „Also, entweder war das Ganze total einfach oder ich habe es verhauen", sahen diese Franziska verblüfft an.

Knäckebrot rechnete zwei Tage später mit seinen Schülern die Aufgaben durch. Er schrieb einen Ansatz an die Tafel und sagte: „Diesen Ansatz hat nur Fräulein Kaufmann richtig aufgestellt." Alle drehten sich erstaunt zu Franziska um, vor allem die Matheässer der Klasse ärgerten sich wohl.

Er fragte Franziska dann, warum sie nicht weitergerechnet habe. Franziska sagte lächelnd: „Die Zahlen waren so schwierig." Knäckebrot antwortete: „Sie hätten eine Eins haben können." Franziska war sehr froh, obwohl sie sich schon ein wenig ärgerte, denn ganz ohne Ehrgeiz war sie auch nicht im Fach Mathematik.

Sie sagte später, daß die Matheprüfung für sie göttlich verlaufen war. Für ein paar Stunden hatte sie sich zum Mathematikhimmel emporgeschwungen und Unvorstellbares geschafft. Nie wieder in ihrem Leben mußte sie vor solch schrecklichen Aufgaben sitzen.

Auf den Tag der schriftlichen Abiturprüfung in Deutsch, den großen Aufsatz, freute sich Franziska regelrecht. Fünf Stunden hatten die Schüler Zeit und mußten wenigstens eintausendzweihundert Wörter schreiben, wobei ein guter Aufsatz zwischen zehn und fünfzehn Seiten umfaßte Die weniger Phantasiebegabten mußten sich mindestens acht handgeschriebene Seiten abringen.

Die Schüler konnten zwischen drei Themen wählen. Es stand fest, daß es ein rein politisches Thema gab – irgendein Ausspruch Honeckers oder Ähnliches. Wenn man es dann schaffte, über die geforderten Seiten ein Bekenntnis zum Sozialismus und besonders zum eigenen Staat abzugeben, war den Schülern eine gute Note sicher. Dieses Thema kam für Franziska nicht in Frage. Das zweite Thema war in der Regel ein literarisches und das dritte Thema eine Gedichtinterpretation. Franziska wollte das Gedicht nehmen. Ihre Fähigkeiten würden ausreichen, so eine Interpretation solide herunterzuschreiben. Außerdem hatte dieses Thema den Vorteil, daß man sich nicht vorbereiten mußte.

Am Morgen der Prüfung saß Franziska, wie immer schlecht gelaunt, am Frühstückstisch. Sie war kein Frühaufsteher und sollte es ihr Leben lang nicht werden. Ihr ging es morgens nicht gut und eigentlich blühte sie erst gegen Mittag auf. Sie haßte es, von ihrer Mutter am frühen Morgen vollgeschwatzt zu werden. Margarete Kaufmann, die jeden Morgen ihre Kinder mit einem guten Frühstück bediente, mußte Franziskas Griesgrämigkeit ertragen und wenn ihre Tochter schlecht gelaunt war, war sie wirklich unausstehlich und teilweise sehr frech. Franziska sah das nicht so, sie wollte nur morgens nicht angesprochen werden und das Unverständnis ihrer Mutter ihrem allmorgendlichen Allgemeinzustand gegenüber, regte sie auf. So war Frau Kaufmann froh, als Franziska an diesem Morgen plötzlich sagte: „Oh, wär das genial, wenn der Faust drankommen würde." Margarete Kaufmann war stolz darauf, daß nun wenigstens ihre Tochter das Abitur ablegte. Immer hatte sie es gehaßt, wenn ihre Freundinnen mit den Leistungen ihrer Kinder prahlten, aber jetzt konnte sie auch mal mitprahlen und das würde sie genüßlich auskosten.

Da sie sich das Leben mit einer Tochter anders vorgestellt hatte, war sie oft enttäuscht darüber, daß es nicht so lief wie sie wollte. Auch im Haushalt war Franziska der Mutter keine Hilfe. Dafür hatte sie in der Schule immer eine gute Figur abgegeben und das war ein Trost für vieles.

An diesem Morgen der Abiturprüfung sagte sie zu Franziska: „Ich würde dir gönnen, daß der Faust dran kommt. Doch du weißt, daß es nicht passieren wird." „Ja, ich weiß", sagte Franziska und verließ die Wohnung. Natürlich hörte sie noch, wie ihre Mutter ihr viel Erfolg usw. hinterherrief.

Als sie eine Viertelstunde später die Themen las, glaubte sie zu träumen. Das erste Thema behandelte den Faust – es war wie ein Wunder. Natürlich hatte man auch diesem Thema einen sozialistischen Rahmen gegeben. Der angebliche Spruch eines Chemiefacharbeiters über die Aufführung des Faust am Hallenser Stadttheater war das Thema. Die Arbeiter wurden mit aller Konsequenz zu Intellektuellen und Künstlern gemacht, um den Führungsanspruch zu legitimieren. Das war logisch in einem Land, in dem ein Dachdecker Regierungsoberhaupt war. Wer es glaubt, wird selig, dachte Franziska, egal, mit ein wenig Geschick könnte sie ihr ganzes Wissen und all ihre Gedanken trotzdem in ihren Aufsatz packen.

Sie las sich die anderen Themen nur noch flüchtig durch. Viel zu sehr war sie schon bei der Sache. Sie wollte eine Eins schreiben, obwohl sie wußte, daß eine Aufsatzbewertung eine subjektive Sache war.

Das zweite Thema hatte das „Leben des Galilei" von B. Brecht zum Inhalt. Auch eines ihrer Lieblingswerke aus der Pflichtliteratur des Deutschunterrichts. Das politischste Thema war in diesem Jahr das Gedicht. Ein furchtbarer roter Schmarren.

Franziska schrieb ihren Aufsatz nicht, wie gelernt, erst vollkommen ins Unreine, weil sie wußte, daß sie dann in Zeitnot käme. Das wichtigste war der Anfang und sie überlegte lange und es zahlte sich aus. Sie schrieb die Einleitung ins Unreine und als sie ihr nach einigen Korrekturen gefiel, schrieb sie sie ab und dann kamen die Gedanken wie von selbst. Sie schrieb den Aufsatz in einem Stück ins Reine. Zum Schluß stellte sie die Disposition voran, die sie eigentlich am Anfang hätte ausarbeiten müssen. Doch wenn Franziska anfing zu schreiben, wußte sie nie, was am Ende herauskam.

Franziska bekam eine Eins für ihren Aufsatz als einzige Schülerin mit diesem Thema und der Deutschlehrer sagte zu ihr, man hätte beim Lesen ihre Liebe und ihr Verständnis für dieses Stück gespürt. Solche Erfolgserlebnisse hatte ein Lehrer selten und dieser Lehrer wußte das.

Die meisten Schüler sahen die behandelte Literatur eben als Pflicht und fanden die klassischen Werke einfach nur langweilig. Franziska wußte die faire Behandlung und Benotung ihres Deutschlehrers zu schätzen.

Insgesamt war Franziska zufrieden, ihre schriftlichen Prüfungen waren so ausgefallen, wie sie es sich vorgenommen hatte. Nun mußte sie noch die mündlichen Prüfungen meistern und dann hatten sich zwölf Jahre Schule für sie erledigt.

Fünf Wunschfächer hatte sie für die mündliche Prüfung angegeben, nur um nicht in ihrem Angstfach „Chemie" in die Prüfung zu kommen. Wem hatte sie dann diese Niederträchtigkeit zu verdanken, daß sie natürlich in Chemie in die mündliche Prüfung kam?

Sie haßte es, mit den Chemikalien herumzuhantieren und sicher würde sie in der Prüfung zittern und alles verschütten. So ähnlich kam es dann auch und sie verschlechterte sich durch diese Prüfung auf Drei, was sie allerdings vorher wußte, weil die Herzen der Lehrerin und der Schülerin nicht gerade füreinander schlugen.

Da Franziskas übrige Noten feststanden, kam sie nur noch im Fach „Musik" in die mündliche Prüfung, was sie allerdings so richtig genoß. Sie würde über ein behandeltes Werk sprechen, ein paar Taktarten bestimmen und ein Lied singen müssen.

So waren die letzten Schulwochen für Franziska die schönsten der ganzen Schulzeit überhaupt. Während manche Mitschüler für fünf mündliche Prüfungen pauken mußten, schlief sie viel und saß fast jeden Nachmittag im Café.

Am Abend vor ihrer Musikprüfung feierte ihre Freundin Beate Polterabend. Beate war neben Helene ihre intimste Freundin gewesen. Obwohl sie nie die gleiche Schule besuchten, sahen sie sich über zwei Jahre fast täglich.

Es gibt Freundschaften, die gehen durch eine feste Beziehung auseinander und so sollte es auch hier sein. Beate war die erste ihrer Freundinnen, die heiratete und Franziska verspürte an diesem Abend zugleich Bewunderung und Mitleid für sie. Franziska ging zwar recht gern auf Polterabende, bedauerte allerdings Braut und Bräutigam. Der Tag der Hochzeit war nach einem solchen Besäufnis oft eine Qual. Sie nahm sich vor, nie einen Polterabend zu feiern, sondern lieber ein rauschendes Hochzeitsfest mit allen guten Freunden. Beate hatte sich durch diesen Mann verändert und Franziska trauerte um ihre Freundin. Allerdings machte sie einen überlegenen und glücklichen Eindruck, welcher sicher auch etwas mit ihrer Schwangerschaft zu tun hatte.

Wahrscheinlich trank und rauchte Franziska wegen dieser zwiespältigen Gefühle zuviel und so kam es, daß sie am nächsten Morgen stockheiser war. Sie flehte ihre Mutter am Frühstückstisch an, daß sie doch etwas tun solle, sie könne doch so überhaupt nicht singen. Ihre Mutter bereitete ihr ein rohes Ei mit Öl zu und redete ihr ein, daß es das Beste wäre, was es gegen dieses Leiden gäbe. Franziska faßte sich ein Herz und trank die von der Mutter bereitete Medizin.

Als sie in der Musikprüfung den Mund zum Singen aufmachte, war die Heiserkeit verschwunden. Sie dankte ihrer Mutter und dem lieben Gott und sang das sozialistische Volkslied „ Wir bauen einen schönen Garten." Mit diesem Garten war natürlich der Sozialismus gemeint, sie sang dieses Lied nicht ungern. Natürlich hätte sie lieber „Freude, schöner Götterfunken" gesungen, aber da das fast alle Schüler an erster Stelle auf der Wunschliste hatten, nahm sie ihrem Lehrer das ausgesuchte Lied nicht übel. Nach dem Singen mußte Franziska über eine Oper von Brecht und Weill sprechen: „Die Verurteilung des Lucullus." Nie wieder sollte sie etwas über dieses vergessene Werk hören. Sie war vor allem vom Inhalt stark beeindruckt. Der römische Feldherr, der auch durch seine Freude am Genuß, besonders am guten Essen, berühmt wurde, erscheint nach seinem Tode vor dem jüngsten Gericht und wird von diesem verurteilt, weil er nichts vorzuweisen hat, was dort zählt.

Franziska liebte in der Kunst alles, was ihr bei der eigenen Sinnfindung. half. Auch hatte ihr dieses Stück bewiesen, daß Bertold Brecht mehr als ein kommunistischer Schreiberling war.

Franziska bestand aus zwei aktuellen Gründen das Abitur, welches in ihrem Land Reifeprüfung hieß. Erstens wollte sie endlich das Elternhaus verlassen und zweitens hatte der Vater ihr für den erfolgreichen Schulabschluß die Finanzierung einer Reise versprochen. Sie würde mit fast neunzehn Jahren das erste Mal allein mit ihren Freundinnen wegfahren dürfen. Ein Ereignis, auf das sie sich jahrelang gefreut hatte.

Einmal konnte sie bisher ihre Eltern überzeugen, in ein Sommerzeltlager von der Schule fahren zu dürfen. Das wurde allerdings ein Reinfall für Franziska. Sie fühlte sich von den Lehrern gegängelt und bevormundet und sehnte den Tag herbei, an dem sie endlich ins Sommerhaus ihrer Eltern fahren konnte.

Nun war es für Franziska so weit, sie würde das erste Mal in ihrem Leben zwei Wochen in eigener Regie verbringen können. Sie würde das erste Mal ihr Land verlassen. Sie würde das erste Mal fliegen. Drei Träume wurden auf einmal wahr.

Am Tag vor der großen Reise allerdings lag Franziska bis zum Nachmittag im Bett und trank tassenweise Kamillentee. An den Flug durfte sie gar nicht denken, allein der Gedanke daran drehte ihr den Magen um. Sie litt an den Nachwehen des Abiturientenballs, für Schüler, Eltern und Lehrer ein Höhepunkt des gesellschaftlichen Lebens der Stadt. Die Schulabgänger konnten erstmals vollkommen ungehemmt rauchen, trinken und so manchem Lehrer etwas sagen, das sie, so lange sie abhängig waren, nie gesagt hätten. Die Eltern waren stolz und glücklich, ihren Sprößling soweit gebracht zu haben und die Lehrer waren froh und traurig zugleich, diese Typen endlich los zu sein.

Einige von Franziskas Freundinnen hatten bei ihr nach dem Ball geschlafen, weil sie vom Dorf kamen und länger bleiben wollten als die Eltern. Nun saßen alle auf Franziskas Bettrand und lachten sich tot über die vielen lustigen Geschichten, die in der vergangenen Nacht passiert waren.

So hatte Franziska die Heimfahrt für ihre angeblich volltrunkene Freundin Brigitte organisiert, die sodann mit Franziskas Schlüssel versuchte, nicht das Haus der Kaufmanns, sondern das danebengelegene Kontaktkaufhaus aufzuschließen.

Knäckebrot hatte versucht, am Hintereingang ihres Hauses Gundi zu küssen, woraufhin wiederum Edith erschien und sagte: „Wenn sie nicht mein Mathelehrer wären, würde ich ihnen eine runterhauen." Die er küssen wollte, verließ kichernd den dunklen Hauseingang und Knäcke hielt der anderen seine Wange hin und die schlug auch kräftig zu. So viel Courage hätten sie weder ihrem Mathelehrer noch ihrer nur 1,54 cm großen Freundin zugetraut. Sie wußten alle, daß Knäcke die kleine, mathematisch vollkommen unbegabte Gundi ganz besonders mochte.

Nun wurde ihm auch noch von der sich immer wie eine Gouvernante aufführenden Edith ein letzter Spaß verdorben. Armer Lehrer Knäckebrot!

Als dann noch Frau Kaufmann erzählte, daß ihr arg angetrunkener ältester Sohn, als Vaterersatz auf den Ball mitgenommen, denn Herr Kaufmann weilte, wie jedes Jahr um diese Zeit, im Sommerhaus auf Rügen, zu dem dicken Meier gesagt hätte: „Du siehst aus wie Meier von der Stasi", lachten die Mädchen, daß ihnen die Tränen in die Augen stiegen. Frau Meier war vor Entsetzen fast vom Stuhl gekippt, doch der nicht minder betrunkene Meier hatte geantwortet: „Der bin ich doch." Alle amüsierten sich derart über die Geschichte, daß eine nach der anderen auf das Klo rannte, um nicht in die Hose zu machen.

Frau Kaufmann konnte jetzt auch mitlachen und erzählte weiterhin ganz fröhlich, daß sie das lange, weiße Kleid ihrer Tochter entweder auf der Tanzfläche oder an der Theke gesehen hätte, aber nie an ihrem Tisch.

Lange Kleider trug man seit kurzem wieder zu solchen Anlässen. Franziska wußte, daß die meisten Mütter den Stoff für das Kleid der Tochter im Geschäft ihrer Eltern gekauft hatten. Sie hätte es nicht ertragen, wenn ein anderes Mädchen mit dem gleichen Stoff erschienen wäre, so hatte sie sich einen einfachen derben, weißen Leinenstoff ausgesucht und das Kleid selbst bestickt. Es war ein wunderschönes einzigartiges Kleid – ihre Mühe hatte sich gelohnt.

Jahrelang war sie auf den Jugendbällen Reklame für das Geschäft ihrer Eltern gelaufen und sie haßte es, wenn ihre Mutter am Montag erzählte, daß jemand nach dem Stoff verlangt hatte, den ihre Tochter am Sonntag getragen hatte. Für Frau Kaufmann und das Geschäft ein Kompliment, für Franziska allerdings war das Kleid dann erledigt.

Franziska wußte natürlich nicht zu schätzen, wie gut sie es mit dem Stoffgeschäft ihrer Eltern und dem Nähtalent ihrer Mutter hatte, weil sie es nicht anders kannte. Im Gegenteil, sie haßte die Anproben, weil ihre Mutter sich die Zeit ersparte, die Sachen zu heften. So mußte Franziska vor dem großen, dreiteiligen Spiegel der Frisierkommode im elterlichen Schlafzimmer ihre Kleider, Blusen, Röcke, Hosen und Mäntel, nur mit Stecknadeln zusammengesteckt, anprobieren, was natürlich manchmal arg piekste. Dann schrie sie auf wie die Prinzessin auf der Erbse und beschimpfte ihre Mutter. Außerdem war sie sehr kritisch und eigenwillig. Wenn es nicht genau so aussah, wie sie es ihrer Mutter aufgemalt hatte, war sie nicht zufrieden. Einerseits liebte sie schöne Kleider und andererseits lief sie genau so gern in Jeans herum. Sie fühlte sich wohl in diesen Hosen, die es nur im Westen gab und als sie das erste Mal mit Lewis-Jeans, die sie sich jahrelang gewünscht hatte, in der Schule erschien und ein Lehrer sie fragte, ob sie das schön fände, als Mädchen in einer solchen Hose (vom Klassenfeind) herumzulaufen, sagte sie laut und deutlich: „Ja."

Frau Kaufmann brachte an dem Tag nach dem Abiball in der Mittagspause einige Kleider von Franziskas Freundinnen in die Reinigung. Sie hatten Angst, mit ihrer vom rauschenden Fest gezeichneten Robe nach Hause zu kommen. Franziska dachte, die Mutter wäre nicht so nett und kumpelhaft, wenn der Vater zu Hause wäre. Sie hatte immer wieder Auseinandersetzungen mit ihren Eltern gehabt, weil sie unangemeldet Freundinnen zum Essen oder Schlafen mitgebracht hatte. Dagegen empfand es Franziska als den Gipfel des Spießertums, nur dann Besuch zu empfangen, wenn er eingeladen war. Die Freunde der Kaufmanns kamen nie unverhofft oder unangemeldet. Franziska selbst wollte einmal ein offenes, gastfreundliches Haus führen, wo jeder ein- und ausgehen konnte und immer willkommen war.

Als ihre Freundinnen und ihre Mutter sie an diesem Mittag verlassen hatten, wandelte sich ihre Stimmung von ausgelassener Albernheit in nachdenkliche, ernste Melancholie. Der Tag, den sie so lange ersehnt hatte, das Ende ihrer Schulzeit, war gekommen. Sie erinnerte sich und empfand einen Schmerz, der ihr die Kehle zuschnürte. Sie nahm Abschied von einer Zeit, die unwiderruflich vorbei war, ein kleiner Abschied von der Zeit, Übung und notwendig für den großen in den Sternen stehenden Abschied von der Zeit ... .

Viele Bilder zogen an ihr vorüber und hinterließen in ihr eine Stimmung, eine Erfahrung, eine Prägung.

Zwei Probleme machten Franziska besonders zu schaffen; das Problem, eine Frau zu werden oder zu sein und das Problem, eine Deutsche zu sein. Franziska hatte sich körperlich sehr spät entwickelt. Erst in den letzten zwei Jahren hatte sie ihre Bohnenstangenfigur verloren und Rundungen bekommen, die sie äußerlich zur jungen Frau machten. Dennoch wirkte sie groß und schlank. Lieber wäre sie kleiner und pummeliger gewesen, weil diese Mädchen bisher die meisten Chancen bei den Jungen hatten.

Sie sehnte sich zwar wie fast alle Mädchen nach einem Märchenprinzen, doch noch mehr sehnte sie sich nach der großen Liebe. Es war das einzige, wofür es sich zu leben lohnte. Sie machte sich sehr romantische Vorstellungen von der Liebe.

Ihre sexuellen, körperlichen Erfahrungen waren über einen Kuß bisher nicht hinausgegangen. Alle Jungen, die an ihr Interesse gezeigt hatten, waren ihr vollkommen gleichgültig und sie war arrogant und zickig mit ihnen verfahren. Jungen oder junge Männer, für die sie sich interessierte, schienen an ihr kein Interesse zu haben.

Allerdings meinte sie, daß eine Frau von einem Mann erobert werden mußte und nicht umgekehrt. Zu oft hatte sie fiese Sprüche von ihren großen Brüdern über Mädchen gehört. Nein, so etwas würde sie nie tun, einem Jungen hinterherlaufen. Wie oft hatten sich Mädchen an sie, die kleinere Schwester gewandt, um Verabredungen mit den Brüdern zu treffen.

Anfangs ließ sie ihr Vater nur zum Jugendtanz gehen, wenn ihr Bruder Michael dort Musik machte. Er sollte auf die kleine Schwester aufpassen. Franziska hatte oft genug beobachtet, wie die Mädchen den Musikern hinter der Bühne den Hof machten. Sie wurde darum beneidet, am Kapellentisch sitzen zu dürfen.

Bei Franziska führten diese Erfahrungen dazu, daß sie den Jungen gegenüber steif und gleichgültig wirkte und ganz und gar nicht verführerisch. Ihr Bruder Michael erzählte seiner Mutter: „Um die brauchste keine Angst zu haben, die hat noch nicht richtig mitgekriegt, daß es zwei Geschlechter gibt." Frau Kaufmann hatte auch keine Angst, sie wußte, daß ihre Tochter kein „Flitzer" war. So bezeichnete Frau Kaufmann Mädchen, die sich den Jungen anbiederten und das war auch in ihren Augen eine zu verachtende Eigenschaft.

Die Sorge um das Mädchen lag mehr bei Herrn Kaufmann. Er hatte panische Angst davor, seine Tochter in den Armen irgend eines Kerls zu sehen, der es dann mit ihr trieb, ihr die Ehre nahm und ihr vielleicht noch ein Kind andrehte.

Franziska mußte immer zeitiger zu Hause sein als ihre Freundinnen und meistens hielt sie sich auch daran. So schützte Herr Kaufmann seine Tochter auf seine Weise. Franziska haßte die Reglementierungen des Vaters und sehnte sich danach, endlich ihr eigener Herr zu sein.

Gesprochen wurde über Liebe und Sex im Hause Kaufmann nicht. Was Franziska wußte, wußte sie von ihren Freundinnen, hauptsächlich mit Helene hatte sie über alles geredet und als Helene es das erste Mal tat, war Franziska genau darüber informiert.

Auch hatte sie mit Helene das einzige Aufklärungsbuch „Du und ich" des Landes, heimlich gelesen. Sie hatten es beide aus den Bücherschränken ihrer Eltern genommen und sich köstlich, vor allem bei den verschiedenen Stellungen, amüsiert.

Als ihre Mutter die Enzyklopädie „Die Frau" in Franziskas Bett fand – Franziska wollte sich über das Funktionieren der weiblichen Geschlechtsorgane informieren – sagte sie zu ihrer Tochter abfällig: „Du willst wohl gleich alles ganz genau wissen." Franziska fühlte sich ertappt und schuldig.

Lange hatte sie geglaubt, daß man Kinder vom Küssen bekommen würde und als sie dann endlich nicht mehr verdrängen konnte, wie es wirklich geschah, war sie so schockiert, daß sie die Achtung vor jedem Erwachsenen verlor, der so etwas schon getan hatte. Sie stellte sich Lehrer und alle möglichen Personen, die sie kannte, dabei vor und verlor den Respekt vor ihnen. Am wenigsten oder eigentlich gar nicht konnte sie sich ihre Eltern bei dieser Sache vorstellen.

Inzwischen war sie allerdings sehr neugierig und gespannt. Franziska meinte, jetzt sei es auch für sie an der Zeit, weil sie nicht als alte Jungfer enden wollte.

Ihr erster Kuß war eigentlich furchtbar gewesen und sie hatte sich am Ostseestrand nur darauf eingelassen, weil sie meinte, sie müßte es unbedingt probieren, um mitreden zu können. Sehr schnell hatte sie sich dann auch von dem jungen Herrn verabschiedet und ihn nie wieder gesehen. Wenn schon der Mann fürs Leben nicht in Sicht war, so wollte sie doch bald mit einem Mann schlafen, weil sie glaubte, daß erst das sie zur richtigen Frau machen würde. Manche Dinge im Leben müßten eben sein, weil sie zu einer Persönlichkeit dazu gehörten, und die wollte Franziska um jeden Preis werden.

Vor ihrem Abitur war sie in einen Studenten verliebt. Der erste Student, den sie persönlich kennengelernt hatte, und ein Student war für sie etwas Besonderes. Tom war ein großer Frauenheld, doch er wollte dieses junge Mädchen nicht unglücklich machen. Dazu konnte er sie viel zu gut leiden. Auch war er so sensibel, daß er ihrer Schwärmerei für ihn keine grobe Abfuhr erteilte. Wunderschöne Fotos hatte er von ihr gemacht. Wenn sie sich erotischer bewegen würde, könnte sie ein gutes Fotomodell abgeben, dachte er bei sich.

Er fertigte für Franziska zu ihrem achtzehnten Geburtstag eine Fotozeitung an, in deren Texten er das junge Mädchen noch mal vor so bösen Buben wie sich warnte, und das meinte er sogar ernst. Tom wollte dieses Mädchen ohne Erfahrung nicht verführen. Diese Verantwortung wollte er nicht auf sich nehmen. Franziska hatte wieder mal Glück, obwohl sie das zu diesem Zeitpunkt nicht so sah. Die Fotozeitung war für sie das schönste Geburtstagsgeschenk. Tom war nicht nur ein schöner Mann, sondern er war für Franziska interessant, weil sie von ihm Dinge erfuhr, von denen sie bis dahin noch nichts gehört hatte.

Er las ihr einmal ein Gedicht von Wolf Biermann vor. Noch nie hatte sie, außer in politischen Witzen, eine Kritik an ihrem Land wahrgenommen. Auch sie wußte, daß jegliche Kritik verboten war und schwer geahndet wurde. Schon beim Zuhören hatte sie das Gefühl, etwas Verbotenes zu tun, und das fand sie ungeheuer spannend. Außerdem fand sie das Gedicht so treffend und grandios, daß sie es sich sofort abschrieb und es binnen kürzester Zeit auswendig lernte. Sie trug das Gedicht lässig ihren Eltern vor, in dessen letzter Strophe es hieß:

„Karl Marx der Revolutionär, hat großes Glück, er lebt nicht mehr,
denn wenn er heut am Leben wär, Genosse meiner Trauer,
dann lebte er nicht lange mehr, man zöge ihn aus dem Verkehr,
und fragst du wo, ja wo das wär?
In China, in China, in China hinter der Mauer."

Franziskas Mutter sagte entsetzt: „Dich holt auch noch mal die Stasi ab." Franziska lachte unbeschwert. Sie liebte es, ihre Mutter mit so etwas zu schockieren.

So war die Mutter auch neulich in Panik geraten, als sie erfahren hatte, daß Franziska ein abfälliges Gedicht über die FDJ-Delegiertenkonferenz geschrieben hatte. Es war Bieders letzte Rache, ausgerechnet sie dorthin zu delegieren. Franziska hatte das Gedicht zur Erheiterung der Delegierten an ihrem Tisch geschrieben und dann nahm es eine Freundin mit nach Hause. Frau Kaufmann hatte in ihrer Jugend erfahren, daß Kritik tödlich sein konnte und man lieber wegsehen und den Mund halten sollte, um sich und die Familie zu schützen.

Herr Kaufmann wußte nicht so recht, was er von der politischen Einstellung seiner Tochter halten sollte. Einerseits verteidigte sie ihm gegenüber oft diesen Staat und pries den Sozialismus als das bessere System, in welchem wenigstens keine Nazis mehr das Sagen hatten, und andererseits zitierte sie fröhlich ein Gedicht Biermanns, dessen Namen er irgendwo schon mal gehört hatte. Herr Kaufmann war ein gebranntes, ja schon fast verbranntes Kind durch seine Vergangenheit und wollte seine Kinder nur noch zu guten Menschen mit hohem Moralanspruch erziehen. Allerdings sollten sie den Faschismus und den Krieg verachten. Beidem war er auf den Leim gegangen und hatte dadurch Illusionen und Jugend verloren. Außerdem sah Herr Kaufmann so unerträgliches Leid, welches er seinen Kindern wahrlich ersparen wollte.

Nachdem Franziska nach und nach mitbekommen hatte, was unter der Hakenkreuzfahne passiert war, schämte sie sich, eine Deutsche zu sein. Beim Besuch des Konzentrationslagers Buchenwald war es ihr körperlich schlecht gegangen. Es gehörte zum Pflichtprogramm der Schulen, die Schüler dorthin zu führen und bei Franziska hatte dieser Besuch starke Spuren hinterlassen.

Überhaupt reagierte Franziskas Körper wie ein feiner Seismograf auf jeden Seelenzustand. Auch ihr Gesicht konnte sich von einer Sekunde zur anderen verändern und sie sollte ihr Leben lang viel Schminke benutzen, um nicht so durchschaubar zu sein.

Ihr gebrochenes Verhältnis zu ihrer Nationalität führte dazu, daß sie andere Völker verehrte, obwohl sie noch nicht einmal im Ausland gewesen war. Sie wollte so schnell wie möglich raus aus ihrem Land, um andere Länder und Menschen kennenzulernen, die nicht so viel Dreck am Stecken hatten wie ihre Landsleute.

Sie wußte noch nicht, daß ihr Fernweh auch dadurch bedingt war, daß sie zu den Fahrenden und nicht zu den Seßhaften gehörte. Den Dreck der anderen lernte sie erst viel später kennen.

Mit all diesen Problemen behaftet, verließ Franziska das erste Mal ihr Land und das Reiseziel sollte Ungarn sein. Morgen sollte es losgehen und sie hatte noch nicht einmal gepackt. Also stand sie gegen Abend auf und begann mit den Reisevorbereitungen. Die beiden schönsten Wochen ihres Lebens würden vor ihr liegen und sie sollte nicht enttäuscht werden.

*

Die bis dahin wohlbehüteten Mädchen wurden vom Vater einer mitreisenden Freundin zum Flughafen nach Leipzig chauffiert und dort begann ihr erstes großes Abenteuer. Der Flugplatz war so klein, daß eine Stewardess die Wartenden zu Fuß über das Rollfeld zum Flugzeug führte. Franziska kannte keine anderen Flugplätze und sie genoß jede Minute der gerade errungenen Freiheit in vollen Zügen. Das erste Mal mit einem Flugzeug vom Boden abzuheben ist wohl für jeden Menschen ein unbeschreibliches Gefühl, und so war es auch für die vier Freundinnen, obwohl Franziska sehr bald merkte, daß es ihr flau im Magen wurde. Flugzeuge sollten für sie nicht der Ort werden, in denen sie sich besonders wohl fühlte.

Dennoch genoß sie die unbeschreibliche Aussicht und die göttliche Stimmung über den Wolken. Sie konnte sich solchen Situationen vollkommen ausliefern und meinte dem Herrgott um einiges näher zu sein, was ihr unheimlich gut tat und sie auch vollkommen vergessen ließ, daß sie eigentlich hätte erbrechen müssen. Der Flug war außerdem viel zu kurz, um sich körperlichen Leiden hinzugeben.

In Budapest angekommen, konnte ihre Begeisterung keiner mehr bremsen. Sie hatte das erste Mal in ihrem Leben das Gefühl, in einer richtigen Weltstadt zu sein. Die vier jungen Mädchen mieteten sich für eine Nacht ein Privatzimmer und als sie mit verschiedenen Verkehrsmitteln dieses Quartier endlich erreichten, zündete sich Franziska eine Zigarette an und blickte sich zufrieden um. Sie saß in einem riesigen, aristokratischen Wohnzimmer mit echten Ölgemälden an den

Wänden. Da in Ungarn mehr Privatinitiative zugelassen war, vermieteten vor allem Budapester einen Teil ihrer Wohnung, speziell in den Sommermonaten. Die Hotels konnten sich die Leute aus dem Ostblock nicht leisten und so war es ein florierendes Geschäft.

Abends wollten die Freundinnen sich mit ihren begrenzten finanziellen Mitteln ins Budapester Nachtleben stürzen. Später einmal sollte sich Franziska in Budapest gut auskennen und sie mußte darüber lachen, wie naiv sie bei ihrem ersten Besuch war. Die jungen Mädchen gingen ins erstbeste Lokal mit Zigeunermusik, aßen einen viel zu teuren Kesselgulasch und tranken dazu viel zu teuren Wein. Trotzdem waren alle glücklich. Bald darauf fielen die Freundinnen todmüde ins Bett und schliefen sofort ein. Am nächsten Tag wollten sie eines der vielen Thermalbäder besuchen und natürlich gingen sie in das berühmte Gellertbad.

Franziska, die stundenlanges Baden in der Badewanne liebte, fand es wunderbar, sich in das heiße Wasser zu hängen. Ihre Freundinnen hielten es nicht lange darin aus, doch Franziska war begeistert. Sie machte die Augen zu und dachte nach, wie schön das Leben sein konnte. Sie machte die Augen wieder auf und beobachtete die Menschen, die sie selbstverständlich viel interessanter fand als in ihrem eigenen Land. Allerdings bemerkte sie auch sehr schnell, daß ab und zu ein Männerkörper ihr verdächtig nahe kam und sie für ihre Begriffe etwas peinlich berührte. Sie versuchte dann unauffällig etwas abzurücken. Diese Art Annäherungsversuch kannte sie nicht und sie mußte erst lernen, damit umzugehen.

Das Thermalbad ist in Ungarn auch ein Ort des Kennenlernens und Franziska beobachtete sehr neugierig die Spielchen zwischen den Geschlechtern und fand alles sehr spannend, auch wenn sie kein Wort verstand. Im Gegenteil, sie fand es absolut angenehm, nichts zu verstehen, weil das der eigenen Phantasie so viel Freiraum ließ und man nicht jedes blöde Gespräch gezwungenermaßen mitanhören mußte. Oft genug hatte sie am Ostseestrand Gesprächen von Strandnachbarn beiwohnen müssen, die sie an der Menschheit zweifeln ließen.

Franziska litt auch in jungen Jahren nicht unter dem Komplex, daß alle Welt über sie redete, und deshalb gab sie sich auch nie Mühe, im Ausland die jeweilige Sprache zu erlernen, weil sie auch, wenn sie nichts verstand, oder gerade deshalb, sich ungemein wohlfühlte. Außerdem fand sie es spannend, sich mit Händen und Füßen verständlich zu machen. Sich verstehen, achten und lieben hatte für sie nichts mit Sprache zu tun.

Nach dem Badebesuch war sie todmüde und hätte sich am liebsten bis zum Abend in eines der Straßencafés gesetzt. Jedoch fuhr ihr Zug schon am Nachmittag in ihr eigentliches Urlaubsziel, den Badeort Fonyod am Plattensee.

Endlich, nach mehrstündiger Zugreise dort angekommen, war nach nochmaligem Suchen klar, daß Franziska ihren Personalausweis verloren hatte. Es konnte nur in Budapest passiert sein. Das wichtigste Dokument eines jeden Staatsbürgers war spurlos verschwunden. Wenn Franziska keine Sorgen hatte, dann machte sie sich welche, und das Verlieren von Schlüsseln, Portemonnaies und wichtigen Dokumenten sollten ihr noch viel Streß im Leben bereiten. Im Unterbewußtsein von Franziska waren diese Dinge eigentlich nicht wichtig und sie achtete einfach nicht so darauf wie die meisten ihrer Mitmenschen. So war es auch mit dem Ausweis. Allerdings wußte Franziska, daß sie ohne Ausweis nicht ohne Schwierigkeiten ins Heimatland zurückkam.

Die vier Mädchen beschlossen, zunächst in ihrem Urlaubsort zur ungarischen Polizei zu gehen. Zum ersten Mal lernte Franziska den Unterschied in der Mentalität der Menschen unterschiedlicher Nationalität kennen. Der ungarische Polizist war sehr locker und als er endlich kapierte, was Franziska wollte, lächelte er und meinte, sie solle erst mal in Ruhe ihren Urlaub verleben und wenn der Ausweis dann immer noch verschwunden wäre, könnte man ja weitersehen. Franziska gefiel diese Mentalität zwar, doch sie beruhigte keineswegs. Sie wollte die Sache sofort regeln, um sich nicht den ganzen Urlaub zu versauen. Es würde schon schwer genug fallen, aus diesem wunderbaren Land wieder heimzukehren, da wollte sie keineswegs noch die Nervereien irgendwelcher dummer Bullen wegen des verlorenen Ausweises über sich ergehen lassen. So beschloß sie mit einer ihrer Freundinnen am nächsten Tag nach Budapest zurückzukehren, um nach dem Ausweis zu suchen. Falls sie ihn nicht fänden, würden sie zur Botschaft gehen und das könnte ja auch ganz spannend werden.

Das erste Ziel, welches die beiden jungen Mädchen in Budapest ansteuerten, war ein großes Geldwechselbüro, direkt an der Elisabethbrücke. Ein Ort, den jeden Tag zigtausend Menschen durchliefen.

Schüchtern ging Franziska zum Schalter, wo sie vor zwei Tagen Geld gewechselt hatte und fragte eigentlich nur der Form halber, ob hier ein Personalausweis liegen geblieben wäre. Die Dame am Schalter fragte sie höflich nach ihrem Namen und als Franziska etwas verwundert antwortete, griff die Dame in die Schublade und holte den Ausweis heraus. Franziska hätte die Dame hinter dem Schalter am liebsten abgeküßt, statt dessen bedankte sie sich mehrmals und lief mit dem Ausweis in der Hand lachend auf ihre Freundin zu und umarmte nun diese. Dieses unbeschreiblich schöne Gefühl, etwas wiederzubekommen, was verloren schien, sollte Franziska oft in ihrem Leben verspüren, und jedes Mal dachte sie darüber nach, ob man erst etwas verlieren mußte, um dieses wunderbare Gefühl der Erleichterung zu verspüren. Von einer Sekunde zur anderen wandelt sich die Stimmung total und die ordentlichen Menschen dieser Welt sind eigentlich arm dran, da sie nichts wiederfinden können, weil sie nichts verlieren.

Jetzt konnte für Franziska der Urlaub beginnen, und sie wollte nur noch erleben und genießen und albern und glücklich sein. Das hatte sie sich vorgenommen und wenn Franziska sich etwas ganz fest vornahm, dann hielt sie nichts und niemand davon ab.

Schnell hatte es sich im Dorf herumgesprochen, daß es vier junge Urlauberinnen gab, die, wie ihre Wirtin festgestellt hatte, ja noch Kinder waren. Jeden Morgen brachte der Sohn der Vermieterin andere Exemplare der männlichen Dorfjugend angeschleppt, um sie den Mädchen vorzustellen. Faszinierend fanden die Mädchen, daß man jedem Gast einfaches klares Wasser anbieten konnte und jeder damit zufrieden war. Jeder zweite Junge hieß Lazi und so gab es bald für die Freundinnen einen lachenden, einen stressigen, einen ernsten und einen häßlichen Lazi. So lustig die jungen Damen die Besucher auch fanden, anbändeln wollten sie ihrerseits mit diesen jungen Herren nicht.

Eines Abends beschlossen die vier Freundinnen, in den Zigeunerkeller des Ortes zum Weintrinken zu gehen. Sie hatten von anderen Touristen gehört, daß man dort gut essen und trinken konnte. Dieser Besuch eines typisch ungarischen Weinkellers sollte für Franziska weitreichende Folgen haben. Sofort nach dem sie Platz genommen hatten, war ihr dieser Kellner aufgefallen, der garantiert kein gelernter Kellner war. Er sah besser aus als Paul McCartney in seinen besten

Zeiten und bediente die Leute mit einem zurückhaltenden Charme und fröhlichen Augen. Auch zu Franziska und ihren Freundinnen sagte er nette Dinge auf englisch, und wirkte dabei weder aufdringlich noch unhöflich, eben gerade richtig.

Franziska wollte unbedingt am nächsten Abend wieder in das Kellerlokal und zum Glück erklärte sich eine Freundin bereit, mitzugehen. Als die beiden kichernd und angetrunken gegen Morgen in ihre Betten kamen, ärgerten sich die anderen zwei, daß sie nicht mitgegangen waren.

Am nächsten Tag am Strand erfuhren sie dann, daß sie, wie am Vortag, den billigsten Wein bestellt hatten und Balasz, so hieß der süße Kellner, ihnen guten, dunkelroten schweren Wein gebrachte hatte, weil er meinte, daß dieser Wein viel besser wäre, was den beiden natürlich auch klar war, jedoch ihre Brieftasche nicht zuließ. Gegen Ende der Öffnungszeit brachte Balasz ihnen auch noch einen großen Teller Paprikasalami, weil er gesehen hatte, daß die jungen Damen den ganzen Abend nichts gegessen hatten. Er fragte sie dann, ob sie auf ihn warten würden, er würde sie dann nach Hause begleiten. Franziska erzählte ihren Freundinnen, daß der Typ Geografie in Budapest studiere und unheimlich gut malen könne, vor allem Landkarten. Das war zwar bei diesem Studium nicht verwunderlich, aber wenn Franziska erst mal ins Schwärmen geriet, konnte sie niemand bremsen.

Es war offensichtlich, daß der junge Kellner, der eigentlich Student war, sich für Franziska interessierte und Franziska sich für ihn. So hielten sich die Freundinnen dezent zurück, wenngleich sie ihre Freundin von nun an jeden Abend begleiteten. Sie bestellten jeden Abend schlechten und bekamen guten Wein und von einer bestellten Portion Paprikasalami wurden sie alle vier satt. So profitierten die Freundinnen auch von Franziskas Schwarm und es war allen gedient.

In den darauffolgenden Nächten gingen die Freundinnen, wenn sie gut getrunken und gegessen hatten, in ihr Urlaubshäuschen und Balasz klopfte irgendwann gegen Morgen ans Fenster und Franziska war eine Minute später bei ihm auf der Straße und sie gingen Arm in Arm bis zum Morgengrauen spazieren. Es war für Franziska die große romantische Liebe und das hatte mehrere Ursachen.

Dieser junge Mann war schön, intelligent, und was vielleicht das wichtigste war, er war kein Deutscher. Außerdem war die Zeit reif für dieses große Ereignis und Franziska hatte nun lange genug gewartet und dann war da noch die lang aufgebaute Meinung, daß dieser Urlaub etwas ganz Besonderes werden würde. Franziska wurde wieder einmal vom Schicksal gut behandelt, weil ihr Märchenprinz mitspielte. Balasz war nicht viel älter als Franziska, doch er hatte viel mehr Erfahrung. Ihm gefiel das Mädchen und er würde eine Urlaubsromanze mit ihr haben, wie er schon viele gehabt hatte. Natürlich wollte er nicht nur nächtelang mit Franziska spazieren gehen, dennoch gehörte er zu der Minderheit der zurückhaltend charmanten Männer, welche die Frauen zwar nicht verstanden, sie aber trotzdem liebten und ihnen auf keinen Fall wehtun wollten. Am besten war es für ihn, wenn es beiden Spaß machte und wenn die Abschiede nicht zu tragisch wurden.

Er fragte sie in der nächsten Nacht, ob er mit in ihr Zimmer könne und Franziska war ratlos. Sie wollte den Geliebten auf keinen Fall verlieren. Doch da gab es große Probleme – die Freundin in ihrem Zimmer, vom Bumsen konnte man Kinder bekommen und was das Schlimmste war, sie hatte noch nie mit einem Mann zuvor geschlafen. Ihr war es peinlich vor Balasz. Warum hieß das eigentlich miteinander schlafen, dachte sie kurz. Zum schlafen könnte sie sofort ja sagen, aber das war doch eigentlich genau das Gegenteil. Sie hörte sich sagen, sie müsse das mit ihrer Freundin organisieren, vielleicht nächste Nacht. Das Herz klopfte ihr bis zum Hals und Balasz merkte ihre Aufregung und war besonders zärtlich zu ihr.

Als sie die Freundin am nächsten Tag fragte, ob sie mal eine Nacht bei den anderen beiden schlafen würde, war diese zwar nicht begeistert, aber sie tat Franziska den Gefallen.

Brigitte sah ihre Schulfreundin Franzi kurz besorgt an. Wollte sie es wirklich mit diesem Kellner tun? Zugegebenermaßen würde sie wahrscheinlich auch mit ihm schlafen, doch Franziska war sehr verliebt und die ganze Geschichte würde sicher tragisch enden. Andererseits wußte Franziska immer was sie wollte, und so würde sie auch hier richtig entscheiden. Brigitte bewunderte die Freundin, was hauptsächlich daran lag, daß Franziska aus der Stadt kam und sie aus diesem gottverdammten Nest, und daß bei den Kaufmanns einfach alles so toll war. Es war einfach schöner als in ihrem alten Bauernhaus und sie wollte eigentlich nur studieren, um aus diesem Kaff herauszukommen, und zwar für immer. Franziska dagegen fühlte sich in dem Dorf wohl und kroch mit Brigittes kleinem Bruder in den Ställen herum, weil sie vorher noch nie auf einem Bauernhof gewesen war. Auch Brigittes Eltern fand Franziska sehr nett und am beeindruckendsten fand sie es, daß sie mit der Freundin den ganzen Abend im Wohnzimmer vor dem Fernseher verbringen konnte. Die Eltern ließen sich immer nur kurz blicken und gingen sehr zeitig ins Bett, weil sie wieder so früh in den Stall mußten.

Franziska liebte hausgeschlachtete Wurst. Fast an jedem Tag ihrer Schulzeit hatte sie mit einer Freundin vom Dorf Frühstücksbrote getauscht, weil ihre Schnitten, belegt mit Käse oder Aufschnitt, bei den Dorfmädchen hoch im Kurs standen. Dafür hatte sie deren Brote mit köstlicher Brat- oder Leberwurst bekommen. Franzi durfte Brigitte auch besuchen, wenn bei ihr zu Hause geschlachtet wurde. Brigittes Mutter hatte nicht gern Stadtleute dabei, weil sie diese Arbeit nicht gewohnt waren, dennoch hatte sie ihrer Tochter erlaubt, Franziska mitzubringen.

Der erste Anblick beim Schlachtfest hatte dann Franziska auch ganz schön schockiert, obwohl sie sich nichts anmerken ließ. Sie sah die Großmutter des Hauses in der Küche vor vielen Gläsern Blutwurst sitzen. Die Gläser waren noch offen und die alte Frau probierte mit dem Finger aus jedem Glas, wobei immer etwas Blut den Zeigefinger herunterrann. Franziska schloß langsam die Tür und holte erst einmal tief Luft. Da beim Schlachten jeder zupacken mußte, wurde Franziska dazu verdonnert, die Gäste zu bewirten. Sie kamen, um Wellfleisch und Wurstsuppe zu essen. Abends bekam Franziska dann auch ein kleines Schlachtpaket mit nach Hause und eine Kanne Wurstsuppe. Nie hatte sie später ähnlich gute Dinge gegessen wie beim Hausschlachten in ihrer Heimat. Den Geschmack behielt sie ein Leben lang auf der Zunge und sie war jedes Mal enttäuscht, wenn angeblich Hausgeschlachtetes nicht so schmeckte wie bei ihrer Freundin.

Als Franziska in dieser Nacht Balasz erwartete, war sie traurig und ernst. Ja, sie war fest entschlossen, ihre Jungfernschaft zu beenden. Es wurde wirklich langsam Zeit mit fast neunzehn Jahren, und doch konnte sie sich auch nicht darauf freuen. Für Balasz war es das Natürlichste der Welt und er sah ja auch, wie verliebt Franziska in ihn war.

Als er mitbekam, daß er ihr erster Mann im Bett sein würde, war es für ihn schon zu spät. Denn wenn er das gewußt hätte, hätte er das Mädchen nicht gedrängt. Nun wäre er am liebsten aufgesprungen und gegangen. Doch das konnte er Franziska nicht antun. Sie machte nicht den Eindruck, daß sie nicht wüßte, was sie tat. Im Gegenteil, sie ließ es ganz bewußt mit sich geschehen, und das beunruhigte und verunsicherte ihn. Franziska empfand wenig bei der ganzen Sache, es tat weder weh noch verspürte sie Lust. Doch sie glaubte, das müßte so sein und fand es trotzdem wunderbar. Es war auch kein Blut auf dem Bettlaken. Als Mohammedanerin hätte sie in der Hochzeitsnacht wohl gar nicht gut ausgesehen.

Am nächsten Morgen hatte sie das Gefühl, daß alle Leute sehen müßten, was mit ihr passiert war, so ähnlich wie an dem Tag, als sie ihre Regel bekommen hatte. Sie fühlte sich nun als erwachsene Frau und ein guter Beobachter konnte wohl auch sehen, daß sie einen weicheren Gesichtsausdruck bekommen hatte und ihre Bewegungen runder geworden waren. Sie setzte sich irgendwann mit ihrer Freundin Brigitte auf den Bootssteg und als Franziska ihr erzählte, was geschehen war, meinte ihre Freundin ganz gelassen, sie hätte sich das schon gedacht, und um nicht länger über diese tragische Liebe sprechen zu müssen, offenbarte ihr Brigitte, daß sie alle von zwei netten westdeutschen Herren eingeladen wären, die letzte Nacht des Urlaubs in Budapest zu verbringen und daß sich Brigitte diese Aussicht auf ein Vergnügen besonderer Art nicht nehmen lassen würde.

Franziska war zwar dagegen, daß sich die Freundinnen trennten, doch was wollte sie tun? Sie würde bis zum letzten Moment mit ihrer großen Liebe zusammen sein wollen, und so fuhren zwei der Freundinnen mit den westlichen Kavalieren nach Budapest, und zwei blieben. Sie würden sich erst auf dem Flugplatz in Budapest wieder treffen. Franziska dachte, nicht auszudenken, wenn die beiden dort nicht pünktlich erscheinen würden.

Schon wegen der Freundin kam es gar nicht mehr dazu, daß die beiden noch mal gemeinsam ins Bett stiegen und das war auch für beide in Ordnung, wenn auch aus verschiedenen Gründen. Franziska war nur noch traurig, weil sie ständig an den Abschied dachte und Balasz versuchte das arme Mädchen so gut wie möglich aufzuheitern, was ihm nur bedingt gelang. In der letzten Nacht hatte er ab zweiundzwanzig Uhr frei genommen und er ging mit Franziska und ihrer Freundin Margit in die einzige Nachtbar am Ort. Er kannte dort die Bardame und sie würden bis zum Schließen bleiben können. Die Bar war wegen der hohen Preise sehr mager besucht. Franziska störte das nicht, sie fand es spannend und erotisch mit all dem roten Plüsch und dem dürftigen Licht. Nie zuvor war sie in einer Nachtbar gewesen. Doch die Stimmung war gedrückt, wie auf einer Beerdigung und da hätte die schönste Nachtbar der Welt nichts daran ändern können. Zum Glück hatten die drei nicht genügend Geld, um den Abschiedsschmerz im Alkohol zu ertränken und Balasz trank eh nichts, weil ihn die ewig betrunkenen Gäste Abend für Abend im Weinkeller anekelten.

Als sie gegen drei die Bar verließen, waren immer noch zwei Stunden Zeit bis zum Frühzug nach Budapest. Doch Balasz verhielt sich wie ein echter Kavalier und hielt das Mädchen im Arm, von dem er wußte, daß er es nie wiedersehen würde. Natürlich hatte er Franziska seine Adresse gegeben und ihr auch gesagt, daß er schreiben würde, doch was sollte das bringen? Sie würde ihn zu Hause auch schnell vergessen, damit tröstete er sich und da war es besser, wenn er nicht schriebe. Außerdem konnte er wirklich nicht vorher wissen, daß sie vor seinem Einschreiten noch Jungfrau gewesen war. Es sollte eines seiner vielen Urlaubsabenteuer werden, doch jetzt sah er das auch nicht mehr ganz so. Hoffentlich kam der Zug bald, um dieses Drama zu beenden. Franziska hätte noch drei Nächte mit ihm so dastehen können. Ihr Verstand sagte ihr, daß dieses erste ernsthafte Abenteuer in wenigen Minuten beendet war, doch davon wollte ihr Gefühl überhaupt nichts wissen. Dieser Mann war die große Liebe und sie würde keine andere Liebe im Leben jemals haben als diese und wenn sie daran zerbrechen würde. Bei allem Auskosten der Liebesdramatik im Sinne von Anna Karenina haßte es Franziska jedoch, in der Öffentlichkeit Gefühle zu zeigen und so unterdrückte sie auch die Tränen, als der Zug kam und Balasz war ihr sehr dankbar dafür. Er mochte an ihr, daß sie offensichtlich nicht zu den hysterischen Frauen gehörte, und er lächelte sie an und sah sie wirklich zum ersten Mal als Frau, zu der er sie ja selbst gemacht hatte. Er war davon überzeugt, daß Franziska bald mehr Glück in der Liebe haben würde. Als der Zug anfuhr, hätte sie ihren Schmerz am liebsten laut herausgeschrien. In diesem

Augenblick wußte Franzi nicht, wie sie auch nur eine Minute ohne diesen Mann überleben sollte.

Zum Glück kamen die beiden anderen jungen Damen zwar auf den letzten Drücker, doch immerhin noch rechtzeitig auf dem Flugplatz an. Franziska war dankbar, daß Brigitte sie auf der gesamten Rückreise vollschwatzte, was sie in der einen Nacht alles erlebt hatte und manchmal mußte Franziska sogar über Brigittes Erzählung lächeln. Zum Beispiel, als sie mit einer solchen Begeisterung erzählte, wie ihr ein Kellner im Restaurant auf der Fischerbastei (das Hilton-Hotel gab es zu diesen Zeiten noch nicht) die Zigarette anzündete, sowie sie eine aus der Schachtel nahm. Brigitte hatte erstmals dort verkehrt, wo die schönen Reichen dieser Welt verkehrten, und diese Welt hatte sie so fasziniert, daß sie nur noch redete. Franziska war das recht, so brauchte sie nichts zu sagen.

Als sich die vier Freundinnen nach diesem Urlaub voneinander verabschiedeten, waren sie um einige Erfahrungen reicher und sie hatten so viele unbeschreiblich prickelnde Stunden miteinander verbracht, daß in ihnen das Fernweh für immer geweckt war.

Franziska war dünn geworden und sah schlecht aus. Doch das sah niemand, weil sie fast schwarzbraun gebrannt war. Die Ungarn hatten zu ihr gesagt, so braun wird keine Deutsche. Das hatte sie als Kompliment aufgefaßt. Als kleines Kind hatte sie unter ihrer braunen Haut gelitten, doch mittlerweile fand sie es gut. Es gab zwar noch keine Solarien, aber braun galt als schön und es zeugte davon, daß man auf Reisen gewesen war, was in ihrem Land keineswegs selbstverständlich war.

Franziska hatte in Ungarn gehungert, um sich einen braunen Wildlederminirock mit Fransen und einen gelben, enganliegenden Pulli zum Schnüren kaufen zu können und wenn sie jetzt nach diesem Urlaub diese Sachen anzog, erinnerte sie das nicht nur an die wunderbare Zeit, sondern sie fand sich auch richtig schön damit. Alle waren begeistert gewesen über das Klamottenangebot in Ungarn. Franziskas Vater hatte schon vor Jahren die Damenkonfektion in seinem Geschäft abgeschafft, weil er die ewigen Ladenhüter satt hatte. Er meinte dazu, daß in einem Land, wo die Produktion fünf Jahre im voraus geplant wurde, natürlich keine Konfektion produziert werden konnte, die dem neuesten Schrei entspricht.

Nur wenige Tage noch fuhr Franziska in das Sommerhaus der Eltern. Danach würde sie den ganzen August im Kreißsaal arbeiten und im September begann ihre Ausbildung.

Die paar Tage im Sommerhaus gab sie sich voll ihrem Liebeskummer hin und zog sich allein an romantische Orte zurück, um in Sehnsucht und Erinnerung zu schwelgen. Sie wollte es so und für sie war es gut so. Franziska gehörte nicht zu den Menschen, die sich durch Vergnügen anderer Art ablenken konnten. Wenn sie litt, dann litt sie. Eine Arbeit, die sie voll in Anspruch nahm und so müde machte, daß sie danach nur noch ins Bett fallen konnte, war das Einzige, was sie in solchen Situationen am Leben hielt.

*

Als sie wenige Tage später das erste Mal in ihrem Leben in einem Kreißsaal stand, war sie sehr aufgeregt. Sie hatte keine Ahnung, welche Regeln dort galten und so tappte sie in jede Falle. Die Hebammen waren nett, aber distanziert ihr gegenüber und als sie am dritten Tag immer noch mit der Hand in eine sterile Trommel griff, fand sie es selbst auch nicht verwunderlich, wenn sie etwas vorwurfsvoll angesehen wurde. Schon am ersten Tag sagte die Oberhebamme streng zu ihr: „Also, falls es heute zur Geburt kommt, tun sie uns einen Gefallen und verlassen sie den Saal, bevor sie umkippen. Wir haben keine Zeit, uns auch noch um sie zu kümmern." Die Hebamme hatte diese Sätze so gesprochen, daß weder ein Einwand noch eine Frage möglich war. So mußte sich Franziska ihre eigenen Gedanken machen. War es denn so schrecklich anzusehen, wenn ein Kind auf die Welt kam? Sie nahm sich jedenfalls vor, zu stehen wie ein Baum und wenn nicht, würde sie nie wieder einen Kreißsaal betreten.

Am nächsten Tag war es dann soweit. Franziska sah ihre erste Geburt und sie konnte an nichts anderes denken, als an den selbstauferlegten Befehl, nicht umzukippen. Sie würde den Hebammen und Ärzten, die das junge Mädchen natürlich aus dem Augenwinkel beobachteten, keinen Anlaß zur Schadenfreude geben. Franziska ihrerseits hatte sich eine Geburt total anders vorgestellt. Vor lauter Aufregung fehlte ihr die Zeit zum Umkippen. Als nach stundenlangem Warten, Stöhnen und teilweise Schreien der Frau der eigentliche Geburtsakt beginnen sollte, konnte Franziska gar nicht so schnell gucken, wie er auch schon wieder vorbei war. Sie dachte, jetzt würde der eigentliche Stress erst beginnen, doch daß dieses kleine schleimige blutige Etwas so rausgeschwappt kam, hätte sie niemals geglaubt. Gleich darauf machte sich eine allgemeine Freude breit, die dazu führte, daß Franziska mit den Tränen kämpfen mußte. Sie konnte es zu diesem Zeitpunkt noch nicht artikulieren, doch sie wußte es in ihrem Innern, daß hier ein Wunder geschehen war, welches so phantastisch war, daß man es gar nicht beschreiben konnte. Zum zweiten wußte sie, und das konnte sie artikulieren, daß sie den schönsten Beruf der Welt haben würde. Im Augenblick der Geburt hatte sie zum ersten Mal nach ihrer Rückkehr aus Ungarn für einige Augenblicke ihren Liebeskummer vergessen.

Zwei Probleme sollten Franziska ein Leben lang begleiten und sie oft genug von anderen Dingen abhalten: der Liebeskummer und die Möglichkeit einer Schwangerschaft. Es war ihre Natur, daß sie die Liebe idealisierte und ihr der Liebeskummer nicht erspart blieb. Deshalb würde sie wegen einer großen Liebe auf alles verzichten und sollte es später auch teilweise tun. Viel später sagte ein Mann mal zu ihr: „Du wirst immer ein Problem mit einem Mann haben, egal wo und wie alt du bist." Er hatte recht. Franziska verliebte sich oft im Leben, und sie lebte ihre Liebesgeschichten aus und wenn es nur in ihrer Phantasie war. Die Phantasie der Männer ließ sie dabei außer acht, und deshalb sollten die größten und die längsten Leiden in ihrem Leben den Grund in der Liebe haben. Die wahre Liebe suchte sie bei den Männern. Sie gab sich vollkommen den romantischen Vorstellungen von großer Liebe und Märchenprinzen hin und litt. Erst viel später wußte sie, daß sie ihr halbes Leben lang einer Illusion hinterhergerannt war.

Auch verband sie den ersten Geschlechtsakt in ihrem Leben sofort mit Schwangerschaft. Sie vergaß dabei, daß sie ihre Regel bisher unregelmäßig bekam und sie im Sommer, wenn sie baden ging, ohnehin ausblieb. Sehr praktisch war das bisher, doch in der jetzigen Situation dachte sie ernsthaft darüber nach, was passieren würde, wenn sie schwanger wäre. Das eben in ihrem Land verabschiedete Gesetz zur Interruption lehnte sie ab. Wie viele Jugendliche hatte sie strenge Moralvorstellungen und mangels Lebenserfahrung urteilte sie hart über alles, was ihren ethischen Grundsätzen widersprach.

Sie hatte sich mit Bieder während der letzten Schultage im Staatsbürgerkundeunterricht gestritten, der das Gesetz zur Schwangerschaftsunterbrechung als Errungenschaft des Sozialismus und für die Frauen als weiteren Schritt zur Gleichberechtigung lobte. Franziska und die meisten ihrer Freundinnen ärgerte jedoch, daß es keine Diskussion darüber gegeben hatte und daß das, was gestern noch verboten war und strafrechtlich verfolgt wurde, weil es moralisch als anstößig galt, auf einmal eine legitime Sache sein sollte. Außerdem fühlte sie sich als zukünftige Hebamme verpflichtet, gegen Abtreibung zu sein. Dieses Wort wurde allerdings in ihrem Land wegen der negativen Besetzung fast nie gebraucht. Nein, wenn sie jetzt ein Kind bekäme, würde sie es auch mit eigenen Kräften großziehen wollen und wenn sie es durch den Schichtdienst zunächst in eine Wochenkrippe bringen müsste. Ein großer Vorteil in Franziskas Land war, daß keine junge Frau ihre Ausbildung abbrechen mußte, weil sie ein Kind bekam.

Alle diese Gedanken schwirrten Franziska durch den Kopf, als sie in Halle in ihr möbliertes Zimmer einzog. Später, als Franziska erwachsen geworden war und den Weg der Weisheit beschritt, mußte sie über so viel Naivität lächeln. Doch im Gegensatz zu den meisten anderen Erwachsenen sollte sie nie vergessen, wie sie in jedem Abschnitt ihres Lebens gedacht und gefühlt hat. Dadurch gelang es ihr ein Leben lang, sich in die Lage von Kindern und Jugendlichen zu versetzen. Die Schwangerschaft blieb Franziska dieses Mal noch erspart und sie konnte sich voll in das neue Leben stürzen, was sie auch tat.

Sie wohnte mit einem jungen Mädchen aus ihrer Heimatstadt zusammen. Die Zimmerkollegin hieß Margret, mit Spitznamen Maggi, und die Wirtin hieß Frau Kühlemann. Franzi und Maggi nannten ihre Wirtin „Mutter Kühlemann". Maggi war mit einem gutaussehenden, immer lächelnden jungen Mann verlobt, was Mutter Kühlemann und ihre im Hintergrund agierende Schwester im Rollstuhl von Anfang an zu der Meinung veranlaßte, daß Maggi das bessere der beiden Mädchen wäre. Außerdem rauchte Franziska und Maggi nicht. Sehr schnell hatte Mutter Kühlemann Franziska zu verstehen gegeben, daß der Rauch durchs Schlüsselloch in den Flur und dann durch das zweite Schlüsselloch in ihr Wohnzimmer gelange. Franziska rauchte trotzdem oder vielleicht sogar gerade deshalb und das empörte die beiden alten Damen, die mit ihrer Zimmervermietung an die Medizinische Fachschule nicht nur ihre Rente aufbessern, sondern gleichzeitig nach ihren Vorstellungen auf das Leben der Mädchen Einfluß nehmen wollten, denn eigene Kinder hatten sie beide nicht.

Herrenbesuch war grundsätzlich verboten, bis auf den Verlobten von Fräulein Helger natürlich. Aus diesem Verbot entwickelten sich spannende und tragikomische Geschichten, über die Franziska allerdings zum Zeitpunkt des Geschehens nicht immer lachen konnte.

*

Der Hebammenkurs war von besonderer Art und unterschied sich von anderen Ausbildungen auch im medizinischen Bereich. Die Mädchen mußten alle über achtzehn Jahre sein, was bedeutete, daß fast alle das Abitur hatten.

Als Franziska die anderen Mädchen fragte, ob sie an ihren Schulen auch Schwierigkeiten gehabt hätten, diesen Beruf nach dem Abitur zu ergreifen, erfuhr sie, daß an ihrer Schule für sie besonders schwierige Bedingungen geherrscht hatten und daß es innerhalb des Landes Unterschiede in der Behandlung und der Sicht der Dinge gab.

Die Hebammenschülerinnen hatten jeweils eine Woche Schule und eine Woche Praktikum in der Universitätsfrauenklinik. Die Mädchen wurden von der Schulbank ins harte Krankenhausleben geschmissen und das war für die meisten nicht leicht. Die Schule gefiel Franziska recht gut, obwohl sie sich durch den strengen Schulbetrieb gegängelt fühlte. Besonders liebte sie das Fach Geburtshilfe, unterrichtet vom ersten Oberarzt der Klinik, in den sich Franziska sofort verknallte. Sie freute sich auf den Unterricht, weil sie zu fünfzehn Gestalten in dem großen Hörsaal der Klinik sitzen durften und weil der Mann für sie eine faszinierende Ausstrahlung hatte und wahnsinnig interessante Sachen erzählte. In der ersten Unterrichtsstunde erzählte er ihnen, daß er es hasse, irgendwelche dummen oder gar keine Antworten auf seine

Fragen zu bekommen. Allerdings würde er es verstehen, wenn eine der Damen sich mal eine Nacht in einer verräucherten Bar amüsiert hätte. Dann solle sie ihm das sagen und er würde es berücksichtigen. Außerdem riet er seinen Schülerinnen, sich den „Pschyrembel" zu besorgen. Das Beste, was es zur praktischen Geburtshilfe gäbe, obwohl die offizielle Meinung der wissenschaftlichen Kader anders wäre. Leider würde es das Buch nur im anderen Teil Deutschlands geben. Dabei erwähnte er noch, daß in jedem „Pschyrembel" auf der Titelseite der Spruch stände: „Man müsse in der Geburtshilfe viel wissen, um wenig zu tun." Dieser Satz sollte eigentlich als Leitmotiv in jedem Kreißsaal hängen und wie recht ihr verehrter Oberarzt damit hatte, erahnte Franziska in diesem Moment noch nicht.

Jedoch sollte zunächst das Thema „Pschyrembel" dazu führen, daß sie ihren Onkel Michael, der in der Hauptstadt nicht hinter, sondern vor der Mauer lebte, in besonders guter Erinnerung behielt. Bisher hatte sie von dem Onkel nicht viel Gutes gehört und wenn er einmal im Jahr mit seinen vielen kleinen Kindern, besser gesagt mit seinen vielen kleinen Jungen und seiner jungen Frau, die auf Franziska gar nicht jung wirkte, in seinem riesigen Mercedes anreiste, kriegte Franziska nur mit, daß er sich endlos mit ihrem Vater stritt. „Salonkommunist" nannte Oskar seinen Bruder Michael, weil er für kommunistische Ideen schwärmte und mit einem dicken Mercedes vorfuhr. Allerdings bewunderte er seinen Bruder, daß er es geschafft hatte, nach vielen Jahren russischer Gefangenschaft, Medizin zu studieren und sich als Arzt eine Existenz aufzubauen. Die Gefangenschaft hatte er allerdings seinem größten Laster, den Frauen, zu verdanken, und der jüngere Bruder hatte wenig Verständnis dafür. Doch diese Geschichte war auch für Oskar Kaufmann so schmerzlich gewesen, daß er sie aus verschiedenen Gründen zu vergessen versuchte. Überhaupt meinte er, daß man keinem Menschen vertrauen oder auch etwas Existenzielles anvertrauen sollte und schon gar nicht einer Frau. So hielt es Oskar Kaufmann auch mit seiner Frau Margarete.

Diese beiden Kaufmannbrüder unterschieden sich in vielem und doch hatten sie eines gemeinsam: Ein angeborenes geschäftsmännisches Talent. Daher wurde der Eine im Westen und der Andere im Osten ein reicher Mann, so wie es der jeweilige Staat zuließ.

Beim letzten Besuch des Onkels Michael hatte sich Franziska ein Herz gefaßt und ihn gefragt, ob er ihr den neuen „Pschyrembel" schicken würde. Es war der einzige Kontakt, den Onkel und Nichte je miteinander haben sollten und dem Onkel fiel auf, daß seine Nichte ein schönes junges Mädchen geworden war. Dafür hatte er einen Blick und er konnte sich an jeder schönen Frau erfreuen, egal welchen Alters. Franziskas Eltern meinten, daß sie sich keine Hoffnung zu machen brauche, ihr Onkel würde nicht an das Buch denken, da er genug andere Sachen im Kopf hätte. Umso erstaunter war Franziska, als sie eine Woche später das Buch in ihrer Hand hielt, welches der Onkel offensichtlich in einer Buchhandlung, mit dem Auftrag zum Versand, für sie gekauft hatte.

Sie war die erste der Hebammenklasse, die den neuesten, gerade erschienenen „Pschyrembel" besaß und sogar ihr Geburtshilfelehrer warf einen Blick in das Buch. Sie hütete das gute Stück ihr Leben lang und behielt entgegen aller verbreiteten Geschichten Onkel Michael in guter Erinnerung.

Die Witzfigur unter ihren Lehrern auf der Hebammenschule war der Professor für Kinderheilkunde. Er wirkte wie eine Parodie eines zerstreuten und selbstherrlichen Professors, der glaubte, daß ihn sein Titel dazu berechtigte, niemandem Rechenschaft ablegen zu müssen, so zum Beispiel bei der Zensurenvergabe. Franziska lachte manchmal so in seinem Unterricht, daß sie sich ein Taschentuch in den Mund stopfen mußte, um nicht vom Professor gehört zu werden, denn das hätte bedeutet, daß man nur noch Noten zwischen Vier und Fünf bekam, auch wenn man eine glatte Eins verdient hätte. Doch wenn Bübchen, so sein Spitzname, loslegte und den Stakkatohusten beim Keuchhusten vorhustete, oder sich auf den Stuhl stellte und einen Klumpfuß demonstrierte, dann gab es für die meisten Schülerinnen kein Halten mehr. Nur die Damen, welche sowieso nie lachten, konnten sich beherrschen. Da Bübchen selbst ein sogenanntes Frühchen war, durfte keine Hebammenschülerin und auch kein Student etwas Kritisches über Frühgeburten sagen. So wurde von Jahr zu Jahr die Geschichte überliefert, daß einmal eine Hebammenschülerin gesagt haben soll, daß Frühgeburten oft geistig behindert wären, worauf der Professor aufschrie: „Waaas, ich bin selbst ein Frühchen, bin ich etwa behindert?"

Dann gab es unter den Lehrern noch so ein verknöchertes jungfernhaftes Fräulein, die allerdings immer mit einem grellen Lippenstift erschien. Sie unterrichtete natürlich Anatomie und Ernährungslehre. Als sie von den angehenden Hebammen gefragt wurde, warum sie im Anatomiebuch die männlichen Geschlechtsorgane übersprungen hätte, meinte sie mit rotem Kopf, daß diese für Hebammen nicht wichtig wären, was die jungen Frauen allerdings lautstark dementierten. Fräulein Memchen übersprang das Kapitel trotzdem und Franziska sagte nach der Stunde zu den anderen, daß man der armen Frau auch besser diese Peinlichkeit ersparen sollte.

Auch kein Verständnis hatte das Fräulein, wenn ihre Schülerinnen einen Faden an den Gliedmaßen des Skelettes befestigten und ihm eine Zigarette in den Mund steckten, so daß das Skelett hinter ihr im Unterricht herumhampelte, bis sie es endlich mitbekam. Dann sprach sie von Pietätlosigkeit, was die zukünftigen Hebammen nicht abschreckte, es wieder zu tun.

Als Fräulein Memchen einmal empört eine Mitschülerin zusammenstauchte, weil sie das von ihr mitgegebene weibliche Becken aus Pappmaschee in einem offenen Netz an einen Kleiderständer in einem Café gehängt hatte, lachten sich die Mitschülerinnen zwar kaputt, konnten jedoch das Fräulein auch verstehen. Die Direktorin der Schule wurde von einem empörten Gast angerufen, der das den Gipfel der Pietätlosigkeit nannte. Von diesem Zeitpunkt an durfte die Lehrerin den Hebammenschülerinnen keine weiblichen Becken zum intensiven Studieren mehr mit nach Hause geben. Franziska lachte wie die anderen über die Dummheit der Mitschülerin und stellte sich das Becken am Kleiderhaken des Cafés vor.

Natürlich gab es auch an der Hebammenschule das Fach Staatsbürgerkunde und die Direktorin der medizinischen Schule unterrichtete es höchstpersönlich. Franziska bezeichnete diese Person von Anfang an als rote Ziege und die Antipathie beruhte, wie schon bei Bieder, auf Gegenseitigkeit. Diese Frau war froh, wenn es mit den Hebammen einigermaßen klappte. Für sie war es ein Horror, in diese Klasse zu gehen, weil diese jungen Frauen nicht mehr alles so unkritisch hinnahmen und wenn dann noch so ein Mädchen wie diese Franziska Kaufmann und ihre beste Freundin schamlos in ihrem Unterricht lachten und versuchten, ihre Person lächerlich zu machen, war ihr Frust besonders groß. So sah allerdings Franziska die Sache nicht, sie fand sich für den Scheiß, der da erzählt wurde, sehr brav und angepaßt. Die Direktorin wollte ein Augenmerk auf das Mädchen werfen und wenn sie über die Stränge schlug, würde sie von der Schule fliegen, da würde sie kurzen Prozess machen.

Ganz anders sah es in der praktischen Ausbildung zu Franziskas Traumberuf aus. Sie war später immer wieder erstaunt, daß sie diesen Spießrutenlauf wirklich durchgehalten hatte. Doch wenn eine der Schülerinnen heulend den Kreißsaal verließ und alles hinschmeißen wollte, ging Franziska diesem Mädchen nach und versuchte ihr zu erklären, daß genau das die schikanierende Hebamme erreichen wollte und sie solle wieder hereinkommen und lächelnd weiterarbeiten.

Franziska sollte nie vergessen, wie sie sich, zurechtgemacht wie die Vogelscheuchen, dem Professor der Frauenklinik vorstellen mußten. Ihre Lehrhebamme hatte ihnen erzählt, wie das Äußere einer Hebammenschülerin an der Universitätsfrauenklinik auszusehen hatte: Ein sauberer, frischgebügelter weißer Kittel bis über die Knie, und das zu einer Zeit, wo man Miniröcke trug, darüber eine weiße Gummischürze in gleicher Länge, obwohl die eigentlich nur zur Geburt nötig war. Doch da man am Anfang nur zu putzen hatte, sollte die Gummischürze vor Verunreinigung des weißen Kittels schützen. Warum man diese allerdings zur Vorstellung beim Professor tragen sollte, wußte niemand. Dazu war es angeblich Pflicht, wegen der Sicherheit am Arbeitsplatz, feste weiße Schuhe zu tragen. Damit man nicht etwa noch durch schöne Haare etwas an diesem peinlichen Äußeren verbessern konnte, mußten diese unter einem exakt gelegten weißen Tuch verschwinden und das Gesicht mußte selbstverständlich ungeschminkt vorgezeigt werden. So standen sie da, die armen Tröpfe, und wurden von Hebammen beäugt und belächelt, die mit schicken kurzen Kitteln und hübschen weißen Holzpantinen, auch geschminkt und ohne weißes Tuch auf dem Kopf, durch den Kreißsaal flanierten. Einige von ihnen sollten ihre kleine Macht schamlos ausnutzen. So erlebte Franziska ähnliche Schikanen wie Emilie Behrend fünfzig Jahre zuvor, obwohl die meisten Hebammen behaupteten, daß die Ausbildung viel zu lasch geworden sei.

Allerdings hatte Franziska keine Lehrmeisterin wie Emilie damals, und so mußte sie sich von den Hebammen, die es an der Klinik gab, in die Hebammenkunst einweisen lassen. Zu Franziskas Lehrzeit wollte allerdings keiner etwas von der Kunst der weisen Frauen der Vorzeit wissen, denn der Trend ging zur hochtechnischen programmierten Geburt. Selbst das Stillen wurde am liebsten durch Flaschennahrung ersetzt und doch waren die meisten der vielen Hebammen an der großen Klinik eben doch Hebammen, keine Krankenschwestern, keine MTA's, keine Ärzte, sondern Hebammen, von denen man, falls sie einen guten Tag hatten, viel über Geburtshilfe lernen konnte.

Am Anfang kam Franziska fix und fertig und mit geschwollenen Füßen (dank der festen weißen Kunstlederschuhe) nach Hause und war wütend, wenn die diensthabende Hebamme sie acht Stunden putzen ließ und dann noch mit einem weißen Leinenhandschuh hinter der Heizung herumwischte, woraufhin sie mit einem fiesen Lächeln verkündete, daß es morgen weitergehe, weil der Handschuh nicht ganz weiß geblieben war. Franziska hätte nicht geglaubt, daß so etwas 1972 noch möglich war. Doch sie war stolz und versuchte ihren Ärger immer zu verbergen. Überhaupt sollte Franziska nach außen immer heiter und gelassen wirken. Deshalb wirkte sie auf ihre Umwelt lebenslustig, wenn nicht gar albern und auch ein wenig oberflächlich, was bei Franziska dazu führte, daß sie sich nicht verstanden fühlte und dadurch nur noch introvertierter wurde, obwohl alle glaubten, sie sei ein äußerst extrovertierter Mensch.

Franziska gehörte zu den Hebammenschülerinnen, die nicht besonders schikaniert wurden. Sie war stolz, als sie das erste Mal Blutdruck messen, die erste Spritze geben und das erste Mal einem Arzt beim Nähen assistieren durfte.

Doch das größte Ereignis war natürlich die erste Geburt, die keine Erstgebärende sein durfte, weil ein Dammschutz bei Erstgebärenden schwieriger war. Franziska fühlte sich nach ihrer ersten Geburt wie die Königin der Welt, und solche Augenblicke sollte sie noch öfter in diesem Beruf erleben.

Die Höhepunkte des Lebens sind die glücklichen Augenblicke, wobei die meisten Menschen ein glückliches Leben anstreben und enttäuscht sind, wenn sie es nicht finden. Da Franziska das Leben voll erleben wollte, hatte sie sich fest vorgenommen, die Höhen zu erklimmen und die Tiefen zu durchwandern, weil sie sich eigentlich nur vor einem richtig fürchtete, der Mittelmäßigkeit. Oft hatte sie, vor allem mit ihrem Bruder Michael, mit dem sie sich in diesen Jahren gut verstand, darüber diskutiert. Ein schlimmeres Leben als das eines mittelmäßigen Durchschnittsbürgers gab es für die Geschwister nicht.

Da sie glaubte, daß das Leben einer schönen Frau eh mit dreißig zu Ende sei und es das Beste wäre, dann wieder zu verschwinden von dieser Welt, also kurz und intensiv zu leben, genoß sie alles, was es zu genießen gab in diesem Land. Dafür suchte sie sich die amüsierfreudigste junge Frau in ihrer gesamten Klasse aus, welche dank dieser Ausbildung von Mann und Kind flüchten konnte.

Als Franziska ihre neue Freundin Susi das erste Mal mit nach Hause nahm, fanden die Kaufmanns die junge Frau überhaupt nicht so nett wie Franziska. Im Gegenteil, sie meinten sogar, daß diese kleine, raffinierte Person einen schlechten Einfluß auf ihre Tochter ausübe. Diese Besorgnis veranlaßte Frau Kaufmann, einen Brief an Franziska zu schreiben, dessen Quintessenz war: Entweder diese Freundin oder wir. Wohl das Falscheste, was Eltern in einer solchen Situation tun können. So antwortete Franziska auch glashart: meine Freundin.

Sie bereute es nie, Susi als Freundin gehabt zu haben, obwohl sie einige der gemeinsamen Erlebnisse in späteren Jahren lieber aus ihrer Biographie gestrichen hätte. Einmal gingen die beiden mit selbst angefertigter Sammelbüchse und Spendenliste in ein Neubaugebiet am Stadtrand und sammelten für Vietnam. Als die Büchse einigermaßen gefüllt war, gingen die Freundinnen ins Interhotel und verfraßen genüßlich das Geld. Solidaritätsbeitrag war verpönt, weil man von Kindheit an damit belästigt wurde. Auch klaute Susi des öfteren im Beisein von Franziska Zigaretten oder Klamotten. Irgendwann verbot es ihr Franzi, weil sie die Konsequenzen fürchtete.

Wirklich lustig dagegen war die Geschichte, als Susi verbotenerweise in Franziskas Zimmer schlief. Sie wollten es so machen wie immer, Susi würde sich morgens schnell anziehen und sich durch den kleinen Flur schleichen und so tun, als ob sie morgens Franziska abholen wolle. Auch Mutter Kühlemann haßte Susi und hatte an diesem Morgen wohl einen siebten Sinn. Sie wirtschaftete unaufhörlich im Flur herum. So zog sich Franziska an und holte Brötchen und wollte dann so tun, als ob sie Susi mitgebracht hätte. Susi sollte sich so lange im riesigen Ehebett verstecken. Es war so eine Art Bett, in welchem man sich wie in einem riesigen Sarg vorkam und warum ein Ehebett zwei dicke Bretter in der Mitte hatte, begriff Franziska auch nie. Als sie vom Bäcker kam, sah sie schon von der Straße, daß die Gardinen zurückgezogen waren, was bedeutete, daß Mutter Kühlemann im Zimmer gewesen war. Sie raste in die dritte Etage hoch in ihr Zimmer und warf das dicke Federbett beiseite, unter dem ihre Freundin mit hochrotem Kopf und schweißtriefend lag und bemerkte: „Das machst du nicht noch einmal mit mir. Die Alte hat auf dem Bettgiebel Staub geputzt. Stell dir vor, die hätte die Decke zurückgeschlagen und vor Schreck einen Herzinfarkt bekommen." Franziska lachte wochenlang und noch Jahre später darüber.

Mit Susi konnte man jedenfalls Pferde stehlen und so fuhr die Freundin auch nicht in den Winterferien nach Hause zu Mann und Kind, sondern sie fuhr, das heißt sie trampte mit Franziska zu ihrer Verwandtschaft nach Krakow. Den ersten Tag kamen sie bis Görlitz – dort nahmen sie sich ein billiges Hotelzimmer, welches eigentlich eine hundekalte Dachmansarde war. Am nächsten Morgen gingen sie zu Fuß über die Grenze und dann ging es weiter in einem uralten LKW. Der Fahrer hatte in einer Zahnlücke ständig eine Zigarette stecken und sah aus, wie aus einem Horrorfilm entsprungen. Doch Franziska und Susi hatten keine Angst und bepißten sich fast vor Lachen über den Typ. Abends kamen sie endlich in Katowice an.

Susi hatte die Adresse von einer alten Tante. Sie wußte nicht, ob sie überhaupt noch lebte oder sie dort noch wohnte. Doch beide Freundinnen hatten genug Elan und Abenteuerlust, wie sie der Jugend eigen sind, und so fragten sie sich in Eiseskälte und Dunkelheit durch, bis sie das Haus endlich fanden. Als die alte Frau hörte, wer vor ihrer Tür stand, riß sie diese hocherfreut auf. Sie bewirtete die beiden wie selbstverständlich, obwohl ihre Verhältnisse doch sehr bescheiden waren. Schließlich, sehr spät am Abend, bereitete sie das Nachtlager für den unverhofften Besuch.

Es gab nur zwei kleine Zimmer mit je einem Bett, wobei sich herausstellte, daß in dem Zimmer, in welchem die beiden Freundinnen schlafen sollten, eine Untermieterin wohnte, die allerdings gerade zur Nachtschicht war. Franziska wurde das erste Mal im Leben klar, daß sie im Vergleich geradezu in einem Palast großgeworden war. Die rührende alte Frau erklärte, daß sie die beiden morgens wecken würde, wenn die andere Frau von der Arbeit kam und sie dann in ihrem Bett weiterschlafen könnten. Franziska war von so viel Gastfreundschaft fasziniert, so etwas hatte sie zuvor noch nie erlebt. Doch es sollte noch besser kommen. Aufgeregt weckte die Tante Susi und Franziska erst gegen acht Uhr am nächsten Morgen. Sie erzählte, daß sie verschlafen habe und sie ihre Mitbewohnerin auf der Toilette sitzend gefunden habe. Sie war dort eingenickt, weil sie ihr Bett besetzt fand und niemanden wecken wollte.

Franziska stiegen vor Rührung über dieses Verhalten die Tränen in die Augen. Da setzt sich eine nicht mehr junge Frau nach ihrer Nachtschicht in einer Fabrik aufs Klo und versucht dort zu schlafen, weil zwei stockfremde junge Mädchen in ihrem Bett liegen. Nie sollte sie in ihrem Leben die beiden Frauen aus Katowice mit ihrer grenzenlosen Güte vergessen und sie war überzeugt, daß diese Geschichte zu Hause nicht hätte passieren können.

In Krakow wollten sie zu Susis Cousine Elszbieta, die zu Franziskas Verblüffung nicht nur mit den Eltern und Geschwistern, sondern auch noch mit einer Großmutter und einer Tante in einer Neubauwohnung sehr beengt und bescheiden wohnte. Das hielt aber niemanden davon ab, sich riesig über den Besuch zu freuen. Es wurde zusammengerückt und ein Bett für die beiden Besucherinnen freigemacht. Elszbieta brauchte während der Zeit nicht in die Schule, sondern wurde beauftragt, den beiden die Stadt zu zeigen, was sie auch mit Vergnügen tat.

Franziska verliebte sich sofort in diese wunderschöne alte Stadt mit ihren interessanten Cafés, in denen sie stundenlang herumsaßen und Leute beobachteten oder mit der hübschen blonden Elszbieta plauderten. Sie mußten sich mit Susis Cousine russisch unterhalten, weil Elszbieta in der Schule französisch und die anderen beiden englisch gelernt hatten. Allerdings verbot ihnen die sympathische Polin diese Sprache, die so verhaßt wäre in ihrem Land, in Gegenwart anderer mit ihr zu sprechen.

Die Polen hatten viel schönere Lokalitäten und dafür schlechtere Wohnungen. Sie lebten viel mehr außerhalb als die Bürger daheim. Franziska gefiel dieser Lebensstil, sich nicht ständig nur für die eigenen vier Wände zu engagieren.

Als Susi und sie nach Auschwitz fahren wollten, hielten sie Elszbieta und ihre Verwandtschaft strikt davon ab, weil ihnen der Besuch an diesem unseligen Ort die ganze Reise verderben würde. Wie Recht sie damit hatten, sollte Franziska ein Jahr später erfahren, als sie mit der Hebammenklasse dorthin fuhr. Doch konnte Franziska nicht verstehen, daß die Polen die Deutschen davon abhielten, ein ehemaliges deutsches Vernichtungslager in Polen anzusehen. So viel liebevolle Gastfreundschaft hatte Franziska bisher noch nie erlebt und es sollte ihr Verhältnis zu diesem Land prägen. Ihr Vater war als Deutschstämmiger in Polen groß geworden und er hatte seine Kinder sehr polenfreundlich erzogen. Es wurde bei Kaufmanns nie von Polacken und polnischer Wirtschaft geredet. Im Gegenteil, oft hatte er seinen Kindern erzählt, daß er auf eine polnische Schule gegangen sei, die so vorbildlich in allem gewesen wäre, daß sie sich in ihrem Land ein Beispiel daran nehmen könnten.

Immer wenn Franziska aus dem Ausland zurückkehrte, war sie traurig. Überall fand sie es besser als in ihrem kleinen Kackland. Dieser von ihr geprägte Ausdruck sollte später sogar in ihrer Stasiakte stehen. Auf der Rückfahrt fuhren sie die letzten Stunden mit einem LKW aus dem Westen und sie konnten ihr Glück gar nicht fassen. Sie rauchten eine Camel nach der anderen, als ob sie es bezahlt kriegten und plauderten nett mit den beiden Fahrern, die auf dem Weg nach Paris waren.
  Nach Paris, welch ein Traum für Franziska und ihre Freundin. Mit welchem Recht wurden sie in diesem Land festgehalten? „Paris, ein Fest fürs Leben" von Hemingway hatte Franziska gerade gelesen und war begeistert. Durfte man einem jungen Menschen diese Stadt vorenthalten? War es nicht ein unglaublicher Zynismus, daß man sich mit neunzehn Jahren damit abfinden sollte, vielleicht als Rentner einmal dorthin zu gelangen? Dann war es zu spät für sie, das wußte Franziska.
  Die Fernfahrer versprachen, als Ersatz für den eigenen Besuch eine Ansichtskarte zu schicken. Als Franziska die bunte Karte vom Platz der Maler in Montmartre in der Hand hielt, betrachtete sie die Karte so lange, bis das Bild durch ihre Tränen verschwamm. Eine Ansichtskarte konnte kein Ersatz sein.
  Susi machte gegenüber Franziska keinen Hehl daraus, daß sie in den Westen wollte und ob es nicht das Klügste sei, nach der Ausbildung

abzuhauen. Es war für sie das größte Vergnügen, in den Bars der Interhotels auf Westmänner zu warten. Franziska mußte natürlich immer mit. Vor allem mußte sie immer die von Susi ausgedachte Geschichte mitspielen. Franzi spielte mit, doch übertrieb sie nicht so wie die Freundin. Susi war eine hübsche kesse junge Frau, die wie ein junges Mädchen, manchmal sogar kindlich, wirkte. Doch war sie wahnsinnig komplexbeladen. Sie fand sich selbst zu dick, zu klein und zu dumm. Mit sechzehn Jahren hatte sie ein Kind bekommen und sich mühsam im Krankenhaus bis zu dieser Ausbildung hochgearbeitet. Alles Versäumte wollte sie nun in zwei Jahren Großstadt ohne Mann und Kind nachholen.

Die beiden Freundinnen gingen nach dem Spätdienst oft noch in die Nachtbar, weil die Kneipen sehr bald schlossen. Außerdem war die Chance dort größer, einen Mann aus dem Westen zu treffen. Sie hoffte auf eine Bekanntschaft, durch die sie rauskam aus allem: Dem Land, der gottverdammten Provinzstadt und der schon lange nicht mehr funktionierenden Ehe. Das sollte ihr allerdings erst Jahre später gelingen.

Susi gab sich gern Ostmännern gegenüber als arrogante Westtussi aus und Franziska hörte, wenn sie an der Bar des einzigen Interhotels der Stadt saßen, oft Wortfetzen wie: „Ihr aus der Ostzone" oder „wie ist das bei euch mit der Wehrmacht?" Franzi schimpfte dann auch manchmal mit ihrer Freundin, doch die konnte sich darüber nur kaputtlachen. Den Westmännern gegenüber gab sie sich meistens als Medizinstudentin aus, das hob irgendwie ihr Selbstbewußtsein. Wenn sie dann wirklich einen an der Angel hatte, wurde Franziska auch mit freigehalten und das war ihr auch wieder recht.

So verbrachte Franziska, dank der Liebschaft ihrer Freundin, einmal während der Leipziger Messe jeden Abend in dieser Bar und plauderte gepflegt mit einem älteren Geschäftsmann, wobei sie sich bestellen konnte, was sie wollte. Dieser Herr war wiederum der Geschäftspartner von Susis Liebhaber. Wenn Susi mit ihrem neuen Freund aufs Zimmer ging, verabschiedete Franziska sich höflich bis zum nächsten Abend. Franziska gefielen die gutgekleideten, wohlriechenden Westmänner, die schon die ganze Welt gesehen hatten. Zum Glück wollte nie einer sie zur Mätresse haben. Viele dieser Geschäftsreisenden hielten sich eine Geliebte im Osten, weil diese Frauen so preisgünstig waren.

Im zweiten Ausbildungsjahr fuhren beide Freundinnen in den Winterferien nach Oberhof. Ohne vorheriges Quartier – ein sinnloses Unterfangen – allerdings nicht für Susi und Franziska. Dank ihres Ideenreichtums ließen sie sich eine rührende Geschichte einfallen und gelangten in der Hauptsaison an ein Zimmer, das sie auch noch bezahlen konnten. Die meiste Zeit verbrachten sie allerdings im berühmten Interhotel in Sprungschanzenform. Als Susi mal wieder einen an der Angel hatte, den sie Goldesel nannten, weil er eigentlich nur Geld hatte, trank Franziska in der Bar an einem Abend so viel Sekt, daß es ihr eine Lehre fürs Leben war.

So ergänzten sich die beiden Freundinnen eigentlich großartig. Franziska war die Intellektuelle, die Susi, wenn nötig, zur Ordnung rief und vor allem beim Lernen half, und Susi brachte Franziska zum Lachen und verleitete sie zu Dingen, die sie allein nie getan hätte. Als Susi jedoch fast am Ende der Ausbildung erfuhr, daß Franziska mit einem Exfreund von ihr schlief, war es von einem Tag zum anderen mit der intimen Freundschaft dieser beiden jungen Frauen aus. Franziska hatte mit Absicht ihrer Freundin nichts von diesem Verhältnis erzählt, weil sie wußte, wie diese reagieren würde, wodurch sich die andere nun wiederum hintergangen fühlte.

Dabei hielten sich Franzis intime Kontakte zur Männerwelt trotz des stürmischen Lebens während ihrer Ausbildung nun wirklich in Grenzen. Einmal hatte es ein stadtbekannter Frauenheld geschafft, sie kurz aber stürmisch zu erobern und im Sommer lag sie in Prag mal mit einem niedlichen Tschechen im Bett, der für Franziska wohl nur den Reiz hatte, kein Deutscher zu sein. Aber ansonsten hatte sie es immer geschafft, sich peinliche Affären vom Hals zu halten und es war für sie auch kein Märchenprinz in Sicht.

In diesen Alexander war sie verliebt, obwohl sie wußte, daß es nicht die von ihr erwartete große Liebe war. Ihre Vernunft sagte ihr, daß man an so einen schlampigen Typen nicht sein Herz hängen durfte. Doch er war ein intelligenter witziger Kerl, der Franziska immer zum Lachen bringen konnte und Franzi lachte gern. Außerdem besaß er einen Schlüssel zum Botanischen Garten, was für Franziska besonders reizvoll und romantisch war, weil dieser Garten einer ihrer Lieblingsorte der Stadt war. Während dieser Chaot, der es dank seiner Intelligenz bis zum Assistenten an der Uni gebracht hatte, irgendwelche Nährböden aufsetzte, konnte Franziska unter exotischen Gewächsen in der Sonne liegen.

Es war der einzige Mann, der je in ihrem Bett bei Mutter Kühlemann schlafen sollte. Franziska gefiel dieser Typ wegen seines Witzes, schon als er noch mit Susi ging und Alexander war schnell auf Susis Freundin aufmerksam geworden. Franziska war klar, daß man mit so einem versoffenen, überall Schulden machenden untreuen Chaoten kein gemeinsames Leben führen konnte und Alexander wußte, daß Franziska etwas Besseres verdient hatte, was er ihr auch dreimal am Tag sagte. Doch sie hatten wunderschöne, unbeschwerte, fröhliche Stunden miteinander, die Franziska die letzten Wochen in der großen Stadt versüßten und den Verlust der besten Freundin etwas leichter machten.

Warum hätte sich Franziska zwischen Alexander oder Susi entscheiden sollen, genau wie Monate zuvor eine Entscheidung zwischen Eltern und Freundin von ihr verlangt worden war? Franziska litt darunter und war traurig, wenn so etwas passierte. Doch sie würde sich nicht erpressen lassen. Keine Beziehung konnte durch Erpressung aufrechterhalten werden. Sie wandte sich in beiden Fällen gegen die Erpresser, obwohl sie wußte, daß die Liebschaft mit Alexander nicht von Dauer sein würde. Franziska litt, weil sie zur gleichen Zeit nicht alles haben konnte: die Eltern, die Freundin und Alexander. Wer störte denn wirklich wen oder ging es nur um die Einschränkung und Maßregelung ihrer Person?

Trotzdem hatte es Susi geschafft, ihrer Freundin ein schlechtes Gewissen zu machen. Franzi fühlte sich schuldig am Zerbrechen ihrer Freundschaft. In Wahrheit mochte Susi diesen Mann noch immer und sie fühlte sich in ihrer Eitelkeit gekränkt, obwohl sie sich längst getröstet hatte. So absurd Franziska das auch fand, Susi hatte sich beleidigt zurückgezogen und als Franziska Susi viele Jahre später wieder traf und auffrischen wollte, was nicht mehr aufzufrischen war, merkte sie erst, daß Susi ganz anders war, als sie immer geglaubt hatte.

Zwei große Ereignisse sollten Franziskas Hebammenausbildung abschließen. Dann würde sie zurückgehen in ihren Heimatort, obwohl sie gern in der großen Stadt geblieben wäre. Ihr geliebter Geburtshilfelehrer hatte ihr eine Stelle angeboten, da er Chefarzt einer neuen großen Klinik wurde. Ihre Zimmerkollegin Maggi würde in dieser Klinik arbeiten und nicht mit ihr zurückgehen. Für Franziska gab es zwei Gründe für die Rückkehr in die von ihr nicht sehr geliebte Heimatstadt. Sie meinte es dem delegierenden Krankenhaus schuldig zu sein, ohne das sie den Beruf nicht hätte ergreifen können und sie wollte nicht in einer so großen Klinik arbeiten, wo sie nie ihr eigener Herr sein konnte.

Sie war gerade bei den Eltern, als sie zur Examensgeburt gerufen wurde. Die zu entbindende Frau mußte bestimmte Voraussetzungen erfüllen. Sie mußte z.b. eine Erstgebärende sein und Franziska betete im Zug, daß es eine nette Frau sei und wenn es ginge, keine Lehrerin und kein medizinisches Personal, weil beide Berufsgruppen in den Kreißsälen keinen guten Ruf haben. Außerdem wünschte sie sich, daß die Frau schnell ihr Kind bekäme und sie keine 20 Stunden oder mehr im Kreißsaal sitzen mußte. Nach der Geburt wurde man noch vom diensthabenden Personal geprüft und so sehr sie diesen Beruf liebte, nach höchstens zehn Stunden Kreißsaal hatte sie die Nase gestrichen voll. Am schlimmsten war es, wenn man stundenlang bei einer Frau saß und die Geburt als Kaiserschnitt endete. Dann begann die Zeremonie der Examensgeburt von Neuem.

Sie kam am späten Vormittag in den großen Kreißsaal und ging zum Hebammenschreibtisch, um sich nach dem Krankenblatt zu erkundigen und als erstes sah sie, daß die Frau natürlich Lehrerin war. Doch Franziska hatte Glück und lernte einmal mehr, daß Ausnahmen die Regel bestätigten. Sie mußte sich der Frau vorstellen und ihr Einverständnis einholen, sich als Examensgeburt zur Verfügung zu stellen. Diese Frauen hatten es besonders gut, sie konnten im sogenannten Privatkreißsaal, den es auch im Sozialismus noch gab, entbinden. Die jeweilige Hebammenschülerin mußte sich während der ganzen Zeit nur um diese Frau kümmern und alles so vorschriftsmäßig wie möglich machen. Stundenlang waren beide Frauen, welche sich nicht vorher kannten, miteinander aufs Engste verbunden und wenn keine Harmonie zwischen ihnen zustandekam, konnte die ganze Angelegenheit peinlich werden.

Franziska und Frau Hagen waren sich von Anfang an sympathisch und beide waren gewillt, auch jeweils für den anderen das Bestmögliche aus der Situation zu machen, was ihnen auch gelang. Franziska traf ihre Vorbereitungen und Frau Hagen versuchte sie zu unterstützen, indem sie exakt ihre Anordnungen befolgte. Für einmal begab sich die junge Lehrerin in die Rolle der Schülerin und das ist das Beste, was einer Hebamme passieren kann.

Während der gesamten Zeit kamen Hebammen und Ärzte, selbst der Professor, und stellten Fragen. Der Geburt selbst wohnten drei Hebammen und zwei Ärzte bei. Zehn Augenpaare, die versuchten, Fehler zu entdecken. Doch Franziska waren schon als Schülerin gute Dammschütze gelungen. Nie war ihr ein Kopf aus der Führungshand entglitten, wie sie es öfter bei Mitschülerinnen gesehen hatte. Schwieriger fand Franziska die Entwicklung der Schultern. Sie war anfangs viel zu zart dabei umgegangen und mußte lernen, daß es für eine Hebamme unerläßlich war, fest und sicher und manchmal sogar kräftig zuzupacken.

An diesem Tag konnte sie zeigen, was sie gelernt hatte und Franziska war zufrieden mit sich. Alles klappte wie am Schnürchen. Frau Hagen rief in ihrer Geburtsfreude und aus alter Gewohnheit: „Ich würde ihr eine Eins geben." Alle lachten und Franziska bekam für diesen Teil der Examensgeburt eine Eins.

Als Franziska nach nur sieben Stunden die Frauenklinik verließ, war sie der glücklichste Mensch der Welt und hatte eine Leere im Kopf, wie man sie nur nach großen, anstrengenden Prüfungen verspürt. Ihre Umgebung nahm sie gar nicht mehr wahr. Plötzlich hörte sie ganz laut Bremsen quietschen und fand sich vor einem Auto wieder, dessen Fahrer ihr den Vogel zeigte. Um ein Haar wäre der Traum von der Hebamme zu Ende geträumt gewesen. Doch Franziskas Schutzengel war wie immer in ihrem Leben zur Stelle. Mit hochrotem Kopf, verfolgt von den verständnislosen Blicken der Autofahrer und Passanten, überquerte sie die Straße und sprang in die Straßenbahn.

Endlich keine Schülerin mehr sein, und endlich keine Schikanen der Hebammen und Schwestern mehr ertragen müssen.

Die sogenannten Stationspraktika waren für Franziska der größte Horror gewesen. Dicke dumme Schwestern (auch hier gab es Ausnahmen) hatten Franziska acht Stunden lang ihre Arbeit machen lassen und ließen keine Situation aus, ihren Frust, der eigentlich den Hebammen galt, an den Schülerinnen auszulassen. Im OP herrschte für Franziska eine unerträgliche Atmosphäre. Gerade während dieses Praktikums verschlief sie das einzige Mal während der gesamten Ausbildung. Sie wagte sich an diesem Vormittag nicht mehr in den OP. Zu sehr fürchtete sie das Donnerwetter der Chefin und die zynischen, schadenfrohen Blicke der Schwestern. Statt dessen ging sie zu dem für die Hebammenschülerinnen zuständigen Arzt, der natürlich ein Gynäkologe war. Sie erzählte, daß sie am Abend wohl eine Bockwurst gegessen habe, die nicht ganz in Ordnung war. Sie wurde für eine Woche krankgeschrieben und verließ sprachlos das Sprechzimmer.

Hatte doch der gleiche Arzt neulich Maggi nicht einmal mit starken Bauchbeschwerden krankgeschrieben, sondern zu ihr gesagt: „Machen sie nicht so ein Theater – das ist nur der Follikelsprung." Maggi wurde noch am gleichen Abend in ihrer Heimatstadt an einer seltenen, gefährlichen Eierstockzyste operiert.

Überhaupt bekam Franziska während ihrer Ausbildung mit, daß es nur sehr wenige Ärzte gab, die sie aufgrund ihres Könnens respektieren konnte. Die meisten Vertreter dieser Gattung meinten nur, weil sie einen weißen Kittel trugen, seien sie klüger und schöner als der Rest der Menschheit. Die Hebammen der Uniklinik waren sehr beherzt mit den kleinen Angebern umgegangen und Franziska hatte von ihnen gelernt, daß man sich von einem Mediziner als Hebamme nicht die Butter vom Brot nehmen lassen durfte. Ein Konflikt, den Franziska in allen Kreißsälen erlebte, in denen sie arbeitete. Am meisten sollte es Franziska ärgern, wenn nicht mehr das Wohl von Mutter und Kind im Vordergrund stand, sondern ganz andere Interessen. Später sollte das der Grund sein, weshalb sie diesen Beruf nicht mehr ausüben wollte und trotzdem eine Hebamme blieb. Als Franziska erfuhr, daß viele Hebammen im Mittelalter als Hexen verbrannt wurden, war ihr klar, daß sie dabeigewesen wäre.

Nun stand nur noch die Hausarbeitsverteidigung mit anschließender großer Geburtshilfeprüfung ins Haus, vor der Franziska sich nicht zu fürchten brauchte, weil der Hauptprüfer, der Professor der Klinik, einen Narren an ihr gefressen hatte. Ihr war auch nicht so recht klar, was der Professor an ihr so toll fand, doch daß er sie auch in seinem Unterricht bevorzugt hatte, konnte Franziska nicht leugnen. Sie fand den

Professor nicht sehr anziehend und bemerkenswert, doch er war ein gutmütiger älterer Herr, der Ruhe und Frieden an seiner Klinik haben wollte und so richtete er als Klinikchef wenigstens keinen Schaden an.

Alle spielten in der Hierarchie der Klinik mit und so brauchte ein Professor weder die Türklinke selbst aufzumachen noch sich beim Operieren den Schweiß von der Stirn zu putzen. Einmal hatte es Franziska getroffen und sie mußte ihm während einer langen Operation den Schweiß von der Stirn wischen, weil er ausdrücklich sie gewünscht hatte. Das war für Franziska zuviel des Guten gewesen und von Stund an verschwand sie unauffällig, bis ein anderer für diese Arbeit gefunden war.

Franziska ärgerte es für die bevorstehende Prüfung, daß alle meinten, sie habe eh schon die gute Note in der Tasche, ohne etwas wissen zu müssen. Immerhin saß sie in der Prüfung nicht nur dem Professor gegenüber. Auch ihr Geburtshilfelehrer, den sie für den fähigsten Geburtshelfer der Klinik hielt und vor dem sie sich nicht blamieren wollte, ihr Hausarbeitsmentor und zwei Hebammen (Lehrhebamme und Chefhebamme) waren anwesend.

Franziska hatte sich für die Prüfung einen gelben Faltenrock und eine schwarze Seidenbluse von ihrer Mutter nähen lassen. Sie konnte einen typischen Prüfungsaufzug mit weißer Bluse oder Kostüm überhaupt nicht leiden. In dieser Beziehung hatte sie keine Probleme mit ihrer Mutter. Umso schicker und auffälliger die gewünschten Sachen waren, umso lieber nähte Frau Kaufmann für ihre Tochter.

Außerdem war Franziska durchaus klar, daß sich in der Note natürlich nicht nur ihr Wissen widerspiegelte. Allerdings war es eine Gratwanderung in einer Prüfung, in welcher Männer und Frauen saßen. Was den Männern gefiel, fanden die Frauen schon deshalb abstoßend, weil es den Männern gefiel. Die mangelnde Solidarität unter Frauen ist für die Misere der Frauen mehr verantwortlich als der Machtanspruch der Männer. Später sollte einmal ein Freund zu Franziska sagen: „Du kannst gar keine Karriere machen, weil du zu schön und zu intelligent bist. Die Männer wollen, wenn sie dich sehen, mit dir ins Bett und sind sauer, wenn es nicht klappt und die Frauen sind eifersüchtig auf dich."

Franziska lernte in ihrem Leben auch die Nachteile eines Lebens als schöner Mensch kennen. Sie war entsetzt gewesen, als ihr während ihrer Hallenser Zeit zweimal Männer auf der Straße folgten und sie fragten, ob sie nicht Lust hätte, als Aktmodell zu arbeiten. Sie hatte das Gefühl verspürt, daß diese Herren sie schon nackt auf der Straße sahen und sie ohne Klamotten vor ihnen stand. Auch sollte Franziska darunter leiden, daß die Männer zwar ihren Körper liebten, sich ihrer Seele aber wenig zuwandten. So wollte sie in ihrer Jugend unbedingt als schöne Frau sterben. Denn nichts war für sie entsetzlicher als der Gedanke, nicht mehr begehrt zu werden. Einerseits war sie dazu erzogen worden, ihr Äußeres durch ihre Kleidung noch hervorzuheben, aber andererseits war sie viel zu schüchtern veranlagt, um daraus Kapital zu schlagen..

Die zwei Frauen in der Prüfungskommission fanden zwar Franziskas Seidenbluse und die offenen langen Haare nicht sehr passend, doch beide waren ihr nicht feindlich gesinnt. Beide wußten, daß Franziska eine gute Hebamme werden konnte, weil sie intelligent und zuverlässig war. Ihre Albernheit und Verträumtheit würde sie noch ablegen müssen und dann würde es gehen. Franziska hatte ihre Hausarbeit über das Thema „Morbus haemolyticus neonatorum" geschrieben. Eigentlich hatte Maggi dieses Thema gezogen. Sie hatten die Themen unter dem Tisch heimlich getauscht, weil Maggi gar nichts damit anfangen konnte und Franzi lieber ein abgegrenztes Thema haben wollte, bei dem sie auch noch etwas dazulernen konnte und nicht ein Allerweltsthema, wo man alles oder nichts schreiben konnte. Dazugelernt hatte sie wirklich und nun hatte sie von einem Metier Ahnung, von dem sie bisher mal gerade den Namen kannte. Es hatte ihr Spaß gemacht, so eine große Arbeit zu schreiben. Sie hatte keine Schwierigkeit sich auszudrücken, und wenn sie ihren inneren Schweinehund einmal überwunden hatte, fand sie es total spannend, in ein Thema einzudringen und von Tag zu Tag mehr darüber zu wissen. Es ging in ihrer Arbeit um Rh-Inkompatibilität der Eltern und daraus erwachsende Schäden für das Neugeborene.

Als Franziska mit ihrem Vortrag über das Thema in der Prüfung begann, unterbrach sie der Professor nach kurzer Zeit mit einem freundlichen Lächeln und meinte, daß es gut wäre, das Gesagte hätte nicht einmal er gewußt und ging zu anderen Fragen über. Nun mußte sie zeigen, was sie über Geburtshilfe gelernt hatte und wer in Geburtshilfe, wie Franziska, eine Eins haben wollte, mußte schon etwas wissen.

Der sonst so strenge Oberarzt erwies sich in der Prüfung den jungen Frauen gegenüber als eher nett und kameradschaftlich. Der Oberarzt wußte durch seinen zweijährigen Unterricht selbst, was jede der Frauen gelernt hatte, und er war der Meinung, daß keine von ihnen durchfallen sollte, wenn auch das Niveau der frischgebackenen Hebammen sehr unterschiedlich war. Er hatte im Gegensatz zu vielen anderen Gynäkologen großen Respekt vor einer guten, erfahrenen Hebamme und wußte, daß diese Frauen eigentlich die Begründer der Medizin waren. Die Voraussetzung, eine gute Hebamme zu werden, war in jedem Fall eine gute Ausbildung und er hatte sich bemüht, sie ihnen zu geben. Natürlich hatte er auch Spaß daran, die jungen Frauen, sooft es ging, in Verlegenheit zu bringen oder sie damit zu ärgern, noch gegen zweiundzwanzig Uhr abends eine Kreißsaalvisite zu machen. Franziska hatte dann immer provokatorisch auf die Uhr gesehen und wenn er sie dann fragte, was sie denn heute abend noch vorhätte, hatte sie kess geantwortet: „Ich wüßte nicht, Herr Oberarzt, was sie das anginge."
Ihm gefiel es, wenn die Schülerinnen sich trauten, ihm Paroli zu bieten und nicht vor lauter Untertanengeist und mangelndem Selbstbewußtsein mit hochrotem Kopf dumme Antworten stammelten. Da er ein Genießer war, konnte er sich auch an den netten Exemplaren seiner Hebammenschülerinnen erfreuen und dazu hatte ohne Zweifel Franziska Kaufmann gehört.

Wie hatte er geschmunzelt, als sie und ihre Freundin auf den Hörsaaltischen saßen und ihren Mitschülerinnen das Lied: „Schenk mir doch ein kleines bißchen Liebe" vortrugen.

Gelegentlich hatten ihn die beiden ungleichen Freundinnen gefragt, ob er den Unterricht nicht in ein nettes Café verlegen könnte. Nicht immer hatte er eingewilligt, weil er die Gratwanderung eines Lehrers zwischen Zuckerbrot und Peitsche kannte, aber böse war er den jungen Frauen nie. Er würde sie vermissen und so empfand auch er eine gewisse Trauer im Herzen, wenn wieder einmal ein Hebammenkurs zu Ende ging. Jetzt nickte er jedenfalls Franziska jedes Mal freundlich zu, wenn sie eine richtige Antwort gab. Sie gehörte in der Theorie zu seinen besten Schülerinnen und über gute Schüler freut sich ein jeder Lehrer, weil er dann stolz auf seine Arbeit sein kann.

Einmal, vierzehn Jahre später, sollte Franziska ihren verehrten Lehrer noch einmal auf einem Gynäkologenkongress in München wiedersehen.

Doch bis dahin hatte sie einen langen steinigen Weg vor sich. Sie sollte jedoch diesen Schwarm ihrer Jugend nie vergessen. Später empfand sie große Dankbarkeit, denn gute Lehrer, an die man sich ein Leben lang erinnert, gab es auch in Franziskas Leben nur wenige.

Franziska bekam eine Eins in Geburtshilfe. Sie hatte es geschafft, ihr Lampenfieber im Zaum zu halten, denn in der Prüfung blieben die meisten der jungen Damen aufgrund schwacher Nerven unter ihrem Niveau. Eine zweite große Etappe im Leben war geschafft. Sie hatte eine abgeschlossene Berufsausbildung, die ihr keiner mehr wegnehmen konnte, und die einem jungen Menschen Selbstbewußtsein und Stärke verlieh. Es ist wichtig, etwas durchgehalten und geschafft zu haben, das zunächst unüberwindlich schien und was man so oft hinschmeißen wollte.

Am Abend ging erstmalig fast die gesamte Hebammenklasse in die Nachtbar des Interhotels. Franziska und Susi hatten auch die Bravsten unter ihnen überreden können, mitzukommen. Nur wenige mit Kind oder Mann oder beidem gingen nicht mit. Schade, dachte Franziska, die immer hundert Prozent in ihrem Leben ansteuerte und obwohl weder Mann noch Kind in Sicht waren, faßte sie den Beschluß, daß sie sich von keinem von beiden das eigene Leben reglementieren oder gar zerstören lassen wollte.

Es wurde der schönste gemeinsame Abend der gesamten Zeit. Aller Stress, alle Eifersüchteleien waren vergangen. Jede freute sich, daß es die andere geschafft hatte. Natürlich lernte man auch an diesem Abend junge Herren kennen und das war am Spannendsten für die Damen, die nach ihrer Meinung schon vergeben waren. Während Franziska es gelernt hatte, mit Annäherungsversuchen umzugehen und unliebsame Anbändler abzuschütteln, hatten es die jungen Frauen, die seit frühester Jugend in sogenannten festen Händen waren (über den Ausdruck lohnt es sich nachzudenken), nicht gelernt oder nicht gewollt, mit Vertretern des anderen Geschlechts, außer dem eigenen Geliebten, umzugehen. Ein typisches Beispiel hierfür war Maggi und so sollte Franziska, die sich oft über Maggis zu normalem Lebenswandel geärgert hatte, noch eine witzige Geschichte mit ihr erleben.

Am nächsten Mittag beim Frühstück erzählte Maggi Franziska von ihrer Männerbekanntschaft in der Bar. Sie hatte einen ausländischen Musiker kennengelernt und war offensichtlich, trotz aller gespielter Abgeneigtheit, auch etwas stolz darauf. Für jeden Menschen mit einem festen Partner ist es spannend zu erleben, daß man auch noch anderweitig Chancen hat. Dieser Typ war sehr aufdringlich gewesen und er hatte Maggi des Nachts erst ziehen lassen, als sie ihm ihre Adresse gegeben hatte.

Franziska fragte Maggi mit kauendem Mund: „Du hast ihm doch hoffentlich nicht die richtige Adresse gegeben?" Sie hatte kaum ausgesprochen, als die Klingel ertönte und eine Minute später Mutter Kühlemann empört, ohne anzuklopfen, die Tür aufriß und fast kreischend sagte: „Fräulein Margret, da ist ein Mann für sie draußen, den verstehe ich nicht." Daraufhin schmiß sie die Tür zu. Franziska brüllte auf vor Lachen. Daß sie das noch mal erleben durfte, daß Maggi anderen Herrenbesuch bekam als ihren Verlobten, und dann auch noch von einem Ausländer mit für Mutter Kühlemann viel zu dunkler Hautfarbe.

Maggi eilte mit hochrotem Kopf zur Tür und kam vollkommen verstört mit dem jungen Mann zurück, der Franziska mit einem strahlend weißen Lächeln begrüßte. Maggi hatte von einer Sekunde zur anderen ihre gesamten Englischkenntnisse vergessen, worauf Franzi einsprang und Maggis Verehrer einen Stuhl anbot. Sie bedachte allerdings nicht, daß es der defekte Stuhl war und so krachte der junge Mann erst einmal mit dem angewiesenen Stuhl zusammen, was die Situation nur noch peinlicher machte. Nachdem er nun auf dem einzigen intakten Stuhl wieder von Franziska plaziert wurde, bot sie ihm ein Brötchen vom Vortage mit Margarine an. Franziska hatte in den letzten zwei Jahren sehr am Essen gespart, um sich einige andere Vergnügungen leisten zu können und so hatte Maggi unweigerlich mitgespart, um nicht immer die Zimmerkollegin mit durchzufüttern. Einmal hatte Maggi einen Nervenzusammenbruch bekommen und eine Schnitte mit Pflaumenmus ohne Butter auf den Tisch geknallt, daß es nur so spritzte und gebrüllt: „Ich habe den Fraß satt." Sie hatten zwei Wochen lang nur Pflaumenmusbrote gegessen, weil Franziska mal wieder pleite war. Maggi war von einer sehr zarten, etwas kränklichen Natur, und verkraftete die einseitige Nahrung nicht so gut wie ihre Zimmergenossin. Da Franziska ihren Stolz hatte, bat sie ihre Eltern nie um zusätzliches Geld. Sie lebte gern im Extremen, wenn sie Geld hatte, gab sie es mit vollen Händen aus, doch wenn sie knapp bei Kasse war, konnte sie auch sehr bescheiden leben und trotzdem die gute Laune nicht verlieren. Maggi war genau gegenteilig veranlagt. Sie plante das Geld genau ein, so daß sie immer gleich viel hatte.

An diesem Morgen allerdings waren Franzi und Maggi in bestem Einvernehmen mit ihren Margarinebrötchen beim Frühstück gewesen, als der unerwartete Besuch kam. Franziska lachte noch Jahre später über diesen Vorfall, vor allem bei der Vorstellung, daß der Typ, Mitglied des Symphonieorchesters, im Hotel wohnte und sicher schon ein schmackhafteres Frühstück hinter sich hatte. Nun kaute er anstandshalber auf einem nicht mehr ganz frischen Margarinebrötchen herum, wozu man sagen muß, daß die Margarine auch wirklich nach Margarine schmeckte und als alleiniger Brotaufstrich nicht sehr geeignet war. Ihr einziger Vorteil war, daß sie nur halb so viel wie Butter kostete.

Immer wieder lächelte der Musiker Maggi mit einem vielsagenden Blick an, doch Maggi saß versteinert mit hochrotem Kopf auf ihrem Bettrand. Es gab keinen Stuhl nach dem Zusammenbruch des dritten Stuhles für sie. Obwohl gar nichts passiert war, benahm sie sich wie ein beim Unsinnmachen ertapptes Kind. Es hatte wohl auch große Vorteile, in jungen Jahren nicht verlobt zu sein, dachte Franzi, als sie Maggis Verstörtheit sah. Des öfteren hatte sie die Zimmerkollegin um ihren Verlobten beneidet.

Nach einer halben Stunde, als der ungelegene Besuch merkte, daß hier keine Eroberung zu machen war, verabschiedete sich der junge Mann höflich, der Franziska inzwischen schon ein wenig leid tat. Er sagte, daß er wiederkäme und alle drei wußten, daß das nicht stimmte und daß er froh war, mit den Resten des alten Brötchens im Mund, die er voraussichtlich gleich auf die Straße spucken würde, die Wohnung endlich verlassen zu können. Als sich die Tür hinter ihm schloß, bekam Franziska einen Lachanfall. Sie lachte so lange, bis Maggi nichts anderes übrigblieb als mitzulachen und als wenige Minuten später Susi kam, lachten sie zu dritt.

Die drei Frauen hatten viel Zeit miteinander verbracht, nun sollten sich ihre Wege trennen. In wenigen Tagen würde Maggi heiraten und da sollte die gesamte Klasse noch mal zusammen auf den Polterabend gehen. Es wurde ein sehr lustiges Fest und Franziska sollte so ausgelassen sein, daß sie sogar eine Polonaise über Tische und Bänke anführte. Sie haßte eigentlich diese Art von Stimmungsmache, doch an diesem Abend machte es ihr sogar Spaß, weil sie spontan gekommen war, die Ausgelassenheit. War es die Freude über den erfolgreichen Abschluß, die Vorfreude auf die bevorstehenden Ferien oder war es einfach der Alkohol, daß sie in Hochstimmung war? In zwei Tagen würde sie ins Sommerhaus der Eltern fahren, und am Ende ihrer Ferien noch eine Woche mit einer ehemaligen Schulfreundin nach Budapest fliegen.

Franziska hatte sich nach ihrem ersten Aufenthalt im Ausland vorgenommen, mindestens jedes Jahr einmal ihr kleines Kackland zu verlassen, um ihr Fernweh ein wenig zu stillen. Wie gern wäre sie mal richtig auf Reisen gegangen für längere Zeit. Auch wäre sie gern als Hebamme nach Afrika oder dergleichen gegangen, aber dafür mußte man mindestens in der richtigen Partei sein. Um keinen Preis der Welt würde sie ihre Seele verkaufen und schon gar nicht zum Schein. Sie wußte, daß es viele Menschen taten, doch sie würde keine politische Gesinnung vortäuschen, nur um Karriere zu machen. Irgendwann einmal würde sie über ihr Leben Rechenschaft ablegen müssen, daran glaubte sie fest. Sie wußte, daß es einen Menschen teuer zu stehen kommt, wenn er gegen sein Gewissen handelt. Deshalb bedauerte sie die Menschen, die es dennoch taten.

  Der Sommer verlief nach ihren Wünschen, und die Fahrt nach Budapest war ein voller Erfolg, obwohl dieses Mal keine große Liebe in Sicht war. Nur etwas wehmütig dachte Franziska noch an den ersten Ungarnurlaub zurück und sie mußte erfahren, daß die Zeit das ihre tut. Vorher hätte sie in dieses Land nicht zurückkehren können. So lange hatte sie gebraucht, um nicht von der Erinnerung überwältigt zu werden. Auch war sie froh, daß sie nicht mit Susi nach irgendwelchen Fluchtwegen suchen mußte, so wie sie es eigentlich geplant hatten. Sie freute sich ungemein darauf, endlich in ihrem Traumberuf zu arbeiten und sie wollte sich diesem Beruf voll und ganz widmen. Als sie Susi dann doch nach ein paar Wochen einmal anrief, weil sie wußte, daß diese Schwierigkeiten mit dem Ehemann hatte, sagte ihr diese nur fröhlich: „Seit ich eine Schnapsflasche in der Waschmaschine versteckt habe, geht es besser." Franziska wußte nicht, ob sie darüber lachen oder weinen sollte. Am Telefon lachte sie.

*

Franziska liebte es und hatte keine Angst auf Reisen zu gehen, ohne zu wissen, wo sie am Abend schlafen würde. Bisher hatte es immer geklappt, und sie hatte auf Reisen nie schlechte Erfahrungen gemacht. Inzwischen war sie zweimal in Prag gewesen und jedes Mal kam sie begeistert nach Hause. Immer hatte sie nette Leute kennengelernt und wahnsinnig komische und interessante Geschichten erlebt. Prag war für Franziska eine wunderschöne Stadt zum Ansehen, doch um Urlaub zu machen und etwas westliches Flair zu erhaschen, fand sie Budapest geeigneter.

Nach ihrer Ankunft in der Hauptstadt der Ungarn irrten die beiden Freundinnen mit großer Reisetasche mitten in der Nacht in der Innenstadt umher und trafen natürlich sehr bald auf ein paar junge Herren, die sie da- und dorthin mitnehmen wollten. Doch Franziska hatte ein Gefühl, mit wem sie gehen konnte und mit diesen Burschen wollten die beiden Mädchen nicht gehen. Wie auf Befehl tauchte auch plötzlich ein vertrauenerweckender junger Mann auf und befreite die beiden aus den Fängen dieser Kerle. Er versprach, ihnen ein Quartier zu besorgen und entschuldigte sich, daß er sie für diese Nacht nicht mit nach Hause nehmen konnte, weil er gerade selbst Besuch habe. Er verbrachte die ganze Nacht mit den beiden jungen Damen auf dem Bahnhof, wo viele Reisende, gerade in den Sommermonaten, übernachteten und brachte sie am Morgen nach fünf Uhr (in Budapest sind nachts die großen Mietshäuser verschlossen) zu den Wirtsleuten: Vater und Mutter Isztvan. Er verhandelte kurz mit Papa Isztvan, der im Bademantel an die Tür kam. Dann wünschte er ihnen noch einen schönen Aufenthalt und überließ die für ihn sehr naiven jungen Mädchen dem freundlich lächelnden älteren Herrn. Später sollte Franziska einen solchen Menschen als Engel erkennen. Ein Mensch, der plötzlich in ihr Leben trat, etwas unglaublich Gutes oder Mutiges tat und genau so plötzlich wieder verschwand, wie er gekommen war.

Papa und Mama Isztvan, so hatten sie sich selbst vorgestellt, entpuppten sich sehr schnell als rührend liebe Leute. Sie vermieteten ihr eigenes Wohnzimmer, um ein wenig Geld dazu zu verdienen. Papa Isztvan war Schneider gewesen und hatte eine winzige Schneiderstube hinter der Küche, wo er noch immer kleinere Ausbesserungsarbeiten erledigte. Mit der Zeit bekamen die beiden Gäste auch mit, daß ab und zu Männer an die Tür klopften und sie von Papa Isztvan ein Wasserglas voll Wein gegen ein Entgelt kaufen konnten. Sie tranken den Wein im Stehen an der Tür und verschwanden wieder.

Franziska und Maritta unterhielten sich mit Händen und Füßen mit den Isztvans und es war total lustig. Sehr schnell hatte Franziska das alte Ehepaar in ihr Herz geschlossen: Papa Isztvan mit seinen feurigen fröhlichen Augen war sicher in seiner Jugend ein großer Charmeur und Kavalier gewesen. Er konnte auf deutsch den Satz sagen: „Mein Fräulein, wollen sie mit mir spazieren gehen?" und dabei vielsagend lächeln. Seine Frau war eine kleine resolute Persönlichkeit, die eine rauhe Schale, jedoch ein liebendes gütiges Herz hatte. Wenn sie über ihren Mann schimpfte, sah man an ihren fröhlichen Augen, daß sie eigentlich über ihn lachen mußte, und wie sehr sie diesen großen Jungen liebte.

In den nächsten Jahren sollte Franziska jedes Jahr einmal zu Isztvans fahren mit den unterschiedlichsten Leuten und in immer anderen Lebenskonstellationen. Doch sie sollte immer mit der gleichen Herzlichkeit empfangen werden und die von ihr mitgebrachten Menschen wurden zu ihrem Erstaunen genau so liebevoll aufgenommen. Eine Geste, die sie in ihrem Elternhaus immer vermißt hatte und für die sie vielleicht gerade deshalb unsagbar dankbar war.

In Budapest fühlte sich Franziska sehr wohl. Man konnte sich sowohl erholen als auch amüsieren. Die beiden „Fräulein", wie Papa Isztvan sie nannte, gingen nach dem Ausschlafen, und das war nie vor elf Uhr, ins Thermalbad. Das alte Offiziersbad konnten sie sogar zu Fuß erreichen. Danach durchstreiften sie die Stadt und wenn sie nicht mehr konnten, tranken sie einen Kaffee, der nicht, wie in Deutschland, ein warmes Getränk war, sondern mehr als Kreislaufmittel diente. Wenn sie abends nach Hause kamen, warteten die lieben alten Leute auf sie. Franziska hatte den Eindruck, daß sie nicht eher schlafen konnten, bevor sie da waren. Sie bekamen von Papa Isztvan dann noch einen sehr schweren, süßen Wein, weil er offensichtlich froh war, daß er mittrinken konnte, und schliefen so richtig zufrieden und geborgen ein.

Am letzten Tag war Franziska, wie immer, traurig, daß sie nach Hause mußte. So etwas wie Heimweh kannte sie nicht. Sie freute sich auch nie, wie viele Menschen auf zu Hause, weil zu Hause Alltag bedeutete und den Alltag zu leben war für Franziska ein großes Problem. Sie hatte Angst vor Routine und Wiederholung. Sie wußte, daß sie nie in Kittelschürze und Lockenwickler herumrennen und daß sie nie eine Neubauwohnung haben würde, in der es eine Schrankwand, eine Couchgarnitur und eine Eßecke im Wohnzimmer geben würde. Allerdings freute sie sich sehr auf ihre Arbeit als richtige Hebamme. Sie hatte nicht die Arroganz zu glauben, sie wäre schon eine gute Hebamme. Dazu gehörte mehr als eine vernünftige Ausbildung.

*

Endlich hatte sie zwei Dachzimmer im großen Miethaus ihrer Eltern bekommen und konnte ihr eigenes Leben führen. Diese kleine Wohnung war die Bedingung für ihre Rückkehr gewesen. In einem Land, wo die Wohnungsfrage nie gelöst werden sollte, waren zwei kleine Dachzimmer schon ein Luxus, noch dazu, wenn man unverheiratet und kinderlos war.

Eine Wohnung sagt viel über den Menschen, der darin wohnt und so sollte auch die erste kleine Wohnung von Franziska über ihren derzeitigen Seelen- und Geisteszustand Auskunft geben. Sie hatte sich eine Tapete mit kleinen roten Röschen ausgesucht und nachdem ihre Mutter ihr das Zimmer tapeziert hatte, sah es aus wie bei Dornröschen im Turmzimmer.

So ähnlich fühlte sich Franziska auch, die nur noch darauf wartete, daß der Prinz sie wachküßte. Weinrote Vorhänge hatte sie sich gewünscht und eine ebensolche Decke für die Liege, die den vielen Gästen, die hier ein- und ausgehen sollten, als Sofa diente. Wie immer hatte ihr die Mutter alles auf ihre Bestellung hin genäht.

Eine Kommode hatte sie ganz im Trend der Zeit weiß angemalt und mit Goldornamenten verziert. Mit den Möbeln, die es in Franziskas

Land zu kaufen gab, konnte sie nicht viel anfangen. Alles kam ihr gleich, steril und uninteressant vor. Bei Franziska sah es aus wie im Puppenstübchen und später sollte sie über ihren kitschigen Geschmack zu dieser Zeit lächeln.

Noch nicht genug der weiblich romantischen Ausstrahlung. Ihr kleines Schlafzimmer malte sie rosarot an. Franziska mußte zur Unterstützung ihrer gewünschten Innerlichkeit diese Ausstrahlung der Wände haben. Für sie war es lebensnotwendig, positiv zu denken und wenn es sein mußte, alles durch eine rosarote Brille zu sehen. Hätte sie das nicht gekonnt, wäre wohl schon in jungen Jahren ihre Todessehnsucht größer gewesen als ihr Lebenswille. Nie sollte Franziska pessimistisches Denken verstehen können. Sie wußte nicht, weshalb diese Menschen leben konnten. Würde sie in den Dingen immer nur das Negative sehen, hätte sie ihrem Leben vor der Zeit ein Ende gesetzt. Die rosarote Brille legte sie allerdings mit der Zeit ab und von da an mochte sie auch ihre rosaroten Wände nicht mehr.

So realistisch Franzi auch in manchen Dingen schon in jungen Jahren denken konnte, in Liebesdingen hatte sie Vorstellungen wie aus dem Basteiroman. Für sie war die große Liebe das Einzige, wofür es sich zu leben lohnte. Doch Franziska wußte, sie konnte kommen oder auch nicht, erzwingen konnte man sie nicht.

Über ihrem Bett hingen zwei Sprüche von ihrem derzeitigen Lieblingsschriftsteller Erich Kästner, auf Pergament geschrieben:

„Es gibt nichts Gutes; außer man tut es!‚ und
„Ein guter Mensch zu sein gilt hierzulande als Dummheit, wenn nicht gar als Schande! "

In diesem Alter sind sie nötig, die Sprüche, von denen man sich angezogen fühlt und die man sich zur Lebensmaxime machen will. Da man sie noch nicht ausstrahlen kann, seine selbstgewählten Sprüche, muß man sie sich über das Bett hängen. Warum haben nicht alle Menschen die gleichen guten Sprüche über dem Bett, so daß sie tagtäglich daran erinnert werden?

Noch lachte Franziska über Menschen, die wie die toten Fische mit dem Strom schwammen ohne sich ihre eigenen Sprüche zu suchen und Gedanken zu machen. Sie nannte sie Mitläufer und wollte alles daransetzen, keiner zu werden. War es uns angeboren oder anerzogen, auf welche Sprüche man sich im Leben einlassen würde? Eine Frage, die Franziska ein Leben lang beschäftigte. Viele Dinge sollte sie in ihrem Leben tun und denken, die ihr nicht anerzogen waren. Da mußte es noch etwas anderes geben, doch was? Nur ein gutes Jahr lebte sie inmitten der rosaroten Röschen, dann wechselte sie die Farben.

An ihrem ersten Arbeitstag als Hebamme ging sie mit ein wenig Herzklopfen durch die Pforte des Krankenhauses. Da Franziska von Natur aus ein schüchterner Mensch war, liebte sie solche ersten Tage überhaupt nicht. Allerdings konnte sie diese Unbehaglichkeit gut überspielen. Als sie daran dachte, daß sie diesen Weg jetzt vielleicht vierzig Jahre gehen würde, überkam sie Panik. War ihr Leben damit beendet?

Das Ziel war erreicht und nun kam nur noch Alltagstrott. Schnell verwarf sie diesen Gedanken. Das Ziel war noch lange nicht erreicht, sie hatte noch viel zu lernen.

Ihre Kolleginnen waren bis auf eine viel älter als Franziska. Das machte ihr nichts aus, im Gegenteil, sie sollte die Erfahrung der älteren Kolleginnen bald zu schätzen lernen. Da die Hebammen relativ viel mit den Ärzten zu tun hatten, wurde sie sehr schnell von ihren Kolleginnen über die Beschaffenheit dieser Mitarbeiter aufgeklärt. Sehr bald merkte Franziska, daß sie es mit einem lustigen Hebammenvolk zu tun hatte und die Spitznamen der Ärzte sprachen für sich.

Am meisten mußte Franziska über den Namen des Chefarztes lachen, den die Hebammen nur „Johannes, den Blasensprenger" nannten.

Jeden Morgen, sieben Uhr, trafen sich die Gynäkologen im Kreißsaal und dann lief ein festes Ritual ab, welches Franziska, je älter sie wurde, umso lächerlicher anmutete. Alle mußten sich um den Chefarzt versammeln und seinen Reden aufmerksam lauschen. Dann begann die Kreißsaalvisite, was bedeutete, daß der Blasensprenger versuchte, so viele Fruchtblasen wie möglich bei den dort liegenden Patientinnen zu sprengen. Sicher ist es hier und da angebracht, eine Fruchtblase zu öffnen, um die Geburt zu beschleunigen, aber warum das der Chefarzt mit allen seinen Kollegen drumherum mit einem Aufwand an Instrumenten und Assistenz betreiben mußte, wußte niemand. Doch Chefärzten dürfen keine Fragen gestellt werden. Dafür ist der Spott hinter dem Rücken um so größer.

Gleich am zweiten Tag machte die alte Hulda Grimassen hinter dem Rücken des Blasensprengers und als Franziska anfing zu lachen und nicht weiter Auskunft geben konnte, verließ der Herr schreiend den Kreißsaal. Das erste Mal war Franziska darüber noch betroffen. Doch sehr schnell nahm sie die Anfälle nicht mehr so ernst und am Ende ihrer Laufbahn sollte sie nur noch darüber lachen und stolz sein, ihn mal wieder so weit gebracht zu haben.

Franziska lernte schnell die Gewohnheiten dieses Krankenhauses kennen. Jedes Krankenhaus hat seine eigenen Gewohnheiten, was die Äußerlichkeiten des Ablaufes betrifft und so gibt es auch in jedem Krankenhaus gute und schlechte Gewohnheiten. Da sich Franziska alles Nötige von den älteren Kolleginnen sagen ließ und ihnen Respekt entgegenbrachte, wurde sie von ihnen liebevoll als Nesthäkchen behandelt und so lange sie noch keinen Dienst allein hatte, nahm man auf ihre Schwächen Rücksicht.

Fräulein Kaufmann war zwar eine Hebamme, doch nicht geschaffen für den Krankenhausbetrieb. Diese junge Hebamme war von Anfang an froh, wenn sie sich in ihren Kreißsaal zurückziehen konnte. Mit dem Tratsch und Klatsch konnte sie nichts anfangen, weil sie sich nicht dafür interessierte und somit auch die meisten Leute nicht kannte, um die es dabei ging. Von der Hierarchie an so einem Krankenhaus hatte Franziska nie etwas gehalten. Sehr schnell kam sie in den Ruf, den Ärzten gegenüber ihre Meinung zu vertreten. Mit der Haltung „nach oben buckeln und nach unten treten" hatte sie nichts am Hut. Warum sollte sie zu einem Arzt höflicher sein als zu einer Putzfrau? Dieses Auftreten brachte ihr nicht nur Freunde ein.

Unter dem Dreischichtsystem fing Franziska sehr schnell an zu leiden. Sie war nie ein Frühaufsteher gewesen und sollte es nicht dadurch werden, daß sie nun in der Frühdienstwoche um 4.30 Uhr aufstehen mußte. Dieses frühe Aufstehen entsprach einfach nicht Franziskas Biorythmus. Sie sah im Frühdienst immer schlecht aus, auch wenn sie zuvor zehn Stunden lang geschlafen hatte und vor neun Uhr sollte mit ihr wenig anzufangen sein. Viele Frauen liebten den Frühdienst, weil sie so zeitig nach Hause kamen. Doch Franziska hatte davon nichts. Meistens legte sie sich erst einmal hin und verschlief den Nachmittag.

Im Spätdienst sah sie dagegen aus wie das blühende Leben. Sie hatte ausgeschlafen, sich vernünftig und in aller Ruhe zurechtgemacht und gut gefrühstückt. Danach konnte sie mit dem Tagwerk beginnen. Der Nachteil dieses Dienstes war für Franziska, daß sie nach Dienstende noch gerne Freunde getroffen hätte, doch wenn sie nach Hause kam, war das Abendprogramm ihrer Eltern und Freunde meist schon beendet. Wenn sie Glück hatte, konnte sie noch mit dem Vater die Spätnachrichten sehen oder ein Freund besuchte sie auf dem Heimweg aus der Kneipe.

Ganz verrückt war es im Nachtdienst. Hatte ihr dieser Dienst anfangs noch Spaß gemacht, weil man seine Ruhe hatte und nicht ständig die Tür klappte, sollte es ihr bald körperlich immer schlechter gehen, obwohl sie ein Nachtmensch war. Nach einer Woche Nachtdienst träumte sie nur noch vom Bett und ihr Magen war verkorkst. Niemand, der es nicht mitgemacht hat, kann nachvollziehen, wie man sich am Morgen nur noch nach dem warmen Bett sehnt und welch wunderbarer Moment es ist, wenn man endlich die Augen schließen kann.

Franziska verstand nie, wie es Menschen durchhielten, ein Leben lang in drei Schichten zu arbeiten und dann vielleicht noch in einem Großbetrieb am Fließband. Schichtarbeit war in Franziskas Land normal und teilweise sogar beliebt. Es gab mehr Urlaub, mehr Geld und die Zuschläge für Nachtschichten waren auch nicht von der Hand zu weisen. Allerdings gefiel es Franziska sehr, daß sie am Wochenende arbeitete und dadurch oft mehrere Tage zusammenhängend frei hatte. Diese Zeit nutzte sie, um der Provinzluft zu entfliehen.

Oft besuchte sie in diesen Zeiten ihre Schulfreundin Edith in Berlin, die am Theater arbeitete. Sie ging dann zweimal am Tag ins Theater und hatte das Gefühl, alles an Kultur nachholen zu müssen, was sie in den letzten Wochen versäumt hatte.

Zunächst arbeitete Franziska so, wie man es sie gelehrt hatte. Sie dachte nicht darüber nach, ob es so der beste Weg für Mutter und Kind war. Die Patientinnen hatten bei ihrer Geburt überhaupt nicht mitzureden und als Franziska einige Jahre später das Gegenteil kennenlernte, merkte sie, daß beides nicht richtig war. Sie wußte, daß sie mit Anfang zwanzig ohne Kinder nicht den mütterlichen, überlegenen Typ herauskehren konnte, weil das unglaubwürdig war. Hulda dagegen konnte es sich leisten, alle Frauen mit „Herzchen" anzureden und sich mütterlich zu geben. Franziska war am Anfang den Frauen gegenüber sehr distanziert, weil sie sich auf irgendeine Weise Respekt verschaffen mußte. Jede Hebamme muß im Umgang mit den Frauen ihren eigenen Stil finden. Franziska bemühte sich, nicht laut zu werden, obwohl auch Hebammen Nerven haben. Doch ist es das ungünstigste Klima für eine Geburt, wenn die Hebamme und die Gebärende sich gegenseitig hochschaukeln, weil die eine das Geschrei und die andere die Schmerzen nicht ertragen kann. Auch bei ihrer Arbeit brauchte Franziska Harmonie und Streit und Diskrepanzen machten sie krank.

Manchmal war Franziska so geschafft, daß sie keine schwangere Frau mehr auf der Straße sehen konnte und losheulte, wenn sie vom Dienst kam. Oft hatte sie am Anfang ihres Berufslebens Alpträume, in welchen viel Blut floß oder sie ein Neugeborenes auf den Kachelboden fallen ließ. Sie hatte sich geschworen, wenn sie je etwas Schlimmes verschuldete, würde sie nie wieder einen Kreißsaal betreten. Doch Franziskas Schutzengel sollte auch bei ihrer Arbeit zur Stelle sein und sie war dem lieben Gott sehr dankbar dafür. In der Geburtshilfe kann es so viele Komplikationen geben und jede gute Hebamme weiß, daß nicht immer alles vom eigenen Können abhängt. So wurde eine ihrer älteren Kolleginnen total nervös, wenn eine Frau ein wenig mehr als normal nach der Geburt nachblutete. Als Franziska erfuhr, daß dieser Hebamme durch eine schwere Nachblutung eine Frau gestorben war, konnte sie ihre Kollegin gut verstehen.

Trotz aller dunklen Täler, die man auch in diesem Beruf durchwandert, sollten die ersten beiden Arbeitsjahre für Franziska insgesamt sehr glücklich werden. Sie hatte mit ihren Kolleginnen immer etwas zu lachen. Ihr taten diese gemeinsamen Albernheiten sehr gut, weil sie für sich allein oft melancholisch und traurig war.

Franziska kam mit der Dummheit und Ungepflegtheit einiger Patientinnen nur langsam zurecht. Wenn sie nicht mit eigenen Augen gesehen hätte, daß eine Frau, nachdem sie von ihr zum Wasserlassen geschickt wurde, zum Waschbecken ging und Wasser in die Nierenschale ließ, hätte sie diese Geschichte nie geglaubt. Als eine Fachverkäuferin nicht wußte, was und wo ihr Mann arbeitete und über ihren Ehemann nur sagen konnte: „Der fährt jeden früh mit dem Bus weg", verschlug es Franziska die Sprache und sie begann zu ahnen, was sich bei manchen Menschen zu Hause abspielen mußte.

Sie wagte es sich gar nicht vorzustellen, wie Hulda in der Nacht, klein und flink mit fast siebzig Jahren, von einem Ehemann mit einem Küchenmesser bedroht wurde. Er wollte seine Frau mit nach Hause in sein Bett nehmen. Hulda kam zwar mit den Krankenblättern und dem ganzen Krankenhausbürokratismus schlecht zurecht und wurde deshalb von den Ärzten öfter belächelt, doch sie hatte ihr ganzes Leben lang als private Hebamme gearbeitet und diese Erfahrung konnte ihr niemand nehmen. Franziska hörte sich unheimlich gern Geschichten aus Huldas Laufbahn an und bewunderte sie.

Überhaupt hörte sie sich gern die Geschichten der erfahrenen Hebammen an und wie sie sich in früheren Zeiten zu helfen wußten, als es noch nicht für fast alles einen Apparat gab.

Nach ein paar Monaten hatte Franziska das erste Mal allein Dienst und sie war sehr stolz und wollte den Kreißsaal ihrer Kollegin besonders gut hinterlassen. Am Ende eines Dienstes war an vieles zu denken und Franziska ärgerte sich über sich selbst, wenn sie wieder einmal etwas vergessen hatte. Jedes Mal hatte sie ein Erfolgserlebnis, wenn sie eine neue Situation meisterte, die sie bisher nur aus den Lehrbüchern kannte.

Nach der oft auch körperlich sehr anstrengenden Arbeit zog sie sich in ihre Dachwohnung zurück und setzte sich nicht selten des Abends im Schneidersitz auf ihren Ofen und las so lange, bis es ihr zu kalt wurde. Sie wohnte im vierten Stock, konnte wunderbar über die Dächer ihrer Stadt schauen, allerdings mußte sie auch die Kohlen fünf Treppen hochschleppen. Franziska hatte den Eindruck, daß ihr kleiner Ofen die Kohlen fraß. Dafür wurde er schnell warm und schnell kalt. Ihr Schlafzimmer war überhaupt nicht zu beheizen. Sie ließ im Winter oft einen elektrischen Heizkörper brennen, damit sie morgens um halb fünf überhaupt aus dem Bett kam. Ihr Vater bezahlte zum Glück ihre Stromrechnung.

Sie wachte nachts auf, wenn ihre Nachbarn besoffen nach Hause kamen. Die Nachbarin beschimpfte dann ihren Mann und warf ihm lauthals Langsamkeit und Luftnot vor, weil er nicht so schnell die

Treppen hochkam wie sie. Wenn er sich dann endlich die Treppen hochgekämpft hatte und sich so schnell wie möglich auf die Toilette schleppte, die genau neben Franziskas Bett lag, hatte sie den Eindruck, der Mann entlädt sich in ihr Bett.

Franziska hatte mit den Rackes eine gemeinsame Toilette, obwohl eine gemeinsame Toilette mit diesen Leuten unmöglich war. Als sie in ihre Dachzimmer gezogen war, hatte sie freundlich zu Frau Racke gesagt, daß sie jetzt alle vierzehn Tage die Treppe reinigen würde, worauf Frau Racke relativ gleichgültig antwortete: „Wenn sie meinen."

Die Rackes zahlten keine Miete, stellten damit aber auch keinerlei Forderungen an den Hauswirt. Im Gegenteil, sie waren froh, wenn sie in Ruhe gelassen wurden. Inzwischen hatte Herr Kaufmann aufgegeben, etwas dagegen zu tun. Er hatte keinerlei Mittel gegen solche Leute. Man lebte im Sozialismus und da waren die Mieter König und der Vermieter der Angeschmierte. Frau Kaufmann sagte, solche Leute hätten vor dem Krieg in Baracken am Rande der Stadt gewohnt und das war besser. Für ein normales Mietshaus waren die Rackes wirklich nicht so recht geeignet. Hätten sie Parterre gewohnt, wären wahrscheinlich die Ratten gekommen. Der Sohn von Herrn Racke, der es mit der Stiefmutter trieb und in Franziska verliebt war, zeigte ihr einmal die Wohnung. Franziska liefen Schauer des Ekels den Rücken herunter und sie mußte sich den ganzen Tag kratzen. Sie hatte bei Hausbesuchen in ihrer Ausbildung schon einiges gesehen, aber das übertraf alles. Hier würde es wahrscheinlich nicht einmal den Ratten gefallen.

Herr Kaufmann hatte alles versucht. Er hatte ihnen angeboten, die Miete abzuarbeiten, doch auch das hatte nicht geklappt. Letztlich war es ohnehin egal, ob diese Leute ihre achtzehn MDN (Mark deutscher Notenbank) Miete zahlten oder nicht. Mit solchen Mieten konnte kein Haus erhalten werden. Da den Kaufmanns eines der schönsten Geschäftshäuser der Innenstadt gehörte, welches auch noch nicht ganz so heruntergekommen war wie andere Häuser, würde die Stadt das Haus irgendwann als Geschenk annehmen müssen. Dieses Haus im Jugendstil mit bleiverglasten Schiebetüren und Stuckdecken war nicht für die Menschen gebaut worden, die nun darin lebten.

Herr Kaufmann kannte den wirklichen Wert eines solchen Hauses und er würde keinen Pfennig für dieses Haus nehmen, weil es in diesem Land unbezahlbar war. Nur an eines seiner Kinder würde er es verschenken. Da diese aber alle keine Geschäftsleute waren, wie er meinte, wollten sie das Haus auch nicht haben. Seine Kinder waren in diesem Land großgeworden, sie kannten nichts anderes, deshalb sahen sie nicht ein, ihr verdientes Geld vielleicht noch in ein Haus zu stecken, mit dem man nichts als Ärger hatte. Oskar Kaufmann redete wenig mit seinen erwachsenen Kindern. Sie waren alle so anders als er und er hatte sich das Leben mit ihnen anders vorgestellt. In Bezug auf das Haus hoffte er auf andere Zeiten, vielleicht würden dann die Kinder noch mal etwas davon haben. Wie recht er hatte, ahnte zu diesem Zeitpunkt noch niemand.

Franziska meinte, daß die Nachbarn auch etwas Gutes hätten. Sie konnte nachts so laut sein, wie sie wollte. Die Rackes regten sich natürlich über nichts auf und ihnen war auch vollkommen egal, wer bei Franziska ein- und ausging. Ab und zu drehte allerdings Herr Kaufmann seiner Tochter einfach nachts den Strom ab, wenn er nach Mitternacht immer noch laute Musik bei ihr hörte.

*

Franzis Wohnung war ein Anlaufort für viele. Bei ihr war jeder willkommen und sie versuchte auch, ihre Gäste immer gut zu bewirten. Wenn manchmal am Wochenende mitten in der Nacht ein paar Kumpel bei ihr hereinschauten, gab sie ihnen was zu trinken und legte sich dann wieder ins Bett, weil sie Frühdienst hatte. Allerdings ging sie auch oft nach einer durchzechten Nacht zur Arbeit. Wenn sie dann morgens vor dem Spiegel stand, um ihr langes Haar hochzustecken und sich die Blässe und die Augenränder aus dem Gesicht zu schminken, wurde ihr manchmal so schlecht, daß sie sich setzen oder gar übergeben mußte. Sie lernte es sogar, sich den Finger in den Hals zu stecken, um ihre Übelkeit schneller loszuwerden. Im Krankenhaus wurde sie erwartet und das nahm sie sehr ernst. In diesem Beruf mußte sich einer auf den anderen verlassen können, das wußte Franziska wie jede andere Hebamme. Kein anderer konnte ihren Job machen. Eine Hebamme konnte erst nach Hause gehen, wenn sie von einer anderen Hebamme abgelöst wurde. Deshalb ging Franziska auch zum Dienst, wenn sie krank war. Im Notfall ließ sie sich einen Vitaminbomber oder etwas Krampflösendes von den Ärzten spritzen und dann ging es wieder. Nicht gerade schonend ging die junge Hebamme mit ihrem Körper um. Sie rauchte und trank, wie es ihr paßte und um Infekte so schnell wie möglich loszuwerden, war ihr jedes Mittel recht. Sie dachte nicht über ihren Körper nach, kurz und intensiv leben, war noch immer ihre Devise.

Manche der Ärzte speisten während ihres Dienstes mit der jeweiligen Hebamme zu Abend und so kam es vor, daß die Schwestern der Entbindungsstation genau darauf achteten, welcher Arzt wie lange mit welcher Hebamme zu Abend aß. Eines Tages kam das Gerücht auf, daß einer der Gynäkologen wohl etwas mit Franziska hätte, weil er sich zum Abendessen ungewöhnlich lange im Kreißsaal aufhielt. Als Franziska endlich davon hörte, ärgerte sie sich über das Gerücht und noch mehr über die Beschnüffelung der Schwestern.

Manchmal ist es aber so, daß Außenstehende mehr wahrnehmen als die Betroffenen selbst. Eine junge Krankenschwester, die auch Hebamme werden wollte und mit der Franziska seit einiger Zeit sehr gut befreundet war, sagte eines Tages zu ihr: „Der Wiesenblum ist doch verknallt in dich." Franziska wollte davon nichts hören, der Typ war zwar ganz nett, aber für sie war er der letzte Spießer. Wie der schon herumrannte. Außerdem war er ihr zu lahmarschig in allen seinen Bewegungen.

Dieser Arzt und diese Hebamme stritten ständig miteinander! Einmal, in der Nacht, hatte er sie so runtergemacht, als ob sie eine Asoziale wäre. Sie hatte sich grinsend in die Tür gestellt und seinen Jähzornsausbruch überhaupt nicht verstanden. Und wenn er einer angehenden Schwester mit seiner Arschruhe eine Plazenta erklärte, die Franziska trotz vieler Arbeit vorführen mußte, hätte sie ihm das Teil am liebsten ins Gesicht geklatscht.

Die beiden Freundinnen einigten sich auf eine Wette. Franziska sollte Dr. Wiesenblum zu sich einladen zu einer Art Fete. Würde er kommen, würde Gabi eine Kiste Sekt gewinnen, würde er nicht kommen, würde Franziska die Gewinnerin sein. Für Franziska war klar, daß er nicht kommen würde. Sie sah sich als Gewinnerin des Sektes und außerdem würde sie mit der Freundin einen netten Abend haben. Franzi gehörte zu den Frauen, die für ihr Amüsement nicht unbedingt einen Kerl brauchen. Sie konnte sich ebenso gut mit Frauen amüsieren, was wohl dazu führte, daß sich im Laufe von Franziskas Leben ab und zu eine Frau in sie verliebte. Franziska störte das nicht. Sie tat einfach so, als ob sie es nicht merkte, denn eine körperliche Liebesbeziehung konnte und wollte sie mit einer Frau nicht haben. Ihre Mutter hatte ihr empört erzählt, daß eine Kundin im Geschäft angedeutet hatte, daß sie wohl Frauen liebe, weil sie immer nur mit ihrer neuen Freundin zu sehen sei. Franziska fand es empörend, was Menschen sich gegenseitig antaten. Sie wußte, daß auch dieses Gerücht nicht stimmte, und so konnte sie ihrer Mutter ins Gesicht lachen, die sie trotzdem besorgt ansah.

Frau Kaufmann wäre es sehr recht gewesen, wenn ihre Tochter endlich einen seriösen jungen Mann nach Hause brachte. Immer wenn so einer in Franziskas Nähe auftauchte, lachte ihre Franzi nur und sprach von Spießern und Langweilern. Viel lieber lief sie mit Typen mit langen Haaren herum, die in für Frau Kaufmann verhaßte amerikanische Parka gehüllt waren. Neulich hatte sie am Fenster gestanden und geweint, als sie sah, mit wem Franziska das Haus verließ. Für Franziska waren Typen mit verschlissenen Jeans, Parka und langen Haaren viel interessanter als Männer mit Nylonanorak, Rundstrickhose und Aktentasche. Erst neulich hatte ihr so ein langweiliger spießiger Typ den Hof gemacht. Als Franziska sich über diesen Mann vor ihrer Mutter wieder abfällig äußerte, sagte Frau Kaufmann zu ihrem Mann: „Da steht schon mal ein korrekter junger Mann mit einem kurzen, knappen Haarschnitt vor der Tür und deine Tochter macht wieder nur Witze."

Lange Haare, Bart und verschlissene Westklamotten waren mehr als nur eine Mode. Sie waren nicht nur Opposition gegen die Kriegsgeneration, sondern auch Opposition gegen den eigenen Staat. Umso schlimmer war es, wenn die Stasi es schaffte, sich solche Typen zu kaufen, weil man sich ja untereinander vertraute. So ein Gekaufter hatte Franziskas Bruder Michael ein Jahr Bautzen eingebracht.

Trotz vieler Freunde träumte Franziska noch immer von der ganz großen Liebe und dem dazugehörenden Märchenprinzen. Schön, interessant, klug und vor allem männlich sollte er sein. Reichtum war für sie überhaupt kein Kriterium. Geld könnte sie allein verdienen und da Franziska in reichen Verhältnissen großgeworden war und nichts vermißt hatte, war das Streben nach Geld in ihrem Denken nicht vorhanden.

Die meisten der verheirateten Frauen konnte sie überhaupt nicht verstehen, auch ihre Mutter nicht. Alle taten so, als ob es schon toll wäre, wenn der Ehemann jeden Abend zu Hause sitzt, nicht soff und nicht fremdging. Dafür waren die Frauen so dankbar, daß sie allein den Haushalt führten, auch wenn sie genau so lange arbeiteten. Sie stellten „ihm" sogar die Filzpantoffeln hin und ließen sich besteigen, wann immer er es wollte, damit er nur nicht woanders suchte, was er zu Hause nicht bekam. Über so etwas unterhielten sich die Schwestern tagtäglich im Krankenhaus und Franziska hörte es sich an, fand das meiste eklig und schwor sich, das alles ganz anders zu machen.

Erst neulich wurde Franziska von einer Kollegin gefragt, ob ihr Freund eine Andere hätte. Franziska verstand erst gar nicht, doch dann war ihr klar, daß damit der nette junge Herr gemeint war, den sie zum Betriebsvergnügen mitgenommen hatte, weil es ihr inzwischen peinlich war, allein dorthin zu gehen. Sie hatte immer den Eindruck, daß die meisten der dort anwesenden verheirateten Frauen Angst hatten, daß sie ihnen ihre Ehemänner abspenstig machen wollte. Dabei fand Franziska die meisten dieser Männer sehr armselig. Fast alle ihre Kolleginnen konnten nicht verstehen, daß Franziska mit Anfang zwanzig Jahren, hübsch aussehend, noch nicht fest liiert war. Irgend etwas konnte da nicht stimmen und manchmal dachte sogar Franziska darüber nach, ob sie nun in Torschlußpanik verfallen sollte.

Jedenfalls hatte sie letztens versucht, mit einer Urlaubsbekanntschaft einmal etwas länger zu gehen, weil an dem Mann eigentlich gar nichts auszusetzen war. Er sah gut aus, er war intelligent und er war offensichtlich verliebt in Franziska. Doch sie fand diesen Mann nicht erotisch, sie liebte ihn nicht und so sollte sie ihr Leben lang bei einem Zusammentreffen mit einem Mann wissen, ob er erotisch oder unerotisch für sie war. Ein unerotischer Mann, er konnte ihr bester Kumpel sein und sie konnte ihn auch gern haben und auf ihre Art lieben. Doch sie konnte sich nicht vorstellen, mit ihm ins Bett zu gehen. Auch flirten konnte sie mit einem unerotischen Mann nicht, es fehlte dann einfach die Spannung, die es zwischen Mann und Frau ihrer Meinung nach geben mußte und die das Leben zwischen den Geschlechtern erst interessant machte. Eine erotische Liebe war für Franziska ein Wunder und die Schmetterlinge im Bauch waren da oder nicht. Sie konnte nichts dagegen tun.

Diese Haltung sollte auch dazu führen, daß sie mit Frauenbewegungen nicht viel anfangen konnte, obwohl sie sich als emanzipierte Frau fühlte. Doch sie wollte keine Gesellschaft, die geschlechtsneutral war, keine Gesellschaft, die das Knistern zwischen Männern und Frauen abschaffen wollte.

Mit diesem netten lieben jungen Mann war sie ins Bett gegangen, etwas widerwillig, aber immerhin. Auch das hatte nichts gebracht. Den Rest hatte es ihr gegeben, daß der Typ ihre Mutter und ihre Mutter den Typ gut leiden konnte. Sie hatte ihm einen lieben Abschiedsbrief geschrieben nach dem Motto: Er wäre zu schade für sie, um ihn nicht zu sehr in Verzweiflung zu stürzen. Daraufhin hatte sie einen sehr langen Brief von ihm bekommen, der ihr, falls sie es sich nicht noch mal anders überlegte, ein zielloses, lasterhaftes Leben prophezeite, was Franziska trotz Verständnis für verletzte Eitelkeit dann doch ein wenig unverschämt fand. Ihrer Kollegin sagte sie nur, sie habe Schluß gemacht, worauf diese sie entgeistert anstarrte. Wahrscheinlich weil dieser Mann zum Betriebsvergnügen auf Geheiß von Franziska mit allen Damen getanzt und sich nett mit ihren Kolleginnen unterhalten hatte. Franziska fand das normal, allerdings soffen die meisten der biederen Ehemänner so viel, daß sie von ihren Frauen nach Hause geschleppt werden mußten. Außerdem hatte Franziska den Eindruck, daß ihre Kollegin meinte, daß eine Frau doch nicht Schluß machen könnte mit einem so netten jungen Herrn. Offensichtlich war dieses Handeln ein festes Privileg in Männerhand. Vollkommen erstaunt wurde Franziska nun wiederum von der Kollegin gefragt, warum sie mit dem Mann Schluß gemacht hätte. Als Franziska, etwas gelangweilt sagte, weil ihr das Gespräch langsam auf die Nerven ging: „Ich habe ihn nicht geliebt", sagte die Kollegin nichts mehr. Nach kurzer Zeit allerdings wußten es die Schwestern der Station, die sich offensichtlich schon lange mit dem Verbleib des jungen Mannes beschäftigt hatten.

Seit diesem Beziehungsversuch hatte Franziska einen fast brüderlichen Freund und sie wußte nicht so recht, was Jürgen überhaupt von ihr hielt. Da er ein wenig stotterte, kam er für ihre Eltern als Schwiegersohn nicht in Frage, was Franziska besonders an ihm gefiel. Außerdem störte Franziska das Stottern nicht, weil ihr Freund nicht stotterte, wenn sie allein mit ihm war.

Jedenfalls hatte dieser Typ Ahnung von Musik und auch von Literatur. Auch Haare und einen langen Vollbart und gehörte der ersten Generation der studierten Nachkriegsproletarierkinder an. Deshalb war es für Franziska nicht verwunderlich, daß er überzeugter Marxist war und der Partei der Arbeiterklasse angehörte. Franziska, die auch, wenn sie nicht jeden Sonntag in die Kirche rannte, ihr Leben lang ein religiöser Mensch blieb, konnte diesen jungen Mann auf Grund seiner Erziehung verstehen.

Wenn sie es am Heiligabend traurig fand, allein zum Nachtdienst zu gehen, so konnte es dieser Freund gut verstehen und brachte sie ins Krankenhaus. Doch natürlich sehnte sich auch Franziska nach einem Mann, der immer für sie da war und nicht nur einmal reinschaute, wenn er Lust dazu hatte. Allerdings hatte sie Jürgen nichts von der Wette mit Gabi erzählt.

So kam der besagte Abend und Franziska wunderte sich, daß Gabi um einundzwanzig Uhr immer noch behauptete, daß sie sicher sei, der Wiesenblum komme gleich. Wirklich ging gegen zweiundzwanzig Uhr, nach einem Klopfen, die Tür auf und Dr. Wiesenblum betrat das Zimmer. Franziska wußte nun nicht mehr, ob sie sich ärgern oder freuen sollte. Selbstbewußt und genau wissend, was er tat, durchschritt er das Zimmer und hatte die Situation schnell unter Kontrolle. Wolf Wiesenblum war nicht der Typ von halben Sachen. Schon länger hatte er dieses Mädchen beobachtet und er fand sie lange Zeit zu albern und zu jung, um sich mit ihr abzugeben. Doch er wollte wieder eine Frau und das Leben nach seiner Scheidung gefiel ihm nicht besonders gut, obwohl er ein sehr disziplinierter Mensch war und sein Singledasein gut organisiert hatte. Allerdings litt er darunter und konnte nicht verstehen, wie seine Frau, die er geliebt hatte, ihn mit diesem Typen betrügen und alles zunichte machen konnte, was sie sich aufgebaut hatten.

Jetzt stand er in dem Dachzimmer dieser vierzehn Jahre jüngeren Frau. Er wußte, daß sie schön und intelligent war, auch wenn er ihren Stil, sich zu kleiden, nicht damenhaft genug fand. Viele Stunden hatte er sich im Krankenhaus schon mit ihr unterhalten und sie war gut informiert. Es hatte ihm Spaß gemacht, mit ihr zu reden. Sie war die einzige ledige junge Frau, die an seinem Krankenhaus für ihn in Frage kam. Doch sie benahm sich den Ärzten gegenüber auch anders als die anderen Hebammen. Wenn ihr etwas nicht paßte, sagte sie es und sie zeigte keinerlei Respekt, obwohl sie nicht unhöflich war. Das ärgerte ihn, doch wenn er ehrlich war, zog ihn das auch an. Er würde es versuchen mit ihr, langsam doch zielstrebig, und keiner sollte zunächst etwas davon erfahren. Das war in beiderseitigem Interesse, obwohl Franziska nicht den Eindruck machte, daß sie unter dem Getratsche der Leute litt, weil sie das Meiste gar nicht mitbekam. Es interessierte sie im Gegensatz zu den meisten Menschen nicht. Das hatte er an ihr beobachten können und als positive Eigenschaft gewertet. Sie unterhielt sich mit ihm lieber über Politik und Fußball, das waren seine Themen außerhalb der Medizin, als über die Verhältnisse der Ärzte nach dem Motto: „Wer im Bereitschaftsdienst mit wem ins Bett ging." Daß dieses Desinteresse an den Dingen ihr noch mal zum Verhängnis werden würde, konnte Franziska zu diesem Zeitpunkt nicht ahnen.

So nahm die Geschichte ihren Lauf und Franziska spürte nicht, daß alles, was an diesem Abend geschah, sehr wohl von ihrem Doktor geplant war. Sie dachte genau entgegengesetzt und liebte die Spontaneität des Lebens. Deshalb glaubte sie ganz naiv, daß dieser Mann sich ganz plötzlich in sie verliebt hätte, als er sie in den Arm nahm und sie küßte.

Zuvor war Gabi, um die Form zu wahren, noch eine Weile geblieben, um sich dann höflich zu verabschieden. Natürlich wußte Gabi, was passieren würde und sie konnte nicht fassen, wie naiv ihre beste Freundin war. Würde sie ihre Freundin etwa an diesen Typen verlieren? Für sie war die ganze Sache ein Spiel gewesen und falls Franziska jetzt ernst machen würde, wäre sie sehr enttäuscht von ihr.

Sobald Gabi gegangen war, begann eine gigantische Knutscherei, die Franziska sehr aufregend fand, weil ihr Gegenüber sie fest in den Arm nahm und nicht auf irgendwelche Initiativen von ihrer Seite wartete. Sie fühlte sich wohl und geborgen, auch wenn sie mit der äußeren Erscheinung dieses Mannes wenig anfangen konnte. Mitten in der Nacht, als der Doktor von der Toilette kam, sagte er zu ihr: „In ihrem Nebenzimmer sitzt ein Bärtiger." Das ist Jürgen, dachte Franziska, mein Gott, ist das peinlich. Sonst hatte sie sich immer gefreut, wenn er am Wochenende noch nachts bei ihr reinschaute. Sie sprang auf und ging in das andere Zimmer und sagte zu Jürgen, der etwas betrunken auf dem einzigen Stuhl saß: „Ich habe Besuch, du mußt gehen." Jürgen verstand überhaupt nicht. Warum konnte er nicht bleiben, wenn sie Besuch hatte. Er war angetrunken und hatte eigentlich vorgehabt, in der Wohnung der Freundin zu übernachten. Franzi hatte doch auch zuvor nie etwas dagegen gehabt. Doch Franziska ließ ihm keine Zeit zum Nachdenken. Sie raffte ihn vom Stuhl hoch und sagte mit Bestimmtheit: „Du mußt wirklich gehen, bitte." Als er die Treppe herunterwankte, dachte er, wer ist dieser Typ, der aussieht wie der letzte Spießer. Franziska lachte doch sonst über solche Gestalten. Nein, so einfach würde er das Feld nicht räumen. Also wankte er die Treppe wieder hoch, klopfte höflich an, sah wie Franziska vom Schoß dieses Mannes sprang und ihm wieder entgegenkam. Sie schloß hinter sich die Tür und er sagte zu ihr: „Wer ist denn dieser Mister Saubermann?" „Es ist ein Arzt aus meinem Krankenhaus", antwortete Franziska brav. „So sieht er auch aus. Also, wenn ich unerwünscht bin, geh ich dann mal", sagte der Freund traurig. Franziska war nicht seine große Liebe, die hatte er an eine andere verloren. Sie war ein ganz nettes Mädchen und mehr nicht, hatte er bisher geglaubt. Doch jetzt verspürte er so etwas wie Eifersucht und ärgerte sich darüber.

Irgendwann gegen morgen verließ Wolf Wiesenblum das Haus. Er war zufrieden mit dem Resultat. Sie hatten nicht miteinander geschlafen, das fand er unpassend für den ersten Abend. Doch dieses Mädchen war geschmeidiger als er gedacht hatte. Zumindest hatte sie seine Neugier wecken können und für den nächsten Tag waren sie zum Kaffeetrinken verabredet.

Als Franziska an diesem Sonntag vom Frühdienst kam, war sie total geschafft. Doch die Ereignisse der letzten vierundzwanzig Stunden hielten sie in Atem und sie wußte immer noch nicht, ob sie über die Entwicklung der Dinge traurig oder glücklich sein sollte. Es gab Argumente für beides und deshalb ging sie zunächst zu den Eltern zum Mittagessen.

Als sie wieder in ihre Wohnung kam, traute sie ihren Augen kaum. Lag da doch in ihrem Bett ein nackter Mann, offensichtlich stockbesoffen. In wenigen Minuten würde ihr neuer Verehrer kommen und sie abholen. Natürlich kannte sie den Typen im Bett. Es war Jürgens jüngerer Bruder, einer der größten Chaoten der Stadt. Franziska mochte ihn, sie fand ihn schön, intelligent und vor allem schockte er ihre Mutter. Noch oberflächlicher als ihr Bruder hatte er sie immer behandelt, allerdings hatte sie sich immer gefreut, wenn er kam. Sie schüttelte und rüttelte ihn, jedoch vergeblich. Er war von einem ausgiebigen Frühschoppen gekommen und hatte sich vorgenommen, bei Franziska den Rausch auszuschlafen. Sie hatte nie etwas dagegen gehabt. Überhaupt war Franziska anders als andere Frauen. Man konnte mit ihr saufen und fröhlich sein und sie war nicht aufdringlich.

Franziska empfing den Wiesenblum ganz aufgeregt vor ihrer Dachmansarde und erklärte die Situation. Das wäre doch alles kein Problem, warum solle dieser junge Mann nicht bei ihr den Rausch ausschlafen können, sagte er. Wie bitte, dachte Franziska, habe ich richtig gehört? Sie hätte vermutet, daß der Typ nun endlich wutentbrannt das Haus verließ. Da machte sie sich Gedanken, daß sie sich eigentlich mit diesem Spießer auf der Straße schämen müßte. War sie nicht viel intoleranter als er?

Sie wußte nicht, daß Wolf Wiesenblum nicht so schnell aufgab, wenn er sich einmal etwas in den Kopf gesetzt hatte. Außerdem kannte er diese Franziska Kaufmann schon ein wenig und er wußte auch, welche Art von Männern sie mochte. Deshalb war es reizvoll für ihn, dieses Liebesabenteuer. Daß es für ihn ein Abenteuer werden würde mit einer Frau, die eigentlich gar nicht sein Typ war, wußte er auch.

Der Doktor war der erste Freund von Franziska, der ein Auto besaß. Franziska war mit einem Auto großgeworden und deshalb war es für sie nichts Besonderes. Sie würde immer ihr Geld verleben und nicht Jahre lang auf ein Auto sparen. Trotzdem fand sie es an diesem Nachmittag schön, einfach so in ein nahes Ausflugsrestaurant zu fahren, welches sie nur vom Hörensagen kannte, um Kaffee zu trinken und Kuchen zu essen. Da sie sehr müde war und dieser Mann nun endlich einmal im Gegensatz zu ihren anderen Freunden wußte, was es bedeutete, morgens halb fünf aufzustehen, kam er nur kurz mit in ihre Wohnung, um sich dann zu verabschieden. Ein wenig neugierig war er schon, ob der Betrunkene das Bett seiner neuen Freundin verlassen hatte. Er hatte und Franziska schien sichtlich erleichtert. Der Doktor hatte Franziska an diesem Nachmittag das Du angeboten, aber nur für den Privatbereich und Franziska war es recht. Wie würden sie im Krankenhaus die Augen aufsperren, wenn sie sich plötzlich duzten. Sie war sooft vor ihren Kolleginnen über diesen Mann hergezogen und eigentlich war ihr eine Beziehung mit ihm total peinlich. Sie hatte Wolf Wiesenblum erklärt, daß sie den Namen Wolf uninteressant und nicht passend fände und ihn gefragt, ob sie ihn nicht Blume nennen könne. Er hatte es zwar nicht ganz so witzig wie sie gefunden, aber er wußte, daß bei dieser Frau eh alles ganz anders sein würde und so willigte er ein.

Bei der dritten Verabredung der beiden wartete er mit dem Auto am Hintereingang des Hauses. Als Franziska den Hof betrat, kam von der anderen Seite ein Bärtiger auf sie zu. Schon wieder ein anderer, dachte er. Franziska umarmte den Bärtigen und sagte etwas zu ihm, dann lief sie in Richtung Auto. Als erstes sagte sie zu ihm: „Das war mein Bruder." Er antwortete sehr ruhig und gelassen, was sie sehr beeindruckte, daß bisher bei jeder Verabredung ein Bärtiger aufgetaucht sei und das offensichtlich zu ihrem Markenzeichen gehöre. Er könnte es verkraften. Mit diesen Sätzen hatte er irgendwie Franziskas Herz erobert und sie schwor sich, das nächste Mal dafür zu sorgen, daß es keinen Bärtigen in ihrer Nähe gab. Auch nahm sie sich vor, ein wenig damenhafter neben ihm zu erscheinen. Der Doktor allerdings fand inzwischen dieses Mädchen sehr erotisch. Sie war immer gut geschminkt und selbst wenn sie Jeans und einen Pulli trug, wirkte sie gepflegt. Ihre langen glatten Haare paßten eigentlich zu ihr. Natürlich sah sie dadurch noch jünger aus, aber auch das hatte seinen Reiz.

Das erste Mal betrat Franziska die Wohnung von Blume mit ihrer Freundin Gabi. Es war sozusagen die offizielle Gegeneinladung. Die Wohnung hatte für Franziska genau dasselbe spießige Aussehen wie der Mann selbst. Es verwunderte sie nicht, sie hatte nichts anderes erwartet. Da Franziska an diesem Wochenende mal wieder den ihr verhaßten Frühdienst hatte, war sie nach wenigen Gläsern Alkohol zu nichts mehr zu gebrauchen. Blume und Gabi redeten auf sie ein, daß sie doch hier übernachten könnte, noch dazu, weil sie wieder so zeitig aufstehen müßte. Sie war gar nicht mehr fähig zu widersprechen und war am nächsten Morgen heilfroh, daß Blume die Situation nicht ausgenutzt hatte. Ihr war nicht klar, daß Blume genau wußte, was er tat.

Sie ging übelgelaunt und schlecht aussehend zu ihrer frühen Arbeit. Zu den Frauen war sie dann immer die ersten Stunden des Dienstes sehr wortkarg, aber lieb. Sie sollten nicht unter ihrer schlechten Verfassung leiden. Gegen sieben Uhr gab es auf der Station Puddingsuppe für Patientinnen, die nichts anderes vertrugen. Sie holte sich eine Tasse und merkte, wie gut die Puddingsuppe ihrem Magen tat und sehnte das Ende des Dienstes herbei.

Da die beiden Akteure ihre Affäre geheimhalten wollten, benahmen sie sich anscheinend unauffälliger als vorher und Franziska hörte nicht wieder von einem Gerücht über ein Verhältnis. Sie legte von da an überhaupt keinen Wert mehr auf Gerüchte, weil sie es nun am eigenen Leibe erlebt hatte. Als sie keine Beziehung mit diesem Mann hatte, wurde sie ihr angehängt, als sie sie hatte, bekam niemand etwas mit. Selbst ihre sonst so neugierige Mutter fiel auf Franziskas Schauspielkünste herein und es machte ihr Spaß, die Leute zu verarschen.

Als Blume einmal ein wichtiges Fußballspiel ansehen wollte, sagte Franziska zu ihm, er müsse dafür nicht ins Krankenhaus gehen, er könne auch zu ihrer Mutter kommen. Ihr Vater weilte, wie immer im Juni, an der Ostsee. Ihrer Mutter erzählte sie, daß der Dr. Wiesenblum ja geschieden sei und der Fernseher in seiner Wohnung noch nicht funktioniere. Deshalb habe sie ihn eingeladen. Da die Leute aber so viel reden würden, solle sie nicht darüber sprechen. Sie kenne ja die Gerüchteküche. Das leuchtete Frau Kaufmann ein, obwohl sie sich so einen Mann für ihre Tochter wünschte. Als sie den Doktor in der Tür stehen sah, mit einer Schachtel Pralinen für die Dame des Hauses in der Hand, war ihr klar, daß dieser Mann für ihre Tochter nicht in Frage kam und alle Hoffnungen, aber auch Bedenken, waren von einem zum anderen Augenblick verflogen. Sie merkte auch nicht, daß die beiden nach dem Fußballspiel in Franziskas Dachwohnung gingen und miteinander schliefen.

Über ein viertel Jahr dauerte es, bis Frau Kaufmann von der Sache erfuhr; nicht etwa von ihrer Tochter, sondern von einer Nachbarin. Frau Sitte sagte eines Morgens auf der Treppe zu ihr, ohne ihre Schadenfreude zu verhehlen: „Wissen sie eigentlich, daß fast jeden Morgen gegen sechs Uhr der Dr. Wiesenblum die Wohnung ihrer Tochter verläßt?" Frau Kaufmann konnte ihre Überraschung nicht verbergen.

Sie bedankte sich bei der Nachbarin für die Information. Frau Sitte war zufrieden, ihr war es gelungen, die manchmal auf sie arrogant wirkende Hauswirtin in eine peinliche Lage zu versetzen. Seit langem wußte sie von diesem Verhältnis, da sie mit ihrem Mann jeden Morgen um fünf Uhr aufstand, um ihm das Frühstück zu bereiten.

Bevor Frau Kaufmann diese Sache ihrem Mann erzählte, überprüfte sie erst die Richtigkeit der Angaben. Am nächsten Morgen stand sie pünktlich um sechs Uhr hinter der Gardine, um den Täter auf frischer Tat zu ertappen. Wirklich überquerte kurze Zeit später der besagte Doktor den Hof. Es gab keinen Zweifel mehr, ihre Tochter hatte ein Verhältnis mit diesem Mann, und da er ein Mann in der Blüte seiner Jahre war, war diese Beziehung nun keineswegs harmloser Art. Diesen Herrn würde sie zur Rede stellen. Er würde ihre Tochter heiraten müssen, diesen Schwiegersohn wollte sie sich nicht entgehen lassen. Sie konnte es gar nicht fassen, daß ihre Tochter nun doch noch, was Männer betraf, zur Vernunft gekommen war.

Frau Kaufmann hatte nach dieser Entdeckung mit ihrem Mann gesprochen, der etwas traurig aussah, weil er wahrscheinlich mit einem moralischeren Verhalten seiner Tochter gerechnet hatte. Außerdem war es ihm total peinlich, daß es offensichtlich alle Nachbarn wußten, nur die eigenen Eltern nicht. Doch seine Tochter hatte schon immer ihren eigenen Kopf gehabt und so würde sie sich auch in dieser Sache nichts sagen lassen, das wußte der Vater.

Dennoch gab er sein Einverständnis zu einem Besuch seiner Frau beim Liebhaber der Tochter. Er selbst war viel zu feige, mit diesem Mann zu reden. Es hatte sich in ihrer Ehe so eingespielt, daß Margarete die unangenehmen Gespräche führen mußte. Allerdings agierte er im Hintergrund und sie mußte eigentlich nur seine Argumente übermitteln. Überhaupt hatte sich Margarete im Laufe ihrer Ehe eine eigene Meinung abgewöhnt. Oskar Kaufmann war das unumstrittene Familienoberhaupt. Dafür versorgte er Frau und Kinder gut und sie hatte keinerlei finanzielle Probleme. Das war es ihr wert, auf eine eigene Meinung zu verzichten und somit Streit zu vermeiden.

Allerdings hatte sie gar nicht bemerkt, daß sie auch die Meinung ihres Mannes über Frauen teilte. So zog sie über ihre Geschlechtsgenossinnen genauso her wie ihr Gatte, als ob sie gar nicht zur Gattung der Frauen gehörte. Für Franziska hatte das fatale Folgen. Da sie nicht wie

Frau Kaufmann dazu bereit war, das männliche Geschlecht als das bessere anzuerkennen, suchte sie lange Jahre nach ihrer Identität als Frau.

Jede Tochter ist in ihrem Verhalten als Frau von ihrer Mutter geprägt und in ihrem Verhalten gegenüber Männern durch ihren Vater. Erst als Franziska das für sich akzeptieren konnte, fand sie ihren eigenen Weg.

Am kommenden Samstagnachmittag schellte es bei Dr. Wiesenblum. Es war nicht schwierig, seine Adresse herauszubekommen und da Franziska Spätdienst hatte, hoffte Frau Kaufmann, den Doktor allein anzutreffen.

Als Franziska am Abend von Blume erfuhr, wer ihn am Nachmittag besucht hatte, war sie empört. Sie war gerade dreiundzwanzig Jahre alt geworden. Wie lange wollten sich ihre Eltern noch in ihr Leben einmischen? Warum akzeptierten sie nicht endlich was sie tat? So würden ihre Eltern nie ihr Vertrauen gewinnen. Da die Kaufmanns zu den Eltern gehörten, die ihre Kinder ihr Leben lang als Kinder behandeln sollten und enttäuscht waren, wenn die Kinder nicht so funktionierten, wie sie es sich vorgestellt hatten, gestaltete sich das Leben zwischen ihnen und ihren erwachsenen Kindern sehr schwierig. Alle Beteiligten litten darunter. Nur Franziska schaffte es, indem sie irgendwann die Rollen umkehrte, ihre Beziehung zu den Eltern in vernünftige Bahnen zu lenken.

An diesem Abend heulte sie vor Wut. Blume fand die ganze Sache gar nicht tragisch und dafür liebte sie ihn. Sie schämte sich für den Auftritt der Mutter. Offensichtlich hatte er versucht, der Mutter klarzumachen, daß Franziska ein erwachsener Mensch sei und er kein leichtfertiges Verhältnis mit ihr habe. Wenn es an der Zeit wäre, würden sie auch heiraten, doch im Moment gäbe es keinen Grund. Franziska imponierte das einfache unproblematische Argumentieren ihres Freundes. – Das Neue an der Geschichte war, daß von diesem Zeitpunkt an Franziskas Freund offiziell bei den Kaufmanns ein- und ausging, was sie mit gemischten Gefühlen sah. Sie beobachtete sehr schnell, daß ihre Eltern ein besseres Verhältnis zu diesem Mann aufbauten als zu ihrer eigenen Tochter. Andererseits erfüllte es sie mit Stolz, ihrem Vater so einen Mann vorzusetzen, den er als gleichwertigen Partner akzeptierte und der obendrein noch Skat spielen konnte und sich für Fußball interessierte. Für Herrn Kaufmann waren diese beiden Sachen die unbedingte Voraussetzung, um von ihm als richtiger Mann akzeptiert zu werden. Daß ihr zweiter Mann beides nicht tat, war vorprogrammiert und erfüllte Franziska später mit Stolz. Franziska suchte bei Blume den für sie so früh verlorengegangenen Vater. Ihr war das zu diesem Zeitpunkt nicht bewußt. Bewußt war ihr allerdings, daß sie bei diesem Mann Ruhe, Geborgenheit und Sicherheit fand. Sie meinte, daß dieser Mann die nötige Ordnung in ihr Leben bringen konnte. Doch daß Blume ganz andere Phantasien mit ihr verband, ahnte sie nicht einmal. So hatte jeder Partner eine Vorstellung vom anderen, die nicht der Realität entsprach.

Wenig später wurde auch im Krankenhaus das große Geheimnis gelüftet. Blume meinte, daß es jetzt für ihn kein Problem mehr sei und Franziska fügte sich. Sie waren erstmalig eine Woche zusammen im Urlaub gewesen und das zu einer tristen Herbstzeit, in der sonst niemand Urlaub nahm. Natürlich fiel nun allgemein auf, daß die Hebamme und der Gynäkologe genau zur gleichen Zeit Urlaub nahmen und das konnte kein Zufall sein. Es ging um wie ein Lauffeuer. Alle grinsten Franziska an, als sie wieder zum Dienst kam, doch so normal es für die beiden Betroffenen war, ihre Beziehung zu vertuschen, so normal war es jetzt für sie, sie öffentlich zu leben. So nahm man den Kollegen bald den Spaß am Tratschen.

Allerdings gab es für Franziska und ihren Doktor jetzt Probleme, die sie vorher nicht hatten. Litt Franziska vorher unter der Heimlichtuerei, so litt sie nun an der ständigen Beobachtung durch die Ärzte, Hebammen und Schwestern. Da aber beide nicht den Anschein erwecken wollten, daß sich etwas an ihrem Arbeitsverhältnis geändert hatte, gestaltete sich ihr gemeinsames Arbeiten immer schwieriger. Blume nahm es Franziska mehr übel als zuvor, wenn sie ihm bei der Arbeit widersprach und Franziska fühlte sich schikaniert, wenn Blume ihr Anweisungen gab, die sie ohne Kommentar erfüllen sollte. War vorher die Arbeit kein großes Thema für sie gewesen, stritten sie sich jetzt häufiger auch nach getanem Dienst.

Franziska fühlte sich zunehmend sicher in ihrem Beruf und sie hatte keine Alpträume mehr. Allerdings fing sie an, unter der zunehmenden Routine zu leiden. Sie merkte, daß eine Geburt für sie nur noch Arbeit darstellte und ihr das Wunder abhanden gekommen war. Blume meinte, das sei normal, in diesem Beruf wären Emotionen nur hinderlich. Sie sah das anders. Sie wollte auf Emotionen nicht verzichten. Franziska ertappte sich dabei, daß sie eine Geburt beobachtete und zwischendurch von einer Schnitte abbiß. Niemand fand etwas dabei, schließlich mußte auch eine Hebamme essen. Auch ertappte sie sich, wie sie mit dem zuständigen Arzt während des Pressens über den Fernsehfilm des Vortrages sprach. Die werdende Mutter durchlebte gerade einen der wichtigsten Augenblicke ihres Lebens und Franziska war nur selten noch vom Geschehen angerührt. Sie hatte die Nase voll, wenn sie zum Dienst kam und der Kreißsaal voller Frauen lag. Einmal hatte sie in einem Nachtdienst sechs Geburten. Da konnte man nur noch lethargisch die notwendigsten Handgriffe erledigen und aufpassen, daß einem kein Fehler unterlief.

Weil die Krankenhausleitung keine Personalpolitik zugunsten der Hebammen betrieb, waren diese Frauen teilweise total überbelastet. Eine Zeit lang mußten Franziska und ihre Kolleginnen zwölf Stunden am Wochenende allein arbeiten, um überhaupt einen Dienstplan aufstellen zu können. Als dann auch noch die völlig verkalkte Oberschwester anrief und meinte, sie sei enttäuscht, daß vom Kreißsaal niemand zur Kranzniederlegung für die Opfer des Faschismus gekommen sei, flippte Franziska am Telefon aus. Als sie die Oberschwester fragte, ob sie eigentlich wüßte, was hier los sei, antwortete diese nur: „Jeder glaubt immer, er arbeitet am meisten." Franziska knallte den Hörer auf und sprach nie wieder mit dieser Frau.

Auch bei der Gewerkschaft hatte sie versucht, etwas für ihre Kolleginnen und sich zu tun. Immerhin war sie Gewerkschaftsvertrauensmann für drei Stationen. Anfangs glaubte sie, daß die Gewerkschaft sich für die Belange der Werktätigen einsetzen würde. Die Gewerkschaftschefin des Krankenhauses hatte sie schnell etwas anderes gelehrt. Sie war ein ungebildetes fettes Bonzenweib, die nur nachplapperte, was ihr von höherer Stelle aufgetragen wurde. Franziska wurde sehr schnell klar, daß auch diese Organisation nur ein verlängerter Arm der Partei war.

Als sich Franziska kraft ihres Amtes bei dieser Frau beschwerte, daß es doch wohl nicht angehe, daß ein Krankenhaus mit achthundert Angestellten nur einen Urlaubsplatz für vier Personen am Meer (Ostsee) zur Verfügung stellte, kam es zu einem kurzen Schlagabtausch, der mit der Bemerkung der Gewerkschaftsfunktionärin endete, daß sie dafür nicht zuständig sei und im übrigen Franziska mal ihren sozialistischen Klassenstandpunkt überprüfen solle. Von dem Zeitpunkt an sprach Franziska auch mit dieser Frau kein Wort mehr.

Allerdings litt sie auch darunter, daß alle scheinheilig alles mitmachten und als sie auf einer Versammlung ihren Stationen vorschlug, doch dieses Jahr nicht um den Titel „Kollektiv der sozialistischen Arbeit" zu kämpfen, weil dieser „Kampf" nur Zeit raube und auch den meisten keinen Spaß machte, meinten alle, auf die fünfzig Mark, die es dafür gäbe, wolle man nicht verzichten.

Selbst Blume, der eine große Liebe für den Klassenfeind hegte und zu Hause nur über seinen Staat schimpfte, machte was von ihm verlangt wurde. Er hielt als sozialistischer Leiter die Schule der sozialistischen Arbeit ab, in der er seinen Untergebenen auf der Station die Theorien von Marx, Engels und Lenin nahebringen mußte. Keiner hörte zu und auch Blume wohl selbst nicht, was Franziska maßlos ärgerte. Als Blume ihr erzählte, daß der ärztliche Direktor von den Ärzten erwarte, daß sie die Fahne am 1. Mai heraushängen und an der Maidemonstration teilzunehmen hätten, war für Franziska das Maß voll. Sie sagte zu ihrem Freund, wenn er die Fahne hisse, würde sie nie wieder seine Wohnung betreten. Er hißte die Fahne nicht.

Am Vorabend des 1. Mai hänselte sie ihn, weil er natürlich wenigstens auf die Demonstration gehen wollte. Er würde an seinem freien Tag um sieben Uhr aufstehen und bekam noch nicht mal, wie die Arbeiter, fünf Mark und ein Würstchen dafür. Franziska konnte und wollte nicht begreifen, wie sich Menschen für ein paar Mark einkaufen oder durch ein paar Worte eines ärztlichen Direktors einschüchtern ließen, der selbst als Armeearzt gescheitert war, weil er soff. Sie fand sich nicht sehr mutig und wollte weder eine Märtyrerin noch eine Revolutionärin sein, doch ein wenig Zivilcourage war man sich doch schuldig.

Am besagten 1. Mai verließ Blume das gemeinsame Bett früh und Franziska konnte sich allein darin breitmachen, was sie genoß. Sie mußten sowohl in der einen als auch in der anderen Wohnung gemeinsam in einem Bett schlafen. Später stellte Franziska fest, daß sie gemeinsam in dem einen oder anderen Bett ihre glücklichsten sexuellen Stunden verlebt hatten und mit der Aufgabe des gemeinsamen Einzelbettes ihr Sexleben ins Wanken geriet.

Irgendwann am Vormittag wachte Franziska auf. Irgendjemand hantierte an Blumes Wohnungstür herum. Erst neulich war sie in ihrer Dachwohnung von einem Kleptomanen des Nachts heimgesucht worden und hatte eine Geschichte wie im Horrorfilm erlebt, was ihr Verhältnis zur Dunkelheit nur noch schwieriger machte. Doch jetzt war es hell und deshalb schritt sie mutig im Nachthemd zur Tür und riß diese mit einem Ruck auf. Vor ihr stand Blume mit einem Schraubenzieher in der Hand, umringt von den neugierigen Nachbarn. Alle starrten sie entsetzt an und Franziska fragte ganz ernsthaft: „Warum hast du denn nicht geklingelt?" Blume schob sie in die Wohnung und machte die Tür hinter sich zu. Offensichtlich war ihm dieser Auftritt vor den Nachbarn peinlich. Dann erklärte er ihr, daß er eine Viertelstunde Sturm geklingelt habe, daß die Nachbarn zusammengelaufen waren und ihm schließlich einen Schraubenschlüssel in die Hand gedrückt hatten, weil auch er langsam glaubte, daß ihr etwas zugestoßen sei. Franziska schlief des Morgens, natürlich auch noch begünstigt durch den Dreischichtdienst, oft wie eine Tote. Jetzt brach sie in Gelächter aus, Blume fand sie ein wenig verrückt und die Nachbarn wahrscheinlich auch. Wie konnte jemand vom langen Sturmklingeln nicht wach werden, aber dann plötzlich das leise Geräusch eines Schraubenziehers hören? Aber dieser Tag war eh nicht sein Tag und so kam es auf eine Blamage mehr oder weniger überhaupt nicht an. Er hatte sich über Franziska geärgert, daß sie selbst noch am Morgen eine zynische Bemerkung zu seinem Demonstrationseifer gemacht hatte. Doch ärgerte er sich auch über sich, daß er nicht wie Franziska den Mut besaß und einfach im Bett blieb. Da er so schnell wie möglich wieder zu Hause sein wollte, ärgerte es ihn, daß er den Hausschlüssel vergessen hatte und dann auch noch der Auftritt mit Franziska und den Nachbarn. Manchmal benahm sie sich wirklich immer noch wie ein albernes junges Mädchen. Den ganzen Tag mußte er ihr Gelache ertragen und da war es nicht verwunderlich, daß sich zu allem Übel auch noch seine Migräne meldete. Franziska hatte sehr bald gemerkt, daß Blume bei einem Migräneschub unausstehlich wurde und so trieb sie ihre Schadenfreude und Albernheit an diesem Tag nicht auf die Spitze.

Außerdem würden sie in wenigen Tagen nach Krakau reisen und sie freute sich darauf, Blume diese wunderschöne Stadt zu zeigen. Es wurde für beide auch eine wunderbare Reise. In Polen bekamen sie einen guten Kurs für ihre Mark und so konnten sie sich bis auf ein vernünftiges Hotelzimmer, das auch hier nur den Westmenschen vorbehalten war, fast alles leisten, was sie wollten. Sie aßen und tranken gut, besuchten einen Nachtclub mit einem Programm, wovon man im kleinen Ländchen nur träumen konnte, selbst Striptease wurde dort geboten. Franziska wurde von einem Zauberer auserwählt und bekam den Daumen angezündet. In solchen Augenblicken freute sich Blume über seine hübsche junge Freundin, die später versuchte, vor ihm die Brandblasen zu verbergen, weil sie offensichtlich etwas falsch gemacht hatte.

Auch besuchten sie Elszbieta, ihre nette Gastgeberin von einst und diese wunderte sich, wie fast alle von Franziskas Freunden, mit was für einem Mann sie plötzlich durch die Gegend zog.

Nur eine Sache trübte diese Reise, ein Ausflug ins nahegelegene Oswiecim. Franziska konnte verstehen, daß Blume auch nach Auschwitz fahren wollte und sie fand es sogar sehr wichtig für ihn. Er kannte seinen Vater nicht, der bei jedem Fronturlaub einen Sohn gezeugt hatte. Blumes Vater war ein deutscher Physiker, der mit seiner Frau heim ins Reich nach Lodz, von den Nazis Litzmannstadt genannt, geholt wurde. Wahrscheinlich bezogen die Eltern eine große Villa von abgeholten Juden. Der Vater war aus dem Krieg nie zurückgekehrt.

Außerdem glaubte Franziska, daß es die Pflicht eines jeden Deutschen ist, sich dieses Grauen anzusehen. Vor über zwei Jahren war sie mit der Hebammenklasse dort gewesen und sie hatte so gelitten, wie nie zuvor in ihrem Leben. Sie schämte sich, deutsch zu sprechen, was nicht alle ihre Kommilitoninnen so sahen. Für die Schuld der Väter war man nicht verantwortlich und was geschehen war, war geschehen, man konnte es bei allem Mitleid nicht rückgängig machen. Franziska sah das anders, wie konnte so etwas passieren, wie waren Menschen zu solchen Grausamkeiten fähig, wie hätte sie reagiert? Sie sollte den Geruch und die Berge von Haaren, Koffern und Prothesen ihr Leben lang nicht vergessen. Als zukünftige Hebammen hatten sie ihren Blumenstrauß auf eine Vitrine mit Babysachen gelegt. Als sie eine Mitschülerin nach dem Besuch des Lagers in dem zu der Gedenkstätte gehörenden Selbstbedienungsrestaurant ein Schnitzel essen sah, mußte sich Franziska übergeben. Sie konnte in dieser Umgebung nicht einmal einen Kaffee trinken. Einmal gesehen und erahnt, was sich dort abgespielt hat, reichte ihr fürs Leben.

Nun wollte sie Blume nicht allein gehen lassen, doch keinem Menschen zuliebe sollte man ein Vernichtungslager besuchen. Da sie wußte, was sie erwartete und auf andere Details achtete, litt sie beim zweiten Besuch noch mehr.

Als wenig später Blumes Westtante Franziska fragte: „Warum seid ihr denn dorthin gefahren? Die Leute haben nur ihre Pflicht getan, wenn sie es nicht getan hätten, wären sie zum Opfer geworden", hätte Franziska ihr am liebsten ins Gesicht geschlagen. Statt dessen sagte sie: „Man kann doch nicht wegen der eigenen Haut am Tag ein paar hundert Menschen vergasen. Ja, da muß ich mich eben an die Wand stellen lassen." Darauf die Tante: „Da scheinst du aber gar nicht am Leben zu hängen." Worauf Franziska mit Tränen in den Augen das Zimmer verließ.

So etwas hatte sie zum Glück in ihrem Elternhaus nie gehört und ihre Eltern hatten sie auch nie gefragt, warum sie ein KZ besucht hatte, obwohl sie auch in ihrer Familie die einzige war, die sich das antat. Aber wahrscheinlich gingen auch heute nur die Menschen dorthin, die auch damals zu den Opfern gehört hätten und die anderen, die es nötig hatten, weigerten sich, diese Orte zu besuchen, an denen man sich nicht mehr herausreden konnte.

Inzwischen hatte Franziska die schmerzliche Erfahrung gemacht, daß es wahrlich Menschen gab, die nach dem Besuch eines KZ's ohne weiteres ein Eisbein mit Sauerkraut verdrücken konnten und wenn sie daran dachte, ekelte es sie.

Ob die Toten Franziskas Leid und Trauer sehen konnten? Es wäre für sie wichtig und tröstlich. Ja, es gab auch andere Deutsche und zu denen wollte sie gehören. Die Menschheit teilte sich in Opfer und Täter. Sie hatte sich für die Opferseite entschieden.

Was Franziska an ihrem Vater am meisten schätzte, war die antifaschistische Erziehung seiner Kinder. Er hatte das ganze grausame

Ausmaß des Krieges kennengelernt. Oskar Kaufmann faßte nie wieder ein Gewehr an, nicht einmal an einer Schießbude und war wütend, wenn er Kriegsveteranen in den Kampfgruppen marschieren sah. Er ließ keinen Zweifel daran, daß der Krieg etwas Böses war und erzählte auch nicht, wie andere deutsche Väter, abenteuerhafte Kriegserlebnisse, obwohl ihn seine Söhne oft darum gebeten hatten.

Franziska konnte ihre Brüder nicht verstehen und lernte schon sehr früh, daß sich Mädchen und Jungen in ihrer Mentalität total unterschieden und zwar nicht durch Erziehung, sondern offensichtlich durch angeborene Gene. Deshalb fühlte sie sich auch so oft unverstanden in dieser Männerfamilie. Andererseits hatte sie gelernt, mit Männern umzugehen und dieser Umgang war für sie normaler als der Umgang mit Frauen. Frauen aus Männer- und Frauen aus Frauenfamilien unterscheiden sich total. Deshalb war es kein Wunder, daß sie es mit Männern aus Männerfamilien zu tun bekam und sie sich in einem Teufelskreis befand, den sie lange nicht durchschaute. Blume hatte auch nur zwei Brüder und seine Mutter, die zwar nicht viel von ihren Söhnen hatte, war stolz auf die Doktortitel ihrer Söhne.

Franziska wurde zu ihrem Erstaunen nach noch nicht einmal dreijähriger Berufserfahrung stellvertretende leitende Hebamme. Die Oberhebamme, die ihr Leben lang ohne Familie im Krankenhaus gelebt und gearbeitet hatte, schmiß vorzeitig diesen ihr zu stressig werdenden Job und ging als Haushälterin zu einem katholischen Priester. Alle Hebammen verstanden sie und unterstützten ihr Ansinnen. Sie hatte genug Kinder zur Welt gebracht und hatte es in ihrem Alter nicht nötig, sich von einem hysterischen und arroganten Chefarzt die gute Laune verderben zu lassen.

Franziska gönnte ihrer Oberhebamme das geistreiche Leben im Pfarrhaus. Ihre Chefin war eine sehr gläubige Frau, die ihr Christentum nicht zur Schau stellte, sondern es lebte und deshalb zunehmend weniger mit dem Gebaren der Menschen in einem atheistischen Staat zurechtkam. Jedoch im Krankenhaus wurde sie von einem großen Teil des Personals geachtet wegen ihrer gelebten Nächstenliebe.

Oft hatte sie während eines gemeinsamen Dienstes zu Franziska gesagt: „Rauche du nur und erzähle mir etwas Schönes." Die Oberhebamme rauchte natürlich nicht und legte in den freien Minuten Tupfer, was Franziska haßte. Wenn das Krankenhaus schon an Hebammen sparte, konnte es wenigstens fertige Tupfer einkaufen. Nie hatte diese Frau einen bösen Satz zu Franziska gesagt oder ihre Chefrolle ausgespielt.

Die stellvertretende leitende Hebamme wurde Oberhebamme und Franziska war ihre Kronprinzessin, obwohl sie vom Alter her noch nicht an der Reihe gewesen wäre. Franziska liebte ihre neue Chefin und bewunderte vor allem ihre Ruhe und Gelassenheit. Sie redete mit ihr wie mit einer älteren Freundin und sie fragte sich: „Warum habe ich nicht eine solche Mutter?"

Auch die älteren Kolleginnen hatten nichts gegen Franziskas Ernennung, weil sie die junge Kollegin wegen ihrer Höflichkeit schätzten. Franziska war gerührt über soviel Sympathie und Vertrauen. Es sollte das einzige Mal in ihrem Leben sein, daß sie aufgrund ihrer guten Arbeit und ihrer Beliebtheit befördert wurde.

Doch trotz des Erfolges, den sie ohne Zweifel in ihrem Beruf hatte, beschlich sie wieder dieses Gefühl nach dem Motto: „Soll das schon alles gewesen sein?" Sie würde irgendwann ihren Gynäkologen heiraten. Der Gynäkologe und die Hebamme, wie aus einem Basteiroman. Dann konnte sie noch darauf warten, daß sie so etwa in zwanzig Jahren Oberhebamme wurde und das war's dann. Sie versuchte dieses Gefühl der Panik zu verdrängen und redete sich ein, daß sie nicht undankbar sein solle. Sie hatte einen der schönsten und interessantesten Berufe der Welt. Jeder Tag war anders und doch auch wieder gleich.

Außerdem machte es Franziska unzufrieden, daß sie nichts mehr für sich dazulernte. Nachdem die offizielle Paukerei zu Ende war, hatte sie sich vorgenommen, besser englisch zu lernen. Aber sie war von Natur aus eher ein fauler Mensch und konnte sich, wie nur wenige, des Müßigganges erfreuen. Sie konnte zum Beispiel stundenlang wach im Bett oder in der Badewanne liegen und vor sich hinträumen oder auch ernsthaft nachdenken. Um etwas „Vernünftiges" zu tun oder zu lernen, brauchte sie einen gewissen Druck. So ging sie zwar gewissenhaft ihrer Arbeit nach, doch abends lernte sie dann nicht englisch, sondern trank lieber mit Freunden eine Flasche Wein und hörte Musik.

Seitdem es Blume in ihrem Leben gab, tat sie das oft genug mit ihm. Ihre Eltern waren nach wie vor begeistert von diesem Mann und so durfte sie auch mit ihm ins Sommerhaus kommen, obwohl es sonst bei den Kaufmanns erst ein gemeinsames Zimmer mit Trauschein gab. Als sie sich während einer Reise nach Rügen in dem einzigen Tanzlokal des Seebades an einem Tisch mit Blume und ihren Eltern wiederfand, herausgeputzt wie es Blume gefiel und wie es sich ihre Eltern immer gewünscht hatten, war das Maß voll. Es war das passiert, was sie nie gewollt hatte. Sie ging zur Toilette, setzte sich auf den Klodeckel und begann nachzudenken mit Tränen in den Augen.

Plötzlich kam ihr die Erleuchtung, es war, als ob eine Stimme zu ihr sagte: „Denen wirst du es zeigen, Franziska Kaufmann, die haben dich noch lange nicht dort, wo sie dich hinhaben wollen. Du wirst ausbrechen aus dieser Sackgasse in der es nur eine Frage der Zeit ist, wann das endgültige Ende kommt. Du willst mehr über das Leben, die Zusammenhänge und auch über Gott wissen." Auf einmal stand es fest. Sie würde Theologie studieren. Das Einzige, was man in dieser Diktatur studieren konnte, um nicht von vornherein als funktionierender Staatsdiener erzogen und ausgebildet zu werden. Sie wollte sich in ihrem Leben nicht nur mit den irdischen, sondern auch mit den himmlischen Dingen beschäftigen, weil sie ahnte, daß es eine größere Dimension gab als die, in der sie bisher gelebt hatte. Zufrieden und gestärkt verließ sie die Toilette.

Niemand hatte mitbekommen, daß sie länger als gewöhnlich weggeblieben war. Ihre Eltern hatten sich auch ohne sie mit dem künftigen Schwiegersohn amüsiert. Ihr Vater hatte das Lied „Theo, wir fahr'n nach Lodz", in memoriam an seine und Blumes Kindheit in dieser Stadt bei der schlechten Kapelle bestellt. Franziska sollte dazu mit Blume eine Extrarunde tanzen. Sie weigerte sich strikt, sie war weder die Schaufensterpuppe ihrer Eltern noch das Zirkuspferd ihres Freundes. Die Kaufmanns dachten, sie ist eigensinnig wie immer, hoffentlich schafft es dieser Mann, sie zur Räson zu bringen und verliert nicht bald die Lust oder die Geduld. Das würden sie ihrer Tochter nie verzeihen, wenn sie den Traumprinzen aller Schwiegereltern verschrecken würde.

Franziska hatte einen Entschluß gefaßt und noch hatte sie nicht den Mut, ihn in die Tat umzusetzen. Doch ein einmal gefaßter Entschluß war für sie heilig. Sie würde sich gegen ihr Schicksal stellen, wenn sie dieser inneren Stimme nicht folgte, das wußte sie.

Zunächst widmete sie sich wieder dem Alltagstrott, der wenig Zeit zum Nachdenken ließ. Nach dem nächsten Streit mit Blume über das Krankenhausgeschehen fuhr sie allerdings wenig später mit dem Zug nach Halle in die Martin-Luther-Universität und suchte nach der Sektion Theologie. Sie hatte keine Ahnung von den Äußerlichkeiten dieses Studiums und auch zuvor mit keinem Menschen darüber gesprochen.

Franziska fand die theologische Sektion im Untergeschoß eines der altehrwürdigen Gebäude auf dem Universitätsplatz. Da sie ein Gefühl für die Zeit hatte, beflügelten die alten, wirklich schönen Universitätsgebäude ihren Wissensdurst. Ihre blühende Phantasie ließen sie schnell erahnen, wieviele Generationen von Studenten und Professoren schon über diesen Platz gegangen waren, um sich mit menschlichem Wissen auseinanderzusetzen. Dieses kleine menschliche Wissen, welches immer nur Stückwerk des großen göttlichen Wissens sein kann. Zu dieser Erkenntnis kamen die meisten Studenten jedoch erst nach jahrelangen Bemühungen, manche verzweifelten daran und andere begriffen es nie. Als sie die Stufen zu den Theologen hinabstieg, dachte sie: Typisch für diesen Staat, die Theologen in den Keller zu verbannen. Doch ihr kleines Kackland wollte nicht auf ordentliche Universitäten verzichten und so konnte man auch hier an der Universität Theologie studieren, was allerdings den meisten Staatsbürgern verborgen blieb.

Franziska klopfte das Herz, als sie die große Eingangstür zur theologischen Sektion öffnete. Sie wollte sich an diesem Tag informieren und deshalb überwand sie, wie immer in solchen Augenblicken, ihre Angst. Ein älterer dicker Herr im schwarzen Anzug kam auf sie zu und fragte freundlich, ob er helfen könne. Franziska fühlte sich ertappt, jetzt mußte sie Farbe bekennen, doch soweit war sie eigentlich noch gar nicht. Sollte sie einfach gehen? Sie griff zu einer Notlüge, wie sooft in ihrem Leben. Nach ihrer Meinung verzieh das Gottchen Notlügen und deshalb hatte sie auch kein moralisches Problem damit. Sie sagte dem Herrn freundlich, daß sie sich nur für ihre jüngere Schwester erkundige und die Bedingungen für das Studium wissen wolle. Gleich darauf bereute sie ihre Dummheit und Feigheit, doch der freundliche Herr, der sich auch noch als Professor für Neues Testament entpuppte, stellte ihr freundliche Fragen zur Ausbildung und Beschaffenheit ihrer Schwester und als Franziska die Sektion der Theologen verließ, wurde sie das Gefühl nicht los, daß der nette Professor sie durchschaut hatte.

In der Tat hatte der Professor von Anfang an das Gefühl, daß Franziska gar keine jüngere Schwester besaß und sich für sich selbst erkundigte. Das war ihm aber ziemlich egal. Die junge Frau hatte sicher ihre Gründe. Er war jedes Mal hocherfreut, wenn sich in diesem Land junge Leute für ein Theologiestudium interessierten, die weder Pfarrkinder noch Chaoten waren. Von beiden hatten sie genug. Gab es doch noch das eigenständige unergründliche Wirken Gottes, auch in dieser Gesellschaft?

Nach ihrer Rückkehr und den positiven Aussichten sprach Franziska zuerst mit Blume. Sie wußte, daß er der Einzige war, der ihr im Moment das Studium ausreden konnte. Doch Blume reagierte, wieder einmal zu Franziskas Erstaunen, vollkommen ruhig und gelassen. So als ob Franziska ihm erzählte, daß heute schönes Wetter sei. Dabei hatte sie sich so vor dem Gespräch gefürchtet. Offensichtlich schien Blume der Gedanke an eine studierende Freundin gar nicht so schlecht zu gefallen. Auch er hatte unter dem ewigen Streß, den sie sich in den letzten Zeiten gemacht hatten, gelitten. Oder wollte er eine studierte Frau haben? Egal, dachte Franziska, und war ihm unendlich dankbar für seine Reaktion. Er hatte zwar gesagt, daß er sich nicht vorstellen könnte, Theologie zu studieren. Doch wußte auch er, daß die Pfarrer zu den Exoten und den interessanten Persönlichkeiten der Gesellschaft gehörten.

Franziska erklärte ihm, daß sie nicht mit der Absicht studieren wollte, um unbedingt Pfarrer zu werden, sondern um zu erfahren, ob das Studium sie überzeuge. Wenn ja, dann würde sie auch gern Pfarrer werden. Jetzt könnte sie sich das noch nicht vorstellen, soweit wäre sie noch nicht. Zu viele offene Fragen gäbe es da noch für sie. Außerdem ginge sie mit dem Studium überhaupt kein Risiko ein, sie könne jederzeit in ihren Beruf zurückkehren. Blume fand die Ausführungen von Franziska sehr vernünftig und freute sich schon auf die Gesichter im Krankenhaus.

Noch schwieriger als das Gespräch mit Blume erschien Franziska ein Gespräch mit ihrem Vater. Ja, sie würde nur mit ihrem Vater reden wollen. Sie fühlte sich von ihm mehr verstanden. Doch eigentlich lag es nur daran, daß Franziska die stärkere emotionale Bindung zu ihrem Vater hatte, obwohl die wesentlichen Sachen und vor allem ihre Zuneigung füreinander immer unausgesprochen bleiben sollten. Sie traf ihren Vater an seiner Garagentür. Er schien nicht viel Zeit zu haben und das war ihr recht. Sie wollte nicht mit dem Vater diskutieren oder ihn um Rat fragen, sondern ihn nur in Kenntnis setzen. Ihr Entschluß stand fest.

Wieder klopfte ihr das Herz, doch das hinderte sie nicht daran, ihrem Vater kurz und bündig zu erklären, daß sie ab nächstem September Theologie studieren werde. Ihr Vater sah sie betroffen an und seine erste Frage war: „Was sagt denn Blume dazu?" Typisch, dachte Franzi, hat er wieder Angst, den Doktor zu verlieren, auf den er doch so stolz ist. „Was soll Blume dazu sagen? Es ist mein Entschluß und wenn er mich liebt, dann wird er mich ja wohl auch lieben, wenn ich Theologie studiere. Ansonsten kann ich auch auf ihn verzichten," sagte Franziska schnippisch. Beide wußten, daß es nicht ganz so war. Der Vater sah sie traurig und besorgt an und erwiderte nur: „Du suchst dir nicht gerade die bequemen Wege im Leben, meine Tochter." „Die bequemen Wege interessieren mich auch nicht, Vater", sagte Franziska ernst und verließ ihn. Herr Kaufmann blickte seiner Tochter lange nach. Er war stolz auf sie und wußte nicht, warum er ihr das nie sagen konnte.

Die Reaktion von Frau Kaufmann ließ nicht lange auf sich warten. Zwei Tage später klingelte Frau Kaufmann das zweite Mal an der Tür von Dr. Wiesenblum, nur mit dem Unterschied, daß er dieses Mal mit dem Besuch seiner zukünftigen Schwiegermutter rechnete. Frau Kaufmann redete auf Blume ein wie ein Wasserfall und verlangte, daß er ihrer Tochter diese Schnapsidee unbedingt ausreden solle. Sie meinte auch, daß das ja wohl das Ende ihrer Beziehung bedeuten würde. Blume hörte sich gelassen die Rede von Margarete an, sie duzten sich inzwischen und sagte dann ruhig und besonnen: „Du müßtest doch eigentlich besser wissen als ich, daß deine Tochter sich nicht ausreden läßt, was sie sich einmal in den Kopf gesetzt hat. Ich könnte ihr dieses Studium also gar nicht ausreden, selbst wenn ich wollte. Ich will aber gar nicht, denn ich meine nicht, daß diese Sache das Ende unserer Beziehung bedeutet, vielleicht wird sie auf die Probe gestellt und das finde ich gar nicht so schlecht."

Margarete Kaufmann verließ enttäuscht die Wohnung von Blume. Vielleicht war dieser Mann doch nicht der, für den sie ihn gehalten hatte. Franziska war wieder total wütend über den Besuch ihrer Mutter. Umso stolzer war sie über die Antworten ihres Freundes. Dieser Mann schaffte es doch immer wieder, sie positiv zu überraschen und damit Franziskas Bedenken gegenüber dieser Beziehung zu zerstreuen. Dieses Mal wurde Franziska allerdings nicht so schnell von ihrer Mutter in Ruhe gelassen. Zu jäh hatte Franziska die Zukunftsträume der Eltern für die Tochter zerstört. Als allerdings Frau Kaufmann von einem Hungerleiderberuf sprach, wurde es Franziska zu viel. „Ihr habt mich doch christlich erzogen. Eigentlich müßtet ihr euch doch freuen," sagte sie und verließ den Raum. „Deshalb muß man doch nicht gleich Theologie studieren. So war das nun auch wieder nicht gemeint," brüllte Frau Kaufmann ihrer Tochter hinterher. Diese scheißverlogene Moral, dachte Franziska und ihr stiegen wieder mal die Tränen in die Augen, als sie in ihrer nicht mehr ganz wohnlichen Dachwohnung saß. Seit einem Jahr hatte sie nur noch wenig hier geschlafen. Sie hatte sich in die spießige Wohnung Blumes zurückgezogen und den Kontakt zu ihren ehemaligen Freunden abgebrochen. Franziska war fest davon überzeugt, daß Blume der richtige Mann für sie wäre. Er würde sie immer wieder auf den Teppich zurückholen, wenn sie drohte abzuheben.

Blume gab ihr sowohl emotionale als auch finanzielle Sicherheit, was für sie zwar nicht das Wichtigste, aber doch auch nicht ganz unwichtig war. Sie würde noch nicht einmal ein Stipendium erhalten, weil ihre Eltern dafür zuviel verdienten. Damit war sie auch auf Blume angewiesen, denn schließlich war sie keine achtzehn mehr und sie hatte nicht vor, wochenlang wieder Pflaumenmus auf trockenem Brot zu essen. Es ist nicht einfach, eine finanzielle Unabhängigkeit aufzugeben und vor allem seinen gewohnten Lebensstil einzuschränken. Franziska machte es nichts aus, es war ihr die Sache wert, da sie zu den Menschen gehörte, die nicht vom Geld abhängig waren. Hatte sie Geld, gab sie es großzügig aus und freute sich daran. Hatte sie kein Geld, war es auch gut. Natürlich war es auch für sie angenehmer, mit mehr als mit weniger Geld zu leben.

*

In Bezug auf Männer glaubte Franzi fest daran, daß es Männer zum amüsieren gab und Männer zum heiraten, und Blume gehörte für sie in die Heiratskategorie. Jede Frau, die einen „Amüsierstengel" heiratete, war selbst daran Schuld. Sie wollte nicht jeden Abend auf einen Mann warten oder Angst vor seiner Untreue haben. Blume schenkte sie in dieser Hinsicht hundertprozentiges Vertrauen. Für ihn würde sie die Hand ins Feuer legen, für sich selbst würde sie es nicht tun. Daß sie sich von diesem Mann ein vollkommen falsches Bild machte, sollte sie erst später schmerzlich erfahren. Doch zunächst war ihr Glück, was Blume betraf, noch ungetrübt.

Nun mußte sie ihre Studienwünsche nur noch im Krankenhaus verkünden und auch das fiel ihr nicht gerade leicht. Es würde ein paar Tage das Klatschthema Nr. 1 sein, bis man etwas anderes fand. Doch da mußte sie durch, sonst würde es keine Veränderungen in ihrem Leben geben. Zuerst sprach sie mit ihrer Oberhebamme, die sehr betroffen und traurig reagierte. Franziska wußte, wie sehr sie diese Frau enttäuschte. Große Stücke hatte sie auf Franziska gesetzt und ihre Zusammenarbeit war viel länger geplant. Doch nach Überwindung des ersten Schocks erzählte ihr die Chefin, daß die Tochter ihrer besten Freundin auch plötzlich Theologie in Halle studieren wollte. Es war für die Familie des Mädchens überhaupt nicht zu verstehen. Der Vater war ein überzeugter Genosse und seine Kinder hatten nie eine Kirche von innen gesehen. Geschieht ihnen recht, dachte Franziska. Weshalb wollten Eltern eigentlich immer, daß die Kinder genau so denken und fühlen wie sie selbst? Würden die meisten Familien nicht viel glücklicher sein, wenn die Eltern den Kindern nicht ständig ein schlechtes Gewissen machen würden? Wie haßte es Franziska, wenn ihre Mutter angeblich ihretwegen Asthmaanfälle bekam. Nein, so konnte das nicht laufen, obwohl Franziska ein halbes Leben brauchte, um wegen der Leiden ihrer Eltern kein schlechtes Gewissen mehr zu bekommen.

Für den nächsten Tag holte sie sich einen Termin beim Chefarzt. Franziska hatte zuvor erst zweimal einen Termin mit diesem Herrn allein gehabt, der nach ihrer Meinung eine so gespielte Förmlichkeit an den Tag legte, daß es immer irgendwie peinlich war. Mit einem Lächeln erinnerte sie sich daran, wie sie mit klopfendem Herzen als Abiturientin das erste Mal diesen Raum betrat. Damals wollte sie um jeden Preis das haben, was sie jetzt hatte und jetzt wollte sie es schon wieder aufgeben. Nein, sie würde immer eine Hebamme bleiben und sie war sich auch sicher, daß sie diesen Beruf nie ganz aufgeben könnte.

Einmal, während ihrer Zeit an diesem Krankenhaus, hatte der Chefarzt sie in sein Zimmer zitiert. Er war wütend, daß sie in der Nacht keinen Arzt gerufen hatte, weil eine Frau mit Steißlage erschienen war. Doch Franziska hatte überhaupt keinen Grund gesehen. Sie hatte alles gründlich geprüft und war der Meinung, daß die Frau ihre Steißlage normal zur Welt bringen könnte. Ihre Kollegin vom Frühdienst hatte ihr dann erzählt, daß der Alte zur Visite fast ausgeflippt sei und nur aus Gnatz einen Kaiserschnitt gemacht hätte.

Franziska erklärte dem Herrn zu besagtem Termin, daß sie schon mitgedacht habe und es überhaupt keinen Grund zur Besorgnis gegeben hätte. Er teilte ihr dann wiederum etwas zynisch mit, daß er sich über mitdenkendes Personal freuen würde, sie aber trotzdem das nächste Mal einen Arzt zu rufen habe. Mehr sagte er allerdings nicht zur der jungen Hebamme. Das von allen vermutete Donnerwetter blieb Franziska erspart. Außerdem hatte sie sich fest vorgenommen, sich nie von einem Arzt herunterputzen zu lassen. Franziska fand es entwürdigend, wenn ein Arzt unter ihm stehendes Personal in einem Ton abkanzelte, als ob er einen minderwertigen Menschen vor sich habe. Meist stand dann die besagte Schwester mit hochrotem Kopf und gesenktem Haupt vor dem Arzt. Sie fragte sich, warum man nicht einfach so ein schreiendes Ungeheuer lachend stehen ließ. Gegen Kritik hatte sie überhaupt nichts, doch machte der Ton die Musik. Franziska hatte Rangordnungen, wie sie sich machtbesessene Menschen ausgedacht hatten, nie anerkannt und sie wußte, daß sie vor einer Putzfrau mehr Respekt haben könnte als vor einem Chefarzt, weil es eben auf andere Dinge als den Titel ankam. Wahrscheinlich wäre der Mann, der ihr jetzt einen Stuhl anbot, auch viel glücklicher gewesen, wenn er seine Rolle als Mensch mehr wahrgenommen hätte als seine Rolle als Chefarzt.

Als sie ihm nun erzählte, daß sie vorhabe, zum Sommer das Krankenhaus zu verlassen, um Theologie zu studieren, schien ihm nichts dazu einzufallen. Allerdings begegnete er Franziska trotz aller Förmlichkeit mit Unverständnis und Mißfallen. Diese Hebamme glaubte er fest in seiner Mannschaft zu haben. War sie doch erst vor kurzem stellvertretende leitende Hebamme geworden und außerdem mit einem seiner Ärzte liiert. Das hatte er nicht erwartet und es paßte auch nicht in seine schon so schwierige Personalsituation. Der Entschluß dieser Hebamme schien jedoch festzustehen, und so gab er sich keine Mühe, sie vom Gegenteil zu überzeugen.

Umso mehr wunderte sich Franzi, daß sie wenige Tage später schon wieder in sein Zimmer beordert wurde. Dort passierte für Franziska etwas Unglaubliches. Der Typ sagte zu ihr vollkommen im Ernst: „Ich würde sie jetzt nicht bitten, wenn sie Medizin studieren wollten, aber da sie Theologie studieren wollen, appelliere ich an ihre christliche Nächstenliebe. Bitte verschieben sie das Studium um ein Jahr." Danach erklärte er Franziska lang und breit, in welche Schwierigkeiten sie die Geburtshilfe ihrer Stadt bringen würde, wenn sie jetzt kündigte. Am Ende seiner Ausführungen sah es so aus, als ob die Hebamme Franziska Kaufmann daran schuld sein würde, wenn die Geburtshilfe geschlossen werden müßte. Franziska dachte wirklich, sie sitze im falschen Film. Dieser Ungläubige appellierte an ihre christliche Nächstenliebe und die Geburtshilfe eines ganzen Kreises stand und fiel angeblich mit einer kleinen Hebamme. Sie bat um Bedenkzeit und verschwand.

Am Abend erfuhr Franziska, daß der Chefarzt auch mit Blume gesprochen und ihn über die Pläne seiner Freundin ausgefragt hatte. Wieso glaubten eigentlich die Leute, daß Blume ihr die Sache ausreden konnte? Inzwischen war sie darüber so gnatzig, daß er es auch wirklich nicht mehr gekonnt hätte. Außerdem wurde doch Blume allen Ernstes gefragt, ob er auch vorhätte, die Stadt zu verlassen. Franziska hätte heulen können, mußte sie nicht nachgeben, wenn jemand an ihre Nächstenliebe appellierte, auch wenn das Ansinnen noch so schäbig war, weil gerade sie lange genug für eine Veränderung der Personalsituation gekämpft hatte? Hatte nicht das Schwein von ärztlichem Direktor Hebammengehälter zurückgegeben und sich so eine goldene Nase verdient? Die Hebammen erhielten für ihre doppelte Arbeit nur einen Leistungszuschlag von ein paar Mark und darum mußten sie auch noch betteln.

Doch auch Blume riet ihr, noch ein Jahr länger zu arbeiten. So würde wenigstens sie ein reines Gewissen haben. Außerdem könnte sie sich dann auch noch mal in aller Ruhe für das Studium entscheiden. Wenn sie es nach einem Jahr noch immer wollte, wußten alle, daß es nicht nur eine Schnapsidee war, sondern daß sie es ernst meinte. Soviel Mühe mit der Argumentation hätte er sich gar nicht geben müssen. Sie hätte dem Chefarzt schon am Morgen sagen können, daß sie seiner Bitte nachgeben würde. Doch Franzi wollte den Typ mit seinem unfairen Ansinnen wenigstens noch ein wenig zappeln lassen. Franziska ahnte zwar, daß es ein Jahr später nicht anders aussehen würde, doch dann müsse man sie gehen lassen ohne wenn und aber. Auch mußte sie sich eingestehen, daß der Aufschub sie ein wenig glücklich machte, weil sie vor der Veränderung Angst hatte und der Abschied von diesem Kreißsaal ihr doch sehr schwer fiel.

Alle waren mit dieser Lösung zufrieden, selbstverständlich auch ihre Eltern und keiner glaubte, daß Franziska ihren Plan in einem Jahr auch noch verwirklichen würde. Doch da kannten sie Franziska schlecht; aufgeschoben war nicht aufgehoben. Selbst wenn sie in einem Jahr nicht mehr so recht wollte, es gab kein Zurück, das war sie ihrem Stolz schuldig.

Dieses zunächst letzte Arbeitsjahr als Hebamme war für Franziska total problemlos. Sie genoß ihre Arbeit, weil sie sich keine Gedanken mehr machte, ob das jetzt noch vierzig Jahre so weitergehen sollte. Sie sagte, was sie dachte und genoß ihren Ruf als aufmüpfige Hebamme. Als sie einmal zum Spätdienst kam und jemand ihren Namen rief, sagte eine Frau ehrfürchtig: „Sie sind Schwester Franziska." Als Franziska nachfragte, erzählte ihr die Patientin, daß der Chefarzt mal wieder die alte Hulda vor den Frauen vollgemeckert habe und sie daraufhin laut vor sich hindachte: „Wenn jetzt Franziska hier gewesen wäre, hätte sie dem den Mist vor die Füße geknallt." Arme Hulda, dachte Franziska, warum hatte sie nicht mal in ihrem Alter den Mut, gerade das zu tun. Erst neulich hatte der Chefarzt vor Franziska gestanden und losgestrampelt wie ein kleiner Junge, weil sie ihm bei einer Geburt widersprochen hatte. Er hatte gebrüllt: „Wenn sie so schlau sind, dann machen sie doch den Mist allein" und türenschlagend den Kreißsaal verlassen. Franziska mußte lächeln, doch war ihr das Verhalten des unreifen Chefarztes peinlich, denn mit Nestbeschmutzung den Patienten gegenüber hatte sie nichts am Hut. Sie sagte nur beruhigend: „Der kommt schon wieder." Ihr war klar, daß er spätestens zum Nähen wieder antanzen mußte und seine Wut an ihr auslassen würde, daß ihr Hören und Sehen verging. Doch diese Schikane war so offensichtlich, daß die Patientin Franziska aufmunternd zulächelte, hatten sie doch die Geburt allein geschafft.

Als Franziska diese Geschichte am nächsten Tag einer Kollegin erzählte mit den Worten: „Der Alte hatte gestern wieder einen laufen", erstarrte diese plötzlich wie eine Salzsäule. Der „Alte" stand schon ein paar Minuten hinter Franziska und hatte alles mitangehört. Wieder einmal gab es etwas, worüber sie stundenlang lachen konnten.

Doch immerhin bekam sie für ihre erneute Studienbewerbung eine grandiose Beurteilung von ihrem Chef. Franziska kamen vor Rührung fast die Tränen. Na ja, war er ihr wohl auch schuldig, hatte sie doch durch ihre selbstlose Tat die Geburtshilfe der Stadt gerettet, dachte sie lächelnd. Sie fand es trotzdem nett von ihm, sie so überschwenglich zu loben und verließ das Krankenhaus mit großem Abschiedsschmerz, hatte sie doch hier gern gearbeitet und die Menschen lieb gewonnen. Keiner versuchte sie nach einem Jahr vom Gegenteil zu überzeugen. Man ließ sie ziehen. Nur das Gewerkschaftsbonzenweib rügte ihre Chefin, daß im Kreißsaal wohl in Bezug auf den Klassenstandpunkt und der sozialistischen Arbeitsmoral etwas nicht stimme. Erst geht eine Hebamme in den Dienst eines Priesters und jetzt studiert eine andere Theologie. Franziska tat die Oberhebamme leid, daß sie sich einen solchen Schwachsinn anhören mußte.

Wieviele Stunden hatte Franzi die letzten vier Jahre in diesen Mauern zugebracht, und als sie das letzte Mal den großen Hof überquerte, mußte sie komischerweise an die Nachtdienste mit Schwester Else denken, die als Rentnerin nach Frankreich zu ihrer Schwester fahren durfte. Neugierig und interessiert hatte Franziska die alte lustige Krankenschwester über ihre Reisen ausgefragt. Irgendwann hatte Else dann mit einem verschmitzten Lächeln zu Franziska gesagt: „Wenn ich so jung wäre und so aussehen würde wie sie, wüßte ich aber mit meinen Nächten etwas Besseres anzufangen."

*

Für Franziska war der Beginn des Studiums wie ein Sprung ins kalte Wasser. In ihrem Studienjahr waren bis auf eine Frau alle wesentlich jünger als sie. Die meisten der jungen Damen und Herren studierten nach dem Abitur Theologie, was Franziska nicht nachvollziehen konnte. Mußte man nicht schon ein wenig mehr erlebt haben, um sich für so ein Studium zu entscheiden? Bieder wäre ihr wohl an die Kehle gesprungen, wenn sie auf ihrer Schule einen solchen Studienwunsch geäußert hätte.

Noch nach Jahren warf er seinen Kollegen vor, daß er damals dagegen war, daß diese Person das Abitur bekäme. Das hätte er gleich gewußt, daß sie mal so etwas tun würde. Bieder gehörte zu den Menschen, dem sie nach dem Krieg so den Kopf gewaschen hatten, daß er nur noch in Klassen dachte und einen festen Klassenstandpunkt vertrat. Jeder, der seinen Klassenstandpunkt nicht vertrat, war ein Klassenfeind, und auf seiner Liste der Klassenfeinde standen die Theologen ganz oben.

Die meisten der jungen Studenten waren Pfarrkinder und mit diesem Phänomen hatte Franziska überhaupt nicht gerechnet, weil sie sich nicht vorstellen konnte, daß man den gleichen Beruf wie die Eltern ergreift. Das hatte natürlich zur Folge, daß auch die meisten genau wußten, was ablaufen würde und mit Kraftausdrücken um sich warfen, daß Franziska sich nur dumm und ungebildet finden konnte. Diese Minderwertigkeitskomplexe hielten allerdings nicht sehr lange an. Sehr schnell merkte sie, daß es die Theologen liebten, sich über Christologie, Eschatologie und Ökumene zu streiten, aber von den Problemen da draußen in der Welt überhaupt keine Ahnung hatten. Sie kam sich vor wie in einer anderen Welt.

Franzi konnte sich nicht vorstellen, daß jemand Seelsorger werden konnte, der gerade in dieser Gesellschaft nie mit einer normalen Arbeit unter normalen Menschen gelebt hatte. Aber bis zum Seelsorger war es für alle noch ein langer Weg, dennoch hatte sie an Lebenserfahrung den Kommilitonen viel voraus.

Das Studium begann im Arbeiter- und Bauernstaat auch nicht mit Büchern, sondern mit Zwiebeln. Da es jedes Jahr wieder eine Heldentat war, die Ernte einzubringen, mußten auch die Theologiestudenten mithelfen, obwohl in den fünfziger und sechziger Jahren die Parole hieß: „Ohne Gott und Sonnenschein bringen wir die Ernte ein." Der Ernteeinsatz war staatlich verordnet und tat so manchem angehenden Akademiker gut. Franziska allerdings nervte es, daß sie wieder um fünf Uhr aufstehen mußte, um Dinge zu tun, die sie weder aufregend noch lehrreich fand. Sie trottete noch halb schlafend morgens zum Bus und los ging die Fahrt zu einer nahegelegenen LPG.

Mit den Theologiestudenten arbeiteten dort Frauen, die sich offensichtlich schon jedes Jahr auf diesen Job freuten. Für Franziska war es das Inferno. Welchen schlechten Tausch hatte sie da gemacht? In der Halle befanden sich Rüttelbänder, über welche die schmutzigen Zwiebeln gerüttelt kamen und immer zwei Leute mußten nach dem Motto „Die Guten ins Töpfchen, die Schlechten ins Kröpfchen" die guten Zwiebeln in Säcke schmeißen. Der Staub war unerträglich. Obwohl Franziska ihren Rollkragenpullover übers Gesicht zog, hatte sie nach ein paar Stunden das Gefühl, daß ihr Kopf ein einziger Schwellkörper war. Sie kam sich vor, als ob sie einen Luftballon verschluckt hatte, aus dem es unaufhörlich tropfte. Sie konnte kaum noch schlucken und wußte nicht, wie das die anderen aushielten.

Mit ihrer Zimmernachbarin stand sie an einem Band. Gleich am ersten Abend hatte sie sich mit dem jungen hübschen Mädchen angefreundet, welches auch ein Pfarrkind war, doch heimlich im elterlichen Pfarrhaus mit ihrem zehn Jahre älteren Verlobten schlief. Franziska war froh, gerade mit diesem Mädchen auf ein Zimmer gekommen zu sein, denn schon in den ersten Stunden hatten sie viel Spaß in dem tristen Konviktszimmer miteinander. Beide richteten ihr Zimmer sehr atypisch ein. Einen Schreibtisch verbannten sie aus dem Zimmer und bauten sich aus zwei tristen Einzelbetten ein gemütliches Doppelbett. Alle, die mal so vorbeischauten, wunderten sich über die eigenwillige Einrichtung und Franziska und ihre neue Freundin sollten ein paar

Monate viel Spaß in ihrer Kuschelbettecke haben. Dort unterhielten sie sich, aßen und tranken zusammen. Ab und zu machten sie es sich auch zum Lernen in ihrer Bettecke gemütlich.

Beide Frauen merkten sehr schnell, daß die Arbeit am Fließband selbst einen intelligenten Menschen zum Stumpfsinn treiben konnte und so boykottierten sie ihre wichtige Arbeit fürs Vaterland. Alle halbe Stunde gaben sie selbst einen Befehl, mal waren die Steine für den einen Sack bestimmt und mal die kleinen Zwiebeln. Es war für sie eine Sache des Überlebens und sie machten sich keine Gedanken über den Schaden, den sie anrichteten. Waren sie doch gezwungen worden, hier zu arbeiten und wahrscheinlich hatte ihre Mutter mit ihren Bedenken des sozialen Abstiegs doch recht gehabt, dachte Franziska.

Nach drei Tagen gab Franziska auf. Ihre Augen und ihre Nase liefen nur noch und ihr Hals kratzte, als ob er aus rohem Fleisch bestand. Sie hatte zwar den anderen gegenüber ein schlechtes Gewissen, aber sie konnte und wollte sich das nicht länger antun. Blume schrieb sie krank und es war das einzigste Mal, daß sie die Beziehung zu ihrem Arzt für so etwas ausnutzte.

Als sie dann nach dem Ernteeinsatz wieder auftauchte, war sie gespannt, auf den wirklichen Beginn des Studiums. Franziska wohnte in dem chaotischsten der drei Konvikte, die den Theologen zur Verfügung standen, und sie war froh, trotz ihrer unglaublichen Uninformiertheit, die richtige Wahl getroffen zu haben. Lebten in dem räumlich schönsten Konvikt die Theologenkinderchen der höheren kirchlichen Chargen, um nicht zu sagen der Kirchenfürsten, im zweiten sehr traditionellen Konvikt die Strebsamen, Ordentlichen, wobei man in ihrem Konvikt noch die Normalsten finden konnte, die sich nicht durch Beziehungen der Eltern oder Professoren ein besseres Plätzchen gesucht hatten.

Wie in allen Internaten gab es auch bei den Theologen den ewigen Streit ums Saubermachen, obwohl es feste Pläne gab. Da die einen andere Vorstellungen von Sauberkeit hatten als die anderen, reinigte zum Schluß niemand mehr etwas so richtig und so waren die Waschräume und Küchen etwas eklig und verkeimt. Franziska kam sich in den ersten Wochen etwas fehl am Platz vor und trauerte ihrem verlorenen Leben nach. Doch gehörte sie nicht zu den Personen, die bei den ersten Schwierigkeiten aufgaben und so versuchte sie, wie immer, wenn es ihr nicht besonders gut ging, das Beste daraus zu machen. Blume kam sie jeden Mittwoch besuchen und dann gingen sie beide vernünftig essen. Franziska freute sich immer auf den Tag und am liebsten wäre sie in der Nacht mit ihm nach Hause gefahren.

In der Uni bekamen die Theologiestudenten unglaublich große dicke beeindruckende Bücher, alle vom Klassenfeind gesponsert. Franziska wurde sehr schnell klar, daß es weder ein Theologiestudium noch eine Kirche in ihrem Land geben würde ohne die finanzielle Unterstützung des westlichen Nachbarn.

So schleppten sie sich nun ab, die Theologen, mit der Biblia Hebraica, dem „Gesenius" und dem „Bauer" (Wörterbücher zum Alten und Neuen Testament). Franziska merkte eigentlich erst nachträglich, auf was sie sich da eingelassen hatte. Wenn sie im Zug mit ihrem Hebräischlehrbuch saß, glotzten sie die Leute an, als ob sie von einem anderen Stern käme. Mit Hebräisch und Griechisch fing die ganze Paukerei an, später sollte noch Latein dazukommen.

Während der Hebräischlehrer sich alle Mühe gab, den Studenten die Sprache mit den komischen Schriftzeichen, die man von hinten nach vorn und von rechts nach links las, nicht zu verleiden, und immer wieder positiv und fördernd auf seine Studenten einredete, auch wenn sie den größten Mist quatschten, war der Griechisch- und Lateinlehrer schlichtweg eine Katastrophe. Nach ein paar Wochen konnte Franziska den Satz: „Fräulein Kaufmann, das müssen sie sich aber noch einprägen", nicht mehr hören. Der Typ war ein Sprachgenie, man munkelte, daß er acht Sprachen spräche und Wörterbücher nur lesen brauchte, um die Vokabeln im Kopf zu haben. Nur sollten Genies keine Lehrer werden, weil sie sich nicht in die Lage der Lernenden versetzen können. Doch irgendwie mußte auch ein armes Sprachgenie Geld für seine große Familie verdienen. In einem Land, in dem man festsaß wie in einem übergroßen Freigehege, gab es nicht allzu viele Möglichkeiten für Sprachtalente, wozu auch? Franziska war weder ein Sprachgenie noch eine Paukerin und da hatte sie bei den alten Sprachen schlechte Karten.

Gern hörte sie in den Anfangszeiten des Studiums dem Professor für Altes Testament zu, der ein guter Geschichtenerzähler war, und sie dazu brachte, nach seiner Veranstaltung des öfteren das Alte Testament aufzuschlagen, um zum Beispiel nachzulesen, ob es einen Onan dort wirklich gab, von dem das heutige Wort onanieren kam. Sie stellte fest, daß der Onan gar nicht onaniert, sondern sich des Koitus interruptus bedient hatte. Egal, interessant war es ohne Zweifel und der Allgemeinbildung dienten solche Informationen auch. Auch las sie auf Anraten des Professors im Hohelied der Liebe. Eindeutiger konnte man von körperlichem Verlangen nicht sprechen, und Franziska fing an, sich für das Buch der Bücher mehr zu interessieren.

Kaum hatte sich Franziska mit dem Studentenleben ein wenig angefreundet, hatte sie schon wieder ein neues Problem. Es bestand die Möglichkeit, daß sie schwanger war. Sie hatte zwei Jahre lang die Pille genommen, weil es Blume so gewollt hatte. Eingewilligt hatte sie vor allem wegen ihrer unerträglichen, wehenartigen Regelbeschwerden. Wie oft hatte sie sich vor Schmerzen am Kreißbett festhalten müssen, wobei ihr so übel war, daß sie das Gefühl hatte, sie habe mehr Schmerzen im Unterleib als die vor ihr liegende Schwangere. Diese Beschwerden waren mit der Pille behoben. Dafür stellten sich andere Wehwehchen ein. Von einer Pille mußte sie morgens erbrechen, von einer anderen bekam sie Migräne in der Pillenpause und von einer dritten war sie weinerlich wie eine Schwangere. Blume hatte dazu nur gemeint: „Du bist von den Hormonen eine typische Frau – reif fürs Lehrbuch.". Nach zwei Jahren war es an der Zeit, mindestens ein Vierteljahr auszusetzen. Man verschrieb zu diesen Zeiten die Pille noch ein wenig vorsichtiger als ein paar Jahre später.

Eine Gynäkologin hatte Franziska einmal prophezeit, daß es für sie schwierig sein würde, ein Kind zu bekommen, weil ihre Regel in viel zu kurzen Abständen kam und sie deshalb möglicherweise gar keinen Follikelsprung habe. Deshalb dachte Franziska beim Ausbleiben ihrer Tage überhaupt nicht an Schwangerschaft. Sicher brauchte es gerade bei ihr nach der Pilleneinnahme eine Zeit, bis alles wieder im Lot war. Außerdem wußte sie aus Erfahrung, daß es genug Frauen gab, die sich eine Schwangerschaft einbildeten. Also verdrängte sie das Problem, denn nichts fand sie peinlicher, als Frauen, die dauernd über ihre möglichen Schwangerschaften redeten. Franziska wußte noch nicht, daß sie zu der Gattung Frauen gehörte, die zu jedem Zeitpunkt des Monats schwanger werden konnte.

Ihr zweiter Mann sollte später von ihr behaupten, daß seine Frau schon schwanger werde, wenn eine Männerunterhose am Bettgiebel hinge. Als sie nach acht Wochen immer noch nicht ihre Regel hatte und sie das Spannen ihrer Brust nicht mehr verdrängen konnte, war es auch für sie an der Zeit, sich langsam mit dem Gedanken vertraut zu machen. Ein denkbar schlechter Zeitpunkt zum Kinderkriegen: Gerade hatte sie als Spätberufene mit dem Studium angefangen und nun bekam sie, auch noch als Hebamme, ein Kind, kurz nach Beginn des Studiums. Peinlich war ihr das, was sollte man an der Uni von ihr denken? Andererseits wollte sie das erste Kind vor ihrem achtundzwanzigsten Lebensjahr haben, weil sie den Vermerk „Alte Erstgebärende" im Krankenblatt nicht so nett fand.

Wie immer in ihrem Leben beschäftigte sie sich mit den existentiellen Problemen zunächst allein. Sie gehörte zu den introvertierten Typen, auch wenn sie das der Außenwelt gegenüber gut verbergen konnte. Bis zur zwölften Woche sollte man eine Schwangerschaft feststellen lassen, und so holte sie sich in der zehnten Woche einen Termin bei der einzigen freipraktizierenden Gynäkologin ihrer Heimatstadt. Sie hatte zwar unzählige Male vor diesem Stuhl gestanden, aber noch nie hatte sie selbst darauf gelegen. Diese Ärztin war als grob verschrien, weil Frauen gegenüber Frauen andere Maßstäbe ansetzten als gegenüber Männern. Franziska verstand nicht, warum die Gynäkologen meist beliebter bei den Frauen waren als ihre weiblichen Kolleginnen. Sie fand es jedenfalls angenehmer, sich in dieser Pose einer Frau zu präsentieren, egal ob nun grob oder nicht. Auch wußte sie aus ihrer Hebammenzeit, daß die besagte Gynäkologin immer dann eine Schwangerschaft nicht erkannte, wenn eine Frau das Kind abtreiben lassen wollte. Dieses Recht billigte Franziska einer strenggläubigen Katholikin zu.

Als sie nun vor der Dame lag, dachte Franziska, so ein Besuch beim Gynäkologen ist noch unangenehmer als ein Termin beim Zahnarzt und wieder konnte sie sich nicht vorstellen, was einen Mann dazu veranlaßte, diesen Beruf zu ergreifen. Obwohl Blume ihr immer wieder versichert hatte, daß es für ihn eine Arbeit wie jede andere sei und er überhaupt nichts dabei empfinde. Oft genug hatte sie Ärzte Witze machen hören und das Makaberste an Witz hatte sie in ihrer Ausbildung an der Frauenklinik erlebt. Damals lag eine Frau in der Ambulanz auf diesem Stuhl, den die Männer so gern Pflaumenbaum nannten, und hatte ein Stück Zeitungspapier am Hintern kleben. Da holte der untersuchende Gynäkologe seinen Kollegen und fragte ihn, ob er heute schon die Abendzeitung gelesen habe und zeigte daraufhin auf den Allerwertesten seiner Patientin. Auch Franziska mußte damals wie heute über die Geschichte lachen und auch Blume erzählte manchmal Geschichten, die weit von ihrem Vorstellungsvermögen entfernt lagen. Eigentlich müßten alle Gynäkologen homosexuell sein, aber komischerweise war gerade das Gegenteil der Fall.

Die Gynäkologin riß sie aus ihren Gedanken und vermeldete, daß kein Zweifel daran bestehe, daß sie in der elften Woche schwanger sei und stellte ihr sofort einen Schwangerenausweis aus, der sie berechtigte, wenn es Bananen gab, einfach nach vorn zu gehen und sich nicht in die lange Schlange einreihen zu müssen. Komisch, dachte Franziska, daß eine Tatsache, die man eh schon weiß, eine andere Bedeutung bekommt, wenn sie öffentlich ausgesprochen wird. Plötzlich meinte sie, das Kind in ihrem Unterleib zu spüren und Appetit auf saure Gurken zu haben. Sie ging langsam nach Hause und dachte darüber nach, wie sie wem was sagen sollte. Sie wußte auch nicht, ob sie freudig oder traurig sein sollte, war das nicht auch egal, an ihrem Zustand würde das nun eh nichts mehr ändern. Plötzlich fühlte sie sich als anderer Mensch, nicht mehr als das unbeschwerte junge Mädchen, als das sie sich, obwohl schon fünfundzwanzig Jahre alt, bisher immer gefühlt hatte. Zum ersten Mal in ihrem Leben sah sie sich als Frau, die bald auch noch Mutter sein würde. Franziska kam es so vor, als ob sie auf dem Weg von zwanzig Minuten um Jahre gealtert war und als sie die Wohnung von Blumes Tür aufschloß, überkam sie eine fast bewußtlose Müdigkeit, die es ihr gerade noch erlaubte, sich die Sachen vom Leib zu reißen und sich in Unterwäsche ins Bett zu legen und die Decke über den Kopf zu ziehen. Das Bett war ihr Zufluchtsort, wenn sie der Realität entfliehen wollte.

Blume fand es nicht außergewöhnlich, sie schlafen zu sehen, als er von der Arbeit kam. Er wußte, daß Franziska keine Frühaufsteherin war. Wenn sie vor zehn Uhr aufstehen mußte, war sie müde, was sicher auch an ihrem niedrigen Blutdruck lag. Allerdings wunderte er sich, daß sie mitten in der Woche nach Hause gereist war, doch auch das hatte sie schon öfter getan, immer wenn sie es im Internat nicht mehr aushielt.

Sie betrat erst das Wohnzimmer, als er die Tagesschau sah, knallte ihm den Schwangerenausweis vor die Nase und fing an zu heulen. Blume reagierte wie immer in solchen Situationen ganz anders, als Franziska es vermutet hätte. Für ihn war klar, daß sie ein Kind bekommen konnte, wenn sie die Pille nicht mehr nahm und er hatte auch nichts mehr dagegen. Hatten sie doch inzwischen zwei Jahre zusammengelebt und seine Probezeit mit dieser Frau war vorbei. Beide wußten nun, daß sie an ihrem fünfundzwanzigsten Geburtstag schwanger geworden war, weil diese gemeinsame Nacht sich von anderen unterschieden hatte. Er hatte in dieser Nacht das Gefühl gehabt, daß sie sich ihm erstmals richtig hingab und Franziska wußte, daß sie zum ersten Mal so etwas wie einen Orgasmus erlebt hatte.

Blume sagte zu ihr, daß er damit gerechnet habe und er inzwischen mit dem Gedanken an ein Kind von ihr leben könnte.

Sie litt das erste Mal so richtig unter seiner unromantischen sachlichen Art und begriff erst viel später, daß es der Anfang vom Ende ihrer Beziehung war. Doch in diesem Augenblick dachte sie, warum macht er mir keinen Heiratsantrag. Nachdem sie sich ausgeheult hatte, was Blume vollkommen unbeachtet ließ, weil er wußte, daß Schwangere nahe am Wasser gebaut waren, setzte sie sich zu ihm und nahm seine Hand. Franziska konnte schlecht mit Problemen leben. So lange sie ein Problem verdrängen konnte, so schnell wollte sie es lösen, wenn es nicht mehr zu verdrängen war. Nachdem sie eine Stunde mit ihm wortlos in den Fernseher gestiert hatte und nicht hätte sagen können, was sie gesehen hatte, faßte sie sich ein Herz und sagte ganz unvermittelt: „NUN müssen wir doch heiraten." Das behagte nun wiederum Blume überhaupt nicht, weil er schon vorhatte, irgendwann in den nächsten Tagen, wenn er die richtigen Worte gefunden hätte, sie danach zu fragen. Das Ganze kam ihm nun wieder unromantisch vor. Warum ließ sie ihm keine Zeit und keine Wahl? Er sagte: „Natürlich werden wir heiraten, warum denn eigentlich nicht." Beide hatten sich das anders vorgestellt, trotzdem küßten sie sich jetzt, um dem Augenblick noch einen Hauch von Romantik und Verliebtheit abzugewinnen. Doch war die Verliebtheit längst vorbei und ob es Liebe werden sollte, stand in den Sternen.

Einmal hatte Blume Franziska gefragt, ob sie ihn liebe. Daraufhin hatte sie zu seinem Erstaunen geantwortet, das könne sie erst nach zwanzig Jahren Ehe sagen. Franziska war klar, daß nach der Verliebtheit die Liebe wachsen konnte, aber nicht mußte. Solche Gedanken über die Liebe machte sich Blume nicht, wenn er mit einer schlief, dann liebte er sie. Nur einmal nach seiner Scheidung war es ihm passiert, daß er nach einem Betriebsvergnügen morgens neben einer Krankenschwester aufgewacht war. Er war nicht der Mann für one night stands und noch heute bereute er diese Nacht. Er konnte viel unbefangener sagen: „Ich liebe dich." Für Franziska war die Liebe etwas anderes. Sie war mehr als Sex. Die Liebe war für sie der Oberbegriff, an dem sich menschliches Leben orientierte. Auch ihr Gottesbild machte sich an der Liebe fest. Gott war für sie Liebe und der einleuchtendste Satz des Neuen Testamentes war: „Gott ist die Liebe; und wer in der Liebe bleibt, der bleibt in Gott und Gott in ihm." Nie würde sie sich gegen die Liebe stellen und ein Leben lang würde sie auf der Suche danach sein. Sie suchte damit auch Gott. Ihr war zu diesem Zeitpunkt noch nicht klar, daß ihr Liebesbegriff nicht an einem Mann festzumachen war.

Am nächsten Morgen erbrach Franziska auf nüchternem Magen.

Als das Paar die Kaufmanns in ihre Heiratspläne einweihte, waren diese sichtlich erfreut. Dabei waren ihre beiden älteren Söhne schon wieder geschieden, was die Eltern zwar sehr traurig stimmte, aber dennoch nicht einen Moment an der Richtigkeit der Ehe zweifeln ließ. Nichts hätte Franziskas Vater mehr geniert, als ein uneheliches Kind seiner Tochter. Herr Kaufmann machte eine Flasche Sekt auf und hielt eine kleine Rede. Franziska war die Sache peinlich und sie ärgerte sich, als ihr Vater sagte. daß er froh wäre über ihre vernünftige Wahl. Herr Kaufmann ließ auch keinen Zweifel daran, daß er ihr eine solche Wahl gar nicht zugetraut habe. Franziska fühlte sich nicht wohl in ihrer Haut. Wem fügte sie sich eigentlich, dem Schicksal, der Familie oder der Umwelt? Sie wußte es nicht und wollte auch nicht länger darüber nachdenken.

*

Die Hochzeit wurde auf Ende Januar festgelegt. Keine ideale Zeit zum Heiraten, doch der letzte Termin, um als Braut in weiß nicht peinlich zu wirken. Natürlich wollte auch Franziska, wie alle Frauen, einmal im Leben wie eine Prinzessin aussehen und so hatte sie von ihrem Aussehen ganz feste Vorstellungen. Die Mutter würde ihrem Prinzeßchen alle Wünsche erfüllen, das wußte Franziska. In dieser Beziehung hatte ihre Mutter sie nie enttäuscht.

Franziska wollte ein schönes großes Hochzeitsfest feiern, jedoch ohne den üblichen Polterabend am Vorabend, weil sie sich an ihrem Hochzeitstag nicht mit einem „Kater" über den Tag zwingen wollte. Nein, ein rauschendes Fest sollte es werden, möglichst mit allen ihren Freunden. Da gingen die Probleme schon wieder los. Ihre Eltern, die ja immerhin den ganzen Spaß finanzierten, wollten ihre Freunde einladen, weil sie bei deren Kinder auch zur Hochzeit waren. Franziska hatte eher den Eindruck, daß sie mit ihr und vor allem dem Oberarzt angeben wollten. Bei ihren Brüdern war auch keiner auf die Idee gekommen, diese Leute einzuladen. Blume war in der selben Woche, als Franziska dem Chefarzt ihren Studienwunsch geäußert hatte, noch Oberarzt geworden und Franziska wußte, daß dieser Termin für seine Ernennung kein Zufall war. Somit machte sie eine der besten Partien der Stadt, was ihr allerdings egal war. Franziska sagte zu ihren Eltern: „Wenn euer Spießerclub zu meiner Hochzeit kommt, lade ich mein gesamtes Studienjahr ein." Frau Kaufmann fand ihre Tochter unverschämt, doch Herr Kaufmann ließ sich, wie meistens, von seiner Tochter breitschlagen.

Gern hätte Franzi in der Kirche geheiratet, wo sie so viele Stunden ihrer Kindheit zugebracht hatte und auch konfirmiert worden war. Doch der jetzige Pfarrer ihrer Lieblingskirche spielte seine kleine Macht aus. Da er wenig Erfolgserlebnisse in seinem Beruf hatte, konnte er Leute wie Franziska nicht leiden, die sich in seiner Gemeinde nie blicken ließ. Obendrein wollte das Paar auch noch von einem anderen Pfarrer getraut werden. Das verkraftete diese schwache Persönlichkeit nicht. Schade, dachte Franziska, manche Popen taten wirklich alles, daß keiner mehr in die Kirche kam. Durch Blume hatte sie einen Pfarrer von einem nahegelegenen Dorf kennengelernt, den sie sehr verehrte. Die einzige gute Bekanntschaft in ihrem Leben, die sie Blume zu verdanken hatte. Der Pfarrer schlug dem Brautpaar vor, einen Bus für die Hochzeitsgäste zu chartern und in seiner Dorfkirche zu heiraten. So geschah es dann auch.

Am Morgen des Hochzeitstages wollten Blume und sie allein aufs Standesamt gehen, doch Franziskas Vater und eine Tante aus Polen wollten unbedingt mit und so willigte Franziska zuliebe der Tante aus Warschau ein. Diese Tante wollte zu Hause ganz genau erzählen, wie sich so eine Hochzeit im Nachbarland abspielte und das leuchtete Franziska ein. Außerdem hatten Franzi und Blume schon einmal eine wunderbare Woche bei ihr verbracht.

Ein graues Kleid hatte ihr ihre Mutter für diesen Anlaß nähen müssen und dazu wollte sie rote Rosen im Arm tragen. Doch in einem der kältesten Winter seit Jahren war es im kleinen Kackland sehr schwierig, im Januar an Schnittblumen zu gelangen, obwohl der Oberarzt Wiesenblum natürlich die besten Beziehungen hatte. Als Blume ihr dann aber anstatt der Rosen lachsfarbene Nelken in die Hand drückte, war das erste Mal ihre Stimmung an diesem Tag dahin. Sie wußte, daß ihr Zukünftiger nichts dafür konnte und deshalb sagte sie, es wäre nicht schlimm, dann würde sie eben ohne Blumen aufs Standesamt gehen. Doch dagegen rebellierten Mutter, Vater und die Tante. Schließlich nahm sie angewidert den Nelkenstrauß in den Arm und schon vom Geruch der Nelken wurde ihr schlecht. Warum tat sie etwas, was sie nicht wollte? Warum mußte sie einen Brautstrauß tragen, der ihr nicht gefiel, nur um der Etikette gerecht zu werden? Wären es rote Nelken gewesen, hätten sich alle auf den Kopf stellen können, aber so tat sie ihren Verwandten und auch dem Bräutigam den Gefallen. Trotzdem hätte sie heulen können, weil sie faule Kompromisse haßte.

Das Standesamt mitsamt seinen Rednern war ihr schon bei der Hochzeit ihres Bruders ein Graus gewesen. Damals hatte sie so lachen müssen, daß sie sich ein Taschentuch in den Mund stopfen mußte. Musik konnte nicht abbestellt werden und man durfte auch keine eigene Musik mitbringen. Als Franziska auf der Liste auch den Gefangenenchor aus Nabucco fand, hatte sie beim Vorgespräch laut loslachen müssen. Das war sie, die Kulturlosigkeit des Kacklandes, die sie so haßte. Hauptsache, es klang feierlich. Das Paar hatte sich dann schließlich das Ave Maria und Musik von Bach und Händel ausgesucht. Alles furchtbar theatralisch, aber in einem Land, in dem neunzig Prozent der Brautpaare nicht in die Kirche gingen, war es die einzige Feierlichkeit, die es an diesem Tag gab.

Die Standesbeamtin, die schon über die kleine Schar empört schien, hatte eine furchtbare Singstimme. Sie war sehr schnell mit Franziskas Biographie fertig. Zu ihrem jetzigen Studium sagte sie nur, daß unser Staat (vielleicht ihrer, nicht meiner, dachte Franziska) jedem Bürger ein Hochschulstudium ermögliche. Dafür hielt sie sich umso länger bei Blume auf, den sie als sozialistischen Leiter lobte und weil er Arzt war, drückte sie zum Schluß einen Spruch von Albert Schweitzer ab: „Das Glück ist das Einzige, was sich verdoppelt, wenn man es teilt." Naja, wenigstens das, dachte Franziska. Immerhin war Schweitzer nicht nur Arzt, sondern auch Theologe, aber ob das die Beamtin wußte, bezweifelte Franziska.

Als Franziska mit Blume bei fünfzehn Grad Kälte zur Kirche fuhr, türmten sich am Straßenrand hohe Schneewehen. Sie hatte ein weißes, langes Kleid im Biedermeierstil an, dazu trug sie einen langen Schleier und einen passenden Strauß mit weißen Winterastern und roten Alpenveilchen. Hochhackige weiße Schuhe trug sie Blume zuliebe, weil sie wußte, daß er so etwas liebte. Sie war zufrieden mit ihrem Aussehen, auch wenn sie Jahre später über ihre Hochzeitsbilder lachen mußte und nicht verstehen konnte, was zu diesen Zeiten in sie gefahren war. Doch nicht nur zu Barbiepuppen tendierende junge Frauen werden bei einem weißen Hochzeitskleid schwach. Sie fühlen sich mit dem Schleier wie eine Märchenprinzessin, eine letzte Illusion vor dem tristen Ehealltag, der sie oft genug in ein Aschenputtel verwandelt.

Kurz vor der Kirche mußte sie mal aufs Klo, wie sooft in unpassenden Augenblicken. Franzi hoffte nur, als sie mit ihren Stöckelschuhen über den Schnee balancierte, daß sie nicht noch hinschlug. Der Pfarrer hatte eigenhändig die Kanonenöfen der Kirche so gut geheizt, daß sie glühten. Der beste Organist der Stadt spielte Franziskas Lieblingsstück von Bach: Toccata und Fuge in D-moll. Der Pfarrer predigte über den von Franziska ausgesuchten Spruch: „Liebet euch untereinander, so wie ich euch geliebt habe." Damit wollte Franziska ihrer Ehe eine andere Dimension, als nur das gemeinsame Bett, geben. Die Liebe, so wie Jesus sie gelebt hatte, glaubte sie, wäre nötig für eine gut funktionierende Ehe auf Lebenszeit. Das Brautpaar hatte sich auf die alte Trauformel: „Bis daß der Tod euch scheidet..." geeinigt und dem

Pfarrer war nicht wohl dabei. Wußte er doch, daß viele Ehen vorher in die Brüche gingen. Keiner wollte dann mehr an den einst gesprochenen Schwur erinnert werden. Auch für Franziska war diese Trauformel eine große Last, vor der sie am liebsten weggerannt wäre. Nur Blume hatte damit keine Probleme, er schwor nun schon zum zweiten Mal, den lebenslangen Bund der Ehe einzugehen, weil er an diesem Tag voll hinter dieser Trauformel stand und an die Zukunft wollte er in diesem Moment nicht denken.

Alle Anwesenden, die das Brautpaar ein wenig näher kannten, wußten, daß sie ein vollkommen ungleiches Paar vor sich hatten. Diese Zeremonie allerdings meisterten die beiden perfekt, als ob sie die Hauptdarsteller in einer Seifenoper wären. Eine Kommilitonin äußerte am Abend dann auch Franziska gegenüber ihre Bewunderung über das professionelle Auftreten des Paares. Franziska war stolz auf die gelungene Zeremonie und die Nelken waren längst vergessen.

Sie würde sich nun mit aller Freude und Ungezwungenheit dem Fest hingeben, denn sie liebte es, Feste zu feiern. Als sie das riesige kalte Büfett sah, freute sie sich vor allem für ihre Mitstudenten, die sich an den Delikatessen so richtig laben konnten, weil sie ja ansonsten sehr bescheiden lebten.

Es spielte eine furchtbare Kapelle zum Tanz auf, die so schlecht war, daß es schon wieder witzig wirkte und alle amüsierten sich köstlich. Franziskas Eltern fanden es zwar nicht korrekt, daß ihre Tochter sehr schnell ihren Platz an der Stirnseite der Hufeisentafel verlassen hatte und sich unter die Gäste mischte. Sie benahm sich nicht wie die Braut, sondern wie ein Gast auf ihrer eigenen Feier. Doch nun hatten sie ihren Traumschwiegersohn bekommen und an das unkonventionelle Auftreten ihrer Tochter hatten sie sich längst gewöhnt. Hatte Frau Kaufmann Bedenken gehabt, daß sich die Studenten daneben benehmen würden, mußte sie zur Erheiterung von Franziska jetzt mit ansehen, daß sie sich sehr gut und höflich benahmen und der Alkoholgenuß ihnen weniger schadete als ihren eigenen Gästen. Um Mitternacht wurde der Schleier von der ältesten nicht verheirateten Kommilitonin abgetanzt. So schnell war der Traum vorbei, dachte Franziska und beobachtete die Studienkollegin, die sich offensichtlich mit ihrem Schleier sehr wohl fühlte und von ihrer Traumhochzeit träumte.

Die Hochzeitsnacht verbrachte das Brautpaar ganz unromantisch in Franziskas bescheidenen Dachzimmern neben Rackes peinlicher Toilette, Blume hatte seine Wohnung seiner Familie zur Übernachtung überlassen. Beide schliefen, nachdem sie sich kurz geliebt hatten, weil das für sie zur Hochzeitsnacht dazugehörte, todmüde ein.

Da Franziska mitten im Studium war und demnächst ihre erste große Prüfung an der Uni haben sollte, würden sie erst in den Semesterferien in ihr geliebtes Budapest reisen. Für das frischvermählte Paar änderte sich bis zur Geburt des Kindes überhaupt nichts, außer daß Blume jetzt im Krankenhaus eine gemeinsame Wohnung beantragen konnte und Franziska von Stund an den Namen Wiesenblum trug.

Sie wunderte sich, daß alle ihre Universitätslehrer sie wirklich am darauffolgenden Montag mit Frau Wiesenblum ansprachen und sich nicht ein einziges Mal versprachen. Als die älteren Damen in Blumes Haus, die Franzis Meinung nach dem Putzwahn verfallen waren, sie allerdings mit Frau Doktor anredeten, war ihr das überhaupt nicht recht. Deshalb sagte sie auch trotzig, daß sie keinen Doktortitel habe, was die Nachbarn einfach überhörten. Es blieb ihr nichts anderes übrig, als ihnen ihren Spaß zu lassen. Zum Glück hatte Blume eine Putzfrau, die auch die Hausordnung erledigte. Die Nachbarinnen kontrollierten pedantisch, ob der Kellerboden so gesäubert wurde, daß man davon lecken konnte. Auch mußten selbstverständlich Flur- und Kellerfenster jede Woche geputzt werden. Für so etwas hatte Franzi weder Lust noch Verständnis. Ihre Lebenszeit war ihr zu kostbar, als sie mit sinnloser Putzerei totzuschlagen.

Vor ihrer ersten großen Prüfung an der Uni waren die Studenten sehr aufgeregt. Aber da Schwangere solchen Dingen gegenüber eine gewisse Gelassenheit aufbringen, überstand Franziska die Prüfung mit einer überlegenen inneren Ruhe. Franziskas Eltern und auch Blume erwarteten von ihr das Bestehen von Prüfungen, und so war sie in solchen Situationen mit ihren Gefühlen immer allein.

Als sie vor der Fahrprüfung ihrer Mutter gegenüber ihre Bedenken äußerte, sagte ihr Vater einen Satz, den sie in diesem Zusammenhang nie vergessen sollte und der auf ihr lastete wie ein Stein. „Meine Tochter fällt durch keine Prüfung", hatte er ganz selbstverständlich geäußert und gar nicht gemerkt, welchem Leistungsdruck er sie auslieferte. Sie fiel auch durch keine Prüfung und zumindest enttäuschte sie den Vater in dieser Beziehung nie.

Blume und Franziska hatten es in ihrem letzten Urlaub in trauter Zweisamkeit richtig gut miteinander. Franziskas Bauch war zwar inzwischen unübersehbar und sie schämte sich ein wenig im Thermalbad, war sie doch bis dahin mit einer regelrechten Modellfigur begnadet gewesen. Zweimal während ihrer Ausbildung war sie auf der Straße von solide wirkenden Herren angesprochen worden, ob sie in karger Bekleidung als Fotomodell arbeiten wollte. Sie hatte damals das Gefühl gehabt, als ob diese Männer sie ohne Bekleidung über die Straße marschieren sahen und empört abgelehnt. Ihr war zu diesem Zeitpunkt noch nicht klar, daß die meisten Männer sich dieser Phantasie hingeben, wenn sie eine schöne Frau sehen. Mit diesem Bauch, dachte Franziska, würde sie niemand mehr ansprechen und sie wußte nicht, ob sie darüber lachen oder weinen sollte. Blume versicherte ihr, daß sie mit ihrer Figur gar nicht auffalle, weil die meisten Frauen, nicht schwanger, so aussähen. Sie selbst kam sich jedenfalls fett und feist vor und das sollte im Verlauf der nächsten Wochen noch viel schlimmer werden.

An jedem Tag ihres Urlaubs gingen sie nach ausgiebigem Wässern in ein altes Budapester Restaurant und Franziska aß täglich eine so scharfe Fischsuppe, daß sie bei dem ungarischen Kellner dafür Bewunderung erntete. Sie wohnten, wie immer, bei den Isztvans und fuhren auch, wie immer, einmal zu den Schwiegereltern ihres bekannten Pfarrers, um zusätzliche Forint zu besorgen. Mit dem erlaubten Tagesumtausch von dreißig Mark konnte man keine großen Sprünge machen, selbst wenn man nicht im Hotel lebte. Es war keine sehr aufregende Beziehung, welche die beiden lebten, aber eine durchaus harmonische. Für Franziska war das Zusammensein mit Blume erholsam und sie wußte genau, was sie an ihm hatte. Keiner von beiden ahnte in diesen Budapester Tagen, daß ihre Ehe von so kurzer Dauer sein würde. Die lieben alten Leute hatten Blume herzlich aufgenommen, weil er eben mit Franziska kam und es freute ihn, durch sie so ein gutes Quartier in Budapest zu haben. Hatte er doch mit seiner Exfrau und ihren Westverwandten immer schöne Urlaube am Balaton verbracht. Franziska war eine total andere Frau und manchmal war er sich unsicher, ob er das überhaupt wollte.

Am Ende ihrer Schwangerschaft fühlte sich Franziska wie eine wandelnde Tonne. Sie bekam beim Gehen schlecht Luft und ihre Füße waren angeschwollen, so daß sie nur noch Pantoletten tragen konnte. Hatte sie sich früher über Schwangere mit Ödemen aufgeregt, merkte sie sehr bald, daß werdende Mütter eigenen Gesetzmäßigkeiten unterlagen und alles aßen und tranken, worauf sie Appetit hatten und sich wenig darum kümmerten, was angeblich gesund wäre. In der Tat war es unvernünftiger, etwas zu essen oder zu trinken, worauf man keinen Appetit hatte, weil das der Körper eh gleich wieder ausspie.

Bis zum 6. Monat hatte Franziska auf nüchternem Magen erbrochen, was sie höchst eklig fand. Doch wenn sie das Erbrechen unterdrückte, kam das gesamte Frühstück wieder heraus, und das war noch ekliger. Danach erbrach sie nur noch ab und an. Sie fand es faszinierend, daß sie nach dem Erbrechen sofort weiteressen konnte. Dabei hatte vor der Schwangerschaft das Essen in ihrem Leben nur eine untergeordnete Rolle gespielt. Jetzt machte sie sich den ganzen Vormittag im Hörsaal Gedanken, worauf sie zum Mittagessen Appetit haben könnte und das mußte es dann auch wirklich sein. Wie im Märchen Rapunzel, dachte sie und überlegte, wieweit sie gehen würde, um ihren Heißhunger zu stillen.

Sie hatte Blume überreden können, das Kind an ihrem Studienort und nicht in ihrer Heimatstadt zu bekommen. Sie wollte weder, daß der Chefarzt ihre Fruchtblase sprengte, noch wollte sie als ehemalige Hebamme und derzeitige Arztfrau eine Sonderstellung einnehmen. Außerdem hatte sie kein Vertrauen zu den Kinderärzten des Ortes und sie würde sich weigern, ihr Baby, falls nötig, in dieses Kinderkrankenhaus zu geben. Zuviel hatte sie erlebt und sich darüber geärgert, vor allem bei den Kaiserschnitten. Da gab es Ärzte, die kraft ihres Amtes erst alles unsteril machten, was die Hebamme zurechtgelegt hatte, und dann ein Kind weder vernünftig absaugen noch beatmen konnten. Nein, dann war es besser, über die Qualitäten der Ärzte überhaupt nicht Bescheid zu wissen. Außerdem gab es in der Bezirksstadt ein katholisches Krankenhaus mit besonders gutem Ruf, und sie hatte sich auf den letzten Drücker dort anmelden können, weil es immer ausgebucht war. Das Argument mit den Kinderärzten hatte Blume dann letztlich akzeptiert und so ging sie bis zum letzten Tag zu den Veranstaltungen in die Uni. Einmal sagte der Hebräischlehrer zu ihr, ob sie das Kind im Hörsaal bekommen wolle, aber zum Glück sei sie ja Hebamme.

Als sie einige Tage nach dem errechneten Entbindungstermin zur vorgeschriebenen Fruchtwasserspiegelung fuhr, hoffte sie, nun endlich von ihrer Last befreit zu werden. Sie konnte nichts besonders Schönes an ihrem schwangeren Zustand finden und kam sich vor wie ein Gefäß, das keinen Einfluß auf das Geschehen in seinem Innern hatte. Dieses Geschehen in ihrem Körper wirkte auf sie wie ein Wunder, in dem sie den Schöpfergott erkannte. Dieses Kind, das er und nicht sie wachsen ließ, rumpelte ohne Rücksicht auf die Mutter immer mehr in ihrem Bauch herum. Die Untersuchung war unangenehm, aber nicht schmerzhaft. Offensichtlich verstand der Arzt sein Geschäft. Sie sagte ihm nicht, daß sie auch Hebamme sei und unzählige Male bei Amnioskopien assistiert habe. Er erläuterte ihr, daß der Muttermund weich und geburtsreif wäre und er die Geburt am liebsten sofort einleiten würde und fragte sie, ob ihr jemand die Sachen bringen könnte.

Franziska war die Geburtseinleitung recht. Es war ein sehr heißer Juni und sie kam sich wie ein dampfendes, ewig durstiges Walroß vor. Jedoch sagte sie dem Arzt, daß sie in der Stadt studiere und keine näheren Verwandten hätte. Als er erfuhr, daß sie allein mit der Reisetasche in der Straßenbahn zum Krankenhaus fahren wollte, machte er ein erstauntes Gesicht. Warum benahm sich diese Frau so normal, wo doch die meisten Hochschwangeren so taten, als seien sie todsterbenskrank. Doch schon war diese Frau Wiesenblum wieder verschwunden und eine kleine, dicke Frau betrat die Sprechstunde, hielt sich den Rücken und brauchte eine Ewigkeit, um auf den Stuhl zu steigen. Der Arzt hatte dieses Gebaren von schwangeren Frauen total satt. Warum konnten sie nicht alle wie seine vorherige Patientin sein?

Eigentlich wollte Franziska nur noch einmal richtig essen, weil sie wußte, daß es beim ersten Kind sehr lange dauern würde und man weder etwas zu essen noch zu trinken bekam, was sie als übertrieben vorsichtig und unmenschlich für die Frau empfand. Natürlich hätte ihr jemand aus dem Konvikt die Tasche gebracht. Außerdem fand sie es toll, allein mit ihrer Reisetasche ins Krankenhaus zu fahren, hatte sie es doch oft albern gefunden, wenn die Frauen im Krankenwagen mit Blaulicht eingeliefert wurden und dann erst zehn Stunden später ihr Kind bekamen.

Ihre Zimmerfreundin bewunderte Franzis Ruhe und war ganz aufgeregt, als sie hörte, daß die Freundin vielleicht heute noch ihr Kind bekommen würde. Seelenruhig trank Franziska starken Kaffee, weil der die Wehen begünstigte, aß dazu mehrere Wurstbrote und rauchte danach genüßlich eine Zigarette. Sie hatte das Rauchen während der Schwangerschaft nur reduziert, jedoch nicht aufgegeben. Um ein ausgemergeltes Raucherbaby zur Welt zu bringen, mußte man schon Kettenraucherin sein. Das wußte sie aus Erfahrung. Außerdem reagierte der Körper in der Schwangerschaft sehr sensibel auf alles, was ihm nicht gut tat. Allerdings stand sie mit dieser Meinung ziemlich allein, und sie hatte es sich abgewöhnt, sich vor ihren Mitstudenten für jede Zigarette zu rechtfertigen. Sie rauchte, wenn es ihr paßte und der Einzige, der sie verstand, war Blume. Ihre Studienfreundin wollte sie begleiten und ihr die Tasche tragen, aber Franziska spielte gern die Heldin und obwohl ihr Mann Gynäkologe war, hätte sie nicht einmal ihn gern bei der Geburt dabeigehabt. Sie fand es viel besser, ihm dann, wenn alles vorbei war, geschniegelt und gebügelt das Baby zu präsentieren. Für Franzi war der Anblick einer Geburt zwar sehr faszinierend, aber nicht für den Mann, zu dem sie eine sexuelle Beziehung unterhielt. Ihre Intimsphäre gehörte nur ihr und das Kinderkriegen war für sie Frauensache.

Als sie die diensthabende Hebamme empfing, stellten beide Frauen fest, daß sie sich von ihrer Ausbildung her kannten. Was dann mit Franziska geschah, kannte sie und zum Glück schlug das Wehenmittel sofort an. Es kam auch so, wie sie sich eine Geburt vorgestellt hatte. Die Wehen waren lange Zeit erträglich und es gab keinen Grund, sich derart daneben zu benehmen, wie sie es oft bei Frauen erlebt hatte. Das ihr angebotene Lachgas fand sie nicht optimal, weil es sie berauschte, ihr aber die Schmerzen keineswegs nahm. Die Hebamme war sehr fürsorglich und lieb, doch Franziska war mit zunehmenden Schmerzen lieber allein wie ein Tier, das sich zurückzog. Sie dachte an die Indianerinnen, die sich vom Stamm entfernten um zu gebären.

Den Frauen hatte sie auch immer erzählt, daß man doch wisse, wofür man litt. Bei einer Nierenkolik wisse man das nicht. Abnehmen könne ihr die Schmerzen niemand, man müsse sie abarbeiten, das wäre die einzige Möglichkeit. Die letzte Stunde war für sie unerträglich, doch für das erste Kind war es schnell vorangegangen und darüber freute sie sich.

Sie wußte, daß für viele Frauen das Pressen eine Erleichterung war. Franziska fand es entsetzlich, sie hatte das Gefühl, gegen eine Betonmauer anzulaufen ohne jeglichen Erfolg. Immer wieder wollte sie sich noch auf die Seite drehen. Als die Hebamme ihr sagte, jetzt würde das Kind gleich herausfallen, nahm sie alle Kräfte zusammen und auf einmal war das Unglaubliche geschehen, der Kopf war geboren. Von einer Sekunde zur anderen hörten die Schmerzen und der Druck auf. Außerdem schrie das Kind mit geborenem Kopf, ein seltenes Phänomen. Nun konnte sich die Hebamme Zeit lassen, die Schultern zu entwickeln, die ihr offensichtlich einige Schwierigkeiten bereiteten. Oft genug hatte das Franziska selbst erlebt und Angstschweiß ausgestanden. Einmal in ihren Anfangszeiten hatte sie Hulda zu Hilfe gerufen, weil die Schultern eines Kindes sich verhakt hatten und sie nicht mehr glaubte, das Kind lebend herauszubekommen. Hulda hatte es irgendwie geschafft, wie dankbar war sie ihr damals.

Es war für Franziska ein nicht zu beschreibendes Glücksgefühl, als endlich das ganze Kind herausschwappte. Einen Augenblick ließ sie der Hebamme Zeit und dann fragte sie nach dem Geschlecht. Franziska hatte sich insgeheim einen Jungen gewünscht, weil sie sich das Leben mit einer Tochter überhaupt nicht vorstellen konnte. Michael sollte er heißen, weil sie den Namen schön fand und weil dieser Name Tradition in der Familie Kaufmann hatte. Mit den Michaels in ihrer Familie konnte sie gut leben und nun war sie glücklich, daß es ein Michael geworden war. Julia hätte ein Mädchen geheißen, diesen Namen hatte sie schon seit ihrem achtzehnten Lebensjahr für eine Tochter auserkoren.

Mit beiden Namen konnte auch Blume leben und so hatten sie sich schnell geeinigt. Mit Sicherheit ist es der beeindruckendste Augenblick im Leben einer Frau, ein Kind zu gebären. Franziska hatte nie verstanden, wenn Frauen kurz nach der Entbindung schon wieder fragten, ob das Nähen weh tat oder ähnliches. Immer hatte sie auch

Tränen in den Augen gehabt, wenn Frauen vor Freude weinten, was zu ihrem Erstaunen aber nicht so oft vorgekommen war. Jetzt hatte sie ein unbeschreibliches Gefühl der Freude und Dankbarkeit in sich. Die Hebamme hatte ihr gesagt, daß es ein schöner gesunder Junge sei und Franziska glaubte ihr, keine Hebamme würde das Gegenteil behaupten. Es war sehr schnell klar, daß die Nachgeburt nicht so problemlos kommen würde wie das Kind und sie deshalb manuell gelöst werden mußte. Auch das war Franziska vollkommen egal, so glücklich war sie. Schon in diesem Moment waren alle Schmerzen vergessen und Franziska hätte sie nicht mal mehr beschreiben können. War das nicht wundervoll vom Gottchen eingerichtet?, dachte sie. Ohne Angst begab sie sich in die Narkose und hatte vollstes Vertrauen zu ihrer Hebamme, die der unsicheren jungen Ärztin schon auf die Sprünge helfen würde. So hatte dann die Hebamme auch darauf bestanden, daß die Ärztin nachcürettierte, weil ihr die manuell gelöste Plazenta unvollständig erschien. Die Cürettage gab der erfahrenen Hebamme recht.

Die Hebamme hatte es ohne Schnitt versucht, weil sie Franziskas ängstlichem Blick entnahm, welche große Angst sie vor einem Dammschnitt hatte. Manchmal ist es besser, nicht zuviel zu wissen. Ein kleiner Riß war besser als ein Schnitt, das wußte jede Hebamme, doch wenig Hebammen hatten in dieser Zeit den Mut, es beim ersten Kind zu versuchen. Mit einem Dammschnitt ging man kein Risiko ein und da in den meisten Kreißsälen die Ärzte das Sagen hatten, mußten sich die Hebammen fügen. Franziska sollte es ihrer Hebamme danken. Nachdem auch der Riß genäht war, konnte sie ihren Rausch ausschlafen.

Die Hebamme war es einer Kollegin schon schuldig, an die Pforte zu gehen, um der Mutter und dem Ehemann Auskunft zu geben. Als Blume mit Sachkenntnis nach der Komplikation fragte, war die Hebamme erstaunt. Warum hatte ihr Franziska nicht erzählt, daß ihr Mann vom Fach war? Er hätte mit einem weißen Kittel ohne weiteres in den Kreißsaal gekonnt. Franzi erzählte ihr dann, daß sie wie eine ganz normale Frau entbinden wollte. Ihre Hebamme fand diese Haltung etwas übertrieben, aber durchaus sympathisch, war ihrer ehemaligen Kommilitonin die Ehe mit dem Arzt nicht zu Kopf gestiegen. Frau Kaufmann begleitete ihren Schwiegersohn. Zu ihrem Erstaunen hatte sie den ganzen Nachmittag Bauchschmerzen gehabt, als ob sie das Kind zur Welt bringen würde. Bei ihren Schwiegertöchtern hatte sie nicht so empfunden. Es ist eben mein Fleisch und Blut, dachte sie. Allerdings konnte sie ihre Tochter überhaupt nicht verstehen, unter welchen Umständen sie das Kind bekommen hatte, wo sie es doch so gut hätte haben können. Herr Kaufmann wäre am liebsten auch mit in die Bezirkshauptstadt gefahren, doch wie immer unterdrückte er die Gefühle zu seiner Tochter. Jedoch war er unheimlich stolz, als er hörte, daß es ein Junge war und welchen Namen er trug. Wieder einmal hatte ihn seine Tochter nicht enttäuscht.

Die Nacht nach der Entbindung schlief Franziska so gut wie noch nie in ihrem Leben. Sie hatte das Gefühl, etwas ganz Großes vollbracht zu haben und ihr Körper fiel nach der Anstrengung in einen Tiefschlaf.

Als sie am nächsten Tag ihren Sohn betrachtete, fand sie, daß er aussah wie ein kleiner Posaunenengel und vom Gesicht auch ein Mädchen hätte sein können. Er hatte nicht das übliche greisenhafte Aussehen der neugeborenen Jungen, sondern genug Fettgewebe im Gesicht, daß es total glatt und eigentlich sehr hübsch war. Nun freute sie sich auch richtig auf den Besuch ihres Mannes, der das Kind nur hinter der Scheibe betrachten durfte.

Sie machte sich keine Gedanken darüber, ob ein Vater sein Kind vielleicht auch in den Arm nehmen wollte und Blume tat es auch nicht, weil er es nicht anders kannte. In ihrem Zimmer lagen zwei Frauen, die den ganzen Tag dummes Zeug schwatzten, doch Franziska ganz emsig über den Tagesablauf im Krankenhaus aufklärten. Als am Abend jemand die Türen aufriß, wurden die beiden Klatschbasen zum Erstaunen von Franziska ganz ruhig und setzten sich gerade auf ihren Bettrand. Die eine sagte zu ihr mit ernstem Gesicht: „Jetzt wird gebetet." Franziska mußte lächeln, welchen Respekt die beiden Frauen vor der Abendandacht hatten. Wenigstens halten sie für zehn Minuten mal ihre Klappe, dachte Franzi. Irgendwo taten Franziska die Menschen leid, die nicht einmal ein „Vater unser" beten konnten, weil es ihnen keiner beigebracht hatte.

Die Tage im Krankenhaus waren für Franziska schrecklich, obwohl sie sich als Hebamme freier bewegen durfte als andere Patientinnen. Nur einmal hatte sie bisher im Krankenhaus gelegen wegen einer Mandeloperation. Auch damals hatte sie als Hebamme alle Privilegien genossen und auch eine nette Zimmernachbarin gehabt und trotzdem kam sie sich unfrei und gegängelt vor. Das Leben als Patientin sollte für sie immer ein Graus bleiben und weder ihrer Seele noch ihrem Körper gut tun.

So verschwieg Franziska auch einen schmerzhaften Harnwegsinfekt, weil sie entlassen werden wollte. In der letzten Nacht schlich sie ein paar Mal an der Nachtschwester vorbei, um auf Toilette unter ganz gemeinen Schmerzen ein paar Tropfen Urin loszuwerden.

Blume holte sie am Entlassungstag noch vor seiner Arbeit ab, gab ihr Tabletten gegen den Infekt, nahm ihr auf dem Sofa Katheterurin ab und verschwand zum Dienst. Da stand sie nun mit ihrem Kind und ihre Freude an diesem Tag hielt sich in Grenzen. Sie fand es nett von ihrer Mutter, daß sie ihren Bruder vorbeischickte, um ihr zu helfen. Sie sagte zu Robert, daß er auf das Baby aufpassen solle und ging in einen nahegelegenen Konsum, um einzukaufen. Als sie in der Schlange stand, wurde ihr schwarz vor Augen und Franziska merkte, daß sie weder körperlich noch seelisch auf dem Posten war. Zu Hause angekommen, heulte sie vor Erschöpfung und ihr Bruder verabschiedete sich schnell. Erst später dachte sie darüber nach, warum wohl ein Gynäkologe sich nicht einen Tag frei nehmen konnte, um seine Frau im Wochenbett zu pflegen. Vielleicht, weil sie ihn nicht darum gebeten hatte? Sie war es gewohnt Stärke zu zeigen, selbst wenn es ihr miserabel ging. Zum ersten Mal wurde Franziska klar, daß sie sich gar nicht so geborgen fühlte bei ihrem Mann, wie sie sich ständig einzureden versuchte.

Franziska war vom Augenblick der Geburt ihres Sohnes Mutter geworden, auch von ihren Gefühlen her. Hatte sie sich während der Schwangerschaft nicht sehr mit dem Kind in ihrem Bauch beschäftigt, konnte sie sich das Leben ohne das Kind, nachdem es geboren war, nicht mehr vorstellen. Auf einmal beschäftigte man sich mit Stillen und Säuglingsnahrung und vielem mehr, was vorher nie eine Rolle im Leben gespielt hatte. Das plötzliche Vorhandensein von Muttergefühlen empfand Franziska wieder als so ein göttliches Phänomen, was sich ohne eigenes Zutun einfach eingestellt hatte.

Beim ersten Kind entwickelt jede Mutter ein besonderes Gefühl für die schönen Äußerlichkeiten. So hatte wieder einmal Frau Kaufmann alles für ihre Tochter nähen müssen nach Franziskas eigenen Entwürfen. Frau Kaufmann hatte es Spaß gemacht, für den kleinen Kronprinzen Kissenbezüge mit Applikationen, Körbchenbespannung und Ausfahrgarnitur für den Kinderwagen zu nähen, noch dazu, weil ihre Tochter in solchen Sachen einen eigenen, auch für sie interessanten Geschmack entwickelte. Da sie als Geschäftsfrau die besten Beziehungen hatte, konnte Franziska den gewünschten Kinderwagen bekommen, ohne jeden Tag im maßgeblichen Geschäft nachzufragen. Als Franziska den von der Mutter unterm Ladentisch besorgten Buggy abholte, mußte sie das Geschäft durch den Hintereingang verlassen, um nicht einer beziehungslosen zornigen Mutter zu begegnen, die sich schon ewig nach dem begehrten Teil die Hacken abrannte. Es fehlte Franziska an nichts für das Baby. Sie wunderte sich später darüber, daß auch sie, allerdings nur beim ersten Kind, dem Rausch der Babyausstattung erlegen war.

Wenn Blume Dienst hatte, nahm Franziska ihr Söhnchen einfach nachts mit in ihr Bett, wenn er anfing zu schreien. Als der Kleine wieder einmal nachts Langeweile hatte und die Wärme des mütterlichen Bettes suchte, schrie er und ließ sich nicht beruhigen. Da schickte Blume seine Frau auf das Sofa im Wohnzimmer, wickelte seinen Sohn, bot ihm Tee an und als das alles nichts half, klopfte er ihn drei Mal auf den Popo. Von Stund an war das Kind in der Nacht ruhig. Trotzdem schlief Franziska weiterhin auf dem Sofa, weil es ihnen langsam zu eng in einem Bett erschien. Das war das Ende ihrer doch bisher recht gut funktionierenden sexuellen Beziehung. War es doch durch die körperliche Nähe oft zu spontanen Gefühlen gekommen, so war jetzt klar, daß ein Ehepartner ins Bett des anderen kriechen mußte und das passierte aus verschiedenen Gründen, die im Unterbewußtsein schlummerten, nicht sehr oft. Franziska war, wie die meisten Frauen nach einer Geburt, nicht sehr erpicht auf Sex. Abends war sie ausgelaugt, müde und kaputt, die denkbar schlechtesten Voraussetzungen für einen angenehmen Beischlaf. Außerdem hatte nun Sex auch etwas mit dem Kinderkriegen zu tun, selbst wenn man etwas dagegen tat. Der Körper reagiert einfach so, auch wenn das die meisten Frauen nicht realisieren. Blume dagegen wollte einen regelmäßigen Sex wie fast jeder Mann und machte den Fehler zu glauben, daß die Unlust seiner Frau gleichzeitig etwas mit Liebes- und Sympathieverlust für ihn zu tun hatte. Da es für die meisten Männer eine wahnsinnige Kränkung der Eitelkeit ist, von einer Frau, und besonders von der eigenen, abgewiesen zu werden, wurden Blumes Versuche der Annäherung weniger. Außerdem war das Sofa zu eng und im Schlafzimmer konnte das Baby wach werden. Als Gynäkologe hätte Blume das alles besser wissen müssen, doch umso mehr sich Franziska mit der Seele der Menschen beschäftigte, beschäftigte sich ihr Mann nur mit ihrem Körper. Warum hauptsächlich Männer Frauenkrankheiten behandelten, verstand Franzi nie, weil sie mit zunehmender Lebenserfahrung in jeder Krankheit einen seelischen Ursprung sah.

Alles wäre nicht so gekommen wie es kam, wenn das Ehepaar Wiesenblum von Anfang an über ihre aufkeimenden Probleme geredet hätte. Doch Blume war nicht der Mann von vielen Worten, für ihn lagen die Dinge klar auf der Hand und das wußte Franziska und so fingen sie an, nebeneinander und nicht mehr miteinander zu leben. Beide realisierten das zunächst überhaupt nicht, denn sie sollten demnächst eine große, neue Wohnung bekommen und hatten somit ein gemeinsames Ziel, das sie in Anspruch nahm. Außerdem fing Franziska im Herbst nach den Sommerferien wieder an zu studieren. Michael sollte vormittags zu ihrer Mutter gebracht werden. Sie zog nach vernünftigen Überlegungen ihre Mutter der Kinderkrippe vor, weil sie glaubte, daß ein so kleines Kind nicht die Horde, sondern eine liebevolle Bezugsperson brauchte. Nun hatte Franziska mit ihrer Mutter allerlei Probleme, doch sie war sich sicher, daß sie ihren Sohn mehr verwöhnen würde, als es ihr lieb war. Doch war sie von Schildchen nicht auch verwöhnt worden?

Allerdings hatte sich Franziska sehr gewundert, daß ihre Mutter dieses Angebot machte. Hatte sie doch früher immer nur gesagt: „Komm mir bloß nicht mit einem Kind nach Hause. Ich behalte es nicht." Doch nun war ihr Enkel der Sohn des Oberarztes Wiesenblum und Franziska konnte sich des Eindruckes nicht erwehren, daß ihre Eltern den Schwiegersohn mehr mochten als die Tochter. Wenn es ihrem Kind zu Gute kam, war das in Ordnung für sie. Nachmittags sollte das Kind von einer Angestellten ihrer Eltern versorgt werden, bis der erste der Wiesenblums nach Hause kam. Franziska wäre überhaupt nicht auf die Idee gekommen, wegen eines Kindes zu Hause zu bleiben, obwohl es in ihrem Land ein Babyjahr gab, das die meisten Frauen selbstverständlich in Anspruch nahmen. Zum Glück erwartete das auch niemand von ihr. Für die Eltern war diese Tochter eine emanzipierte Intellektuelle und das Einzige, was sie konnte, war lernen. Blume fand es auch besser, eine Studentin als eine Hausfrau zur Frau zu haben. Natürlich wäre es ihm lieber gewesen, sie hätte Medizin studiert. Doch das äußerte er nie, weil Franziska eh nur darüber gelacht hätte und ihre Meinung über die Mediziner nicht sehr hoch war.

Franzi fand es nicht wichtig, rund um die Uhr nur mit dem eigenen Kind zusammenzusein. Viele Frauen schien dieses Zusammensein auch sichtlich nervös zu machen. Wichtig fand sie, daß ihr Kind eine glückliche Mutter hatte, weil sich ihr Lebensgefühl auf das Kind übertrug. Wichtig fand sie auch, ihrem Kind in den gemeinsamen Stunden die nötige Zuwendung und Geborgenheit zu vermitteln; eine Bedingung für das gesunde problemlose Heranwachsen. Ihre Überlegungen gaben ihr recht. Michael entpuppte sich als problemlos, ständig hungrig und immer gesund. Holten sich doch die Babys in der Krippe alle möglichen Infekte und wurden nach Franziskas Meinung viel zu oft mit Antibiotika behandelt, blieben Michael Wiesenblum diese Dinge erspart.

Als Franziska ihren ersten Studientag absolviert hatte und ihr Blume abends die Tür öffnete, sagte sie, nachdem sie ihn kurz angesehen hatte: „Was hast du mit meinem Kind gemacht?" Blume fragte erstaunt, woher sie das wüßte und Franziska antwortete: „Das sehe ich an deinem Gesicht." In der Tat war Blume das Kind vom Wickeltisch gerutscht, als er eine neue Windel holen wollte und mit dem Kopf auf die Kacheln geschlagen. Er hatte sich so erschrocken, daß er sofort mit Michael ins Kinderkrankenhaus fuhr. Darüber mußte Franzi allerdings lächeln, hätte er nicht selbst sehen können, ob sein Sohn sich durch den Sturz ein Leid zugefügt hatte? Zum Glück war Michael mit dem Schrecken davongekommen, weil Babyknochen weich sind und viel vertragen können. Einen Augenblick dachte Franziska, ob Männer vielleicht doch unbeholfener mit einem dreimonatigen Kind umgingen. Doch diesen Gedanken wollte sie nicht weiterdenken.

Von Anfang an hatte Blume sich genau wie Franziska um das Kind gekümmert und das war für sie normal. Sie sollte nie verstehen, daß

Frauen sich Kinder von Männern anschafften, die sie mit der ganzen Arbeit allein ließen. Franziska wollte auch nicht eine privilegierte Bezugsperson für ihr Kind sein, schließlich konnte auch ihr etwas passieren und was dann? Nein, über ihre Kinder wollte sie ihre Person nicht interpretieren. Sie wollte, daß ihre Kinder, wenn nötig auch ohne die Mutter, ihr Leben meisterten und nicht zerbrachen, wenn sie nicht präsent war.

*

Da Franziska nicht vorhatte in die Neubauwohnung zu ziehen, die Blume vom Krankenhaus bekommen sollte, mußte sie ihn überreden, diese gegen eine Altbauwohnung zu tauschen. Blume wäre auch gern in die Neubauwohnung gezogen, weil man sich um nichts kümmern mußte, nicht einmal um die Heizung. Doch für Franziska war eine solche Wohnung der Anfang vom Ende. In der gesamten Republik sahen alle Neubaublöcke gleich aus und damit auch alle Wohnungen. Sie sagte lachend, da würde sie, wenn sie betrunken wäre, nicht einmal ihren Hauseingang finden und wahrscheinlich auch nicht merken, wenn sie im falschen Wohnzimmer säße. Der Unterschied in der Einrichtung bestände nur in einer polierten oder matten Schrankwand. Für sie waren diese Wohnungen Massenquartiere für Arbeitstiere, die jede Phantasie und Individualismus aufgegeben hatten. Die Männer unterschieden sich nur noch in der Farbe ihrer Turnhose, da sie alle ein weißgeripptes Unterhemd dazu trugen und die Frauen am Muster ihrer Kittelschürze. Eine Bekleidung, die man sowohl im Sommer als auch im Winter trug, weil die Wohnungen ferngeheizt wurden und sich keiner Gedanken machte über Energieverschwendung, Kosten und dergleichen, sondern nur das Fenster aufriß, wenn es zu warm war.

Als Franziska Jahre später hörte, daß ein paar Topterroristen für Jahre in diesem für sie besonders häßlichen Neubaugebiet ihrer Heimatstadt untergetaucht waren, wich ihr letzter Funken Sympathie und Verständnis für diese Leute.

Franziska hatte auch schon eine Idee, wen sie wegen des Tausches fragen konnte: Das Lehrerehepaar, das damals mit ihren Eltern getauscht hatte und das arme Schildchen als Untermieter übernommen hatte. Endlich könnte sie dann die Schuld ihrer Eltern an ihrer Aufziehamme wieder gut machen. Die Nachmieter hatten Schildchen die Heizung abgeklemmt und auch so waren sie wohl nicht sehr nett zu der Frau, die sich nie im Leben gegen Schikanen wehrte. Franziska hatte in den letzten Jahren Schildchen auch nur sehr selten besucht. Schildchen jammerte nie, wenn sie kam und beschwerte sich auch nie, daß sie so selten kam. Als sie einmal zu ihr sagte, daß Franzi nicht unangemeldet kommen solle, weil sie dann vielleicht vor verschlossener Tür stehe und Schildchen das nicht wolle, war Franziska zu Tränen gerührt. Sie fühlte sich von dieser Frau über alle Maßen geliebt und es tat ihr gut, daß es einen Menschen gab auf der Welt, der sie einfach liebte, nicht weil sie schön oder intelligent war, sondern weil es sie, Franziska Kaufmann, gab. Keine Leistungen als Bedingung für Gegenliebe forderte ihr Schildchen, so wie das bei ihren Eltern war. Einmal im Jahr allerdings erwartete Schildchen ihren Besuch, und zwar zu ihrem Geburtstag. Franziska hatte Jahre gebraucht, um mitzukriegen, daß sie der einzige Gast war und Schildchen den ganzen Kuchen nur für sie buk. Die Nichten und Neffen, von denen sie als Verwandtschaft sprach, kamen nie.

 Schildchen war nicht zu Franziskas Hochzeit gekommen, obwohl Franzi sie mehrmals eingeladen und ihr erklärt hatte, wie wichtig ihr das wäre. Schildchen wußte das und sie war glücklich darüber, daß dieses Mädchen sie nie vergaß. Doch sie fühlte sich den Leuten auf diesem Fest nicht gewachsen und sie wollte Franziska nicht blamieren, deshalb ging sie nicht hin, obwohl sie den ganzen Tag an ihre kleine Prinzessin dachte.

 Einmal wollte sie ihre Franzel jedoch besuchen, dann wenn das Kind geboren war. Das war sie ihr schuldig, auch wenn sie am anderen Ende der Stadt wohnte und mit dem Bus fahren mußte, weil sie überhaupt nicht mehr gut zu Fuß war. Franzi hatte ihr öfter angeboten, sie mit dem Auto abzuholen. Aber so viel Umstände waren der alten Frau einfach peinlich, die sich selbst zu den Niedrigsten der Gesellschaft zählte. Immer wieder sollte sie den Besuch bei Franziska hinausschieben, weil sie sich nicht fühlte. Doch als der Junge ungefähr acht Wochen alt war, raffte sie sich auf. Von ihrer bescheidenen Rente, die zum Leben zu wenig und zum Sterben zuviel war, hatte sie schon vor Wochen ein Lätzchen, einen Waschlappen und ein paar Babysöckchen gekauft. Das könnte Franziska in jedem Fall immer für das Kind brauchen. Luxus hatte Schildchen in ihrem Leben nie kennengelernt, sie hatte immer nur das Nötigste besessen.

Eines nachmittags klingelte es bei Franziska und als sie die Wohnungstür öffnete und hörte, wie sich jemand die Treppe hochschleppte und auf jedem Treppenabsatz ausruhte, wußte sie sofort, wer es war. Wieder schossen ihr vor Rührung über diese Frau die Tränen in die Augen. Sie war zu bescheiden, um sich anzumelden, weil sie nicht wollte, daß Franzi für sie Kuchen kaufte. „Ich will dir keine Umstände machen", war der Satz, den sie sagte, wenn Franziska mit ihr schimpfte. Franziska hätte sich nie verziehen, wenn sie an diesem Tag nicht zu Hause gewesen wäre, obwohl sie wahrscheinlich von Schildchens Besuch gar nichts erfahren hätte.

Schildchen war inzwischen zweiundachtzig und reichte Franziska das ungeschickt eingepackte Päckchen. Da hat sie auch noch Geschenkpapier und Schleifenband gekauft, dachte Franziska und konnte die Tränen kaum unterdrücken. Als Franzi ihr stolz ihren Sprößling zeigte, war auch Schildchen stolz und zu Tränen gerührt, daß ihr Franzel einen so schönen Jungen zur Welt gebracht hatte.

Beim Kaffeetrinken erzählte Franziska Schildchen, daß es sein könne, daß sie in ihre alte Wohnung ziehe und wie toll das doch wäre. Schildchen würde es dann auf ihre alten Tage noch einmal so richtig gut haben und sie würden es sich gemütlich machen.

Frau Schild begriff erst gar nicht, was Franziska erzählte. Warum wollte Franzel keine Neubauwohnung? Alle wollten doch eine Neubauwohnung, weil sie immer warm und hell war. Eine Neubauwohnung wäre auch für die alte Frau ein Traum gewesen. Doch eine alleinstehende Rentnerin ohne jegliche Beziehungen hatte überhaupt keine Chance, an so etwas heranzukommen. Wieso wollte dieses Mädchen das tun und was sagt denn ihr Doktor dazu. Der kann doch gar nicht damit einverstanden sein. Frau Schild konnte sich nicht mehr ganz sauber halten, auch nicht ihre Wohnung, das war doch peinlich vor dem Doktor. Sie wollte doch Franzel keine Umstände machen, sie war eine häßliche dicke alte Frau, die sich scheute, in den Spiegel zu sehen. Sah das denn diese schöne junge Frau nicht? Sie paßten nicht zusammen, die Kaufmanns wußten das und hatten sie zwar korrekt, aber immer wie eine Angestellte behandelt. Warum war diese Tochter so anders und Schildchen begriff nicht, daß ihre Liebe einen großen Anteil daran hatte.

In der Nacht träumte Schildchen einen wunderbaren Traum. Sie zog den Wagen, in dem früher Franzel zum Gartenfest gesessen hatte, hinter sich her. Michael saß darin, herausgeputzt wie ein kleiner Prinz. Alle Leute in der Gartensparte machten ihr Platz und klatschten, als sie vorbeikamen. Im Garten angekommen, wartete Franziska, schön wie eine Königin, auf sie. Sie führte sie an einen prachtvoll gedeckten Kaffeetisch und sie tranken einen wundervollen starken Kaffee und aßen Torten, die so gut schmeckten, daß sie vor Genuß die Augen schlossen. Schildchen betete zum ersten Mal in ihrem Leben, daß diese Kaffeetafel nie zu Ende gehen sollte. Als sie in ihrer kalten dunklen und inzwischen auch schmutzigen Wohnung aufwachte, wußte sie, daß sie im Paradies gewesen war und sie wollte nicht mehr aufstehen und sehnte sich an diesen Ort zurück, der sie so leicht, so schön und so glücklich gemacht hatte. Von diesem Zeitpunkt an stand Schildchen nur noch selten auf und alles um sie herum verwahrloste. Es war ihr egal.

Franziska hatte von einer Frau im Haus gehört, daß ihr Schildchen gar nicht gut drauf sei. Daraufhin hatte sie ihrer Amme ein Mittagessen von der Volkssolidarität organisiert. Als sie von Schildchen erfuhr, daß diese Person, die das Essen brachte, jeden Tag durch die Wohnung hetzte, das Essen auf den Küchentisch stellte und wieder verschwand, war Franziska sprachlos. So war es vorgekommen, daß Schildchen tagelang nicht aufstehen konnte und diese Frau das Essen trotzdem in die Küche stellte und entweder nicht merkte oder nicht merken wollte, daß die alte Frau das Essen vom Vortag gar nicht angerührt hatte.

Franziska war wütend, vor allem, weil sie nichts dagegen unternehmen konnte. Würde sie sich beschweren, hätte nur Schildchen darunter zu leiden. So war das in einem Land, in dem die Menschen, egal ob sie ihre Arbeit gut oder schlecht machten, immer denselben Lohn bekamen. Doch Franziska schimpfte auch mit Schildchen, denn sie wußte, wenn so eine gewaltige Frau einmal zum Liegen kam, war es aus mit ihr. Abends fragte sie Blume, ob er sie nicht einmal untersuchen könne. Schildchen hatte so große Scham um sich vor einem Arzt zu entblößen, das wußte Franziska. Als beide am nächsten Abend

Schildchens Wohnung betraten, lag diese, wie immer im Dunkeln im Bett, obwohl sie wach war. Blume setzte sich zu ihr und sprach freundlich auf sie ein. Er schaffte es sogar, daß sie sich von ihm abhorchen ließ und zum ersten Mal bewunderte Franziska ihren Mann als Arzt. Er tat so, als ob er ihren Körper überhaupt nicht sah, obwohl er mit dem Stethoskop ihren Brustkorb abhorchte. Er konnte nichts hören, was für ihr Alter nicht normal wäre. Er sagte auch zu ihr, daß sie unbedingt jeden Tag ein wenig aufstehen solle und Schildchen versprach, es zu tun. Vollkommen ehrfürchtig benahm sich Schildchen dem Doktor gegenüber, so wie es Menschen tun, die ihren eigenen Wert nie verspürt haben und sich selbst klein machen.

Franzi war beruhigt bis zu dem Tag, an dem sie von der Nachbarin gerufen wurde, die ihr mitteilte, daß Frau Schild in der Küche gefallen war und fast vierundzwanzig Stunden auf dem kalten Küchenboden gelegen hätte und nun im Bett sei und nicht mehr aufstehen könne. Weiterhin sagte die Frau, die Franziska auch seit ihrer Geburt kannte, daß nun etwas mit der alten Frau passieren müsse, denn sie könne sie nicht pflegen. Franziska rief den diensthabenden Arzt an und war in Schildchens Wohnung als er kam. Bevor der Arzt kam, hatte Schildchen zu ihr gesagt, nun könne Franzel sie ins Krankenhaus bringen. Bisher hatte sich Schildchen strikt geweigert, in ein Krankenhaus zu gehen. Später wußte Franziska, daß Schildchen von dem Augenblick an mit dem Leben abgeschlossen hatte. Der Arzt, den Franziska kannte, sagte ihr, daß diese Frau eigentlich ein Fall fürs Pflegeheim wäre, aber er Franziska den Gefallen tun würde, und sie erst einmal ins Krankenhaus einweisen würde, obwohl er sich damit mal wieder unbeliebt machte. Zum ersten Mal war Franziska froh, Beziehungen unter den Medizinern zu haben. So war erst einmal Zeit gewonnen, denn einmal in einem Pflegeheim gelandet, gab es keine Hoffnung und kein Zurück mehr. Außerdem waren die Zustände in den meisten Pflegeheimen berüchtigt – ein menschenunwürdiges Warten auf den Tod, mehr nicht.

Eigentlich hatte Schildchen nur einen verstauchten Fuß. Die ersten Tage schien auch alles ganz gut auszusehen. Da Franzi die Gattin des Oberarztes Wiesenblum war, durfte sie außerhalb der Besuchszeit zu Schildchen.

Eines Abends kam sie nach Hause, setzte sich auf's Sofa und brüllte: „Diese Schweine haben ihr die Haare abgeschnitten und sie in Windeln gepackt. Jetzt hat sie sich aufgegeben. Sie wird sterben und das wird lange dauern, da sie soviel zuzusetzen hat." Blume sollte sich nach Franziskas Meinung beschweren. Man könne doch nicht einer alten Frau, die ihr Leben lang lange Haare hatte, die Haare abschneiden wie im KZ nur weil sie verfilzt waren. Schildchen war es peinlich gewesen, als Franziska sie so sah. Franzi hatte so getan, als ob sie es gar nicht gesehen hätte. Doch ihr geliebtes Schildchen hatte wütend gesagt: „Siehst du das nicht, ich liege im Sterbezimmer. Letzte Nacht ist hier jemand gestorben. Sie haben mir die Haare geschnitten und nun kann ich auch unter mich machen, wann ich will, nur weil ich einmal das Bett vollgemacht habe. Jetzt ist alles egal."

Noch nie zuvor hatte Franzi die alte Frau so wütend und zynisch erlebt. Franziska versuchte alles herunterzuspielen und sie zu trösten, doch sie wußte, daß es sinnlos war. Sie war zu diesem Zeitpunkt auch nicht in der Lage, mit Schildchen über den Tod zu sprechen. Schildchen glaubte nicht an Gott und auch nicht an ein Leben nach dem Tod. „Alles Quatsch, wenn du tot bist, bist du tot und merkst nichts mehr", hatte sie immer zu Franzi gesagt. Nun würde Schildchen an einem verstauchten Fuß sterben, nur weil es sich die Schwestern so bequem wie möglich machten. Im Zimmer roch es nach Scheiße und Urin, da die alten Leute nur zweimal am Tag gewickelt wurden. Pampers gab es im kleinen Kackland nicht. Schildchen hatte sie noch gefragt, wann sie umziehen würde. „In ein paar Wochen", hatte Franziska so beherrscht wie nur möglich geantwortet. Ein Lächeln huschte über Schildchens Gesicht. Zu spät, dachte sie, zu spät meine Kleine, es wäre auch zu schön gewesen. Frau Schild hatte immer auf der Schattenseite des Lebens gelebt und so sollte es bis zu ihrem Ende bleiben. Ein Sonnenstrahl hatte ab und zu ihr Schattendasein erhellt und dieser Sonnenstrahl war Franziska.

Blume erklärte Franziska, daß sie doch genau wüßte, was passieren würde, wenn er sich beschwerte. Franziska dürfte dann nur noch zu den Besuchszeiten zu ihr und die Schwestern würden ihre Wut über die Beschwerde an der alten Frau auslassen. Er überließ Franziska ihrem Schmerz und ging ins Bett.

Franziska weinte und bat Gott, ihr Schildchen nicht mehr so lange leiden zu lassen. Sie hatte es nicht verdient, schikaniert und erniedrigt zu werden. Franzi würde sie bis zum Schluß nicht im Stich lassen. Am nächsten Tag konnte sie ihr keinen Besuch abstatten, weil Blume Dienst hatte und sie abends ihr Söhnchen hüten mußte.

Als sie am darauffolgenden Tag ins Krankenhaus kam und zu der ihr unsympathischen Schwester sagte, daß sie zu Frau Schild gehe, starrte diese sie ganz dämlich an und fragte nach einer Weile, ob sie denn nicht wüßte, daß Frau Schild gestern gestorben sei. Franziska drehte sich langsam um und verließ wortlos das Krankenhaus. Das konnte doch nicht möglich sein, Schildchen hatte es geschafft, so schnell geschafft. Warum war sie gestern nicht da, warum hatte man sie nicht gerufen, diese Schweine?

Das erste Mal in ihrem Leben betrauerte Franziska den Verlust eines Menschen, dem sie sich verbunden fühlte. Erst einmal zuvor war sie zu einer Beerdigung gewesen. Die gestorbene Frau konnte sie zu Lebzeiten schon nicht leiden und sie wunderte sich damals, daß sie bei der Trauerfeier überhaupt nichts verspürte. Sie war als Delegierte der Hebammenklasse dort gewesen und hatte sich geschworen, nie wieder auf eine Beerdigung zu gehen, nur weil es sich angeblich so gehörte. Diese Frau war an einem Kunstfehler der Ärzte gestorben, von dem jeder an der Universitätsklinik gehört hatte, aber nicht darüber sprach. Man hatte dieser unsympathischen Tussi, die für Franzi als Leiche keineswegs sympathischer wurde, mit unklaren Bauchbeschwerden ruhiggestellt und nicht gemerkt, daß der Blinddarm perforiert war – peinlich. Franziska hatte damals als einzige der Hebammenklasse auch nach dem Tod dieser Frau offen gesagt, daß sie diese Frau nicht leiden konnte. Warum sollte jemand plötzlich ein besserer Mensch geworden sein, nur weil er gestorben war?

Bei Schildchen war das alles ganz anders, ein unbeschreiblicher Schmerz überfiel Franziska und sie fing an zu weinen nachdem Blume zu Bett gegangen war und sie weinte die ganze Nacht. Es tat gut zu weinen. Franziska hatte das Gefühl, mit den Tränen diesen Schmerz, der eine Mischung aus Schuld, Wut und Liebe war, aus sich herauszuspülen. Zum ersten Mal in ihrem Leben ließ Franziska ihren Schmerz heraus. Sie weinte stundenlang und spürte die befreiende Wirkung. Als Kind hatte sie ihre Tränen oft genug unterdrückt, um nicht von ihren Brüdern Heulboje genannt zu werden. Auch ihre Mutter konnte ihre Tränen nicht leiden. Die laute Stimme der Mutter versetzte das schüchterne Mädchen oft in Angst und Panik. Nur ihr Vater nahm sie dann auf den Schoß und sie wäre am liebsten in ihn hineingekrochen, um der grausamen Welt zu entfliehen. Sie spürte noch immer seine tröstenden, immer warmen trockenen Hände.

Am Ende dieser Nacht fühlte sich Franzi wohler, sie hatte ausgiebig Abschied genommen von ihrem Schildchen. Immerhin hatte die alte Frau sterben können, als es für sie an der Zeit war. Franziska glaubte daran, daß jeder Mensch so stirbt wie er gelebt hat und Schildchen hatte Größe gezeigt. Sie war stolz auf sie.

Nach ihrem Tod tauchten natürlich die Erben auf. Zwei Nichten mit ihren Ehemännern. Immerhin wurde Franzi gefragt, was sie aus dem Erbe Schildchens haben wollte, weil sie sich ja so gekümmert hätte. Franziska wollte die wunderschöne alte Singernähmaschine, an der Schildchen in ihren guten Zeiten sooft gesessen hatte.

Es gab für die alte Frau nur eine einfache Urnenbeisetzung mit einem staatlichen Beerdigungsredner. Franziska glaubte nicht das Recht zum Einspruch zu haben. Als sie auf dem Friedhof eintraf, standen die vier Leute schon da. Die Frauen weinten und Franziska überlegte warum. Weinten sie, weil man auf einer Beerdigung eben weinte, oder um Franziska zu beeindrucken, oder hatten sie vielleicht so etwas wie Schuldgefühle, weil sie sich nie gekümmert hatten? Später sollte sie in ihrem Studium lernen, daß die meisten Menschen auf Beisetzungen weinten, weil sie ihren eigenen Tod betrauerten. Die fünf Leute mitsamt dem Redner und einem Friedhofsangestellten, der die Urne trug, gingen alle gemessenen Schrittes bis zum kleinen Urnengrab.

Als der Redner anfing zu reden, glaubte Franziska ihren Ohren nicht zu trauen. In welcher Schmierenkomödie war sie denn hier gelandet? Der Typ redete einstudiert salbungsvoll von einer Frau, die aber auch nichts gemein mit ihrem Schildchen hatte. Er nannte sie auch Henriette Schild, obwohl sie Anna hieß. Gut so, dachte Franziska, weil er eben nicht über Anna redete. Da konnte man den Popen vorwerfen was man wollte, aber so einen Schmarren würde keiner von ihnen bei einer Beerdigung ablassen. Ständig sagte dieser Schmierenkomödiant, daß das Leben wie ein Buch sei mit Anfang und Ende, aufgeklappt, gelesen, zugeklappt und aus. Traurig, dachte Franziska, diese Leute sind doch arm dran, die das einzelne Leben nicht in größeren Dimensionen sehen und deshalb an nichts glauben können. Doch das hatte Schildchen auch nicht gekonnt und nun hatte sie als Resultat diese peinliche, primitive Veranstaltung.

Franziska verabschiedete sich höflich von den Anwesenden und ging nie wieder an das Grab von Henriette Schild, weil dort ihr Schildchen nicht zu finden war. Franzi trug diese Frau ihr Leben lang im Herzen.

Als sie den langen Weg über den Friedhof allein zu ihrem Auto ging, beschlich sie, wie immer auf Friedhöfen, das Gefühl der Nachdenklichkeit über das Leben. Sie ging gern auf Friedhöfen spazieren, weil man an die Endlichkeit des irdischen Lebens erinnert wurde und gleichzeitig über die Unendlichkeit des Lebens nachdachte. Sie liebte Gräber, die der Endlichkeit preisgegeben wurden mit verwitterten, moosbewachsenen Grabsteinen und sie haßte Gräber, die in Schrebergartenzwergmentalität herausgeputzt und jeden Tag gehegt und gepflegt wurden, als müsse man an dem Toten gutmachen, was man dem Lebenden verweigert hatte. Als Franziska den Friedhof verließ, blieb von ihr nur noch der Kranz aus Vergißmeinnicht auf Schildchens Grab.

*

Nicht lange nach Schildchens Tod bekamen die Wiesenblums wirklich die von Franziska gewünschte Wohnung. Die Wohnung, in deren Schlafzimmer Franziska selbst mit Hilfe der Hebamme Emilie Behrend das Licht der Welt erblickt hatte. Franziska war zu diesem Zeitpunkt nicht klar, daß dieser Ort, gerade nach Schildchens Tod, nicht gut für sie war. Mehr unheilvolle als heilvolle Stunden sollte sie hier verleben und sicher hätte sie noch kurz zuvor einen Rückzieher gemacht, wenn sie das Ausmaß ihres bevorstehenden Unglücks geahnt hätte.

Doch Franzi wollte eine schöne große Altbauwohnung, so wie sie es von zu Hause gewohnt war und glaubte fest daran, daß diese Wohnung ihrem Familienglück dienlich sei. So stürzte sie sich voller Elan in die Gestaltung des neuen Heimes.

In einem Land, in dem alles genormt war, war es gar nicht so einfach, einen eigenen Stil zu entwickeln. Franziska boykottierte schon aus Prinzip die sozialistischen Einheitsmöbel und das Wort Schrankwand haßte sie genauso wie die Worte Kittelschürze und Lockenwickler. So kaufte sie ein altes Herrenzimmer mit großem Bücherschrank, gewaltigem Schreibtisch, verschnörkeltem Tisch und Stühlen einer alten vornehmen Dame ab, die nun unter menschenunwürdigen Verhältnissen im Heim leben mußte. Der verblichene Glanz ihrer aufzulösenden Wohnung rührte Franziskas Herz, so daß sie die alte Dame nach Abwicklung des Geschäftes noch mehrmals im Heim besuchte. Am grausamsten erschien Franziska, wenn der Essenwagen durchs Heim schepperte und die alten Leute durch ein furchtbares Gebimmel gerufen, an diesem Wagen antreten mußten, um ihr Essen zu empfangen. Ihre alte Dame mit Herrenzimmer hatte mit derartiger Unkultur nichts zu tun und Franziska wußte, daß sie nicht mehr lange unter solchen Umständen leben würde, was nur gut für sie war.

In Polen kaufte sie mit Blume die Lampen und ihre Eltern gaben ein von Franziska gewünschtes schmiedeeisernes Ehebett in Auftrag. Ihr erstes „Ehebett" sollte etwas ganz besonderes sein. Auch kaufte das Paar die einzige hölzerne Bauernküche, die im Lande angeboten wurde. Sehr teuer aber unpraktisch, für Franziska egal. Sie fand die Küche zu diesen Zeiten hübsch. Das war für sie wichtig, weil sie nicht vorhatte, ihr Leben in praktischen funktionstüchtigen Küchen zu verbringen. Später mußte sie lachen über ihren damaligen Geschmack, vor allem über die horrenden Preise der verschiedenen Gardinen. Trotzdem hatte die Wohnung etwas Eigenes, Interessantes. So fanden sie die einen zu leer, die anderen zu altmodisch – eigentlich war sie nur traditionell bürgerlich, allerdings ohne Spitzendeckchen und dekorativen Kitsch.

Franziska hatte dieses Domizil aus ihrem Bauch heraus eingerichtet und ihr gefiel diese Wohnung, sie war stolz auf ihr Werk. Blume hatte bei der Einrichtung zwar bezahlt, aber nicht mitgeredet. Er wußte, daß Franziska seine Wohnung nie gemocht hatte und eben auch in dieser Beziehung anders war als seine erste Frau. Einerseits fühlte er sich wohl mit ihren bürgerlichen Traditionen und fand es gut, daß sie für das Herrenzimmer auch noch ein altes Klavier kaufte, weil ihr Sohn unbedingt Klavier spielen lernen sollte. Andererseits hätte er auch gern in einer Wohnung mit Auslegware, Schrankwand und Sesselgarnitur gelebt, so wie er es bisher gewohnt war.

Seine junge Frau, die ihre eigenen wohlhabenden Eltern als Spießbürger bezeichnete, war ihm oft zu anstrengend und seitdem sie studierte, entwickelte sie sich in eine Richtung, die ihm nicht paßte. Der Oberarzt Wiesenblum hatte keine Lust, über Gott und den Sinn des Lebens nachzudenken. Er war froh, wenn er seine Arbeit vernünftig auf die Reihe bekam und seine Migräne ihn nicht allzu oft quälte. In seiner Freizeit wollte er seine Ruhe, am besten mit Frau und Kind. Der Kleine war wirklich ein süßer Junge und er war stolz auf ihn. Ihm graute davor, daß seine Frau das Studium wirklich beendete und ein Pfarramt annahm. Sie führte schon jetzt ein ziemlich offenes Haus. Doch das Leben in einem Pfarrhaus wollte er nicht führen. Bis dahin würde allerdings auch noch einige Zeit vergehen, denn die Ausbildung der Theologen dauerte ja zum Glück sieben Jahre und bis dahin konnte noch viel passieren.

Franziska machte sich zu diesem Zeitpunkt wenig Gedanken über ihre Ehe und ihren Ehemann. Sie wußte, warum sie gerade ihn geheiratet hatte, obwohl sie nicht daran denken wollte, daß sie nun auf immer mit diesem Mann und nur mit diesem Mann verbunden sein sollte. Blume hatte oft genug Dienst und da hatte sie Zeit, das zu machen, was ihr Spaß machte. Außerdem fühlte sie sich mit dem kleinen Baby, der ewigen Fahrerei und dem Umzug ziemlich ausgelaugt, obwohl sie stark sein wollte und nach außen auch immer Stärke demonstrierte.

Dennoch versuchte Franziska das Leben so gut zu genießen, wie es ihr möglich war. Sie lud oft Freunde ein und es wurde stets gut getrunken und geraucht. Nachts blühte sie regelrecht auf und sie konnte noch immer albern sein wie ein Teenager. Auch fuhr sie gern ihre Freundinnen besuchen, denn sie haßte es, allein zu Hause zu sein. Die große Wohnung machte ihr Angst und deshalb floh sie aus ihr, wenn Blume nicht zu Hause war und sich keine Freunde angemeldet hatten. Sie war keine Frau, die in der Mutterrolle aufging, obwohl sie ihren Jungen liebte und schon allein durch ihre medizinische Vorbildung in der Lage war, ihn optimal zu versorgen. Nicht eine verzichtende, sondern eine lebendige, lebensfrohe Mutter wollte sie dem Jungen sein. Dennoch machte auch sie den Fehler bei ihrem ersten Kind, daß sie ihren Sohn mit Erziehung überfrachtete und Blume setzte ihrer Erziehung noch eine Strenge hinzu, die sie zuweilen für unangemessen hielt.

Franziska liebte es, Theater und Kinos zu besuchen. So fuhr sie weiterhin öfter zu ihrer Freundin in die Hauptstadt, weil gerade dort die Theater die Aushängeschilder der Republik waren. Angerührt von edlen Wahrheiten und großen schauspielerischen Leistungen konnte sie nächtelang in Glückseligkeit schwelgen. Manchmal wurde sie von Blume begleitet, der das von seiner Frau organisierte Kulturprogramm gern mitnahm. Einmal schlief er im Theater ein. Es gab „Die Möwe" von Tschechow und sie saßen auf dem zweiten Rang, wo es an Sauerstoff mangelte. Ihm war es peinlich, daß Franziska den ganzen Abend über ihn lachte.

In die Kirche ging Franziska als Theologiestudentin selten. Sie hatte es bisher nicht getan und sie wollte sich gerade in dieser für sie so wichtigen Sache nicht selbst vergewaltigen.

An ihrem ersten Weihnachten in der neuen Wohnung fuhr die Familie zu ihrem befreundeten Pfarrer aufs Dorf. Franziska bewunderte diesen Mann, der als Oratoriensänger die ganze Welt bereiste und hier, in der kleinen Dorfkirche, kurz vorm Krippenspiel dem einen eine Krone aufstülpte und dem anderen ein Hirtenfell zuschmiß. Auch predigte er so, daß es ihm Franziska abnahm. Allerdings sollte sie gerade in jungen Jahren dazu neigen, Menschen zu idealisieren und vollkommen unkritisch zu sehen, die sie ins Herz geschlossen hatte. Umso mehr war sie enttäuscht, wenn diese Menschen sich nicht so grandios benahmen, wie sie es ihrer Vorstellung nach tun sollten.

Einige Wochen nach Weihnachten erfuhr Franziska, daß es einen neuen Pfarrer in ihrer Stadt geben würde. Sie beschloß, zu seiner Antrittspredigt zu gehen und nahm ihre Mutter mit. Mit den ersten Worten seiner Predigt eroberte dieser junge Mann, nicht viel älter als Franziska, ihr Herz. Er zitierte ein Lied von Biermann: „Das kann doch nicht alles gewesen sein… " Eine mutige Tat in diesen Tagen, da der inzwischen ausgewiesene Sänger als Staatsfeind Nummer eins galt. Außerdem sprach ihr die Predigt aus dem Herzen, hatte sie doch genau diesen Satz unendliche Male in sich gehört, bis sie sich endlich entschloß, Theologie zu studieren. Ihre Mutter fand diesen Pfarrer lange nicht so beeindruckend wie sie, was Franzi noch mehr an diesem

Mann gefiel. Ein Mann, der ihrer Mutter gefiel, durfte ihr nicht gefallen. Warum hatte sie gerade mit Blume eine Ausnahme gemacht? Sie wußte, welche Pfarrer ihre Mutter beeindruckten. Solche, die mit donnernder Stimme von der Kanzel brüllten und dabei den Eindruck vermittelten, als seien sie ständig zu Gast im Himmel.

Als der Alltag in die neue Wohnung Einzug hielt, plante Franziska sofort ein Fest, um diesem Alltag zu entfliehen. Sie hatte mit Michaels Taufe auf die große Wohnung gewartet. Sie liebte es, Feste zu feiern mit all ihren Freunden, und auch ihre Familie war ihr willkommen. Taufe, Michaels erster Geburtstag und offizielle Einweihungsfete – das alles waren gute Anlässe zum Feiern. Doch wieder stand die Frage nach dem Ort der kirchlichen Zeremonie. Natürlich sollte auch ihr Sohn von ihrem Haus- und Hofpfarrer getauft werden. Als sie ihn daraufhin ansprach, war sie erstaunt und erfreut, als er ihr vorschlug, sich doch mal mit dem „Neuen" in ihrer Heimatstadt auseinanderzusetzen. Dann könnte sich die Taufgesellschaft die Fahrerei aufs Dorf sparen.

„Der macht doch einen recht unkonventionellen Eindruck", hörte sie den Pfarrer sagen. Er versprach ihr, die Sache mit dem Kollegen zu besprechen.

Als der Pfarrer Rainer Rosen zum ersten Mal die Wohnung der Wiesenblums betrat, hatte er wie bei jedem ersten Besuch ein flaues Gefühl im Magen. Er wußte nie, was ihn hinter den vier Wänden erwartete und das machte ihm Angst, obwohl es sich für einen Pfarrer nicht gehörte, Schwellen- und Berührungsängste zu haben. Doch er hatte sie nun mal, was er sich, aber nicht gegenüber anderen, eingestand. Auch Franziska hatte Berührungsängste, was sich bei ihr allerdings nur in zittrigen Händen äußerte. Trotzdem litt sie ein Leben lang darunter.

Der Pfarrer, dem es schwerfiel, auf die Leute zuzugehen, war froh, daß das die junge Frau für ihn übernahm. Sie begegnete ihm lebhaft und geschwätzig, als ob sie ihn schon lange kennen würde. Endlich mal wieder ein Lichtblick in seinem oft tristen Pfarrerdasein, denn die meisten seiner Schäfchen gaben sich nicht so freundlich und unkompliziert.

Die Sache mit der Taufe war schnell erledigt und dann unterhielten sie sich über Gott und die Welt. Pfarrer Rosen wußte, daß man gerade erste Besuche nicht zu lange ausdehnen sollte, auch wenn er sich wider Erwarten in dieser für ihn zu bürgerlich eingerichteten Wohnung in Gegenwart dieser Frau Wiesenblum sehr wohl fühlte. Er war erstaunt, als ihn diese Frau bei der Verabschiedung samt seiner Frau auf die Tauffeier einlud. Hoffentlich würde seine Frau Anne mitgehen, die unter dem Leben als Pfarrfrau litt und die damit verbundenen Verpflichtungen oft genug verweigerte. Vielleicht würde man neue Freunde kennenlernen, denn das Leben als Pfarrer war trotz vieler Kontakte oft sehr einsam. Als er das Haus verließ, stellte er mit Erschrecken fest, daß dieser Besuch doch zwei Stunden gedauert hatte.

Natürlich überließ Blume Franziska sowohl das Suchen des Taufspruches als auch die Organisation der Feier. Ihn interessierten die Bekanntschaften und Freunde seiner Frau nicht. Er war mit einigen Ärzten befreundet und das genügte ihm. Manchmal hatte er den Eindruck, daß Franziska sich mit ihm langweilte und lieber mit anderen Menschen zusammen war als mit ihm. Das machte ihn einerseits traurig und andererseits wütend. Gab es nicht genug Frauen, die stolz darauf wären, die Frau des Oberarztes Wiesenblum zu sein?

„Darum ergreift den Schild des Glaubens, womit ihr abwehren könnt alle feurigen Pfeile des Bösen." Sie hat wohl einen Faible für große Worte, dachte der Pfarrer, als ihm das Ehepaar Wiesenblum zum Taufgespräch gegenübersaß. Als er diese Frau zum ersten Mal bei der jährlichen Einladung bei dem Doktor kennengelernt hatte, erschien sie ihm schüchtern und farblos. Inzwischen hatte sich diese Frau Wiesenblum gemausert, vor allem in geistiger Hinsicht, obwohl sie nach wie vor einen sehr mädchenhaften Eindruck machte.

Der Pfarrer Legrand kannte die Familie Kaufmann seit seiner Kindheit. Sein Vater war der Hausarzt der Kaufmanns gewesen. Sie waren nach den Worten seines Vaters Geschäftsleute alten Schlages, die nichts mit der sozialistischen Mißwirtschaft zu tun hatten. Das reichte in diesen Zeiten aus, um sich mit distanzierter Sympathie zu begegnen.

Franziska bewunderte solche Familien wie die Legrands, die Hausmusiken veranstalteten und andere als die üblichen Werte vertraten. Später bekam sie auch mit, woher die Legrands ihren französischen Namen hatten. Sie hatte zwar schon etwas von Hugenotten gehört, aber den Hintergrund der Geschichte lernte sie erst bei ihrer Beschäftigung mit der Reformationsgeschichte kennen. Aus dieser Unkenntnis heraus sprachen auch alle Leute den französischen Namen der Legrands so aus, wie er geschrieben wurde.

Am Tage der Taufe zog Franziska ihrem Sohn einen Matrosenanzug an; mehr unbewußt als bewußt an alte Traditionen anknüpfend. Ihr Vater, der die Taufe seines ersten Enkels nicht so wichtig fand, um seinen Ostseeurlaub zu unterbrechen, schickte ein schwülstiges langes Telegramm zur „heiligen Taufe." Es hatte ihm Freude bereitet, die Postangestellten mit einem christlichen Pamphlet zu schockieren, denn wer taufte heute noch seine Kinder? Nicht mal die Kinder seiner Söhne waren getauft, worunter er litt.

Pfarrer Legrand hielt eine seiner bodenständigen Predigten, denn er liebte keine intellektuellen Reden. Ganz anders als Pfarrer Rosen, dem die Ansprache gerade vor diesem Publikum zu simpel erschien. Franziska gefiel die Rede, nicht zuletzt deshalb, weil ihr die bescheidene ungekünstelte Art dieses Pfarrers wohltat.

Nach dem offiziellen Teil gab es ein rauschendes Fest. Da Franziska keinen Sinn darin sah, als Gastgeberin nur in der Küche herumzustehen, organisierte sie alles mit so wenig Aufwand als möglich. Am Tag zuvor hatte sie mit einer Freundin große Mengen von Spargelsalat angerichtet und das war ihr an hausfraulicher Leistung mehr als genug. Das nahegelegene Hotel lieferte kalte Platten und so war es ihr möglich, sich an ihren Gästen zu erfreuen und sich nicht durch sie belasten zu lassen. Ihre Mutter war für sie immer ein abschreckendes Beispiel gewesen. Tagelang stand sie vor Feiern in der Küche und ihre Nerven waren jedes Mal auf dem Nullpunkt, wenn die Gäste eintrafen.

Es wurden die glücklichsten Stunden, die Franziska in dieser Wohnung verleben sollte. Unbeschwert und fröhlich kommunizierten die Geladenen miteinander und der Täufling schlief während der Feier selig in seinem Bettchen, so als wollte er seinen Gästen das Vergnügen durch seine Anwesenheit nicht nehmen. Selbst die beiden Pfarrer blieben mit ihren Ehefrauen erstaunlich lange, obwohl sie am nächsten Tag auf die Kanzel steigen mußten. Ihnen gefiel Franziska als Gastgeberin, weil sie es fertigbrachte, sich ungekünstelt, fern jeder Etikette, mit ihren Gästen zu amüsieren. Blume verschwand irgendwann nach Mitternacht, nachdem seine Arztfreunde gegangen waren und er seine Schwiegermutter nach Hause gefahren hatte. Selbst Frau Kaufmann hatte sich auf diesem Fest köstlich amüsiert und es wunderte sie immer wieder, wie ihre Tochter in einer Unbekümmertheit Leute zusammenbrachte und sich nicht mit Gastgeberpflichten streßte. Franziska soff mit ihren Freunden und Brüdern bis zum frühen Morgen und ging selig zu Bett.

Nach wenigen Stunden Schlaf besuchte sie mit ihren Studienfreunden den Gottesdienst. Sie wäre allein nie gegangen, denn nach einem solchen Besäufnis ging es ihr immer schlecht. Dennoch wollte sie sich nicht die Blöße geben, immerhin wurde die Taufe ihres Sohnes abgekündigt. Während des Stehens beim Abendmal wurde ihr so schlecht, daß sie betete, nur nicht in Ohnmacht zu fallen.

Pfarrer Rosen war erstaunt und erfreut zugleich, als er die Gastgeberin vom Vorabend in der Kirche erblickte. Er lud Franziska und ihre Freunde zum Kaffee nach dem Gottesdienst in seine Wohnung ein. Franziska gefiel die Wohnung des Pfarrers und auch seine kleine hübsche Frau fand sie nicht unsympathisch. Als sie versprach, wieder mal reinzuschauen, ahnte sie nicht, daß dieser erste Besuch der Beginn einer langen dramatischen Geschichte war.

Zu Hause fand sie ihren Ehemann mit Migräne im Bett, der das Durchhaltevermögen seiner Frau an solchen Tagen zwar bewunderte, jedoch ihre Art von Energieverschwendung nicht verstand. Ihn nervten die vielen Menschen in seiner Wohnung, was er allerdings seiner Frau nicht mitteilte. Sie würde ja doch tun was ihr gefiel. Franziska ärgerte die schlechte Laune ihres Mannes – konnte er sich nicht wenigstens vor den Gästen zusammenreißen? Franziskas jüngere Studienfreunde bestaunten das ungleiche Paar. Würde es mit ihnen gut gehen, dann waren sie wirklich etwas Besonderes.

*

Den Sommer verbrachte Franziska mit ihrem Sohn bei ihren Eltern am Meer. Sie war froh, daß Michael so lange gute Luft atmen konnte. Ihr Heimatbezirk war stark umweltbelastet und viele kleine Kinder litten unter Pseudokrupp. Jeder Arzt kannte das Problem, das in der Öffentlichkeit totgeschwiegen wurde. Zuvor reiste sie mit Michael zu ihrer Studienfreundin Elvira in den Spreewald. Dort verlebte sie unbeschwerte Tage in einem wunderschönen alten Pfarrhaus und Elviras Eltern behandelten sowohl sie als auch Michael wie zur Familie gehörend. Das machte Franziska glücklich und traurig zugleich, weil sie so etwas von zu Hause nicht kannte. Sie war froh, daß Blume nichts dagegen hatte, daß Elvira gemeinsam mit ihnen ein paar Tage in Budapest verbringen sollte. Sie liebte die Toleranz ihres Mannes in diesen Dingen und ahnte nicht, daß er ihr gegenüber nicht ehrlich war.

Als die kleine Familie nach Abreise der Freundin den Rest des Urlaubs allein in Budapest verlebte, trat eine gewisse Leere ein, die Franziska Angst machte. Sie bekam immer im Leben große Panik, wenn etwas zum Stillstand kam. Hatten sie sich schon jetzt nichts mehr zu sagen? Sollte das noch vierzig Jahre so weitergehen? Sie würde diesen Mann nie verlassen können, das wußte sie. Noch eine Scheidung würde er nicht verkraften und außerdem würden ihre Eltern ihr eine Trennung von ihrem Traumschwiegersohn nie verzeihen. Entsetzt über solche Gedanken redete sie sich ein, daß sie niemals ihre Ehe aufs Spiel setzen würde und daß sie Wege finden müßte, um die entstandene Distanz zu überwinden.

Nachdem sie jedoch nach den langen Sommerferien das Studium wieder aufgenommen hatte, waren die Tage so ausgefüllt, daß sie sich nicht viel Zeit zum Nachdenken nahm. Morgens brachte sie ihren Sohn mit dem Fahrrad zu ihrer Mutter. Dann radelte sie schnell zum Bahnhof und war froh, wenn sie den Zug nicht verpaßte. Abgehetzt kam sie endlich in der Uni an und mußte sich mit Griechisch- und Lateinlektionen herumärgern, was ihr überhaupt keinen Spaß machte. Franziska haßte es zu pauken, doch es nützte nichts. Da mußte sie durch, um sich nach Abschluß der Sprachen dann wirklich der Theologie zu widmen. Am späten Nachmittag kam sie in der Regel nach Hause, bekam von der Kinderfrau ihren Sohn gebracht und irgendwann kam auch Blume von der Arbeit. Beim Abendessen fragte sie gewöhnlich ihren Mann, ob es etwas Besonderes gegeben hatte.

Einmal erzählte er ihr seelenruhig, daß er bei der Untersuchung einer Patientin ein Zweimarkstück in der Scheide gefunden hätte. Franziska blieb der Bissen im Hals stecken. Entsetzt fragte sie Blume, was er getan habe. Er erzählte ihr, daß er die Patientin gefragt habe, ob sie sich erklären könne, wie das Geldstück in ihren Körper gekommen sei. Als sie diese die Frage verneinte, sagte er mit seiner ruhigen monotonen Stimme zu seiner Sprechstundenhilfe: „Säubern sie das und tun sie es in die Kaffeekasse."

Franziska brach in schallendes Gelächter aus. Sie hatte ja schon viel gesehen und gehört, aber diese Geschichte fand sie unglaublich. Manchmal hatte sie Sehnsucht nach ihrer alten Arbeit. Doch sie hatte sich auf den Weg gemacht und Umkehr gab es für sie nicht. Irgendwie hatte sie sich an den Geruch alter Bücher gewöhnt, obwohl sie jeden Augenblick nutzte, um in ein Café zu entschwinden. Das Studentenleben hatte Vor- und Nachteile. Wie hieß es doch im Faust: „Wer immer strebend sich bemüht, den können wir erlösen."

Abends sah Blume in der Regel fern und Franziska langweilte sich zunehmend dabei. Als sie einmal ihren Ehemann fragte, ob sie sich den Abend nicht anders vertreiben wollten, wurde er wütend und meinte, daß ihr das bisher ja auch nichts ausgemacht habe. Wenn sie es zu Hause nicht mehr aushielt, ging sie einfach Leute besuchen, egal ob ihr Mann mitkam oder nicht. Die Rosens sollten in diesen Zeiten gute Freunde werden und sie war froh, daß sie diese Leute kennengelernt hatte.

Am Wochenende waren die Wiesenblums öfter bei Blumes Medizinerfreunden eingeladen. Zunehmend gingen Franziska diese Einladungen auf die Nerven, die immer nach demselben Schema abliefen. Zuerst wurde förmlich in angemessener Kleidung gut gegessen und wenn der Alkoholspiegel genug angestiegen war, wurden anzügliche Dinge oder schweinische Witze erzählt. Jedes Mal auf dem Heimweg machte Franziska Blume eine Szene, da sie sich den ganzen Abend zusammengerissen hatte. Blume konterte, indem er über die Theologen herzog, was Franziska nun wiederum unpassend und ungerecht fand.

Blume war lange ruhig, doch er neigte zum Jähzorn und dann hatte er sich nicht mehr unter Kontrolle. Einmal trat er Franziska in den Hintern, daß sie durch die ganze Küche flog. Sie war erschüttert und entsetzt darüber und beschimpfte ihren Ehemann als letzten Proleten. Franziska würde sich nie von einem Mann körperlich quälen lassen – das machte sie ihrem Ehemann an dieser Stelle unmißverständlich klar. Blume war selbst entsetzt über seinen Jähzornsausbruch, obwohl er seiner Frau die Schuld dafür gab. Jedoch sollte ihm so etwas nie wieder passieren. Seit Wochen hatte er ein Problem, das an seinen Nerven zehrte. Es würde an seiner Frau liegen, wie er sich entscheiden würde. Er begann sie immer kritischer zu beobachten.

Auch Franziska hatte ein Problem, das sie zunächst überhaupt nicht ernst nahm, was sich aber zunehmend zuspitzen sollte. Die Theologiestudenten hatte zwei Fächer, die sie, wie alle anderen Studenten, absolvieren mußten: Marxismus/Leninismus und Sport. Franziska hatte mit zwei ihrer Studienfreundinnen für ihre sportliche Betätigung Schwimmen gewählt. Seit ihrem Ausflug in den Leistungssport als Kind haßte sie Sportunterricht und vor allem die Mentalität der meisten Sportlehrer. Sie verstand keine Männer und Frauen, die ihr Leben mit der Trillerpfeife im Mund in irgendwelchen Sportanlagen verbrachten und denen es offensichtlich Spaß machte, Kinder und Jugendliche solange zu triezen, bis ihnen der Spaß vergangen war. Ein besonderes Exemplar dieser Berufsgruppe war die Sportdozentin Helga Donaten. Nach einem Olympiasieg für ihr Land stand sie nun Tag für Tag am Beckenrand. Sie feuerte die jungen Frauen an, diszipliniert und zügig ihre Bahnen zu schwimmen, als ob ihr Leben davon abhinge.
Da war keine Zeit für Albernheiten und Gespräche. Die drei Theologiestundentinnen waren ihr schon lange ein Dorn im Augen. Sie mißachteten öfter ihre Anordnungen und tummelten sich gemeinsam im Wasser, als ob sie Urlaub hätten.
Besonders die älteste von ihnen, Frau Wiesenblum, hatte immer das letzte Wort und schien sich auch noch häufiger über sie lustig zu machen. Hatte sie doch erst neulich über das Üben von Delphinschwimmen geäußert, daß sie zu alt wäre, so etwas zu lernen und zu bedenken gegeben, daß die Anatomie eines Delphins sich nun mal von der des Menschen unterscheide.

Frau Donaten konnte solche undisziplinierten Studentinnen, denen auch noch der nötige Ehrgeiz fehlte, überhaupt nicht leiden.
Im übrigen verstand sie ihren Staat nicht, daß er so etwas wie ein Theologiestudium erlaubte, das doch mit den Ideen des Sozialismus gar nicht vereinbar war. Religion war für sie als gute Genossin ein Relikt der alten Zeit. Allerdings hatte sie nun etwas gegen diese drei

Damen in der Hand und diesmal würde sie es ihnen heimzahlen können. Außerdem könnte sie endlich der Universitätsleitung beweisen, daß diese Theologiestudenten staatsfeindliche Ideen verbreiteten.

Einmal im Jahr fand an allen Universitäten des Landes die Woche des Wehrsportes statt. Anstelle des Sportunterrichtes hatten die Studenten einen Geländelauf zu absolvieren, der auch Schießen und Zielwerfen von Handgranaten beinhaltete. Die Theologiestudentinnen aus Franziskas Studienjahr hatten, allerdings ohne Franziskas Mitarbeit, eine Sportentschuldigung für die jeweiligen Sportlehrer verfaßt.

Franziska wurde von ihren Kommilitoninnen gefragt, ob sie mitunterschreiben würde. Franziska war froh, daß die Mädchen endlich mal etwas getan hatten. Sie litt darunter, daß die Theologen gut reden konnten, aber zu wenig in die Tat umsetzten. Für sie war es selbstverständlich, daß ein bekennender Christ nicht an solchen Veranstaltungen teilzunehmen hatte. Sie war eine fanatische Pazifistin und würde ihrem Sohn nie eine Spielzeugpistole in die Hand drücken.

Nun hatten ihre Mitstudentinnen einen mutigen Text verfaßt, vielleicht sogar zu mutig, dachte Franziska. Doch das war Franzi in diesem Augenblick egal, warum sollte sie über den Wortlaut streiten, wo sie doch mit dem Inhalt einverstanden war. Das Provozierende an dieser eigentlich nur Sportentschuldigung war wohl, daß darauf hingewiesen wurde, daß die Theologen gerade in diesen Zeiten friedenstiftend und nicht wehrertüchtigend wirken sollten. Mit diesen Zeiten war die Krise mit dem Nachbarn Polen gemeint, welcher nach offizieller Meinung durch die Gründung einer unabhängigen Gewerkschaft das östliche Bündnis gefährdete. Franziska bewunderte die Polen für diesen mutigen Schritt und litt einmal mehr darunter, eine Deutsche zu sein.

Als nun diese fanatische Sportlehrerin die Entschuldigung mit drei Unterschriften darunter bekam, wurde sie wütend und ihr Kopf rot wie eine Tomate. Franziska freute sich über die Wirkung. Frau Donaten versuchte sich zu fangen und sagte den drei jungen Frauen nur, sie würde das Schreiben an den Rektor der Universität weiterleiten.

Na und, dachte Franziska, leite nur, eine solche Entschuldigung mußte doch jeder akzeptieren.

Wenige Zeit später wurde sie eines Besseren belehrt. Von ihren Freundinnen, die am Studienort immer präsent waren, hörte Franzi, daß der Sektionsdirektor vollkommen aufgelöst und wütend reagiert habe.

Das erste Mal bekam Franziska am eigenen Leib zu spüren, in welchem Staat sie lebte. Am lächerlichsten an der Sache war, daß man den drei Studentinnen Gruppenbildung vorwarf nach dem Motto: „Mehr als zwei sind eine Gruppe."

Die anderen Sportlehrer hatten offensichtlich das Schreiben gleichen Wortlauts nicht weitergereicht und so saßen nur Franziska und ihre beiden Studienfreundinnen auf der Anklagebank, wiederum nach dem Motto. „Wo kein Kläger, da kein Richter."

Am meisten enttäuscht war Franziska in dieser Angelegenheit von den Theologieprofessoren, die sich keineswegs auf die Seite ihrer Studentinnen stellten, sondern sich in ihrer Ruhe gestört fühlten und den jungen Frauen die Schuld dafür gaben. Franziska wurde plötzlich von ihnen nicht mehr gegrüßt – vielleicht weil sie sich weigerte, zu irgendwelchen Zusammenkünften zu gehen, wo mit diesem oder jenem Professor taktiert werden sollte. Sie fühlte sich mit siebenundzwanzig Jahren erwachsen genug, um selbst entscheiden zu können, worunter sie ihre Unterschrift setzte. Außerdem stand sie nach wie vor hinter dieser Unterschrift und würde nicht widerrufen, so wie das die Universitätsleitung zu verlangen schien. Würde sie diese Aktion ihren Studienplatz kosten, sollte es so sein. Dann konnte man eben im kleinen Kackland nicht mal Theologie studieren ohne gegen das Gewissen zu handeln und genau das wollte sie nie tun.

Ihre Freundinnen waren da kompromißbereiter, was Franziska durchaus akzeptierte und so blieb sie abends oft länger an ihrem Studienort, um mit ihnen die Sache zu diskutieren. Die Angst vor der Staatssicherheit war inzwischen so groß, daß sie Franziska nicht mehr allein im Dunkeln zur Straßenbahn gehen ließen.

Franziska wachte des öfteren nachts auf und schrie vor Angst, weil sie im Traum Männer den langen Flur auf sie zukommen sah. Wenn sie dann direkt vor ihrem Bett standen, wachte sie schweißgebadet auf. Selbst die Gegenwart ihres Ehemannes nahm ihr diese Angstträume nicht. Blume tat Franziska dann zwar leid, jedoch hatte er zur

Zeit genug mit sich selbst zu tun, um sich intensiver mit dem Problem seiner Frau zu beschäftigen. Er hatte auch keine Lust dazu, weil er die Verantwortung für den Wehrsport nicht bei den Teilnehmern, sondern beim Staat sah. Für ihn war das Verhalten seiner Frau übertrieben; sie hatte immer noch nicht kapiert, wo sie lebte, dachte er.

Die Geschichte spitzte sich immer mehr zu. Die drei Studentinnen erklärten sich bereit, jeweils ein eigenes Schreiben zu verfassen, um dem Vorwurf der Gruppenbildung entgegenzuwirken. Franziska willigte ihren Freundinnen zuliebe ein, bestand aber darauf, ihr Schreiben ohne das Zutun der Professoren selbst anzufertigen. Die Professoren fanden gerade ihr Schreiben arrogant, weil sie von dem Fakt der drei Unterschriften als Zufall sprach. Franziska hörte, daß der Sektionsdirektor gesagt habe, falls es soweit kommen sollte, wünsche er, daß die drei Damen ihre Exmatrikulation selbst beantragen, um es ihm zu ersparen. Von da an hatte Franziska endgültig den Respekt vor ihren Lehrmeistern verloren. Ein Dozent erklärte sich mit den Studentinnen solidarisch, indem er den drei Frauen vor den Weihnachtsferien viel Mut und Kraft wünschte. Sie verehrte diesen Mann, der nicht nur schön und intelligent war, sondern so interessante Seminare abhielt, daß Franziska anfing, sich für die Theologie zu begeistern. Sie würde nur mit diesem Mann über diese Sache reden.

Als sie einige Wochen später ihrem Lieblingsdozenten gegenüber saß, wurde sie sich erst der Tragweite dieser Angelegenheit bewußt. Sie hatte um einen Termin gebeten, und er hatte sie netterweise zu sich nach Hause eingeladen. Zum ersten Mal erfuhr sie, wie viele Gespräche der Sektionsdirektor in dieser Sache mit der Sicherheit führen mußte. Weiterhin erklärte ihr Dr. Baumer, daß seit der Gründung von Solidarnosc an der Universität höchste Alarmstufe herrschte. Hatte man wirklich soviel Angst in ihrem Land vor harmlosen Studenten? Wie schwach mußte eine Führung sein, um solche Vorkehrungen zu treffen? Außerdem hörte sie, daß man wisse, daß sie für den Wortlaut der Erklärung nicht verantwortlich war. Am meisten erschütterte sie, daß man den Inhalt ihrer Unterhaltungen mit ihren Freundinnen kannte. Diese Unterhaltungen hatten ausschließlich in Elviras Konviktszimmer stattgefunden und es war nie ein Dritter anwesend gewesen. So hatte Franzi einmal über die Professoren geschimpft, die ihrer Meinung nach nur Angst um ihren hochbezahlten Job hätten. Der Dozent für systematische Theologie erklärte ihr, daß ein ordentlicher Professor nie seine Anstellung verliert, selbst wenn es keine Studenten mehr für ihn gäbe. Mit der Schließung der theologischen Sektion drohten die staatlichen Stellen bei solchen Vorkommnissen. Doch irgendwie verstand Doktor Baumer die junge Frau und tröstete sie, daß man jetzt nur noch abwarten könne, wie auf die zweite Erklärung der Studentinnen, in der sie zumindest den Vorwurf der Gruppenbildung dementierten, reagiert würde. Franziska war entsetzt über die Bespitzelung in einem kirchlichen Internat. Man wollte dadurch erreichen, daß man gar nichts mehr äußerte und den Mund hielt und daß man selbst den Freunden mißtraute. Mit beidem sollten sie bei Franziska keinen Erfolg haben. Sie wollte sich nicht von solchen Methoden beherrschen lassen, obwohl sie auch ihr Angst machten.

Auf dem Heimweg stiegen Franziska vor Wut auf ihr Heimatland Tränen in die Augen. So konnte man doch nicht mit jungen Menschen umgehen, die eine persönliche Gewissensentscheidung getroffen hatten. Wollte man denn nur gewissenlose Mitläufer, die nichts mehr hinterfragten? Seitdem Franziska Theologie studierte, liebäugelte sie nicht mehr mit dem Westen. Sie wollte sich in ihrem Land für eine humanere Gesellschaft einsetzen. Sie reizte die westliche Konsumgesellschaft nicht mehr. Doch gerade in Anbetracht der deutschen Geschichte konnte man es sich nicht einfach machen und ohne Bedenken mit einer Knarre umherrennen, nur weil es der Staat von einem forderte.

Als sie an diesem Abend endlich in ihrem eigenen Wohnzimmer saß, wollte sie mit ihrem Mann über diese für sie ungeheuerliche Sache reden, doch dieser schien sich nicht sonderlich dafür zu interessieren und so nahm sie wutentbrannt ihr Fahrrad und fuhr zu den Rosens in der Hoffnung auf mehr Verständnis. Sie war traurig über Blume, wer sonst als er könnte sie in den Arm nehmen und trösten? Blume allerdings warf genau dasselbe seiner Ehefrau vor, die sich, seiner Meinung nach, viel zu wenig um ihn kümmerte. Und wenn sie meinte, sich als Märtyrerin aufspielen zu müssen, so wollte er damit nichts zu tun haben.

Anne und Rainer Rosen empfingen sie wie immer freundlich und unterhielten sich bis zum frühen Morgen mit ihr. Sie freute sich auf das bevorstehende Praktikum bei diesem Pfarrer. Er versprach, dann mit ihr zum Kirchenpräsidenten ihrer Landeskirche zu reisen, um ihn zu informieren. Vielleicht könnte er bei der Lösung des Konfliktes helfen. Ihre betroffenen Freundinnen hatten als Pfarrtöchter schon längst ihre zuständigen Bischöfe informiert.

Franziska hatte allerdings weder Kraft nach Muße, sich weiterhin so verrückt machen zu lassen. Sie hatte in den nächsten Wochen das Graecum und das große Latinum zu bestehen und da sie bisher viel zu wenig für diese Sprachen gelernt hatte, würde sie alle Energie dafür aufbringen müssen. Keineswegs war sie der Meinung ihres Vaters, nie durch eine Prüfung fallen zu können. Sie wußte, daß es Wichtigeres gab als eine Prüfung zu bestehen, doch hatte sie einen gesunden Ehrgeiz und eine Niederlage würde sie gerade jetzt schwer treffen.

Am Tag des Graecums war ihr Nervenkostüm so angekratzt, wie sie es nie zuvor in ihrem Leben erlebt hatte. Als sie nach der Mittagspause von der Wohnung ihres Studienfreundes Torsten langsam zur Uni ging, war ihr speiübel. Kurz vor der Uni erfuhr sie von einem entgegenkommenden Studienkollegen, daß er durchgefallen sei. Dieser Typ war doch immer viel besser in griechisch gewesen als sie. Sie bekam eine so große Panik, daß sie am liebsten umgekehrt wäre. Zum Glück gehörte Franziska nicht zu der Sorte Mensch, die vorschnell aufgab. Im Vorbereitungsraum hatte sie einen totalen Blackout, eine Sache, die sie bisher nie verstanden hatte. Sie fand keine Vokabel mehr im gewaltigen Wörterbuch und konnte nicht einen Satz der ihr zugewiesenen Textstelle aus dem Neuen Testament übersetzen. Wenigstens konnte sie den Text ohne Fehler vorlesen, als sie vor der Prüfungskommission saß. Den Rest der Prüfung erlebte sie wie in Trance. Einfachste Antworten konnte sie nicht mehr geben, wobei sie auf einige schwierigere Fragen eine Antwort wußte. Das ganze Trauma endete mit der Note vier, die schlechteste Note, die sie je an der Uni erhalten sollte, doch immerhin bestanden! Franziska war überglücklich und schwor sich, nicht noch einmal in einem solchen Zustand zu einer Prüfung zu gehen. Vielleicht hatte sie ja für einmal als Frau mit Kind Glück gehabt. Der maßgebliche Mann in der Prüfungskommission war der Professor für Neues Testament. Er war als strengster Professor bekannt und ließ immer welche durchfallen. Da er jedoch eh kein Verständnis für studierende Frauen hatte, wollte er sich, wenn möglich, den Streß ersparen, eine der jungen Frauen auch noch zur Nachprüfung zu Gesicht zu bekommen.

Abends feierten die Studenten wie üblich, und Franziska hatte ihren Mann bestellt, um an ihrem Glück teilzuhaben.

Doch die Freude währte nicht lange, denn kurze Zeit später stand die nächste Sprachprüfung ins Haus. Franziska haßte die lateinische Sprache, weil sie so mathematisch und mit einem gewissen Sprachgefühl nicht zu bezwingen war. Hatte jemand seine Lektion nicht gelernt, war er unfähig, auch nur halbwegs einen Sinn in einen Satz zu bekommen. Auch haßte Franziska inzwischen die „Confessio Augustana", weil diese erste Bekenntnisschrift der Protestanten als Prüfungstext diente. Der Verfasser Melanchthon war ein Sprachgenie gewesen und nun mußten sich die armen Studenten mit seinem anspruchsvollen Latein herumschlagen.

Am Samstag vor der Prüfung lud sie ihre beiden liebsten Studienfreunde Gottlieb und Torsten ein, weil diese zu den besten Köpfen ihres Studienjahres zählten. Außerdem konnte sie mit Männern einfach besser und ernsthafter lernen. Blume hatte mal wieder das ganze Wochenende Dienst und Michael brachte sie zu seiner Patentante.

Den ganzen Tag paukten die drei, wobei die beiden Herren eigentlich nur ihr ohnehin schon großes Wissen an Franziska weitergaben. Gottlieb mußte die Lerngemeinschaft gegen Abend verlassen und gegen zweiundzwanzig Uhr konnte Franziska nicht mehr. Torsten, dessen Frau gerade mit Schwangerschaftsbeschwerden im Krankenhaus lag, konnte bei Franziska übernachten. Die beiden belohnten ihren Fleiß mit einem rauschenden Fest zu zweit und soffen alle Reste aus, die in Franziskas Wohnung aufzutreiben waren. Torsten war Franziskas bester Studienfreund und sie liebte an ihm vor allem seinen Humor. So hatten die beiden in dieser Nacht sehr viel Spaß miteinander.

Am Morgen wurde Torsten von einem Geräusch wach. Er hatte im Wohnzimmer auf der Couch geschlafen und sah, daß die Tür zu Franziskas Schlafzimmer offenstand. Mit schwerem Kopf erhob er sich und ging in Richtung Schlafzimmer. Als er die offene Tür durchschritt, sah er das ganze Elend. Seine Studienfreundin lag wie tot vor ihrem Bett. Der schmiedeeiserne Hocker, der als Nachttisch diente, war umgefallen und über ihr Gesicht lief Limonade aus einer umgekippten Flasche. Er rannte zu ihr hin und fühlte fachmännisch ihren

Puls, weil seine Frau schon des öfteren in diesen Zustand gefallen war. Franziska wachte einige Sekunden später auf und verspürte eine Hand an ihrem Unterarm und dachte: „Unverschämt, was will der denn von mir." Wenige Augenblicke später lag sie wohlgebettet da und mußte schon wieder lachen über den peinlichen Zwischenfall. Sie erzählte Torsten, daß das Telefon geklingelt habe und da ihr Kreislauf wegen des großen Alkoholgenusses wohl noch am Boden lag, hatte sie es nicht mehr zurück bis in ihr Bett geschafft. Jetzt hatte sie Kopfschmerzen und Schüttelfrost und sah sich außerstande, zu der morgigen Lateinprüfung zu gehen. Das sah Torsten allerdings total anders. Er baute sich vor ihrem schmiedeeisernen Ehebett auf und predigte auf sie ein. So eine kleine Ohnmacht wäre kein Grund, um vor der Prüfung zu kneifen. Leider könnte er sie nicht eigenhändig dorthin begleiten, weil er jetzt nach Hause müsse, um seine Frau im Krankenhaus zu besuchen. Franzi dachte, er ist wirklich ein guter Kerl und sie würde sich schon ihm zuliebe zusammenreißen. Sie riß sich zusammen und bestand die Sprachprüfung mit einer stabilen Drei. Die für sie größte Hürde ihres Studiums war genommen.

Das mußte natürlich wieder gefeiert werden. Sie überredete ihre beiden Studienfreunde, denen sie nicht zuletzt ihren Erfolg zu verdanken hatte, zu einem Besuch in der Nachtbar; ein nicht gerade üblicher Ort für eine Studentenfeier. Doch Franziska kannte die Bar aus der Zeit ihrer Hebammenausbildung und wußte, daß sie dort viel Spaß haben würden.

Als sie sich an diesem Abend von ihrem Ehemann verabschiedete, winkte er ihr noch vom Fenster nach und sah traurig und nachdenklich aus. So etwas hatte er nie zuvor getan, wenn Franziska alleine ausgegangen war. Einen kurzen Augenblick überlegte sie, ob es richtig sei, nur mit den zwei Studienfreunden zu feiern. Doch für Franziska war ein Freiraum innerhalb der Ehe selbstverständlich, schließlich war die Ehe kein Gefängnis, wo einer den anderen einsperrte, damit nur nichts passierte. Ihr Mann hatte keinen Grund zum Traurigsein, sie ahnte seine wahren Beweggründe für diese Geste nicht.

Der Abend wurde einer der schönsten während ihrer Studienzeit. Es fing alles schon herrlich komisch an. Die Tür der Nachtbar war wie immer verschlossen. Allerdings war man Anstehen im Land gewöhnt und wenn man die nötige Ausdauer bewies, führte es irgendwann zum Erfolg.

Als der Einlasser, der aussah wie ein Zuhälter aus einem westdeutschen Fernsehfilm, denn im Sozialismus gab es offiziell keine Zuhälter, die Tür öffnete und fragte, ob auch Gäste aus dem nahegelegenen Interhotel warteten, hörte Franziska Gottlieb neben sich sagen: „Ja, wir." Der unangenehm schmierige Kerl am Eingang fragte weiter, woher sie kämen und Gottlieb antwortete mit der größten Selbstverständlichkeit: „Na, aus Hamburg, woher denn sonst." Daraufhin bedeutete der Herr über Einlaß und Ausschluß, den Davorstehenden Platz zu machen und öffnete ehrfürchtig die Tür, um sie nach dem Einlaß der drei „Hamburger" gleich wieder zu schließen. Für Franziska war es unbegreiflich, wie die Wartenden, ohne sich aufzuregen, Platz gemacht hatten. „Möchten die Herrschaften bitte die Garderobe ablegen", tönte er weiter. Nachdem Franziska und ihre Freunde auch das, ohne ein Wort zu sagen und sich anzusehen, getan hatten, sagte er wiederum betont höflich zu den Herren: „Eigentlich haben wir ja Krawattenpflicht", worauf Gottlieb wie aus der Pistole geschossen antwortete, daß es so etwas in Hamburg aber nicht gäbe. Die drei bedankten sich höflich über die gemachte Ausnahme und ließen sich an den Tisch führen.

Als der unangenehme Typ außer Sichtweite war, brachen die Studienfreunde in ein Gelächter aus, daß ihnen die Tränen flossen. Nein, das hatte nicht mal Torsten seinem besten Freund zugetraut. Franziska, die schon einiges in ihrem Leben angestellt hatte, lachte den ganzen Abend über diese Nummer ihres mecklenburgischen Studienfreundes, der mit seinem norddeutschen Dialekt diesen Türsteher wohl von Anfang an überrumpelt hatte. Allerdings ärgerten sie sich nicht zum ersten Mal darüber, als eigener Staatsbürger ein Mensch zweiter Klasse zu sein. Natürlich kannten sie die Antwort. Man besaß keine Devisen und auf ein fettes Trinkgeld in Devisen hatte der Kerl natürlich spekuliert. Da man aber keinem trauen konnte, würde er sie nie darauf ansprechen. Pech gehabt, dachte Franziska schadenfroh, denn sie haßte Menschen, die sich für Westgeld verkauften.

Doch die drei Freunde wußten in welchem Land sie lebten und wollten sich an diesem Abend nur amüsieren. Das taten sie auch zur Genüge. Es gab viel zu sehen und zu lachen. Vor allem über das Programm um Mitternacht, was ein Verschnitt von Schunkelliedern und mißglückter Erotik war. Sie beobachteten die Nutten, die es in ihrem Land genau so gab wie anderswo auf der Welt, wenn auch nicht offiziell. Den Sozialismus schädigende und nicht ins Bild passende Dinge wurden einfach totgeschwiegen. Als Franziska eine dieser Damen am Hals des unschuldigen Gottlieb hängen sah, meinte sie, einschreiten zu müssen. Wahrscheinlich glaubte diese Dame immer noch, daß ihr Studienfreund ein Hamburger war. Torsten amüsierte ihre Fürsorglichkeit köstlich. Auf dem Heimweg sah sich Franziska allerdings als Älteste gezwungen, ihren jungen Studienfreund aus den Klauen einer solchen Dame befreien zu müssen und so trottete der schwer angetrunkene Gottlieb treu und brav hinter den beiden her in Richtung Torstens Wohnung, wo sie alle drei ihren Rausch ausschliefen.

*

Da Franziska mehrere Jahre im Krankenhaus gearbeitet hatte, blieb ihr ein diakonisches Praktikum erspart. Deshalb konnte sie beim Pfarrer Rosen ein mehrwöchiges Gemeindepraktikum absolvieren. Das erste Mal wurde sie mit dem Leben in einem Pfarrhaus und dem normalen Tagesablauf eines Pfarrers konfrontiert. Für die meisten ihrer Studienkollegen war das nichts Neues. Doch Franziska gehörte zu den wenigen Nichtpfarrkindern ihres Studienjahres. Während des Praktikums schrieb sie Register und ordnete die Kirchenkartei. Der Pfarrer nahm sie mit zu Hausbesuchen und in ein Heim für geistig behinderte Männer. Die Heimbewohner waren hoch erfreut über den Anblick einer jungen Frau. Franziska wußte gar nicht wie ihr geschah, denn die meisten der Männer streichelten, umarmten und küßten sie. Franziska bewunderte den Pfarrer beim Gottesdienst vor diesen Leuten, die während der Predigt mit Spielzeugautos auf der Kirchenbank hin- und herfuhren. Sie hielt ihre erste Morgenandacht vor dem Personal dieses Heimes und war aufgeregt. Viel zu viele Gedanken hatte sie sich dafür gemacht. Ein Fehler, den alle Anfänger begehen, weil sie meinen, die Menschheit mit ihrer Weisheit überschütten zu müssen.

Wenig später hielt Franziska ihre erste Predigt über eine ihrer Lieblingsgeschichten aus dem Neuen Testament. Franziska hatte vor ihrem

Theologiestudium so gut wie keine Bibelkenntnisse. Wo sollten sie auch herkommen in einem Land, wo es keinen Religionsunterricht gab und man sich nur innerhalb der Kirche mit diesem Buch beschäftigte. Inzwischen kannte sie sich etwas besser aus. Sie wunderte sich oft, was alles in diesem Buch zu finden war. Die Geschichte von den ungleichen Schwestern Martha und Maria war für sie lebensnah und zeitlos. Ihr machte es Spaß, über so eine Geschichte nachzudenken, um sie den Menschen so nahe wie möglich zu bringen. Franziska hatte eine blühende Phantasie und es war schwierig für sie, zwischen vielen guten Ideen auszuwählen. Wenn sie aufgeregt war, dann zitterten ihr zwar die Hände und sie bekam lasche Knie, doch ihre Stimme verließ sie zum Glück nie und so kam sie bei den Leuten gut an.

Sie predigte über die Gastfreundschaft der Schwestern, die für Martha hauptsächlich im leiblichen Wohl, für ihre Schwester jedoch mehr im geistlichen Wohl bestand. Für Franziska war Jesus ein revolutionärer Mann. Er sah die Rolle der Frau nicht nur am Herd. Damit war er seiner Zeit lange voraus. Ihre Sympathien lagen bei Maria, die versuchte, sich ihrem Gast geistig zu nähern. Für Franziska ging die Liebe eben gerade nicht durch den Magen und sie mochte Frauen nicht, die sich in die Küche abschieben ließen und allein in dieser Arbeit ihre Bestätigung fanden. Allerdings war für sie das Schlimmste an diesen Frauen, daß sie über ihre anders funktionierenden Mitschwestern auch noch herzogen, so wie es Martha in der Geschichte tat. Sie war zufrieden mit ihrer ersten Predigt und vor allem war sie glücklich darüber, daß es ihr so viel Spaß gemacht hatte, zu predigen. Blume war nicht erschienen und sie war traurig über sein Desinteresse. Aber da sie auch nicht sehr viel Anteil an seiner Arbeit nahm, machte sie ihm keine Vorwürfe.

Der arbeitsmäßige Höhepunkt ihres Praktikums war eine einwöchige Familienrüstzeit im Harz. Ihr Sohn blieb bei ihren Eltern und ihr Mann hatte versprochen, den Jungen sooft wie möglich zu besuchen. Franziska war inzwischen froh, daß sich ihre Eltern so um das Kind kümmerten, auch wenn sie es nicht immer in ihrem Geiste erzogen. Für die bisher geborenen Enkel hatten sie das nicht getan und sie wußte nicht, ob es daran lag, daß man das Kind der Tochter mehr als eigen Fleisch und Blut betrachtete oder ob es an der Sympathie für den Schwiegersohn lag.

Die Freizeit wurde von Fräulein Enzensberger geleitet, die genau wie ihre ehemalige Katechetin, Frau Hammer, ihr ganzes Leben in den Dienst der Kirche gestellt hatte. Zusammen mit dem Pfarrer würde sie nun für die Freizeitgestaltung dieser Familien verantwortlich sein. Franziska war als Teilnehmer noch nie auf einer sogenannten Rüstzeit gewesen. Sie war nicht der Typ für solcherlei Veranstaltungen. Über ihre freie Zeit wollte sie frei verfügen und sich nicht irgendwelchen Programmen unterordnen. Doch nun war sie Mitarbeiterin und das war etwas anderes. Sie versuchte wie immer, ihre Arbeit so gut als möglich zu tun und wunderte sich, wie gut sie mit den Erwachsenen und den Kindern zurecht kam. Franziska sprühte vor Ideen, wenn es darum ging, ein Thema pädagogisch wertvoll an die Menschen heranzutragen.

Nach getaner Arbeit freute sie sich auf die Abende, die sie im Zimmer des Pfarrers mit einer Flasche Harzer Kräuterschnaps verbrachte. Wenn die Chefin zu Bett gegangen war, trafen sich der Pfarrer und die Praktikantin zur Entspannung. Sie redeten über den Tag, denn für Franziska war diese Arbeit neu. Der Pfarrer dachte: Für eine Anfängerin macht sie ihre Sache erstaunlich gut. Danach sprachen die beiden über Gott und die Welt, was sowohl dem Pfarrer, als auch seiner Praktikantin sehr gut tat.

Am frühen Morgen ließ es sich Fräulein Enzensberger nicht nehmen, Franziska persönlich zu wecken, wobei sie sich nicht mit Klopfen begnügte. Jeden Morgen riß diese Frau die Tür auf und Franzi wurde den Gedanken nicht los, daß Fräulein Enzensberger nachschauen wollte, ob sich nicht jemand in ihr Bett verirrt hätte. Einmal während dieser Woche lag Franziska mit ihrer Studienfreundin Christina am Morgen im Bett, mit der sie das erste Studienjahr ein Zimmer geteilt hatte. Christina absolvierte in einem nahegelegenen Heim für geistig behinderte Frauen ihr Diakoniepraktikum. Den ganzen Abend zuvor hatte die Freundin ihre Erlebnisse aus diesem Heim zum besten gegeben. Sie konnte das so komisch und liebevoll erzählen, daß der Pfarrer und Franziska viel Spaß hatten. Fräulein Enzensberger hatte so getan, als ob sie die Freundin in Franziskas Bett gar nicht gesehen hätte. Sie war Franziska in ihrer sachlichen Nächstenliebe sehr sympathisch, obwohl sie sich so ein Singleleben nur für den Beruf für sich selbst nicht vorstellen konnte.

Franziska wollte alles haben im Leben, einen Beruf, der ihr Spaß machte, eine Familie mit mehreren Kindern, einen verständnisvollen Ehemann und vielleicht sogar einen geheimen Liebhaber. Sie wollte und konnte sich nicht auf eine Rolle festlegen lassen, so wie es die meisten Frauen taten. Offen, sensibel und neugierig für das Leben zu bleiben war ihr das Wichtigste. Sie lebte den Augenblick so intensiv wie möglich, auch weil der Tod ihr immer ganz nahe war.

Am letzten Tag der Rüste – während der sie wenig an ihre Familie gedacht hatte – machten sie und der Pfarrer einen letzten gemeinsamen Spaziergang über den Friedhof des Harzstädtchens. Beide hatten eine Vorliebe für den Ort, der einem die Vergänglichkeit, aber auch die Ewigkeit so nahe brachte. Sie setzten sich auf eine Bank und hingen schweigend ihren Gedanken nach. Nächtelang hatten sie sich unterhalten, gestritten und viel Spaß miteinander gehabt. Nun würden sie in ihre Familien zurückkehren und der Alltag würde beginnen.

Franziska bereiteten Abschiede große Schwierigkeiten, jedoch zeigte sie in solchen Augenblicken Stärke, weil sie, trotz großer Gefühle, der Realität ins Auge blicken konnte. Erst jetzt allerdings wurde ihr bewußt, daß sie sich unsterblich in diesen Pfarrer verliebt hatte und jetzt schon die Sehnsucht an ihr nagte, obwohl dieser Mann noch neben ihr saß. Die Verliebtheit machte sie glücklich, traurig und dankbar zugleich. Das Leben würde eine Lösung finden. Der Pfarrer ahnte die Gedanken seiner Praktikantin, die ihm bisher immer etwas unreif vorgekommen war. Er war ihr dankbar, daß sie jetzt schwieg, weil sie ihm ohnehin zuviel redete. Irgendwo war ihm Franziska jedoch sympathischer, als er sich selbst eingestehen wollte. Auch fühlte er sich geschmeichelt durch ihr Interesse an ihm. Er hatte in seinem Leben immer mehr mit Frauen als mit Männern anfangen können und er brauchte Freundinnen. Sie hoben sein Selbstwertgefühl. Treue bestand für ihn nur in der Sexualität und er konnte es seiner Frau nie verzeihen, daß sie ihm in dieser Hinsicht untreu geworden war, auch wenn das schon lange zurücklag.

Auf der gemeinsamen Heimfahrt im Trabbi des Pfarrers sprachen Franziska und der Pfarrer auch nicht miteinander und je näher sie ihrem Heimatort kamen, umso mehr schnürte es Franziska die Kehle zu. Sie ließ sich in der Nähe der elterlichen Wohnung absetzen, nachdem sie Rainer Rosen für die schöne gemeinsame Zeit gedankt hatte. Als er sie zum Kaffeetrinken zu sich nach Hause einlud, lehnte sie ab. Sie wollte so schnell wie möglich ihren Sohn sehen und den Abschied von ihrer heimlichen Liebe nicht noch länger hinauszögern. Pfarrer Rosen hätte es besser gefunden, wenn Franziska noch mitgekommen wäre. Seine Frau würde garantiert nach Franziska fragen und er fürchtete die endlosen Diskussionen, die meistens katastrophal endeten.

Franziska fand ihre Eltern, ihren Sohn und Ehemann, der sie merkwürdig ansah, beim Sonntagnachmittagskaffee. Allen schien es gut zu gehen, auch wenn Franzi mißfiel, daß ihr Sohn schon wieder ein wenig dicker geworden war, weil die Oma ihn wahrscheinlich von früh bis spät gemästet hatte. Im Haus Kaufmann schien man sich nicht sonderlich für Franziskas verlebte letzte Woche zu interessieren, obwohl sie gern etwas über ihre getane Arbeit erzählt hätte. Sie fühlte sich wie sooft von ihrem Ehemann und den Eltern unverstanden und so beteiligte sie sich, wenn auch etwas lethargisch, an dem Gespräch, welches sich wie immer um Blumes Arbeit, Fußball und Politik drehte. Der einzige, der sich zu freuen schien, daß sie wieder da war, war ihr Söhnchen, dem sie sich dann auch liebevoll widmete. Gegen Abend verabschiedete sich die kleine Familie und trat den Heimweg an. Zu Hause angekommen, brachte das Ehepaar den Sohn ins Bett und ließ sich mit einer Flasche Wein vor dem Fernseher nieder. Beide Ehepartner hingen ihren eigenen Gedanken nach, wobei Franziska nicht bemerkte, daß ihr Mann sie aus dem Augenwinkel heraus beobachtete.

Irgendwann am Abend wurde Franziska von Blume gefragt, ob sie etwas dagegen hätte, daß seine Mutter für die nächste Zeit bei ihnen wohnen würde. Natürlich hatte Franziska nichts dagegen, wenn es der alten Frau nicht gut ginge. Blume schätzte an seiner Frau, daß sie, auch wenn sie eigene Probleme hatte, sich mit den Problemen anderer beschäftigte. Andererseits warf er ihr genau das vor. Waren ihr nicht andere Menschen viel wichtiger als ihr eigener Mann? Franziska wunderte sich an diesem Abend, daß ihr Mann nicht mit ihr schlafen wollte. Es war ihr recht, war sie doch in Gedanken nicht bei ihm.

Erst einige Tage später erfuhr sie, wie sich der Abend im Pfarrhaus Rosen abgespielt hatte. Der Pfarrer rief sie an und fragte mit seiner ruhigen warmherzigen Stimme, ob sie auf die letzten Tage des Praktikums verzichten könnte. Es wäre nicht gut, wenn sie jetzt bei ihm auftauchen würde. Er würde sich melden. Franziska war verzweifelt und wütend. Wer dachte eigentlich daran, wie es ihr ginge? Wieder einmal wollte sie lieber tot als lebendig sein. Als Franziska zwei Tage später dem Pfarrer die Tür öffnete, sah dieser, wie blaß und mager sie aussah. Er hatte wenig Zeit, denn seine Frau wußte nichts von dem Besuch. Deshalb erzählte er Franziska im Telegrammstil, daß Anne Rosen ihn über die Rüstzeit ausgefragt und zu dem Ergebnis gekommen war, daß ihr Mann und Franziska nicht nur die Abende miteinander geteilt hatten, sondern auch das Bett. Anne wäre auch schon bei Fräulein Enzensberger gewesen und hätte sich erkundigt. Diese allerdings hatte ihre beiden Mitarbeiter in Schutz genommen und nichts Nachteiliges über sie berichtet. Inzwischen hätten sich die Wogen etwas geglättet. Die Lage wäre aber immer noch angespannt. Franziska hatte fassungslos zugehört. Das hätte sie Anne nicht zugetraut. Wie konnte man seinen Mann so blamieren? Der Pfarrer tat ihr leid. Zum Glück hatten sie sich nichts vorzuwerfen. War es verboten, sich sympathisch zu finden und sich ineinander zu verlieben? Franziska wußte nicht, welche Gefühle der Pfarrer für sie hegte, doch sie war glücklich, daß er da war. Bei der Verabschiedung streichelte der Pfarrer Franziska ein wenig. Sie tat ihm leid. Er versprach, sich zu melden, sobald sich die Wogen geglättet hätten. Außerdem würde das Gespräch beim Kirchenpräsidenten in wenigen Tagen anstehen. Daran hatte Franziska überhaupt nicht mehr gedacht. Ihre Probleme an der Uni tangierten sie zur Zeit gar nicht.

Franziska war noch nie zuvor im Gebäude der Kirchenleitung gewesen. Wozu auch? Sie wollte erst einmal Theologie studieren und dann weiter sehen. Die Kirche war für sie eine Institution wie jede andere, was sie vor allzu großen Erwartungen bewahrte.
Als sie nun mit dem Pfarrer im Vorzimmer des Kirchenpräsidenten wartete, dachte sie, warum läßt er uns warten? Wir haben einen Termin. Hat er wirklich noch etwas Dringliches zu tun oder spielt er seine kleine Macht aus? Bei weiteren Besuchen merkte sie sehr schnell, daß

das Letztere zutraf. Der Kirchenpräsident war ein großer kräftiger Mann mit goldener Brille, der sich seiner Stellung nicht nur bewußt war, sondern sie auch genoß. Er hörte sich die Geschichte mit der Verweigerung des Wehrsportes noch mal an und Franziska hatte das unangenehme Gefühl, daß er ihre Gewissensentscheidung weder verstand noch akzeptierte. Er wand sich wie ein Aal und bezog überhaupt keine Position. In der Politik wäre dieser Mann besser aufgehoben, dachte Franziska. Am Ende des Gespräches sagte er sehr eindringlich zu ihr, daß sie das von ihr verfaßte Schriftstück am besten unter ihrem Kopfkissen aufbewahren sollte, weil die Westmedien auf so etwas nur warteten. In welchen für Franziska unvorstellbaren Dimensionen dachte eigentlich dieser Mann und auf welcher Seite stand er wirklich? Zum Schluß sagte er ihr mit einem frommen Samariterblick, sie solle jedoch nichts tun, was ihrem Gewissen widerspräche, das sei den Menschen noch nie gut bekommen. Wie wahr, dachte Franziska, und verließ enttäuscht das Büro, welches mehr einem Audienzzimmer glich. Ihrem geliebten Pfarrer sagte sie, daß solche Leute in der Kirche wohl weder etwas mit dem Herrn Jesus zu tun hätten noch etwas zum Guten wenden würden.

Danach tranken sie bei den Rosens Kaffee und Anne Rosen tat so, als sei nichts geschehen, was Franziska zwar nicht verstand, aber dennoch dankbar annahm. Sie hatte so viele andere Probleme und die Rosens waren ihr als Freunde wichtig.

Eigentlich hatte sie sich auf den Einzug ihrer Schwiegermutter gefreut, doch diese Freude verging sehr schnell. Diese Frau, die allein drei Söhne großgezogen hatte, war nun nicht mehr in der Lage, an irgendjemanden, außer an sich selbst zu denken. Selbst am kleinen Michael konnte sie sich nicht freuen. Sie erzählte Franziska, daß der Junge bösartig sei, weil er ihr einen Baustein mit Absicht an den Kopf geworfen hatte. Franziska wußte, daß es nicht wahr war, aber sie schwieg. Nicht einmal wurde sie von Blumes Mutter gefragt, was sie so tat den ganzen Tag. Ihre Schwiegermutter fragte sie nur täglich, wann sie nach Hause käme und zählte ihr auf, was sie alles zu besorgen hätte.

Eines Abends saß die Familie in aller Ruhe gemütlich beim Abendessen. Irgendwann kam die Unterhaltung auf den Krieg. Blumes Mutter erzählte, daß sie auf der Flucht von einem russischen Soldaten ins Gesicht geschlagen wurde, weil sie wegen der kleinen Jungen nicht der angeordneten Arbeit nachgehen wollte. Franziska dachte bei sich, da kann sie doch froh sein, daß ihr nicht mehr passiert ist. Ihre Schwiegermutter sah das allerdings ganz anders. Sie jammerte, daß sie nie einem Menschen etwas zuleide getan hätte und verstand diese Behandlung überhaupt nicht. Blume antwortete mit kauendem Mund: „Dafür ging es dir vorher gut, als es vielen anderen schlecht ging." In der Tat waren die Wiesenblums „heim ins Reich" geholt worden, nach Lodz, besser gesagt nach „Litzmannstadt", wo sie in eine ehemals jüdische Villa zogen mit Personal und allem drum und dran. Herr Wiesenblum ging als Physiker in den Krieg und seine Frau sah ihn nach Zeugung des dritten Kindes nicht mehr. Er galt als vermißt und Franziska dachte, er wäre nicht der einzigste, der ein neues Leben mit einer neuen Frau in der Sowjetunion führte. Doch sie hielt sich mit Bemerkungen aller Art zurück und fand die Bemerkung ihres Mannes zwar richtig, wenn auch ein wenig zu unsensibel.

Ihre Zurückhaltung half ihr nichts. Nachdem die alte Frau den Satz ihres Sohnes verarbeitet hatte, fing sie hysterisch an zu schreien: „Die soll sich bloß nichts darauf einbilden, daß sie von Polacken abstammt. Die tut so, als ob sie etwas Besseres wäre. Schlimm genug, daß du so etwas geheiratet hast und dich von der beeinflussen läßt. Es war eine Frechheit, mich auf der Hochzeit neben eine Polackin zu setzen. Schlimm genug, daß Polacken auf der Hochzeit waren. Wenn du noch einmal eine solche Unverschämtheit zu deiner Mutter sagst, bist du nicht mehr mein Sohn und ich nicht mehr deine Mutter." Darauf verließ Mutter Wiesenblum weinend die Küche und die jungen Wiesenblums saßen wie versteinert da.

Es dauerte eine Weile, bis Franziska begriff, was ihre Schwiegermutter eigentlich gesagt hatte. Sie war gemeint, wenn die alte Frau von den Polacken sprach. Leider war die Familie ihres Vaters, die schon seit dem Ende des letzten Jahrhunderts in Polen gelebt hatte, gar nicht polnisch sondern deutsch. Jedoch hatte ihr Vater nie schlecht von den Polen geredet und ein Wort wie „Polacken" war bei den Kaufmanns dank ihres Vaters verboten. In der Tat war ihre einzige polnische Tante auf ihrer Hochzeit gewesen und Franziska hatte sich damals gerade über diesen Besuch gefreut. Waren sie, Blume, ihr

kleiner Bruder und ihr Sohn nicht erst im letzten Herbst mehr als gastfreundlich von ihren polnischen Verwandten aufgenommen worden?
Was hatte diese Frau alles in sich aufgestaut, um solche Ungeheuerlichkeiten zu verbreiten. Konnte sie ihrer Schwiegermutter je wieder unvoreingenommen begegnen? Die Achtung, die sie aus Anstand jedem alten Menschen entgegenbrachte, war dahin. Trotzdem sagte sie nach einer Weile zu ihrem Mann: „Geh hin, beruhige sie. Sie ist doch eine alte Frau und deine Mutter." Blume sagte wie ein beleidigter kleiner Junge, daß er das nicht einsähe. Er habe die Wahrheit gesagt und eigentlich müßte sich seine Mutter entschuldigen, doch das verlange er nicht. Er merkte offensichtlich gar nicht, daß hauptsächlich seine Frau beleidigt worden war oder wollte er es nicht merken? Insgeheim ärgerte er sich über Franziska, die wie so oft die Barmherzige spielte. In Wirklichkeit ärgerte er sich über seine Mutter. Würde er sie nicht gerade jetzt brauchen?
Franziska war stolz auf ihren Mann und sie war glücklich, daß es wenigstens über das ihr so wichtige Thema Übereinstimmung in ihrem Hause gab. Nach einer Stunde ging sie zu ihrer Schwiegermutter, die heulend auf der Bettkante saß. Franziska strich ihr übers Haar, doch die alte Frau wich ihr beleidigt aus. Franziska sagte trotzdem: „Nimm die Sache nicht so ernst. Versuch jetzt zu schlafen, gute Nacht." Als Blume ins Bett gegangen war, weinte Franziska sehr lange. Sie war wieder einmal so enttäuscht und fühlte sich ungerecht behandelt. Was hatte sie dieser Frau getan, daß sie so haßerfüllt von ihr reden konnte. Franziska hatte Angst, sie war so machtlos. Sie weinte, trank und rauchte, bis sie irgendwann auf dem Sofa in einen fast bewußtlosen Schlaf verfiel.
Der Weg durchs finstere Tal hatte für Franziska begonnen, sie suchte das Licht, doch es kam ihr immer wieder abhanden und die Talsohle war noch nicht erreicht. Noch immer wußte sie nicht, ob sie überhaupt weiterstudieren konnte, was sie nicht gerade für das Studium motivierte. Die Anwesenheit ihrer Schwiegermutter verlangte ihr einen hohen Grad der Nächstenliebe ab und ihr zunehmend gleichgültiger Ehemann raubte ihr den letzten Nerv. Den Pfarrer traf sie nur noch in Begleitung seiner Frau, was allerdings besser war als gar nicht. Franziska riß sich zusammen und wirkte in der Öffentlichkeit fröhlich und sorglos wie immer. Für sie war das Leben eine Bühne,

auf der man sich nicht ungeschminkt bewegen sollte. Sie war in Wirklichkeit ein so introvertierter Mensch, daß sie fast keinen anderen Menschen an ihren wahren Gefühlen teilhaben ließ. Sie war dankbar für jede Ablenkung und konnte dann für ein paar Stunden ihren Kummer vergessen, der sie in der Einsamkeit so depressiv machte.

*

Einige Tage nach dem Ausbruch ihrer Schwiegermutter saß die Familie wieder beim Abendessen zusammen. Blumes Mutter verabschiedete sich nach dem peinlichen Vorfall immer sehr schnell ins Bett und ließ das Ehepaar allein, was Franziska zwar traurig fand für die alte Frau, aber auch sie sah keine andere Lösung. Blume zündete sich eine Zigarette an und machte keine Anstalten, Franziska beim Wegräumen des Geschirrs zu helfen oder sich vor den Fernseher zurückzuziehen. Also setzte sich Franziska wieder an den Tisch und zündete sich auch eine Zigarette an. Sie hatte das Gefühl, daß er ihr etwas mitteilen wollte und da er noch nie der schnellste war, auch nicht mit Worten, ließ sie ihm Zeit und schwieg.

Plötzlich sagte er vollkommen unvermittelt, daß er sich scheiden lassen wolle, weil sie eine Beziehung zum Pfarrer Rosen habe und diesen Mann offensichtlich mehr liebe als ihn. Franziska trafen die Worte ihres Ehemannes wie ein Paukenschlag, der sie zusammenzukken ließ. Scheidung, dieses für sie so gefürchtete Wort, hatte er wie selbstverständlich ausgesprochen. Ein Verhältnis hatte er ihr wie selbstverständlich angehängt. Allein mit ihrer Verliebtheit hatte er recht. Tausend Gedanken schwirrten ihr durch den Kopf und sie begann zu reden, weil sie von ihrer Ehe retten wollte, was zu retten war. Sie beschimpfte ihren Mann ob der Hintergedanken, als ob man sich immer gleich im Bett rumwälzen muß, wenn man jemanden sympathisch fand. Einen Moment dachte sie, warum sie es eigentlich nicht getan hatten. Ihre Zurückhaltung war doch angesichts der Reaktion der Ehepartner eher lächerlich. Sie weinte, als sie über ihre Ehe sprach, weil sie glaubte, daß auch sie Grund zur Beschwerde hätte und daß sie sich beide bemühen sollten, ihrer Liebe eine neue andere tiefere Dimension zu geben. Ja, sie gab zu, sich in den Pfarrer verliebt zu haben, na und, war das verboten, konnte man überhaupt etwas dagegen tun? Sie wüßte nicht einmal, ob es dem Pfarrer ähnlich ging und das war sowieso egal, weil es, wenn schon eine Liebesgeschichte, dann eine ohne Happyend sein würde, weil sie beide verheiratet waren. Man könne sich doch nicht scheiden lassen, nur weil man sich mal in einen anderen Menschen verliebt hätte, so primitiv dachten zwar viele, aber sie nicht. Er solle also das dumme Gequatsche von Scheidung lassen und lieber überlegen, wie sie aus der jetzigen Situation rauskommen könnten.

Blume war erstaunt über die Reaktion seiner Frau. Er hatte sich wieder einmal in Franziska getäuscht, die für ihn einen zu komplizierten und anstrengenden Charakter hatte. Was sollte er tun? Er hatte die Sache schon so lange hinausgeschoben und Franziskas Liaison hätte gut in seinen Plan gepaßt. Doch damit schien es ja wirklich nicht viel auf sich zu haben. Er konnte also nicht ihr allein den schwarzen Peter zuschieben, er mußte raus mit der Sprache, weil er es Bärbel versprochen hatte und sie nicht länger warten wollte. Also sagte er genau so unvermittelt, als sei es das Selbstverständlichste auf der Welt: „Ich habe eine Freundin und ich habe vor, diese Frau zu heiraten." Franziska konnte später nicht mehr sagen, wie diese Worte sie trafen, nur daß sie einen Schock in ihr auslösten, der ihr ein Leben lang zu schaffen machen sollte. Eine große Illusion war in ihrem Hirn zersprungen wie eine Seifenblase. Wenn sie alles von ihrem Mann erwartet hätte, aber nicht das. Sie hatte ihn doch aus dem Grund geheiratet, weil sie sicher war, sich auf seine Treue verlassen zu können. Für sich selbst hätte sie nicht die Hand ins Feuer gelegt, jedoch für ihren Ehemann jederzeit. Er war für sie nie der charmanteste, schönste und intelligenteste Mann, gerade deshalb war er für sie der ideale Ehemann gewesen. Sie hatte bisher Frauen belächelt, denen Hörner aufgesetzt wurden, wo die ganze Stadt von den Verhältnissen ihrer Ehemänner wußte, nur die armen Ehefrauen nicht, jetzt gehörte sie selbst dazu. Sie wollte weinen und lachen zugleich, doch der Schock hatte sie gelähmt.

Abwesend wie eine Geisteskranke fragte sie nach einer Weile: „Seit wann?" Blume war die Frage peinlich, deshalb antwortete er: „Schon ganz schön lange, aber das hat nichts zu bedeuten. Du hättest die Chance gehabt, es umzubiegen." Sie wiederholte ihre Frage: „Seit wann?" Ihre apathische ruhige Stimme beunruhigte Blume, der die Sache so schnell wie möglich über die Bühne bringen wollte. Er wußte, daß er Franziska gegenüber nicht ganz fair gewesen war, wobei sich seine Selbstkritik in Grenzen hielt. Deshalb antwortete er: „Seit dem letzten Sommer schon", und er fügte entschuldigend hinzu, als er Franziskas erschrockene große Augen sah: „Man läßt eben einen Mann nicht wochenlang allein." Franziska glaubte, ihren Ohren nicht zu trauen, jeder Satz, den dieser Man sprach, übertraf an Grausamkeit für sie den vorhergehenden. Wie Nadelstiche trafen sie Blumes Worte. Ihr Bild von diesem Mann hatte nichts mit dem Mann zu tun, der ihr jetzt am Küchentisch gegenübersaß. Wie konnte das passieren?

Tränen der Trauer, der Wut und Verzweiflung stiegen ihr in die Augen und sie schrie vollkommen aus der Fassung: „Glaubst du im Ernst, daß ich wochenlang mit einem einjährigen Kind im staubigen Sommermief sitze, wenn ich die Zeit, ohne auch nur einen Pfennig zu bezahlen, am Meer verbringen kann? Da wäre ich ja schon mehr als blöd." „Andere Frauen tun das auch", entgegnete Blume ganz sachlich.

So ging das Wortduell stundenlang weiter, wie bei tausenden von Paaren in ähnlicher Situation. Vorwürfe über Vorwürfe – angestaut auf eine lange Zeit. Franziska weinte, schrie, brüllte, während Blume blaß und genervt dasaß und langsam bemerkte, wie seine Migräne aufstieg. Sie erfuhr, daß ihre Konkurrentin eine Arztsekretärin war, die genau mit dem ihren Ehemann eingefangen hatte, was Franziska ihm bewußt verweigerte. Allerdings hatte er auch nie danach verlangt, was Franziska besonders verlogen fand. Blume dagegen wußte, daß seine zweite Frau ganz anders als die meisten Menschen leben wollte. Sie war in seinen Augen arrogant, weil sie sich immer als etwas Besonderes fühlte. Doch jetzt sah sie krank und leidend aus. Ihr schien sein Anliegen echt an die Nieren zu gehen. Das rührte ihn und machte ihn ratlos. Irgendwann am späten Abend beruhigte sich Franziska. Sie kam sich plötzlich vor, wie die verlassene und betrogene Ehefrau in einer schlechten Serie. Alles war eingetreten, was sie zuvor so verachtet hatte. Nie hätte sie geglaubt, daß es in ihrer Ehe über einen langen Abend ein so mieses Wortgefecht geben könnte. Also riß sie sich zusammen und fing an, über die Sache ganz vernünftig zu reden. Sie wußte, daß es ihre letzte Chance war und sie die Initiative ergreifen mußte.

Franziska analysierte die Situation und erklärte ihrem Mann, daß sie der anderen Frau nicht ihr Verhältnis zu ihrem Mann vorwerfe, wohl aber, daß sie anscheinend mit allen Mitteln versucht habe, ihn als Ehemann zu gewinnen. Außerdem bat sie Blume um nur eine Chance, denn die hatte er ihr bisher nicht gegeben, da sie die wahre Situation nicht kannte. Sie erklärte ihm, daß er das, wenn nicht schon ihr, dann doch wenigstens seinem Sohn schuldig wäre. Blume war in eine Zwickmühle geraten und er bereute zum ersten Mal, nicht vorher mit ihr gesprochen zu haben. Ja, wenn er ihr gegenüber fair sein wollte, mußte er auf ihren Vorschlag eingehen. Also versprach er ihr, am nächsten Tag mit der anderen Frau zu reden und der Familie eine letzte gemeinsame Chance zu geben. Franziska lächelte zum ersten Mal an diesem Abend. Sie gingen erschöpft schlafen und sie kuschelte sich an ihren Mann. Warum hat sie das nicht früher getan?, dachte Blume. Er konnte sich nicht einmal an diesem Abend ihrem Körper entziehen. Sie schliefen miteinander, was Blume ärgerte und Franziska glücklich machte.

Am nächsten Tag fuhr Franziska wie immer in die Uni, doch mit den Gedanken war sie ganz weit weg. Zu schockierend waren für sie die Enthüllungen des Vortages. Auf einmal sah sie sich selbst in einem ganz anderen Licht. Sie fühlte sich unsicher und beobachtet. Bisher war sie die junge, etwas ausgeflippte, lässige Frau des Oberarztes Wiesenblum und jetzt? Es ärgerte sie, daß ihr Selbstwertgefühl unter dem Verhalten ihres Mannes litt. Am Morgen hatte sie sich auf dem Bahnhof beobachtet und belächelt gefühlt. Warum hatte sie nichts mitbekommen? Die Antwort war eigentlich ganz einfach: Weil sie gar nichts mitbekommen wollte, weil sie Ehen, wo einer dem anderen nachspioniert, furchtbar fand und weil sie Blume so gesehen hatte, wie sie ihn sehen wollte und nicht, wie er war. Wahrscheinlich hätte sie den wahren Blume gar nicht geheiratet. In Wirklichkeit hatte sie ihr Bild von Blume zum Ehemann gemacht und dieses Bild hatte sich gestern Abend einfach in Luft aufgelöst.

Die veränderte Situation bereitete ihr Schwierigkeiten, mit denen sie erst lernen mußte umzugehen. Dennoch freute sich Franziska seit langem wieder auf zu Hause und vor allem auf ihren Ehemann. Der drohende Verlust des Mannes machte ihr erst seine Wichtigkeit für sie bewußt und machte ihn auch wieder interessant für sie. Da sie aber zu den wenigen Menschen gehörte, die auch noch der negativsten Sache etwas Positives abgewinnen können, träumte sie auf der Heimfahrt davon, wie sie ihre Liebe neu beleben könnten, denn allein die Rückgewinnung ihres Ehegatten war ihr zu wenig.

Als ihr Blume am Abend die Haustür öffnete, sah sie ihm ins Gesicht und sie wußte, daß sie diesen Mann für immer verloren hatte. Sie wehrte sich gegen diesen Eindruck und mußte wenige Augenblicke später erfahren, daß es ihr nichts half. Blume erklärte ihr, daß es zu spät sei, weil die andere Sache schon zu weit fortgeschritten sei. Seine Freundin wäre schwanger und er würde sie heiraten. In den nächsten Tagen würde er die Scheidung einreichen. Franziska fing an zu weinen, weil sie sich machtlos fühlte gegenüber dieser Frau, die ihrer Meinung nach mit billigen Mitteln, aber dennoch mit allen Mitteln kämpfte. Wie konnte denn ein Gynäkologe sich zu diesem Zeitpunkt eine Schwangerschaft unterjubeln lassen? Das war alles so primitiv und fassungslos für Franziska, weil sie wußte, daß es auch für diesen Mann keine Lösung war. Doch was sollte sie tun? Es fiel ihr in diesem Moment nichts Besseres ein, als ihre letzte kleine Macht auszuspielen die darin bestand, daß sie ihrem Mann gegenüber trotzig behauptete, daß sie nie in eine Scheidung einwilligen würde.

Mit solchen Schwierigkeiten seitens seiner Frau hatte Blume nicht gerechnet. Er wurde wütend und aggressiv, allerdings nur mit Worten. Er schrie Franziska an, daß ihr das alles nichts nützen würde und sie damit nur einen Zustand verlängern würde, der allen Beteiligten eine Rückkehr ins normale Leben unmöglich mache. Daraufhin verließ er türenknallend die Wohnung und überließ seine Ehefrau ihrem Schicksal, die noch eine Stunde wie gelähmt auf ihrem Stuhl saß. Dann schnappte sich Franziska eine Flasche Wein. Unter Vivaldiklängen nahm der Rausch sehr bald von ihrem Geist Besitz. Ihre Gedanken trugen sie heraus aus der bedrohlichen Wohnung in höhere Gefilde und sie fühlte sich zunehmend glücklicher und dem Herrgott ganz nahe.

Mitten in der Nacht hörte sie ihren Mann ins Bett kommen. Im Halbschlaf suchte sie seine körperliche Nähe, doch dieser schob sie bestimmt von sich. Das erste Mal verstieß er sie auf diese unsanfte

Art. Franziska verzog sich in die letzte Ecke ihres Bettes, stopfte sich den Zipfel des Kopfkissens in den Mund, um nicht laut zu weinen. Tränen rannen über ihre Wangen. Sie war aus dem Himmel so hart auf den Boden gestürzt, daß sie nur noch Schmerzen verspürte.

Bis zu dem Zeitpunkt, als sie ihre Scheidungsklage in den Händen hielt, versuchte sie, so normal wie möglich zu leben. Nach ihrer Meinung hatte es der kleine Michael nicht verdient, unter den Problemen seiner Eltern zu leiden. Hatte er nicht seine Mutter schon zu oft in der letzten Zeit mit Tränen in den Augen gesehen? Jedes Kind wird durch die Tränen seiner Mutter in Panik versetzt und Franziska wußte das nur zu gut. Dennoch übermannten sie diese Augenblicke der Schwäche immer öfter und ihre Todessehnsucht wurde wieder größer. – Der Tod hatte von ihr Besitz ergriffen, wie nie zuvor in ihrem Leben, das machte ihr Angst, beruhigte sie aber auch zugleich. Gab es doch einen letzten Ausweg, falls die Wege des Lebens alle in einer Sackgasse enden würden.

Jede Diskussion mit Blume endete im Streit. Er war nett zu ihr, so lange sie das Thema Scheidung nicht ansprach. Er wollte nicht mehr darüber diskutieren. Franziska riß sich zusammen, sie wollte keinen Rosenkrieg führen, sie wollte es wie immer besser machen, und sie ärgerte sich jedes Mal über sich selbst, wenn sie sich zu miesen Bemerkungen oder hysterischen Anfällen herabließ.

Jedes Mal freute sie sich ungemein, wenn der geliebte Pfarrer ihr einen kurzen Besuch abstattete, da seine Frau die nicht vorhandene Beziehung der beiden streng überwachte. Erst viel später sollte Franziska erfahren, daß auch der Pfarrer eine schwierige Zeit durchmachte und sich seine Ehe zunehmend problematischer gestaltete.

Franziska hatte inzwischen mit ihren Eltern gesprochen und die traurigen, besorgten Blicke ihres Vaters hatten ihr weh getan. Natürlich war ihre Mutter, wie immer ohne Franziskas Wissen, zu Blume gerannt, um zu retten, was zu retten war. Blume erzählte Franziska von dem Gespräch und regte sich darüber auf, daß seine Schwiegermutter meine, ein Verhältnis wäre kein Scheidungsgrund. Da müßte sich ja die halbe Welt scheiden lassen, hatte sie gesagt. Typisch, dachte Franziska, Hauptsache nach außen den Schein wahren. Hatte doch ihre Mutter sich nur Sorgen darüber gemacht, was wohl die Leute sagen würden und daß sie sich schämen würde. Franziska war etwas schadenfroh, weil es sie überhaupt nicht interessierte, was die Leute dachten. Zu groß war ihre Enttäuschung und sie wußte auch nicht, ob sie angesichts des für sie grausamen Verhaltens ihres Gatten wirklich so lange als möglich die Scheidung verhindern sollte. Ihre Eltern wollten ihr einen Anwalt bezahlen, der für sie soviel herausholen sollte, wie nur möglich. Der Traumschwiegersohn war von einem Tag zum anderem zum Feind geworden, vor allem für Herrn Kaufmann, der nicht verstehen konnte, daß man Frau und Kind allein ließ. Am eigenen Leib hatte er unter den Folgen einer Scheidung gelitten und er sollte es seinem Vater ein Leben lang nicht verzeihen, daß er sich von seiner Mutter, immerhin mit vier Kindern, hatte scheiden lassen. Er wußte, daß seine Mutter nicht schuldlos war, doch war ein Verhalten, wie sein Vater es an den Tag gelegt hatte, verwerflich und unmoralisch und jetzt hatte er die gleiche Meinung von seinem Schwiegersohn.

Als Franziska eines Nachmittags vom Bahnhof kam, fand sie einen dicken Brief im Briefkasten von der Rechtsanwältin ihres Mannes vor. Bis dahin konnte sie das Thema Scheidung noch verdrängen. Sie hatte immer noch gehofft, daß das Verhältnis zu Bärbel sich abnutzen und die Schwangerschaft sich als die Erpressung entlarven ließ. Für Franziska war die Frau nicht schwanger, womit sie zwar Recht behalten sollte, allein ihren Mann konnte sie nicht davon überzeugen. Sie hatte keinen Einfluß mehr auf ihn, was ihrem Selbstbewußtsein sehr zu schaffen machte.

Sie kochte sich eine Tasse Kaffee und setzte sich an den Küchentisch, zündete sich eine Zigarette an und öffnete den Brief. Auf dem weißen Papier standen furchtbare Worte und es gab kein Entrinnen mehr. Sie war die Verklagte, ihr Mann der Kläger – alles hatte nunmehr Öffentlichkeitscharakter und die Begründung der Klage erstreckte sich über viele Seiten. Die Kehle war ihr wie zugeschnürt, daß sie sich selbst am Zigarettenrauch verschluckte und es ihr den Magen herumdrehte.

Sie las über sich so unglaubliche Dinge, daß selbst die Tränen in ihren Augen erstarrten. Demnach hatte sie nur angefangen zu studieren, um morgens länger schlafen zu können. Sie hatte ihrem Mann mehrmals die ehelichen Pflichten verweigert und hatte unverschämterweise eine Freundin mit in den Familienurlaub genommen. Außerdem wäre ihr Mann maßlos enttäuscht gewesen, als der vor langen Zeiten gedeckte Kaffeetisch nicht für ihn, sondern für eine Freundin hergerichtet war. Ein unglaublicher Vorwurf reihte sich an den anderen.

Am Ende des Schriftstücks, das sie zur schlechtesten Ehefrau aller Zeiten machte, konnte sie lesen, daß nun auch noch ein Mann in ihr Leben getreten sei, mit dem sie sich über das Leben nach dem Tod unterhalten konnte und ihr eigener Ehemann aus all den besagten Gründen keinen Sinn mehr in ihrer Ehe sähe.

Mit diesem Schriftstück hatte Blume ihre Ehe nicht nur verraten, sondern auch in aller Öffentlichkeit auf peinlichste und primitivste Weise in den Dreck gezogen. Franziska schämte sich, einen solchen Mann geheiratet zu haben. Damit hatte sie eine Mitschuld an ihrem Dilemma.

Sie saß laut heulend am Tisch, als ihre Schwiegermutter die Küche betrat. Die alte Frau sah sie kurz erstaunt an und da Franziska keine Anstalten machte, ihre Tränen zu verbergen, fragte sie etwas gereizt, warum sie weine. Franziska antwortete: „Dein Sohn will sich scheiden lassen." Blume hatte noch nicht mit seiner Mutter über das Thema gesprochen, was Franziska nicht richtig fand, aber da sie mit ihrer Schwiegermutter nichts verband, hatte auch sie keinen Grund gesehen, sie in ihre Kümmernisse einzuweihen. Jetzt hörte sie von ihr den unglaublichen Satz: „Du tust mir leid, aber wir brauchen noch Brot." Langsam, fast in Zeitlupe, erhob sich Franziska von ihrem Stuhl und ging an der Frau vorbei. Sie kam mit ihrem Sohn Michael auf dem Arm zurück, die alte Frau stand noch immer auf demselben Fleck. Doch als Franziska sie wieder nicht beachtete, zog sie sich beleidigt auf ihr Zimmer zurück. Sie würde es ihrem Sohn sagen müssen mit dem Brot, zum Glück hatte es mit dieser Schwiegertochter bald ein Ende.

Franziska wollte ihren Sohn ins Bett bringen, viel zu zeitig, jedoch fühlte sie sich nicht in der Lage, noch mit ihm spazieren zu gehen, so wie sie das täglich vor dem Schlafengehen tat. Michael war noch zu klein, um sich gegen die unangemessene Zeit zu wehren. Außerdem haben Kinder ein natürliches, angeborenes Gefühl, dem Chaos aus dem Weg zu gehen. Jedoch überfiel ihn eine unbändige Angst, als es im Badezimmer plötzlich dunkel wurde. Franziska hatte ihn in die Badewanne gesetzt und die Tür zur Küche offengelassen, wo sie wieder auf dem Stuhl saß und rauchte. Sie hatte nicht bemerkt, daß das Licht ausgegangen war. Nun hörte sie ihren Sohn und ihre Schwiegermutter zur gleichen Zeit herumbrüllen. Sie wollte den Nachbarn fragen, was los wäre, als sie an der Flurdecke die Leitung brennen sah. Zum Glück war die Brandstelle für irgendwelche Löschversuche zu hoch.

Der junge Mann aus dem Erdgeschoß folgte ihr etwas mißmutig, schimpfte etwas über scheißalte Häuser mit Leitungen aus der Vorkriegszeit. Schon lange war er für eine Neubauwohnung angemeldet. Gelassen sah er zu, wie die Verteilerdose an der Decke des Treppenhauses abbrannte. Dann sagte er zu Franziska, die für ihn zur besseren Gesellschaft gehörte, obwohl sie als Kinder zusammen gespielt hatten, daß er jetzt die Sicherung wieder reindrehen könne. Mit dem Treppenlicht hätte es sich fürs erste erledigt, weil der Hauswirt eh nichts reparieren ließ. Franziska ging ohne ein Wort zu sagen in ihre Wohnung und er dachte, die hat auch schon mal besser ausgesehen.

Franziska brachte ohne viel Worte ihren Sohn zu Bett und ließ ihn beten: „Ich bin klein, mein Herz ist rein, soll niemand drin wohnen als der liebe Gott allein." Dann ging sie zum Medikamentenschrank, um sich Baldriantropfen zu holen, als ihr Blick auf eine Packung Beruhigungstabletten fiel. Noch nie zuvor hatte sie Faustan genommen, doch jetzt dachte sie, von Baldrian könnte sie sowieso nicht schlafen und sie wollte schlafen, nur noch schlafen, nichts mehr denken, am besten so lange schlafen, bis der Spuk vorbei war oder gar nicht mehr aufwachen. Auch das wäre egal. Sie nahm einige von den Tabletten, legte sich ins Bett und zog sich die Decke über den Kopf.

Sie erwachte von einem unsanften Geklatsche auf ihre Wangen. Nein, bloß nicht wach werden, immer wieder sackte sie in den wohltuenden friedlichen Schlaf zurück. Doch Blume ließ ihr keine Chance. – Er zog sie aus dem Bett und stellte sie auf die Füße. Er half ihr beim Anziehen und schleifte sie an die frische Luft. Richtig wach wurde sie erst im nahegelegenen Stadtwald. Sie hatte sich bei ihm eingehakt und war neben ihm gelaufen wie ein dressierter Hund. Als er merkte, daß sie wieder allein laufen konnte, entzog er ihr seinen Arm und begann zu reden: „Wenn du so etwas noch einmal tust, gehe ich nicht mit dir spazieren, sondern ich bringe dich sofort in die Psychiatrie. Dann kann sich ein Psychiater um dich kümmern. Also tu so was nie wieder, mich kannst du so nicht beeindrucken und erpressen lasse ich mich auch nicht."

Wieder kämpfte Franziska mit den Tränen und war unfähig, auf die kränkenden Sätze zu antworten. Zu Hause angekommen, kochte er ihr einen starken Kaffee und setzte sich zu ihr an den Küchentisch. Franziska konnte dank der Tabletten ganz ruhig und ohne Emotionen zu ihm sagen: „Ich wollte mir nicht das Leben nehmen, zumindest nicht bewußt. Ich wollte nur schlafen. Es war heute zu viel für mich. Ich bin am Ende meiner Kräfte. Warum hast du solche Gemeinheiten in die Scheidungsklage geschrieben? Wenn du dich scheiden lassen willst, warum dann auf so eine primitive Art? Wir machen uns damit doch nur zum Gespött und stellen uns selbst ein Armutszeugnis aus. Wenn du mir einen Gefallen tun kannst, bitte sorge dafür, daß deine Mutter aus dieser Wohnung verschwindet."

Langsam stand er auf, erleichtert über die vernünftige Reaktion seiner Frau und sagte: „Irgendetwas muß doch in der Klage stehen, so ist das nun mal, wenn man sich trennt. Da wird schmutzige Wäsche gewaschen. Du bist nicht unschuldig daran. Darüber hättest du vorher nachdenken können, als es noch nicht zu spät war. Warum denkst du immer, du bist etwas Besseres? Ich bringe meine Mutter morgen zu meinem Bruder. Jetzt muß ich aber gehen. Ich habe noch eine Verabredung und wegen deines Theaters komme ich viel zu spät." Franziska sagte traurig: „Kannst du nicht wenigstens heute abend zu Hause bleiben." „Nein, ich habe es versprochen. Es gibt nicht nur dich auf der Welt." Schon an der Tür stehend, kam er noch mal zurück, strich ihr übers Haar mit den Worten: „Nimm dir doch nicht alles so zu Herzen." Daraufhin verließ er die Küche. Franziska war allein.

Langsam, sehr langsam kamen Franziskas Lebensgeister zurück. Erstmals seit Wochen spürte sie so etwas wie einen neuen Lebenswillen. Es hatte keinen Zweck weiter herumzuhängen; einer Ehe nachzutrauern, die nur noch auf dem Papier bestand und auf einen Mann zu warten, den sie zwar liebte, der aber nicht frei für sie war. Beide Männer taten nichts, um ihren Zustand zu verbessern. Also mußte sie es selber tun oder untergehen. Warum sollte sie sich eigentlich weiterhin gegen eine Scheidung wehren? Sie hatte alles versucht und Blume hatte sie gar nicht verdient. Mit siebenundzwanzig Jahren war ihr Leben nicht zu Ende, so wie sie es in den letzten Wochen oft glaubte. Außerdem lag ein paar Meter weiter ihr Sohn in seinem Gitterbettchen und falls sie ihm weiterhin Mutter sein wollte, hatte er einen Anspruch auf eine Mutter, die ihn durch ihr Vorbild zum Leben ertüchtigte und nicht mit in den Abgrund zog. Trotzdem war alles so schwierig, wo sollte sie hin? Würde sie es schaffen allein mit ihrem Sohn?

Sie beschloß, mit ihren Freunden zu reden und auch mit ihrem Lieblingsdozenten, denn schließlich studierte sie nicht irgendetwas, sondern Theologie. Ihre Scheidung würde gerade an ihrer Sektion für Aufregung sorgen. Sie hatte Angst vor der Zukunft und trotzdem verspürte sie eine vorher nicht dagewesene Aufbruchstimmung. War es das, was ihr Lieblingstheologe Dietrich Bonhoeffer Auferstehung im diesseitigen Leben nannte? Sie wußte, daß es schlimmer nicht kommen konnte, die Talsohle war erreicht, jetzt konnte es nur noch besser werden. Wenn Bonhoeffer im KZ sagen konnte:

„Von guten Mächten wunderbar geborgen,
erwarten wir getrost, was kommen mag.
Gott ist bei uns am Abend und am Morgen
und ganz gewiß an jedem neuen Tag"

warum ließ sie sich dann in einer viel leichteren Situation so gehen? Franziska ärgerte sich über ihre Schwäche. Vielleicht hatte das Ganze ja auch etwas Gutes. Sie würde es herausfinden. Das Leben hatte wieder einmal gesiegt in ihr. Seit Wochen war sie das erste Mal wieder optimistisch und sie dankte Gott dafür.

Am nächsten Morgen alberte sie beim Anziehen mit ihrem Sohn herum, was dieser dankbar annahm. Hatte er doch oft genug in den letzten Zeiten die angespannte Stimmung im Elternhaus gespürt, die ihm Angst machte. Endlich machte seine Mutter wieder Spaß und so radelten sie fröhlich zur Oma, auch wenn sich Franziska dazu zwingen mußte. Lachend kamen sie in der Wohnung ihrer Eltern an, wo sie von ihrer Mutter erstaunt empfangen wurde. „Daß du noch lachen kannst, verstehe ich nicht, was soll nur aus euch werden? Du warst durch diesen Mann so gut abgesichert, jetzt wirst du den sozialen Abstieg nehmen und Michael ziehst du da mit rein." An diesem Morgen war Franziska nicht gewillt, sich von ihrer Mutter wieder ins tiefe schwarze Loch ziehen zu lassen. Deshalb sagte sie zu ihr: „Mutter, laß das mal alles meine Sorge sein – tschüss dann." Sie war froh, als sie die Korridortür hinter sich schließen und zum Bahnhof radeln konnte.

Am Studienort angekommen, ging Franziska erst einmal zu ihrer Freundin Elvira. Beide tranken Kaffee und unterhielten sich so lange, daß sie die ersten beiden Vorlesungen verpaßten. Elvira hatte Franziska wegen ihrer kleinen Familie beneidet, wartete sie doch noch auf den Mann ihres Herzens. Nun war das Eheglück, auf das sie noch wartete, bei der älteren Freundin schon wieder vorbei. In der Uni holte sich Franziska einen Termin bei Dr. Baumer, der sie für Donnerstag wieder in seine Wohnung bestellte. Am Nachmittag unterhielt sie sich mit ihrem Studienfreund Torsten und seiner Frau Martina über die anstehenden Probleme. Sie fragte die Freunde auch, ob es von ihr egoistisch wäre, das Erziehungsrecht für ihren Sohn zu beantragen, weil er doch bei seinem Vater in besseren finanziellen Verhältnissen leben könnte. Torsten sagte, daß sie doch nicht im Ernst glaubte, daß das Wichtigste bei der Aufzucht eines Kindes die Finanzen wären. Nein, das glaubte sie nicht und fühlte sich bestätigt durch ihren Freund.

Als sie ein paar Tage später in der Wohnung von Dr. Baumer saß, war es ihr peinlich mit der Sprache herauszurücken. Durch seine Kenntnisse in der Seelsorge durchschaute der Dozent die Situation und fing selbst an zu erzählen, um Franziska Zeit zu lassen. So erfuhr sie, daß eine Exmatrikulation der drei Studentinnen wohl nicht mehr zur Diskussion stand; mit einer Bestrafung allerdings zu rechnen sei. Wahrscheinlich würde die Geschichte, die sich nun schon über ein halbes Jahr hinzog, mit einem strengen Verweis für die Betroffenen enden.

Auch merkte Dr. Baumer, daß die junge Frau zur Zeit andere Probleme hatte und so sprach er sie unvermittelt darauf an. Franziska hatte Vertrauen zu diesem Mann und so fiel es ihr nicht schwer, ihm die ganze Geschichte zu erzählen. Er tat so, als höre er das Selbstverständlichste auf der Welt, dennoch zeigte er Verständnis für ihren Schmerz und ihre Trauer. Er riet ihr, unbedingt einen Anwalt zu nehmen, weil man sie allein gar nicht hören würde bei Gericht. Noch dazu, wo ihr Mann mit einer Anwältin und einer so massiven Scheidungsklage aufwartete. Am Ende des Gesprächs meinte er, daß er den Sektionsdirektor schon mal informieren würde und sie dann nur noch eine Nachricht über die erfolgte Scheidung im Sekretariat abzugeben bräuchte. Franziska hätte am liebsten ihren Lieblingsdozenten geküßt, so dankbar war sie diesem Mann, der sie getröstet und ihr die Angst vor der Zukunft genommen hatte. Am Abend ließ sie ihre Eltern wissen, daß sie ihr Angebot mit dem Anwalt nun doch annehmen wolle und ihre Mutter einen Termin machen solle.

In der ehelichen Wohnung wartete Blume schon auf sie und wenn sie an diesem Tag nicht so viel Gutes erlebt hätte, wäre ihre Fassung schnell wieder dahin gewesen. Blume teilte ihr mit, daß er es für das Beste hielte, wenn sie zu ihren Eltern zöge, bis sie eine neue Wohnung gefunden hätte.

Noch vor ein paar Tagen hätte sie sich traurig in eine Ecke zurückgezogen und über sein Ansinnen nachgedacht. Aber er hatte den falschen Tag erwischt. Sie nahm alle ihre gerade wiedergewonnene Kraft zusammen, baute sich vor ihm auf und schrie so laut, daß man auf der Straße jedes Wort verstehen konnte: „Du weißt genau, was für ein Verhältnis ich zu meinen Eltern habe, kannst du ja hinziehen – ich niemals. Ich werde in dieser Wohnung bleiben so lange es mir paßt. Ich bin ein eigenständiger Mensch und werde mich nie wieder in die Abhängigkeit meiner Eltern begeben. Du willst dich scheiden lassen und wenn du nur halbwegs Anstand besitzen würdest, würdest du das Feld hier räumen. Aber du besitzt keinen Anstand, sondern bist ein mieses egoistisches Arschloch." Erst jetzt bemerkte sie, daß Michael angesichts ihres Geschreis furchtbar zu weinen angefangen hatte und so hörte sie auf zu schreien.

Blume fühlte sich in die Ecke gedrängt und in seinen Plänen gestört und so brüllte auch er: „Das ist meine Dienstwohnung und du wirst sie räumen, dafür werde ich sorgen." „Hau ab, du Mistkerl, das ist mir scheißegal", war ihre Antwort. Er knallte die Tür und ging, obwohl er nicht wußte wohin. Bei der Freundin konnte er sich nicht blicken lassen, weil ihr Ehemann ihm schon neulich Dresche angeboten hatte. In die Kneipe konnte er allein nicht gehen, da hätten die Leute wieder etwas zu tratschen. Also besuchte er seine Exgattin, mit der er sich seit seinen Scheidungsplänen wieder gut verstand. Sie hatte seine Ehe mit Franziska nie verstanden, sein Verhältnis mit Bärbel verstand sie viel besser, weil die neue Frau viel mehr ihrem Typ entsprach. Nur seine Tochter schien traurig zu sein. Für sie war Franziska immer so etwas wie eine ältere Freundin gewesen. Seine Exgattin war sogar so nett, seine Freundin anzurufen, die dann auch kurze Zeit später erschien. Blume tat die Fürsorge der Frauen gut und er beschloß, sich nicht mehr von Franziska ärgern zu lassen.

Franziska hatte nach dem Streit ihren Sohn geschnappt und war mit ihm durch das Stadtwäldchen spaziert. Zum ersten Mal in diesem Frühjahr sah sie die Schönheit des zarten Grüns und dachte, gut, daß der liebe Gott alles wachsen läßt, egal was seine Menschenkinder anstellen. Sie nahm ein paar Zweige mit nach Hause und stellte sie liebevoll in eine Vase. Sie war beschämt, daß sie den Frühling bisher nicht wahrgenommen hatte und fühlte, daß es mehr gab als ihre kleinen Probleme. Nach jedem Winter kam ein neuer Frühling – war das auch bei den Menschen so? Es gab so viele Antworten auf das Leben, sie hatte erst wenige gefunden. Wie dumm, so weit entfernt vor dem Ziel aufzugeben. Sie schlief an diesem Abend nicht zufrieden, aber doch nicht ohne Hoffnung ein.

In Franziskas Heimatstadt gab es nur zwei Rechtsanwälte, was hatte man in einer Diktatur schon zu richten. Scheidungen waren das Hauptgeschäft der einzigen Rechtsanwältin und des einzigen Rechtsanwaltes der Stadt. Blume hatte die Anwältin gewählt, die schon seine erste Scheidung über die Bühne gebracht hatte, also blieb Franziska nur noch, zum Glück, wie sich später herausstellte, der Anwalt. Als sie ihn das erste Mal traf, hatte er sich schon mit der Materie beschäftigt und die Scheidungsklage ihres Ehemannes gründlich studiert.

Auf Grund der Klage hatte er sich die junge Frau ganz anders vorgestellt. Rechtsanwalt Bauer war fast am Ende seiner Laufbahn, die er sich als junger Mann ganz anders erträumt hatte. Er hatte keine Illusionen mehr und schlug sich hauptsächlich mit der dreckigen Wäsche irgendwelcher Paare herum, was ihm nicht gerade Spaß bereitete. Der Fall Wiesenblum war da keine Ausnahme, obwohl man von einem Arzt, der seine junge Frau verklagte, eigentlich mehr hätte erwarten können. Ihn verwunderte das unsichere Auftreten der jungen Frau, die unter der ganzen Sache auch noch zu leiden schien, was er überhaupt nicht verstand. Noch mehr verwunderte ihn, daß ihm Franziska Wiesenblum erzählte, daß sie vielleicht noch zu unreif für die Ehe war und daß sie auch noch jung wäre und bestimmte Dinge im Laufe der Jahre hätte lernen können. Das war ihm zuviel der Selbstkritik, so konnte man keinen Prozeß vor Gericht gewinnen. Deshalb ergriff er die Initiative und sagte zu Franziska: „Liebe Frau Wiesenblum, ihre Jugend ist sicher kein Grund für ihre gescheiterte Ehe. Die meisten Männer wollen irgendwann eine jüngere Frau. Außerdem disqualifiziert sich ihr Mann doch schon selbst durch diese Scheidungsklage und für meine Kollegin spricht dieses Schriftstück auch nicht. Also machen sie sich mal keine Sorgen. Ich will jetzt nur von ihnen wissen, ob sie in die Scheidung einwilligen und das andere überlassen sie dann mir."

Franziska war erstaunt über die Gelassenheit dieses Mannes, nie zuvor hatte sie mit einem Rechtsanwalt zu tun gehabt und sie kapierte überhaupt nicht, daß es der Beruf dieses Mannes war, sie aus dem ganzen Schlamassel so gut wie möglich herauszuholen. Sie sagte zu ihm: „Ja, ich willige in die Scheidung ein, obwohl ich es nicht richtig finde, gleich bei den ersten Schwierigkeiten das Handtuch zu werden. Würden sie etwas anderes tun?" Den Rechtsanwalt verwunderte die Frage der jungen Frau und sie schmeichelte ihm auch; wurde er doch selten genug nach seiner Meinung gefragt. Die meisten Klienten kamen mit ihren Forderungen, ob er sie nun richtig oder falsch fand, er hatte sie durchzuboxen. So antwortete er auf Franziskas Frage ganz ehrlich: „Nein, ich würde auch nicht an dieser Ehe festhalten. Wer ihnen gegenüber solche kleinlichen Vorwürfe macht, einen kleinen Sohn hat und zu allem Unglück auch noch die zweite Ehe eingegangen ist, hat wirklich nichts dazugelernt. Ich werde die Gegenklage verfassen, alle Vorwürfe ad absurdum führen und natürlich für sie das Erziehungsrecht, die Wohnung und Unterhalt beantragen. Außerdem hat ihr Mann sie nicht als Hebamme, sondern als Theologiestudentin geheiratet. Deshalb finde ich es besonders mies, dieses Studium gegen sie ins Feld zu führen. Im übrigen finde ich es mutig, in diesem Land Theologie zu studieren. Meine Sympathie haben sie. Ich bin auch ein gläubiger Mensch."

Komisch, dachte Franziska, entweder wenden sich die Menschen ab oder sie bekunden ihre Sympathie, wenn sie hören, was ich studiere. Franziska begriff, daß der Kampf begonnen hatte. Ihr war der Mann zum Glück sympathisch, obwohl sie schon jetzt das Schriftstück fürchtete, daß er verfassen und ihr in wenigen Tagen zusenden würde. Dann sagte er noch, daß sie ihm das Sprechen bei der Verhandlung überlassen solle, was Franziska nur recht war. Sie verließ den Rechtsanwalt, der ihr gebildet und unterfordert schien und fühlte sich auf einmal sicherer mit einem Rechtsbeistand.

Eigentlich wollte sie die eheliche Wohnung gar nicht haben. Diese Wohnung war ihr zu groß und machte ihr Angst. Den hinteren Teil hatte sie seit Wochen nicht betreten und selbst in ihrem Schlafzimmer hörte sie nachts Schildchen umherschlürfen. Wenn sie ein neues Leben beginnen wollte, dann sicher nicht in dieser erinnerungsbeladenen Wohnung. Sie hatte auch schon eine heimliche Idee. Gab es doch an ihrer Sektion eine junge Frau, deren Schönheit sie schon lange bewunderte. Von ihrem Bruder Michael hatte sie erfahren, daß diese Frau nahe der Uni wohnte mit Mann und zwei Kindern in einem alten kleinen Häuschen. Sie wußte, daß diese Studentin in diesem Jahr die Universität beenden würde, vielleicht könnte sie in das Häuschen einziehen, doch sicher war es schon vergeben. Dennoch, Franziska faßte sich ein Herz und sprach die junge Frau während einer Vorlesungspause an.

Irmhild Wohlsdorf stand am Treppengeländer und rauchte eine Zigarette. Franziska war ihr vom Sehen bekannt und auch schon aufgefallen, gerade schöne Frauen haben einen Blick für die Konkurrenz. Als Franziska jetzt auf Irmhild Wohlsdorf zuging, dachte sie, sie ist schön wie Schneewittchen: Haare so schwarz wie Ebenholz, Haut so weiß wie Schnee und Lippen so rot wie Blut. Franziska fragte Irmhild ganz unvermittelt und zielstrebig, so wie sie es immer tat, wenn sie einen einmal gefaßten Entschluß in die Tat umsetzte: „Hallo, ich heiße Franziska und bin die Schwester von Michi, den kennst du doch. Ich wollte dich mal fragen, was ihr mit eurem Häuschen macht, wenn du hier fertig bist. Vielleicht könnte ich mit meinem Sohn dort einziehen, weil ich demnächst geschieden werde und eine Wohnung suche." Irmhild antwortete genau so unvermittelt: „Oh, das tut mir leid, ich muß mal mit meinem Mann reden. Vielleicht kannst du heute nachmittag vorbeikommen auf einen Tee."

Als Franziska wenige Stunden später vor dem kleinen alten Häuschen stand, war sie aufgeregt und neugierig zugleich, sollte das ihr neues Zuhause werden? Zu schön um wahr zu sein. Sie folgte Irmhild durch den dunklen Flur eine schmale alte Holzwendeltreppe hinauf in den ersten Stock. Nein, das hätte sie nicht erwartet, wie liebevoll war dieses Häuschen eingerichtet. Emailleschilder schmückten die Wände und überall gab es etwas zu sehen. Sie kamen in eine Küche, die so gemütlich war, daß Franziska am liebsten gleich auf dem großen alten Sofa für immer sitzen geblieben wäre.

Irmhilds Mann Richie entpuppte sich als gutmütiger Teddy und die beiden Mädchen Carmen und Larissa sahen aus wie die Kinderstars aus einem romantischen Zigeunerfilm. Franziska erfuhr von den Eheleuten, daß sie zwar einen Anwärter auf das Häuschen hatten, ihr jedoch den Vorzug geben würden, weil es sich ja bei ihr um einen Notfall handele. Richie würde jedoch noch ein paar Monate brauchen, um das alte, heruntergekommene Pfarrhaus herzurichten, welches zu Irmhilds erster Pfarrstelle gehörte. Sie hätten nichts dagegen, wenn Franziska und Michael ab September, zunächst allerdings gemeinsam mit ihnen, im Häuschen leben würden. Franziska könnte sich den Ladenraum herrichten und Michael könnte mit den Mädchen im Kinderzimmer schlafen. Wohnzimmer und Küche würden sie gemeinsam benutzen. Die Wohlsdorfs hatten das Häuschen einer alten Frau für dreihundert Mark abgekauft und dann einiges reingesteckt, doch sie würden sich auf einen Preis einigen, wenn es dann soweit wäre. Auf dem Papier gehöre ihnen das Häuschen nicht, doch bis jetzt hatte man ihnen keine Schwierigkeiten gemacht und schlafende Hunde solle man lieber nicht wecken. In einem Land, das so lang es bestehen sollte, nie seine Wohnungsfrage lösen konnte, gab es Lücken, die man mit der nötigen Initiative und Phantasie ausfüllen konnte. Die Wohlsdorfs hatten genau das getan und dem schon fast dem Verfall ausgelieferten Haus ein einmaliges Flair verliehen.

Franziska konnte ihr Glück nicht fassen. Sie hatte mit einem Schlag eine Wohnung und eine Familie gefunden. Michael hätte zwei Spielkameradinnen und wenn es gutging, könnte er mit ihnen den evangelischen Kindergarten besuchen. Wie schön konnte das Leben sein und am liebsten hätte Franziska gleich morgen ihre Koffer gepackt. Sie liebte ihr zukünftiges Zuhause von Anfang an, weil es eine Seele hatte.

Doch soweit war es noch nicht, zuvor gab es noch einiges zu tun und vor allem durchzustehen. Fast jede Woche besuchte sie bis zum Umzug die Wohlsdorfs aus Angst, sie könnten es sich anders überlegen. Doch sie hielten Wort.

Franziska hatte nun auch weniger Probleme, das gemeinsame Schlafzimmer aufzulösen, so wie es Blume von ihr verlangte. Er hatte schnell begriffen, daß seine Frau sich nicht einfach zu den Eltern abschieben ließ und inzwischen vermieden beide neuen Streit. Als sie jedoch das schmiedeeiserne Ehebett abbauten, wofür Franziskas Eltern viel Geld bezahlt hatten, wurde es ihr etwas flau in der Magengegend. Das Bett war nicht das erträumte Liebesnest geworden, warum wußte sie auch nicht. Also wurde es auf den Boden gestellt wie alle Dinge, die man nicht mehr benötigte. Blume bezog das Wohnzimmer und Franziska das Schlafzimmer. Die Verbindungstür verstellte Blume in seinem Zimmer mit einem Schrank. Er empfing jetzt öfter seine Freundin und wollte wohl nicht, daß Franziska allzu viel davon mitbekam. Franziska fand das nicht besonders geschmackvoll, aber auch nicht so tragisch, wie ihr Freunde und Bekannte einreden wollten.

Überhaupt beobachtete sie sehr schnell, daß die Menschen, die das Ehepaar gemeinsam kannten, nun für den einen oder den anderen Partei ergriffen und je nach Sympathie oder Schuldspruch nur noch mit einem der Ehepartner verkehrten. Franziska konnte diese Haltung nicht verstehen. Warum machten die sie umgebenden Menschen so ein Theater? Wenn ihre Zweierbeziehung in die Brüche ging, mußte das denn gleich eine Kettenreaktion auslösen? Sie hatte schon ihre Eltern nicht verstanden, als diese die Beziehung zu ihrem Traumschwiegersohn so abrupt abbrachen.

Franziska fühlte sich in dieser ganzen mißlichen Angelegenheit nur einem gegenüber verantwortlich, verpflichtet und auch schuldig, das war ihr Sohn Michael. Letztlich würde nur er sein Leben lang darunter zu leiden haben, daß seine Eltern es nicht gemeinsam in den Griff bekommen hatten. An ihr sollte es jedenfalls nicht liegen, für den Jungen noch das Beste aus der Situation herauszuholen. Obwohl Michael noch keine zwei Jahre alt war, sprach Franziska mit ihm über die bevorstehenden Veränderungen. Michael wirkte älter für sein Alter und konnte dadurch, daß er den ganzen Tag mit Erwachsenen verbrachte, sehr gut sprechen.

Franziska zwang sich dazu, die Scheidung ihrem Sohn gegenüber so positiv wie möglich darzustellen und vor allem nicht über Michaels

Vater herzuziehen. Das war das mindeste, was sie ihrem Söhnchen schuldig war und so setzte sie ihn eines Nachmittags auf den Küchenstuhl und begann zu reden: „Ich muß dir etwas erzählen, das dich bestimmt traurig macht, aber glaube mir, es muß sein und es ist auch besser so. Du hast ja bestimmt gemerkt, daß Mama und Papa sich oft gestritten haben und Mama oft in letzter Zeit geweint hat. Ich weiß, daß das alles für dich nicht schön war und Mama und Papa viel zu wenig an dich dabei gedacht haben. So dumm sind nun mal die großen Leute. Wir werden beide in die große Stadt ziehen und Papa bleibt hier. Aber du kannst deinen Papa sooft besuchen wie du willst, und er wird immer dein Papa bleiben und sicher für dich da sein, wenn du ihn brauchst. Hast du alles verstanden, was ich dir erzählt habe?"

Michael saß wie angewurzelt auf seinem Stuhl und Franziska sah, wie sein Gehirn arbeitete. Armer kleiner Kerl, dachte sie, wie beschissen wir uns doch ihm gegenüber verhalten. Nach einer Weile sagte er: „Ja, ich habe verstanden. Aber warum können wir nicht hierbleiben? Ich habe doch auch Papa lieb." Franziska kämpfte mit den Tränen: „Vielleicht bist du noch ein wenig zu klein, um es zu verstehen. Mama und Papa können nicht mehr in einer Wohnung leben. Sie haben sich nicht mehr so lieb, aber dich haben Mama und Papa noch genauso lieb. Entschuldige, aber so ist das nun mal. Willst du nicht noch eine Weile in den Hof spielen gehen?" Michael rutschte vom Stuhl und verließ die Wohnung. Endlich konnte Franziska losheulen. Warum mußte der Kleine ausbaden, was sie verzapft hatten? Sie wurde sehr wütend auf Blume. Warum hatte er in seinem Alter so wenig dazu gelernt?

Blume sah das alles nicht so tragisch und ihm fiel immer nur ein Satz zu Franziskas Vorwürfen ein. Jedes Mal sagte er dann: „Das hättest du dir vorher überlegen sollen." Aber für Franziska gab es kein Vorher oder Nachher, da er sie in seine Entscheidung nicht einbezogen hatte. Alle Paare in ähnlicher Situation verfallen immer wieder in Streit, obwohl es so sinnlos ist. Franziska wußte das und war jedes Mal wütend, wenn sie nicht die Stärke zeigte, die sie sich eigentlich vorgenommen hatte.

In ihrem Land ging eine Scheidung sehr schnell über die Bühne und Franziska fand das richtig, wurde doch ein Zustand nicht künstlich in die Länge gezogen, der für alle Beteiligten schon schmerzlich genug war. Trotzdem graute Franziska vor diesem ersten Gerichtstermin. In der Nacht zuvor konnte sie nicht schlafen und sie wünschte sich, daß Blume hineinkäme, das Licht anknipste und sie erwachte wie aus einem bösen Traum. Die Wirklichkeit war hart und weit entfernt von Franziskas Wunschträumen. Es blieb ihr nichts anderes übrig, als sich ihr zu stellen.

Jeder sah wie schlecht sie aussah, als sie den Gerichtssaal betrat und die Schminke, die verbergen sollte, was sie nicht zeigen wollte, bewirkte auf ihrem Gesicht eher das Gegenteil. Sie wirkte nicht mehr schlank, sondern mager und die tiefen Schatten unter ihren Augen, mit denen sie auch in guten Zeiten zu kämpfen hatte, waren an diesem Morgen fast schwarz und ließen sie sehr ungesund aussehen. Seit Wochen konnte sie nichts mehr essen, die Kehle war ihr wie zugeschnürt und sie hatte sich Puddingsuppe gekocht, um nicht zu verhungern. Leider gab es kein Schildchen mehr, ihre Puddingsuppe hatte sie viel köstlicher in Erinnerung als die, die sie sich nun selbst kochte und ohne Appetit herunterwürgte. Außerdem blutete sie schon seit Wochen still vor sich in. Von den Hormonen war Franziska eine typische Frau und ihr Unterleib reagierte noch seismografischer als ihr übriger Körper.

Als der Richter nun anfing zu reden, sah sie alles wie durch einen schwarzen Schleier und seine Stimme schien sich auch immer mehr zu entfernen. Es war so, als ob sie sich außerhalb ihres eigenen Körpers befand, der in einem Stück mitwirkte, mit dem sie nichts zu tun haben wollte. Sie hörte sich Antworten geben und plötzlich war sie sehr froh, einen Anwalt neben sich zu haben, der für sie sprach und sich mit der dämlichen Anwältin von Blume herumstritt, die ihr von Anfang an unsympathisch erschien. Diese Frau verteidigte ziemlich hysterisch ihren Mandanten und ärgerte sich offensichtlich über die Ruhe und Gelassenheit des Anwaltes der Gegenpartei. Zu einem offenen Schlagabtausch kam es, als es um die Unterhaltsfrage nicht des Kindes, sondern von Franziska ging. Blume schien nicht willens, seine studierende Frau auch weiterhin zu unterstützen.

Franziska war es egal, woher sie Unterhalt bezog, Hauptsache sie konnte ihr Studium zu Ende bringen. Die Anwälte stritten sich, als ob es um die Finanzierung ihrer Existenz ginge. Sie kamen zu keinem

Resultat. Die Verhandlung in Sachen Unterhalt wurde vertagt, doch die Ehe wurde geschieden mit der Begründung, daß sie für die Gesellschaft keinen Wert mehr habe.

Franziska dachte während der Urteilsverkündung darüber nach, welchen Wert wohl eine Ehe für die Gesellschaft haben könnte. Ihr fiel nur eines dazu ein: Das sozialistische Vaterland vom Aussterben zu bewahren. Oder ganz praktisch gesehen, eine gemeinsame Wohnung zu beziehen, wo sonst zwei benötigt wurden. Alles Quatsch – die Verhandlung war geschlossen...

Franziska hatte das Gebäude als verheiratete Frau betreten und verließ es als Geschiedene. Ihr Familienstand hatte sich von einer Minute zur anderen geändert, sie konnte es nicht fassen. Sie fuhr mit dem Fahrrad nach Hause und obwohl Blume mit dem Auto fuhr, kam er erst nach ihr zu Hause an. Er hatte sich kurz mit Bärbel verabredet, um ihr zu berichten, wie es gelaufen war.

Seine nun Exfrau saß am Küchentisch und weinte. An diesen Anblick hatte er sich in den letzten Wochen gewöhnt. Sie weinte vor allem über die Geschehnisse auf dem Gericht. Warum wurde sie mit Verklagte angesprochen? Konnte man so überhaupt über eine Ehe sprechen und verhandeln? Franziska fühlte sich leer und ausgebrannt. Diese Veranstaltung hatte ihre letzten Kräfte aufgebraucht. Blume strich ihr über das Haar und sagte einen seiner Lieblingssätze: „Du nimmst das alles viel zu ernst, irgendetwas müssen die doch sagen."

Er verließ die Wohnung und sie war zum ersten Mal froh darüber. Es war vorbei und sie mußte sich damit abfinden und sie fühlte sich dafür verantwortlich, diesen Idioten geheiratet zu haben. Er war so mittelmäßig, warum merkte sie es erst jetzt?

Wie angewurzelt saß sie auf dem Küchenstuhl und sie wäre noch stundenlang so sitzengeblieben, wenn es nicht geklingelt hätte. Langsam ging sie zur Tür und sah nach dem Öffnen ihren geliebten Pfarrer mit einem Blumenstrauß in der Hand. Er sagte ihr, daß er zwar nicht zur Scheidung gratulieren wolle, aber was Gutes wollte er ihr dennoch tun an diesem Tag. Franziska war glücklich und gerührt, daß er so schnell gekommen war. Als er sie eine Stunde später verließ, fühlte sie sich besser. Sie nahm ein paar Baldriantropfen, legte sich ins Bett und zog die Decke über den Kopf. Das tat sie immer, wenn sie mit der

Welt um sich herum nichts mehr anfangen konnte, es half gegen ihre Verzweiflung.

Ein paar Tage gab sie sich so ihrem Schmerz hin und Pfarrer Rosen machte sich langsam Sorgen um sie. Er wußte längst, daß ihm diese Frau viel mehr bedeutete als andere Gemeindemitglieder. Trotzdem versuchte er seine ohnehin schwierige Ehe so normal wie möglich weiterzuführen, was ihm auch hinlänglich gelang. Das Ehepaar Rosen nahm ihren gewohnten Kontakt zu Franziska wieder auf, obwohl Anne die beiden kritisch beobachtete. Franziska ihrerseits trennte vollkommen den Ehemann, den Vater und den Mann Rainer Rosen, in den sie sich verliebt hatte. Sie begegnete dem Ehepaar vollkommen unbefangen ohne Eifersucht, weil sie die Ehefrau an seiner Seite akzeptierte. Sie begegnete auch Anne allein nach wie vor als Freundin, obwohl es ihr schon wehtat, daß sie hinter ihrem Rücken gegen sie agiert hatte. Und sie begegnete Rainer Rosen allein als ihrem Freund und träumte von einer intimeren Beziehung zu ihm. Es waren für sie drei Paar verschiedene Schuhe und sie sollte ihr Leben lang damit Schwierigkeiten haben, daß die meisten Menschen anders dachten. Für sie war es eine Beschneidung der Persönlichkeit und der Möglichkeiten zum wahren Leben, sich auf eine Rolle festzulegen. Sie konnte mit den gängigen Moralvorstellungen nichts anfangen. War sie nicht auch das kleine Mädchen, das beschützt werden wollte; die Mutter, die für ihr Kind zu sorgen hatte und auch eine Frau, die sich verlieben konnte, auch wenn sie verheiratet war. Deshalb war es ihr auch egal, ob sie nun geschieden war, sie würde nicht anders leben als zuvor.

Franziska glaubte fest daran, daß man sich nur in himmlische Höhen erheben konnte, wenn man sich nicht in seiner Freiheit beschneiden ließ. Sie wollte kein Vogel mit beschnittenen Flügeln sein und schon gar nicht in einem Käfig sitzen, selbst wenn er aus Gold wäre. Dazu war ihr das Leben zu kostbar und der Himmel zu schön.

Einige Tage nach ihrer offiziellen Scheidung mußte sie einen anderen wichtigen offiziellen Termin wahrnehmen. Franziska und ihren beiden Studienfreundinnen wurde vor dem Sektionsrat ein strenger Verweis wegen der Nichtteilnahme am Wehrsport ausgesprochen. Wieder saß sie auf der Anklagebank; zum Glück dieses Mal nicht allein. Ihr Freund Torsten saß als Studentenvertreter im Sektionsrat und erzählte ihr später, daß sie so gelassen dagesessen hätte und nach der Verkündigung der Strafe den Raum stolz wie eine Königin durchschritt. Sie müßte sich nicht wundern, wenn man über ihre Arroganz sprach. Torsten allerdings fand ihren Auftritt lustig.

Franziska konnte nicht verstehen, wie sich ein Professor für Altes Testament für so etwas hergeben konnte und was den königlichen Gang betraf, darin hatte sie Übung. Wenigstens war es ihr dieses Mal gelungen, ihre Sorgen wegzuschminken und Stärke zu zeigen, die sie im Inneren gar nicht verspürte. Doch was half es, die Zeiten des Streichelns während der Dunkelheit waren vorbei. Für sie war das Leben außerhalb ihrer vier Wände eine große Bühne, auf der es gute und schlechte Schauspieler gab und sie wollte unbedingt zu den guten gehören.

Nach dieser für sie so sinnlosen Bestrafung leisteten die drei Damen sich ein Abendessen im „Pilsener Urquell" und tranken stolz auf ihren Sieg und waren trotzdem froh, die Uni nicht verlassen zu müssen. Sie wurden sehr schnell sehr fröhlich und Franziska feierte auch zum ersten Mal ihre überstandene Scheidung. Sie war zweimal Opfer geworden, nun konnte doch nur noch alles besser werden. Als dann noch ihr Bruder Michael erschien, der inzwischen hinlänglich bekannt war in der Stadt, drohte die Siegesfeier in ein unübersehbares Besäufnis zu enden. Franziska verabschiedete sich, gar nicht ihrer Art entsprechend als erste, weil sie eigentlich mit ihrem treuen Freund Torsten und seiner Frau den Abend feiern wollte. Die beiden würden auf sie warten und wenn Franziska etwas überhaupt nicht leiden konnte, so war es Unzuverlässigkeit.

Am nächsten Tag erfuhr sie, daß ihr Bruder mit einer ihrer Freundinnen abgezogen war. Franziska konnte nicht leiden, wenn ihre Brüder sich an ihre Freundinnen heranmachten, das war schon öfter passiert. Konnten sie sich nicht selbst ihre Frauen suchen? Obwohl sie ihre Brüder liebte, sah sie ihre Freundinnen nicht gerne mit ihnen. Doch sie wurde nie gefragt, weder vom Bruder noch von der Freundin, und meistens ging es ja ohnehin schief.

Der Abend nach ihrem Verweis wurde eine lange Nacht mit guten Freunden, die Franziska genoß. Seit Wochen war sie das erste Mal wieder richtig albern, und das Lachen tat ihr gut und wirkte heilend auf ihren angegriffenen Körper.

*

Kurz vor den Sommerferien begann die große Liebesgeschichte, nach der sich Franziska so lange gesehnt hatte. Eine dramatische Lovestory nahm ihren Lauf, die über die Zeiten alles erleben sollte, was es an Tragik und Leidenschaft innerhalb einer Beziehung geben kann und das lag nicht nur an den Hauptakteuren, sondern auch an den Nebendarstellern und den Umständen.

Anne Rosen war für ein paar Tage verreist und so kam es, wie es kommen mußte. Franziska und Rainer lebten ihre bis dahin aufgestauten Gefühle füreinander aus und verbrachten jeden freien Augenblick miteinander, obwohl sie sehr bedacht waren, ihre Liebesgeschichte zu verbergen. So gingen sie erst nachts durch den Stadtwald spazieren und jedes Mal fand der Prinz eine Blume für seine Prinzessin, worüber diese vor Freude weinte. Ein paar Tage verlebten Romeo und Julia ihr gemeinsames Liebesglück außerhalb von Raum und Zeit. Es war so, wie sich Franziska die große Liebe immer erträumt hatte. Dieses Gefühl, im Himmel zu schweben, mit der übrigen Welt nichts mehr zu tun zu haben, machte Franziska glücklich. Sie glaubte verliebt in Rainer Rosen zu sein, doch sie war zum ersten Mal in ihrem Leben verliebt in die Liebe.

In diesem Zustand, gegen den sie sich nicht wehren konnte und schon gar nicht wollte, weil er für sie nur vom lieben Gott kommen konnte, fühlte sie sich wohl. Natürlich sogen die beiden Liebenden jeden Moment förmlich in sich auf, weil ihre Zeit begrenzt war. So wie ein Mensch erst dann intensiv leben, wahrnehmen und genießen kann, wenn er weiß, daß seine Tage gezählt sind.

Als sie sich von Rainer Rosen verabschiedete und nicht wußte, wann oder ob überhaupt sie ihn wiedersehen würde, weinte sie nicht nur wegen des Abschiedsschmerzes, sondern auch vor Freude und Dankbarkeit über diese großartigen gemeinsamen Augenblicke. Sie hatte ihn als ihre große Liebe auserkoren und sie war bereit, für ihn zu leiden und wenn nötig, sogar zu sterben.

Franziska fuhr mit ihrem gerade zwei Jahre alten Sohn und zwei Freundinnen ans Meer zu ihren Eltern. Sie war ihren Eltern sehr dankbar, daß sie die Freundinnen mitbringen durfte. Die Eltern wollten ihrer Tochter etwas Gutes tun und obwohl sie ihr die gescheiterte Ehe nie verziehen, tat ihnen die Tochter allein mit dem Kind leid. Auf der Insel fühlte sich Franziska gut und sie konnte stundenlang melancholisch auf das Meer schauen und sich ihrer Sehnsucht zu dem geliebten Mann hingeben. Erhielt sie einen Brief von ihm, verzog sie sich auf eine Bank im Wald und las den Brief wieder und wieder, bis sie den Inhalt auswendig kannte. Die Freundinnen wußten etwas von ihrer geheimen Liebe, die Eltern nicht. Nie sollte Franziska ihre Eltern in ihre ureigensten Gefühle einweihen, weil sie nur auf Unverständnis stoßen würde.

Als die Freundinnen abgereist waren, erhielt sie eines Morgens ein Telegramm, zum Glück bekamen die Eltern nichts davon mit. Als sie die wenigen Worte las, traute sie ihren Augen nicht. „Bin neunzehn Uhr am Ortseingangsschild – Gruß Rainer." Was sollte sie tun? Ihre Freude hielt sich in Grenzen, weil die Situation sie überforderte. Wie stellte der Mann sich das vor? Wo sollte sie hin mit ihm? Bei ihr zu Hause konnte er sich nicht blicken lassen und ihr Söhnchen war ja auch noch da. Also zog sie sich zurück und dachte sich dank ihrer Phantasie eine Geschichte aus.

Gegen Abend erzählte sie ihrer Mutter, daß sie ehemalige Schulfreunde am Strand getroffen hätte und mit ihnen ausgehen wolle. Frau Kaufmann erklärte sich bereit, Michael ins Bett zu bringen und ein Auge auf den Jungen zu werfen. Sie tat es vor allem deshalb, weil sie wollte, daß ihre Tochter sich amüsierte und wenn es ginge, so schnell als möglich einen netten jungen Mann kennenlernen sollte, der vor allem für Michael ein guter Vater war.

Franziska ging mit klopfendem Herzen zur angegebenen Zeit zum Ortsschild und hoffte sehr, daß sie niemand sah, weil das Haus ihrer Eltern nur drei Minuten davon entfernt lag. Als sie um die Ecke bog, sah sie wirklich den türkisfarbenen Trabant dastehen.

Die nun folgenden Stunden wurden die glücklichsten, die Franziska und Rainer je miteinander verleben sollten – eine hohe Zeit der Liebe. Jeden Augenblick des Zusammenseins genossen die Liebenden in vollen Zügen. Franziska führte den Geliebten an ihren Lieblingsort auf der Insel und Rainer Rosen war beeindruckt von Franziskas gutem Geschmack. Ein Fährmann im kleinen Ruderboot holte sie über und

Franziska mußte immer an das Märchen „Der Teufel mit den drei goldenen Haaren" denken, wenn sie im Boot saß. Eng umschlungen gingen sie hinauf auf den Berg und tranken im Ausflugslokal kühles Bier. Sie genossen den wahrhaft göttlichen Blick auf den Bodden, für Franziska die schönste Aussicht, die es in ihrem Ländchen gab. Schon als Kind hatte sie dort gestanden und sich frei und gut gefühlt. In solchen Augenblicken vergaß Franziska alles, was ihr das Leben schwer machte, sie fühlte sich im Paradies auf Erde. Als es langsam kühl wurde, kauften sie sich noch eine Flasche Rotwein und verzogen sich mit dem mitgebrachten Schlafsack auf eine etwas abgelegene Wiese, wo sie hoffentlich niemand stören würde.

Nur einmal wurde das Paar bei seinen zärtlichen Liebesspielen unterbrochen. Ein Hase rannte über sie hinweg und war genauso erschrocken wie Franziska. Rainer Rosen mußte lächeln über Franzis Aufschrei, wahrscheinlich war diese Frau es nicht gewohnt, ihre Nächte unter Gottes freiem Himmel zu verbringen. Es sollte in der Tat die erste und letzte Nacht in Franziskas Leben sein in freier Natur. Er wunderte sich, daß sie in seinen Armen einschlief, weil sie für ihn immer noch die verwöhnte Arztfrau war, die ihren Luxus brauchte.

Zum grandiosen Sonnenaufgang weckte er sie und beide sahen das beeindruckende Schauspiel der Natur. Es war Franziskas erster selbst erlebter Sonnenaufgang, weil sie bisher nicht einmal für einen Sonnenaufgang am Meer so zeitig aufgestanden wäre. Franziska hätte natürlich schon längst wieder zu Hause sein müssen, doch diese einmalige Nacht konnte sie um keinen Preis der Welt verpassen, das wußte sie, denn sie hatte ein Gefühl für wichtige hohe Augenblicke des Lebens. Sie zu verpassen wäre für Franziska Sünde gewesen.

Als sie sich morgens gegen sieben Uhr ins Haus der Eltern schlich hoffte sie, daß es niemand mitbekommen würde. Doch weit gefehlt, die Mutter stand plötzlich vor ihr und fragte sie vorwurfsvoll, wo sie jetzt herkäme. Franziska erzählte etwas von einem kaputten Auto und sie wunderte sich, wie gut sie lügen konnte. Natürlich war Michael gerade in dieser Nacht wach geworden und hatte nach seiner Mutter geschrien, und die Oma hatte ihn in ihr Bett geholt. Sie war wütend, daß ihrer Mutter nichts verborgen blieb. Beim Einschlafen dachte sie sich schon die nächste Geschichte aus, weil sie ihren Geliebten am Nachmittag nochmals treffen wollte.

Rainer Rosen war in den Wald gefahren und hatte sich im engen, unbequemen Trabant einen Schlafplatz hergerichtet, er hatte Übung darin, denn wenn er auf Reisen war, konnte er sich kein Hotel leisten, weil die Familie immer knapp bei Kasse war. Er dachte daran, daß es gut war hierherzukommen, auch wenn er an den Streß nach seiner Rückkehr gar nicht denken wollte. Natürlich hatte er die Liebesgeschichte mit Franziska nicht vor seiner Frau verbergen können und irgendwie hatte er auf ihr Verständnis gehofft. Genau das Gegenteil war passiert und seit Wochen hatte er kaum geschlafen und nächtelang Diskussionen geführt, die ihn fertigmachten. Er wußte nicht wie es weitergehen sollte, und Franziska gegenüber hatte er wenig von seinem Streß erzählt. Er wußte, daß er sich irgendwann entscheiden mußte, doch diese Entscheidung machte ihm Angst und bereitete ihm großes Unbehagen. Er wunderte sich, daß er mit Franziska in der letzten Nacht beschlossen hatte, daß sie, falls sie jemals heiraten sollten, in diesem Restaurant auf dem Berg feiern würden. Eigentlich wollte er das gar nicht, eine Ehefrau gegen eine andere Ehefrau eintauschen. Beide Frauen waren ihm lieb und teuer und er würde nicht eine wegen der anderen verlassen, so wie es Franziskas Ehemann getan hatte. Er hoffte auf eine Lösung und ahnte, daß es sie nicht gab. Ein Schlaf, der ihn nichts mehr denken und träumen ließ, wie sooft in der letzten Zeit, übermannte ihn.

Komisch, dachte er am nächsten Nachmittag, als er Franziska zum verabredeten Platz kommen sah. Einerseits hatte er gehofft, daß sie nicht kommen würde und andererseits freute er sich über ihr Kommen. Ja, er wäre traurig gewesen, wenn sie sich nicht hätte freimachen können. Sollte er ihr für immer Lebewohl sagen, so wie er es sich vorgenommen und seine Frau es verlangt hatte? Nach der letzten Nacht konnte er es nicht, ihre traurigen Augen könnte er nicht ertragen. Sie hatte bisher nichts von ihm verlangt, sondern ihn nur mit ihrer überschwenglichen Liebe überhäuft. Die Zeit würde das ihrige tun, man würde sehen.

Franziskas Mutter war nicht begeistert, als sie unter einem fadenscheinigen Vorwand schon wieder das Haus verließ. Zu gern hätte sie gesehen, wer der Mann war, mit dem sie sich traf. Es war Frau Kaufmann klar, daß ihre Tochter an diesem Tag mit einem Mann verabredet war. Doch wie immer hatte die Tochter der Mutter keinen reinen

Wein eingeschenkt. Franziska wußte warum, und Margarete war traurig darüber.

Mit ihrem Geliebten fuhr sie in das Städtchen, wo einst Fürst Malte regierte. Die hohe Zeit der letzten Nacht setzte sich in dem Paar fort, welches Arm in Arm durch den Schloßpark wandelte. Rainer Rosen war abermals erstaunt über den guten Geschmack seiner Freundin und ihr Gespür für Orte, die eine einmalige Stimmung verbreiteten. Franziska erzählte ihrem Geliebten, wie sie als kleines Mädchen mit ihrem Vater und dessen Freund diesen Park besuchte, und wie der Vater verzweifelt das Schloß suchte, um es dem Freund zu zeigen. Alles fanden sie; die Marställe, in denen die Hühner herumliefen, die Orangerie und selbst den Fürsten auf einer riesigen Säule stehend aus weißem Marmor. Als der Vater schon an seinem Verstand zweifelte und der Freund ihn hänselte, fragte er endlich eine Passantin, welche ihm antwortete: „Das Schloß vom Fürsten? Da ist es, sie stehen davor." In der Tat standen sie vor einem riesigen Steinhaufen, über den sie sich schon gewundert hatten. Der Vater schimpfte und unterdrückte seine Tränen: „Diese Ganoven, diese Kulturbanausen, diese Verbrecher."

Wirklich war das Schloß gesprengt worden, nachdem es eine LPG heruntergewirtschaftet hatte. Schlösser waren kein zu erhaltendes Kulturerbe, es sei denn, man konnte an ihnen die Diskrepanz von Palästen der Herrschenden und Hütten der Arbeitenden demonstrieren. Daß dieser Fürst zu den Fortschrittlichen gehörte und seinen Schloßpark auch die Untertanen genießen ließ, interessierte nicht. Franziska hatte es schon damals unlogisch gefunden, daß man das Schloß sprengte und den Fürsten stehenließ. Auch die Kirche, wie alle anderen Bauten im klassizistischen Stil, stand bis zum heutigen Tage. Andächtig setzte sich das Paar in eine Kirchenbank und Franziska bat den lieben Gott, ihrer Liebe doch eine Chance zu geben.

Beide tranken im Schloßcafe Kaffee und fühlten sich wie Prinz und Prinzessin.

Anschließend fuhren sie noch zum nahegelegenen Badehaus des Fürsten und wandelten auf den Wegen vergangener Zeiten. Franziskas Phantasie reichte aus, um sich die Hofdamen in langen Kleidern und mit Sonnenschirmen vorzustellen. Sicher hatte es auch in vergangenen Zeiten heimliche Liebeszusammenkünfte gegeben und die alten Bäume könnten viel berichten. Zum Glück waren und blieben sie schweigende Zeugen.

Wie hatte sich die Mode geändert. War man heute stolz auf sein sonnengebräuntes Gesicht, zeugte es vor hundert Jahren noch von ordinärer einfacher Arbeit im Freien. Franziska konnte über diese Entwicklung nur froh sein, denn mit oder ohne Sonnenschirm sorgte ihr dunkler Teint für eine in diesen Breiten eher atypische braune Hautfarbe.

Zum Abschluß ihres gelungenen Ausflugs besuchten Franziska und Rainer noch das kleine Hafenstädtchen, welches wegen seiner Nähe zur Regierungsinsel für die Bürger besonders interessant war. Von hier aus wurden die Bonzen zu ihrem nur ihnen vorbehaltenen Urlaubsdomizil transportiert. Selbst mit dem Fernglas konnte man wenig sehen von dem Leben auf der Bonzeninsel und so kursierten die wüstesten Geschichten unter der einheimischen Bevölkerung. Franziska erzählte und erzählte von Dingen, die sie über die Jahre gehört hatte. Eine Tanzkapelle soll man da mal mit verbundenen Augen hinübergeschifft haben und Franziska dachte laut darüber nach, wie armselig doch die Führenden des kleinen Kacklandes waren in ihrer Angst vor der eigenen Bevölkerung. Als sie viel später das kleine Inselchen aus Neugierde besuchte, wurde ihre Meinung über die Führungsclique bestätigt. Nein, Paläste hatten sie sich nicht errichten lassen. Ein paar bescheidene spießige Häuser standen da in Reih und Glied, die von der Phantasielosigkeit ihrer zeitweiligen Sommergäste zeugten. Es war noch nie einer Regierung bekommen, wenn sie nicht die Volksnähe suchte, sondern sich unter strengster Bewachung an Orten verbarg, welche nur ihre Distanz zu den Untertanen deutlich machte.

Rainer Rosen war es recht, daß seine Freundin unaufhörlich redete, konnte er so doch schweigen. Er war kein Mann der vielen Worte, obwohl das seinem Beruf nicht gerade zuträglich war. Er konnte nicht über seine Probleme und innersten Gefühle reden, was ihn arrogant erscheinen ließ. Eigentlich war die gespielte Arroganz nur ein Selbstschutz vor eigener Unsicherheit und Verklemmtheit. Franziskas Natur lag eher im Gegenteil und da sie in Wirklichkeit wieder in die Liebe und weniger in die konkrete Person verliebt war, stilisierte sie diesen Mann zum Märchenprinzen hoch, ohne Bezug zur Realität.

Als die beiden sich am Ortsschild des Seebades verabschiedeten, wußten sie nicht, wann sie sich wiedersehen würden. Doch sie ahnten, daß es geschehen würde, weil die gemeinsamen Stunden der letzten Tage sie einander so nahe gebracht hatten und auf die Zukunft einwirken würden, ob sie nun wollten oder nicht. Franziska ging und drehte sich nicht noch mal um, weil sie dem Geliebten ihre Tränen ersparen wollte. Ein Fakt, der ihre Chancen bei dem Pfarrer eindeutig erhöhte, da der ständige Streß mit seiner Ehefrau an seinen Nerven zehrte.

*

Bis Ende August blieb Franziska im Hause der Eltern. Sie widmete sich ausschließlich ihrem Sohn und Frau Kaufmann war froh, daß die Tochter nicht noch eine Nacht außer Haus verbrachte. Franziska dachte viel nach und kam zu dem Entschluß, die letzten Wochen mit Blume in der gemeinsamen Wohnung in Frieden und Freundschaft zu verbringen, um vor allem ihrem Sohn das Leben so angenehm wie möglich zu machen.
Sie ging selbstkritisch mit sich um und fühlte sich nicht unschuldig an der Scheidung. Auch freute sie sich auf ihr neues Leben und vor allem auf ihr neues Zuhause, welches sie viel sympathischer fand als ihr bisheriges. Hatte sie sich doch aus verschiedenen Gründen in dieser Wohnung nie wirklich wohlgefühlt.
So saß sie mit besten Vorsätzen behaftet im Zug und stellte mit Schrecken fest, daß sie Michaels Buggy im Auto ihres Vaters vergessen hatte. Irgendetwas mußte sie immer vergessen und sie ärgerte sich wegen ihrer Vergeßlichkeit und Unkonzentriertheit in diesen Dingen, war doch der kleine zusammenklappbare Wagen ein wichtiges Utensil, um die Fortbewegung mit dem zwei Jahre alten Sohn zu erleichtern. Umso mehr freute sie sich, als sie beim letzten Halt des Zuges auf der Insel ihren Vater mit dem Wagen auf dem Bahnsteig winken sah. Oskar Kaufmann war wie ein Wilder zum nächsten Bahnhof gefahren, um seiner Tochter das vergessene Teil nachzutragen. Er war glücklich, daß er den Bahnsteig rechtzeitig erreicht hatte. Franziska weinte vor Rührung über ihren Vater, als der Zug wieder anfuhr. In diesem Augenblick war ihr bewußt, wie sehr der Vater sie liebte. Nie

würde sie den Anblick des Vaters vergessen, wie er mit dem zusammengeklappten Buggy lachend auf dem Bahnsteig stand.

Desto größter war der Schock, der sie zu Hause beim Betreten des Badezimmers traf. Da stand die Kosmetik der neuen Frau und ihr Nachthemd hing am Haken. So viel Geschmacklosigkeit hatte sie nicht mal Blume zugetraut. Ihr Traum von den letzten gemeinsamen Wochen war jäh zerstört und sie schleppte sich in ihr Zimmer und weinte. Michael blickte sie traurig und mitleidig an. Blume versuchte, blaß und genervt, ihr die Situation zu erklären. Sie ließ sich nicht trösten und hatte auch kein Verständnis. Wie konnte sich diese Person in ihrem Badezimmer breit machen und ihre intimen Sachen dort ausbreiten? Wie konnte Blume das zulassen? Blume verließ resigniert das Zimmer und Franziska flossen die Tränen wie ein Wasserfall über die Wangen.

Wenig später klopfte es und Bärbel betrat das Zimmer. Franziska konnte gerade noch denken; diese Person schreckt vor nichts zurück. Noch nie zuvor hatte sie diese Frau von Nahem gesehen. Nun stand sie vor ihr, damenhaft zurechtgemacht, mit hohen Hackenschuhen, hochgestecktem Haar und mit viel Aufwand geschminkt. Genau das, was Blume gefiel, dachte Franziska. Doch mit mir konnte er das nicht machen.

Bärbel blieb in der Mitte des Raumes stehen und wartete wohl darauf, daß ihr Franziska einen Stuhl anbot. Als sie ihr den Gefallen nicht tat, fing sie an zu reden: „Ich weiß, daß es für alle Beteiligten eine schwierige Situation ist, doch sollten wir das Beste daraus machen. Ich muß ihnen ja nicht begegnen, wenn sie das nicht wollen. Allerdings hoffe ich auf ihr Verständnis." Franziska hätte dieser Frau am liebsten in den Hintern getreten, sagte aber nur: „Ist schon gut." Sie stand auf und ging zum Fenster und drehte der unwillkommenen Besucherin den Rücken zu. Bärbel blieb stehen, sie wollte Wolf unbedingt beweisen, daß sie seiner Exgattin überlegen war. Es lag ihr viel an der Meisterung der Situation. Franziska ließ ihr keine Chance, sie wandte ihr weiterhin den Rücken zu und Bärbel mußte wohl oder übel gehen. Unhöfliche Person, dachte diese, doch was konnte man von so einer Frau erwarten? Sie hatte von Anfang an die Nebenbuhlerin in Franziska gesehen und ein Feindbild aufgebaut, um ihr eigenes Handeln zu rechtfertigen. Blume gegenüber hatte sie jeden Augenblick genutzt, Franziska zu verunglimpfen und ihre Vorteile hervorzuheben. Franziska wußte das alles und redete nie wieder auch nur ein Wort mit dieser Frau.

Öfter hatte sie versucht, Blume zu warnen und ihm erklärt, daß Bärbel ihn nur haben wollte, weil er Arzt war. Auch sagte ihm Franziska, er solle doch endlich eine Frau nehmen, die ihn glücklich machen würde und nicht auf ein hübsches Gesicht hereinfallen. Als Blume ihr Eifersucht vorwarf, hatte sie aufgegeben. Sie konnte nichts mehr für den Mann tun, den sie im Glauben an den idealen Ehemann geheiratet hatte. Von nun an wollte sie nur das Beste für Michael. Sie versuchte sich in den kleinen Kerl zu versetzen, um ihn besser zu verstehen.

Als Michael und seine Mutter an diesem Abend beim Abendessen saßen und laut Lindenbergs Lied zelebrierten: „Verdammt, wir müssen raus aus dem Dreck", klopfte es schon wieder und ein sechsjähriges Mädchen betrat den Raum. Die Kleine hatte auf dem Flur den Gesang und das rhythmische Geklopfe, verursacht durch Messer und Gabel, gehört. Franziska war sofort klar, daß es Bärbels Tochter war und sie mußte das erste Mal lächeln seit Betreten der Wohnung, als die Kleine ihr die Hand entgegenstreckte und sagte: „Guten Abend, ich heiße Sandra, und du?" Sie antwortete genau so brav: „Franziska, möchtest du auch etwas essen?" Das kleine Mädchen schwang sich sofort nickend auf einen Stuhl. Ein Glück, daß es Kinder gibt, dachte Franziska. Sie konnte gut mit Kindern umgehen und eroberte schnell Kinderherzen. Ihr Leben lang sollten Kinder sie mögen und wenn es nicht so war, waren sie von ihren Eltern gegen Franziska aufgehetzt worden. Bei Sandra passierte das zum Glück nicht. Bärbel hatte ihr Ziel erreicht und wollte, so lange Franziska noch in der Wohnung lebte, keinen Stein des Anstoßes abgeben. Als Franziska sich im Badezimmer für das Bett herrichtete, sah sie mit Zufriedenheit, daß die Utensilien von Bärbel verschwunden waren.

In der noch verbleibenden Zeit verbrachte Sandra jede freie Minute in Franziskas Zimmer. Am letzten Abend erklärte Franziska dem Mädchen, daß sie morgen ausziehen würden. Die Kleine verstand nicht und sagte, sie und Michael sollten doch bleiben. Franziska war wütend, daß die alte Mutter und der „neue" Vater offensichtlich nicht mit dem Kind sprachen. Da hatte ja ihr zweijähriger Michi schon mehr kapiert. Sie nahm das Mädchen in den Arm und gab ihr einen Kuß und sagte: „Es muß sein Sandra, aber ich werde dich nicht vergessen. Es war schön hier mit dir." Für sich dachte Franziska: Es war nur erträglich durch dich, meine Kleine.

Sandra war vor ein paar Tagen eingeschult worden und Blume war als neuer Vater mitgegangen. Franziska verstand das überhaupt nicht. Warum mußte man mit dem Partner auch gleichzeitig die Kinder wechseln?

Die Menschen in Franziskas Umgebung verstanden nicht, wie sie diese Situation aushielt. Doch sie wollte, wie immer, Stärke zeigen und es besser machen als die Allgemeinheit.

Blume hatte glashart die Möbelstücke getrennt und ihr weder den Kühlschrank noch die Waschmaschine überlassen, weil er diese Dinge mit in die Ehe gebracht hatte. Er zahlte ihr eine Summe für die in der Ehe angeschafften Dinge und Franziska wollte sich nicht streiten. Das empfand sie als unter ihrer Würde und wenn das Kind nicht dagewesen wäre, hätte sie ihren Koffer gepackt und wäre gegangen. Keiner konnte soviel Edelmut verstehen, nicht einmal die Möbelpacker, die in der Kleinstadt natürlich über das Ehedrama bestens informiert waren. Einer der Männer sagte zu ihr: „Sollen wir dem nicht die ganze Bude ausräumen, das steht ihnen doch wenigstens zu." Franziska hatte große Mühe, die Männer davon abzuhalten, mehr mitzunehmen als die von ihr eingepackten Dinge. Diese drei Männer standen auf ihrer Seite und bekundeten ihr während des Umzugs offen ihre Sympathie. Für die Möbelpacker war dieser Doktor ein Schwein, welcher Frau und Kind aus der Wohnung trieb. „So einer glaubt auch noch, etwas Besseres zu sein", murmelte einer der Männer. Franziska half diese Zuneigung beim Verlassen des Hauses. Sie war froh, als sie endlich auf dem Beifahrersitz des Möbelwagens Platz nehmen konnte. Endlich vorbei, dachte sie, und ihr Schmerz über das Verlassene hielt sich in Grenzen.

Auf der Fahrt nahm sie Abschied von einem Zeitabschnitt ihres Lebens, der aus- und abgelebt war. Gern hätte sie diesen Abschied gemeinsam mit Blume am letzten Abend gefeiert. Allein ihm fehlte die Größe. Dafür wird er nie richtig glücklich sein und eigentlich tat Franziska dieser Mann schon wieder leid. Ihr fielen wie immer in solchen Abrechnungen mit der Zeit mehr positive als negative Ereignisse ein.

Der Fahrer schaute oft zu ihr hinüber und wertete ihre Nachdenklichkeit als Traurigkeit. Gern hätte er die junge Frau zum Lachen gebracht. Doch er wagte nicht, einen blöden Witz zu machen und etwas anderes fiel ihm nicht ein.

Als der Möbeltransport in der engen Altmarktstraße hielt, machten die Möbeltransporteure ein erstauntes Gesicht. Hier wollte die Frau des Oberarztes einziehen? Den Männern fehlte es an Franziskas Sinn für Romantik und Nostalgie. Als Irmhild ihnen freundlich öffnete, waren sie beeindruckt von der Schönheit der Hausherrin. Neugierig blickten sich die Männer im Haus um; nein, so etwas hatten sie noch nie gesehen. Das alte Haus fanden sie erbärmlich und trotzdem faszinierte sie das Flair der Räume. Sie glaubten in einer anderen, für sie unwirklichen Welt zu sein. Franziska bedauerte die Männer, daß sie die alten schweren Möbel und vor allem das alte Klavier durch den engen Flur schleppen mußten. Sie hatte ein Klavier gekauft und bisher nur ein wenig darauf herumgeklimpert. Wie ihre großen Brüder, so mußte auch sie als Mädchen zum Klavierunterricht gehen. Doch nach einem Jahr konnte sie ihren Vater überreden, damit aufzuhören. Später hatte sie es natürlich bereut. Nun wollte sie ihre Versäumnisse, wie die meisten Eltern, in ihren Kindern verwirklichen. Zum Glück quälte sie mit solchen Phantasien nur ihren ersten Sohn Michael.

Die Wohlsdorfs hatten für Franziskas Möbel einen Abstellraum im Erdgeschoß leergeräumt. Das Geschirr und die kleineren Dinge wurden einfach im Haus verteilt. Irmhild und Franziska arbeiteten stundenlang, um das Chaos zu beheben.

Als Richie von der Arbeit kam, aßen sie alle gut, Irmhild war eine begnadete Köchin. Sie tranken von dem Wein, den Franziska zu ihrem Einzug spendiert hatte. Sie fühlte sich glücklich und geborgen in der Familie und betete, daß es so blieb. Das neue, ganz andere Leben konnte beginnen. Morgen würden die Eltern Michael bringen und sie hoffte sehr, daß auch mit dem Kleinen alles gut gehen würde.

In der ersten Nacht erlebte Franziska sogleich die Nachteile ihres neuen Domizils. Sie hatte den Ladenraum im Erdgeschoß bezogen. Ihre Mutter hatte ihr Nesselgardinen genäht, denn im Schaufenster wollte Franziska nicht leben. Da die einstige Ladentür nicht richtig dicht war, hörte sie das Rumpeln und Quietschen der Straßenbahn so deutlich, daß sie glaubte, die Bahn fahre mitten durch ihr Bett.

Erstaunlicherweise hörte sie die Straßenbahn nach ein paar Wochen nicht mehr. Mehr auf dem Präsentierteller konnte man nicht wohnen und nachdem sie ein paar Wochen dort gelebt hatte, klopfte es eines Abends an die Schaufensterscheibe. Ein junges Paar stand da und fragte, ob sie sich nicht einmal Franziskas Zimmer ansehen könnten, es würde von außen so einladend und gemütlich aussehen. Es war so, als ob Franziska auf der Straße lebte und in den ersten Nächten schreckte sie oft auf, weil sie glaubte, ein vorübergehender Passant stand plötzlich vor ihrem Bett. Sie mußte ihre Ängste im Dunkeln überwinden, sonst würde sie hier irre werden. Doch sie wollte in diesem Häuschen leben und so wurde sie auch mit ihrem Ladenraum fertig und gewann ihn sogar lieb.

Als Frau Kaufmann am nächsten Tag das Häuschen betrat, rang sie mit den Tränen. Herr Kaufmann ermahnte seine Frau, sich zusammenzureißen und bloß kein Theater zu machen. Wie konnte ihre Tochter ihrem Enkel eine so asoziale Bruchbude zumuten? Franziska war für ihre Mutter sozial abgestiegen und das war für Frau Kaufmann das Schlimmste, was einem Menschen passieren konnte. Da nützte auch nicht die Freundlichkeit und der leckere selbstgebackene Apfelkuchen der Frau Wohlsdorf. Ohne Zweifel ist diese Frau eine hübsche Person, dachte Frau Kaufmann, aber ohne Grund nahm diese Familie ihre Tochter nicht auf. So etwas war außerhalb ihres Denkens. Franziska fand das Verhalten ihrer Mutter unverschämt und begegnete ihr gereizt und unfreundlich. Herr Kaufmann konnte seine Tochter auch nicht so recht verstehen, doch war er von den Bewohnern des Häuschens angenehm überrascht. Auch bemerkte er die positive Stimmung, die von dem Haus und seinen Bewohnern ausging. Er unterhielt sich freundlich und unvoreingenommen mit Irmhild und vor allem mit Richie. Franziska war ihrem Vater dankbar, daß er die Situation so meisterte.

Als Franziska ihrer Mutter bei der Verabschiedung sagte, daß sie dieses Häuschen zehnmal besser fände als das neugebaute Haus der Kaufmanns am Meer, weil es eine Seele hätte, war für Frau Kaufmann das Maß voll. Sie bekam am Abend einen Asthmaanfall und schrieb ihrer Tochter ein paar Tage später einen Brief, in welchem sie ihr vorwarf, daß sie für die Krankheiten der Eltern verantwortlich sei. Franziska sollte sich durch solche Briefe der Mutter ein halbes Leben lang ein schlechtes Gewissen machen lassen. Jedoch schaffte es die Mutter nie, daß die Tochter ihren Lebensstil im Sinne der Eltern änderte.

Michael schien durch das dreiste Auftreten der Wohlsdorfschen Mädchen eingeschüchtert. Sie waren hier zu Hause, er nicht. Carmen und Larissa nutzten ihre Stellung als Ältere aus und als er in ihrem Zimmer im Gitterbett lag, weinte er herzzerreißend und die Mädchen kicherten über seine Tränen. Sie schürten seine Angst, indem sie genüßlich Horrorgeschichten über das Häuschen erzählten. Franziska machte dem grausamen Spiel ein Ende und setzte sich erstmalig an Michaels Bett, bis er eingeschlafen war.

Irmhild verließ für mehrere Wochen das Haus, weil ihr Vater im Sterben lag und Richie war froh, nicht allein, neben seiner Arbeit, für die Kinder verantwortlich zu sein. Franziska schimpfte nicht wie seine Frau, wenn er nach getaner Arbeit noch Einen trinken ging. Sie konnte diesen Mann gut verstehen, hatte er doch durch seine harte Arbeit seiner Frau das Studium, trotz der Kinder, ermöglicht. Auch Richie konnte Franziska gut leiden. Sie entwickelten sehr schnell ein kumpelhaftes, geschwisterliches Verhältnis. Er beobachtete zufrieden Franziska, wenn sie des Abends in der Küche herumhantierte, alle Kinder wusch und ins Bett brachte. Manchmal schritt er ein, wenn er glaubte, seine Töchter würden die Gutmütigkeit der neuen Mitbewohnerin ausnutzen. Beide saßen dann nach dem allabendlichen Kinderritual völlig geschafft in der Küche auf dem Sofa und tranken noch eine Flasche Wein. Manchmal holte Richie auch einen Krug Faßbier aus der nächsten Kneipe. Sie waren eine glückliche Familie und keiner hätte bei ihrem Anblick vermutet, daß sie in Wirklichkeit zwei Familien waren. So sahen das auch die Nachbarn. Neugierig hingen sie in ihren Fenstern, als Irmhild das erste Mal nach ihrer Abwesenheit wieder nach Hause kam. Sie freuten sich auf den Augenblick, wenn eine der Frauen heulend das Haus verlassen würde. Als statt dessen beide Frauen zusammen lachend aus dem Haus kamen, um einkaufen zu gehen, stand für die neugierigen sensationslüsternen Nachbarn fest, daß die Frauen Schwestern waren – vom Aussehen der beiden Frauen kein Problem.

Irmhild und Richie konnten nicht verstehen, daß Franziska immer noch in den Pfarrer verliebt war und diese Liebe pflegte wie ihren Augapfel. Nie ging sie mit ihnen auf Feten, wo sie doch durchaus einen interessanten Mann hätte kennenlernen können. Die Wohlsdorfs verkehrten hauptsächlich im Künstlermilieu und ihrer Meinung nach hätte ein Künstler auch gut zu Franziska gepaßt. Dennoch akzeptierten sie Franziskas selbstauferlegte Zurückgezogenheit, schien sie doch dabei nicht unglücklich zu sein. Für eine Fete zu dritt war sie immer zu haben. Franziska lernte von Richie und Irmhild mit dem Besenstil zu tanzen und Kippen zu rauchen, wenn des Nachts die Zigaretten ausgegangen waren. Sie liebte die fröhlichen, ausgelassenen Feste mit den beiden und vieles war für sie neu im Hause Wohlsdorf.

Richie genoß das Leben mit zwei Frauen, vor allem, weil sich Irmhild nicht mehr beklagte, daß die ganze Hausarbeit an ihr hängen blieb. Freitags putzten Franziska und Irmhild stundenlang. Das alte Häuschen hatte es nötig, um nicht asozial zu wirken. Wenn Irmhild am Sonntagmorgen zum Predigen auf ihre Pfarrstelle fuhr, bereitete Franziska das Mittagessen vor.

Auch Michael lernte schnell, mit den Mädchen umzugehen. Er ordnete sich als der Jüngste unter den Kindern ihren Phantasien unter. In Rollenspielen stand er als Vater oder Märchenprinz zur Verfügung und trug es mit Gelassenheit, wenn Larissa ihn an sich drückte und küßte, auch wenn diese über die Unbeholfenheit des kleinen Jungen manchmal entnervt mit den Augen rollte. Irmhild lachte darüber, wenn Michael morgens auch mit einem roten Handtäschchen oder einer Haarspange in den Kindergarten gehen wollte. Irgendwie faszinierten ihn die vielen Utensilien der Mädchen und Franziska gab sich alle Mühe, ihm seine Identität als Junge nahezubringen, was bei diesen starken Weibern nicht einfach war. Doch zum Mädchen wollte sie ihn nicht werden lassen.

Sehr schnell hatte Franziska ihm einen Platz im evangelischen Kindergarten besorgt, den auch Larissa und Carmen besuchten. Wochenlang war sie der Leiterin auf die Nerven gegangen, bis sie endlich ja sagte. So mußte der Kleine schon mit zweieinhalb Jahren in den Kindergarten. Franziska blutete das Herz, weil er jeden Morgen nach seiner Ablieferung an die Fensterscheiben schlug und tränenüberströmt nach seiner Mutter rief. Doch was sollte sie tun? In den ersten Wochen hatte die Frau von Torsten auf ihn aufgepaßt, wenn Franziska in die Uni mußte. Doch das war kein Dauerzustand, weil Martina inzwischen selbst zwei kleine Kinder zu versorgen hatte. Zum Glück fügte sich Michael nach vier Wochen in sein Schicksal und die allmorgendliche tragische Zeremonie hatte ein Ende. Viel länger hätte Franziska das grausame Spiel auch nicht ertragen.

Der evangelische Kindergarten war nicht schön von den Räumlichkeiten und viel teurer als eine staatliche Tagesstätte. Jedoch wurde er von zwei vornehmen älteren Damen mit Gelassenheit und Herz geführt und so war es den in der Mehrzahl intellektuellen Eltern wert, diesen Preis zu zahlen. Vor allem waren die Kinder ein paar Jahre länger vor staatlicher Propaganda geschützt. Auch Franziska zahlte aus diesen Gründen gern das Geld, obwohl es ihr nicht leicht fiel.

Sie hätte sich gewünscht, ab und zu mit Michael und seinem Vater einen Tag zu verbringen, um Michael die Eltern in Gemeinsamkeit nicht ganz zu entziehen. Blume wollte davon nichts wissen. Jedes Mal, wenn er ihn abholen kam, wartete Bärbel im Auto. Franziska konnte nicht verstehen, wovor diese Person eigentlich Angst hatte. An einem Samstagmorgen bestand Blume darauf, daß Michael bei ihm über Nacht blieb. Franziska war dagegen, weil sie wollte, daß der Junge sich erst an sein neues Zuhause gewöhnen sollte. Sie wußte, daß Michi sich zwar tapfer in sein Schicksal fügte, dennoch darunter litt, daß er sein altes, vertrautes Heim verloren hatte. Blume verließ wütend und türenschlagend das Häuschen und drohte mit Konsequenzen für Franziska. Er kümmerte sich nicht um Michaels Tränen und Papaschreie. Wieder einmal schämte sich Franziska für ihren Exgatten, weil sie es nicht verstand, daß man sich nicht einmal vor dem Kind zusammenreißen konnte.

Als sie wenige Tage später eine Vorladung von der Fürsorge erhielt, hatte sie große Angst, den Jungen zu verlieren. Wohnte sie doch für normale Menschen in chaotischen Verhältnissen und die finanzielle Situation von Blume war auch viel besser. Irmhild beruhigte Franziska, daß die Frauen von der Fürsorge nicht so dumm wären und glaubten, eine positive Kindererziehung hinge nur von den Finanzen ab. Nach ihren Geburten habe auch sie Besuch von Fürsorgerinnen bekommen. Diese Routinebesuche sollten sicherstellen, daß die Neugeborenen gut aufgehoben waren. Daß diese Kontrolle nötig war, hatte

Franziska als Hebammenschülerin erfahren. Bis dahin hätte sie nicht geglaubt, in welche katastrophalen Verhältnisse manche Kinder hineingeboren werden. Jedesmal hätte man das Häuschen als besonders kinderfreundlich gelobt, erzählte ihr Irmhild.

Trotzdem klopfte Franziska das Herz, als sie eine Woche später das maßgebliche Büro betrat. Die hinter dem Schreibtisch sitzende Dame sah nicht gerade alternativ aus, dennoch war sie Franziska nicht unsympathisch. Sie wurde von der Frau nach dem Besuchsrecht des Vaters von Michael gefragt, da eine Beschwerde von Dr. Wiesenblum vorliege.

Franziska begann zu reden: „Ich will meinem Sohn keineswegs den Vater entziehen, im Gegenteil. Ich würde mir wünschen, daß mein geschiedener Mann und ich auch mal etwas gemeinsam mit dem Jungen unternehmen. Schließlich bleiben wir doch trotz der Scheidung Mutter und Vater für ihn und der Junge hat, meiner Meinung nach, ein Recht auf Eltern. Ich habe zur Zeit nur etwas dagegen, daß mein Sohn über Nacht bei seinem Vater bleibt, weil er dann in seinem alten Zimmer schlafen würde und er es somit noch schwerer hätte, sich an sein neues Zuhause zu gewöhnen. Außerdem hat mein geschiedener Mann schon wieder eine neue Frau und ich glaube, daß Michael einfach noch zu jung ist, um mit diesen schwierigen Familienverhältnissen fertig zu werden. Ich möchte ihn nicht unnötig belasten. Ist doch die Situation für den Jungen schon schwierig genug und ich halte es nicht für richtig, ihn hin- und herzureißen.

Die Fürsorgerin hatte Franziska aufmerksam und ernst zugehört und sagte nach kurzem Nachdenken: „Ich weiß gar nicht, was ihr Exmann eigentlich will. Es wäre schön, wenn alle geschiedenen Frauen so denken würden, wie sie. Dann hätten wir viel weniger Probleme. Ich finde ihre Meinung sehr einleuchtend und vernünftig. So werde ich das auch Dr. Wiesenblum mitteilen und seine Beschwerde als unbegründet zurückweisen. Ich danke ihnen, daß sie gekommen sind und wünsche ihnen viel Erfolg bei der Erziehung ihres Sohnes." Die Frau erhob sich und schüttelte Franziska freundlich die Hand. Nein, das hätte Franziska nicht für möglich gehalten, auf diesem Amt einer solchen weisen Frau zu begegnen. Diese Frau hatte sie nicht nur für den Moment glücklich gemacht, sondern ihr Sicherheit und Selbstbewußtsein gegeben, um die anstehenden Probleme durchzustehen und nicht resigniert aufzugeben. Franziska dankte Gott und ging leicht und beschwingt ins Häuschen – war ihr doch ein Stein vom Herzen gefallen. Natürlich war sie auch ein wenig schadenfroh, daß die kleine Theologiestudentin über den Oberarzt gesiegt hatte.

Blume war in der Tat sehr wütend über die Entscheidung der Fürsorge. Ihm war diese Niederlage so peinlich, daß er sich wochenlang überhaupt nicht mehr bei Franziska und Michael meldete. Michael fragte oft nach seinem Vater und der Kleine tat Franziska leid. Hatten sie doch jetzt auch so ein leidliches Vaterproblem am Hals. Dabei hatte Franziska immer geglaubt, daß ihr das alles nie passieren würde.

Als Michaels Vater sich endlich wieder meldete, sagte Franziska ruhig und gelassen zu ihm: „Von mir aus kannst du Michi über Nacht mitnehmen. Er hat sich hier gut eingelebt. Außerdem habe ich keine Angst mehr davor, daß er sich bei Euch mehr zu Hause fühlen könnte. Kinder haben ein sehr feines Gespür." Und so war es auch. Am ersten Weihnachten nach der Scheidung packte Michael noch neugierig das Geschenk seines Vaters aus. Der zum Vorschein kommende Schlafanzug ernüchterte ihn sehr schnell. Von Stund an hatte er keine Lust mehr, die Geschenke seines Vaters auszupacken. Jedes Mal, wenn später seine Mutter zu ihm sagte: „Du mußt noch das Geschenk von Papa auspacken", sagte der kleine Junge: „Das ist sowieso wieder ein Schlafanzug." Mutter und Sohn fingen dann an zu lachen und hörten gar nicht mehr auf, wenn Michael mit seiner Vermutung wirklich recht behielt. Franziska war klar, daß die Schlafanzüge Barbara besorgte und Blume nur brav das schon eingepackte Geschenk ablieferte. Dr. Wiesenblum gehörte nicht gerade zu den selbstkritischen Männern. Eine Eigenschaft, die Männern ohnehin schwerer fällt als Frauen und so wertete er Franziskas Nachgeben als seinen kleinen nachträglichen Erfolg.

*

Franziska fühlte sich wohl in der großen Stadt und genoß es, nur drei Minuten von der Uni entfernt zu wohnen. Immer konnte sie zwischendurch ins Häuschen gehen und Dinge erledigen, so daß sie sich lange nicht so ausgelaugt und gehetzt fühlte als mit der ewigen Fahrerei. Das vierte Studienjahr machte auch richtig Spaß. Endlich hatte die Sprachenpaukerei aufgehört, so daß man sich den Themen zuwenden konnte, die einem Spaß machten und auch interessierten. Franziska gehörte nicht zu den Theologiestudenten, die in höhere geistige Sphären abdrifteten und den Bezug zur Realität verloren. Man konnte irre werden bei diesem Studium, weil nichts fest stand und alles hinterfragt wurde. Sie fand immer mehr Antworten auf ihre Fragen, trotzdem betrachtete sie die Dinge mit einem gewissen Abstand, der sie vor Fanatismus und Euphorie schützte. Mußte man erst Theologie studieren, um glauben zu können? Es gehörten für sie auch gewisse Kenntnisse dazu, die sie vorher nicht vermittelt bekommen hatte. Mittlerweile konnte sie sich auch vorstellen, einmal als Pastorin zu arbeiten.

Eigentlich hatte sie in diesen Zeiten nur ein Problem, und das war ihre Liebe zum Pfarrer Rainer Rosen. Sie würde sich nicht bei diesem Mann melden, weil sie sich nicht aufdrängen wollte. Doch wenn er kommen würde, könnte sie ihn auch nicht abweisen. Es hätte sie glücklich gemacht, wenn sie gewußt hätte, daß Rainer erst vor kurzem stundenlang in der Nähe des Häuschens gewartet hatte, nur um sie ein paar Augenblicke zu sehen. Als sie endlich mit Irmhild das Haus verließ, war Rainer glücklich und wußte, daß er diese Frau wiedersehen mußte. Sie sieht schlecht aus, dachte er. Noch dünner ist sie geworden und er schrieb es ihrem Liebeskummer zu, was ihn auch irgendwie freute. Bei ihrem Anblick war ihm klar, daß sie ihn noch nicht vergessen hatte, sein Warten hatte sich gelohnt. Wäre sie ihm glücklicher vorgekommen, hätte er sich nicht bei ihr gemeldet.

Ein paar Wochen später rief er ihre Freundin Elvira im Konvikt an und sagte ihr, daß er Franziska in der kommenden Woche besuchen würde. Lange hatte er mit seiner Frau diskutiert. Er wollte Franziska nicht heimlich treffen, noch immer wollte er an seiner Ehe festhalten und hoffte auf das Verständnis seiner Ehegattin. Weder Elvira noch Wohlsdorfs waren begeistert vom bevorstehenden Besuch des Pfarrers, nur Franziska war überglücklich, bestätigte es doch ihre Ansicht, daß eine große Liebe durch nichts in der Welt zu trennen ist. Franziska wurde mit dem Heranrücken des Termins immer aufgeregter und Rainer erging es nicht anders. Bei seinem pünktlichen Eintreffen empfand er sofort die Kälte, die ihm die Hausherren entgegenbrachten. Er schlug Franziska vor, spazieren zu gehen, um der gespannten Atmosphäre zu entfliehen. Sie spazierten dort, wo Franziska jeden Tag mit ihrem Sohn unterwegs war. Sie liebte den Weg entlang der Saale, auch wenn der Fluß hoffnungslos verunreinigt war.

Anfangs führten die beiden ein stockendes Gespräch, doch das änderte sich schnell. Als sie zwei Stunden später wieder das Häuschen erreichten, plauderten sie miteinander, als ob sie nie voneinander getrennt waren. Rainer verabschiedete sich an der Haustür von Franziska und sagte zu ihr: „Ich komme wieder, ich weiß nur noch nicht wann." Worauf Franziska antwortete: „Das macht nichts, ich werde auf dich warten."

Als Franziska die gemütliche Küche des Häuschens betrat, in der alle beim Abendessen versammelt waren, sagte nach einer Weile des Schweigens Richie zu ihr: „Na und, hat sich der Herr Pfarrer nun mal entschieden?" Richie konnte Franziska viel zu gut leiden, um sie von diesem Popen quälen zu lassen. Als Franziska ihm sagte: „Das kann er nicht", war er noch wütender auf den Mann. Warum war er hier aufgetaucht? Sie hätten Franzi schon irgendwann herausgeholt aus ihrem tiefen Tal des Liebeskummers.

*

Als Rainer Rosen das nächste Mal das Häuschen betrat, öffnete ihm Irmhild außergewöhnlich beschwingt und fröhlich die Tür. Er kam unangemeldet, wußte jedoch, daß Franziska an diesem Tag ihr Staatsexamen in Marxismus/Leninismus abgelegt hatte. Irmhild erzählte ihm kichernd, daß Franziska im Bett liege, einige ihrer Kommilitonen allerdings im Wohnzimmer säßen und sie wieder hoch müsse, um sie zu bewirten. Rainer bereute, an diesem Abend gekommen zu sein, hatte er doch vermutet, daß Franziska die Prüfung, falls erfolgreich, gebührend feiern würde. Für Franziska war die Feier allerdings längst vorbei. Sie war am Vormittag von der Prüfung gekommen und froh über das Resultat gewesen. Drei Jahre Marxismus/Leninismus-Unterricht waren beendet und sie hatte in der Prüfung die gleichen Phrasen gedroschen wie schon zum Abitur und auf der Hebammenschule.

Im ersten Jahr hatten sie eine junge hübsche Dozentin gehabt, die sich tolerant und kumpelhaft den Theologen gegenüber gab. Allerdings wurde diese Dame absolut sauer, wenn die Studenten ihr widersprachen oder ihrem Fach nicht den nötigen Respekt entgegenbrachten, was natürlich nur von diesen Theologen zu erwarten war. Im zweiten Jahr hatten sie eine resignierte Alkoholikerin, die jede Stunde sagte: „Oh, ist es hier kalt, hier werde ich heute nicht alt." Von zwei Stunden Vorlesung hielt sie höchstens eine Stunde durch zur Freude der Studenten. Diese Frau hatte den Studenten in der ersten Stunde unmißverständlich klargemacht, daß sie nicht die Absicht habe, sie zu überzeugen. Als Gegenleistung sollten sie auf endlose Diskussionen verzichten. Das war von allen Beteiligten akzeptiert worden. Im dritten Jahr allerdings war ihr Dozent einer von der gefährlichen Sorte gewesen und die Studenten bemerkten sehr schnell, daß jedes gesagte Wort ihnen zur Gefahr werden konnte. Dieser Typ wollte sie aushorchen und würde jede für den Staat gefährliche Äußerung weiterleiten. Für den Staat war jede Anfrage in bezug auf die heilige Lehre schon gefährlich. Marx, Engels und Lenin waren lange tot und Tote konnten nicht mehr reden. Deshalb stand die Staatsphilosophie über allem und wurde als allgemeine Wahrheit gelehrt. Daß Theologiestudenten die atheistische Lehre nicht kritiklos in sich aufnahmen, war logisch. Franziska hatte für diese Prüfung nicht gelernt, war sie doch bisher immer mit ein paar Sätzen zur Diktatur des Proletariats, Besitz an Produktionsmitteln und zum sozialistischen Manifest durchgekommen. Dieses Mal wurde sie zu der Leninschen Revolutionstheorie befragt und war zufrieden, als der Typ endlich abbrach und ihr ein „Befriedigend" gab. Sie schätzte Leute wie Marx und Engels und ihre Lieblingssozialistin war Rosa Luxemburg. Doch schätzte sie gar nicht, was aus der damals notwendigen Lehre in ihrem Land gemacht worden war. Für sie war klar, daß diese „Revolutionäre" hierzulande auch wieder im Knast verschwinden würden. Nun war sie froh, daß dieses Thema sich ein für allemal erledigt hatte.

Im Häuschen angekommen, begoß sie zusammen mit Irmhild ihre Prüfung mit einer Flasche Wein. Als Richie von der Arbeit kam, mußte er neuen Wein kaufen und gegen 15 Uhr fragte Franziska ihn, ob er die Kinder aus dem Kindergarten holen würde, sonst könne sie keinen einzigen Tropfen mehr trinken. Es war einer der glücklichsten Tage im Hause Wohlsdorf. Als Richie sich zum Kindergarten aufmachte, ging Franziska ins Bett. Sie hatte genug. Bei Irmhild bewirkte der Alkohol genau das Gegenteil. Als der erste Studienfreund von Franziska klingelte, um sich nach ihrem Resultat zu erkundigen, öffnete Irmhild fröhlich die Tür. Zum Erstaunen Gottliebs bat sie ihn herein und klärte ihn lachend über Franziskas Zustand auf. Franziskas Studienfreunde besuchten gern das interessante Häuschen, doch Irmhild schien von zuviel Besuch genervt. Nicht selten stellte sie die Klingel ab, um ihre Wohnung nicht zum Durchgangslokal werden zu lassen. In ihrem angetrunkenen Zustand genoß sie den Besuch des jungen Herrn. Als kurz danach noch drei weitere Mitstudenten auftauchten, war sie fasziniert von Franziskas Beliebtheit. Sie erzählte allen ausführlich von Franziskas bestandener Prüfung. Ihre gute Laune konnte nicht mal das Auftauchen von Rainer Rosen beeinträchtigen.

Als Rainer seine Freundin mit normalen Sachen in einem unordentlichen Wust von Bettdecken vorfand, streichelte er sie zurückhaltend. Franziska brummte: „Ich bin müde, laßt mich doch schlafen." Worauf Rainer etwas enttäuscht sagte: „Dann gehe ich wieder." Wie vom Blitz getroffen schreckte Franziska hoch, umarmte ihren Märchenprinz und rief: „Nein, nein, ich freue mich doch, daß du gekommen bist. Ich muß mich nur noch ein wenig besinnen." Als das Paar das Wohnzimmer betrat, beobachteten Franziskas Studienfreunde neugierig den Mann in ihrer Begleitung, konnte er doch nur ihr neuer Liebhaber sein. Alle hatten beim Anblick des Mannes ähnliche Gedanken. Irgendwie schaffte es Franziska, mit einem richtigen erwachsen wirkenden Mann aufzutauchen. Ein anderer Typ als ihr Ehemann, dennoch sehr seriös erscheinend, irgendwie zu seriös für ihre Studienfreundin. In der Tat schien Franziska ordentliche Männer anzuziehen. Doch was wird mit gegensätzlichen Charakteren auf Dauer? Franziska sollte sich über dieses Problem erst viel später Gedanken machen.

Nach einer Weile verabschiedeten sich die Gäste. Der liebe Richie brachte die drei Kinder zu Bett, Irmhild ging schlafen, und das schwierige Paar leistete sich ein Abendessen im Restaurant.

Als Franziska spät abends nach Hause kam, saß Richie noch vor dem Fernseher. Er war zwar traurig gewesen, daß das spontane Fest für ihn so schnell beendet war, dennoch genoß er die wenigen Stunden ohne beide Frauen. Nun war er allerdings froh, Franziska noch zu sehen. Auch war er beruhigt, daß der Pfarrer nicht die Nacht im Häuschen verbrachte. Er holte noch ein Schnäpschen aus seinem Versteck und sie rauchten gemeinsam eine letzte Zigarette in wirklicher Freundschaft. Franziska dankte ihm, daß er Michael vom Kindergarten abgeholt und ins Bett gebracht hatte und sie war froh, daß er an diesem Abend das Thema Rainer Rosen nicht ansprach. Sie gingen nach diesem ereignisreichen, guten Tag bald ins Bett. Alle Bewohner des Häuschens schliefen einen ruhigen zufriedenen Schlaf und die alten Mauern lächelten über den Frieden und die positive Stimmung im Haus.

Wieder ließ sich Rainer Rosen mehrere Wochen nicht blicken. Ob es nun Zufall oder Schicksal war, er tauchte gerade an dem Abend auf, als sich Franziska seit Monaten das erste Mal wieder ins Getümmel stürzen wollte. Sie hatte die Einladung eines jungen Herrn aus ihrer Sektion angenommen, ihn zum Studentenfasching zu begleiten.

Franziska gehörte zu den schicksalsgläubigen Menschen, sie glaubte, je älter sie wurde, immer weniger an Zufälle. Ihr war es etwas peinlich, dem in der Küche wartenden Mann abzusagen, worauf dieser auch nicht gerade freundlich reagierte. Auch Rainer sagte zu ihr nicht gerade fröhlich, daß er ja wieder nach Hause fahren könne. Für Franziska war klar, daß es ein Wink des Schicksals war, daß ihr Geliebter gerade an diesem Abend auftauchte. Die Wohlsdorfs konnten ihre Mitbewohnerin nicht verstehen, obwohl Richie genügend Humor hatte, um sich an der Situation zu erfreuen, die ihm vorkam wie aus einem alten kitschigen Liebesfilm. Sie bemerkten nicht, daß der Pfarrer erst gegen Morgen das Häuschen verließ. Allerdings bemerkten sie wohl am nächsten Morgen, daß Franziska verändert schien, irgendwie aufgekratzt. Eine tragische Geschichte hatte ihren Anfang genommen und die Ereignisse sollten sich in den nächsten Wochen überstürzen.

Rainer Rosen hatte Franziska versprochen, sie nun nicht wieder so lange allein zu lassen. Er wollte dem grausamen Treiben ein Ende bereiten, wenn er sich auch vor den Konsequenzen fürchtete. Franziska sollte ihn in einigen Tagen anrufen. Als Franziska zur Telefonzelle ging, hatte sie ein ungutes Gefühl. Sie mußte lange am öffentlichen Telefonhäuschen anstehen. Wieder einmal war es möglich, ohne Geld zu telefonieren, weil irgendetwas defekt war. So etwas sprach sich herum wie ein Lauffeuer. Vor allem Ausländer nutzten diesen Zustand aus, lange Gespräche mit ihren Verwandten zu führen. Endlich an der Reihe, sah sie Richie auf die Telefonzelle zustürmen. Er klopfte ans Glas und schrie, sie solle nach Hause kommen und sich nicht an diesen Kerl hängen. Franziska war gerührt über so viel Fürsorglichkeit, doch er würde sie nicht abhalten können. Als Franziska hörte, daß auf der anderen Seite, ohne einen Ton, der Hörer aufgelegt wurde, wußte sie, daß etwas passiert war oder passieren würde. Bei nochmaligem Versuchen hörte sie nur noch das Besetztzeichen.

Unglücklich ging sie ins Häuschen zurück und bat Richie, einen Krug Bier zu holen. Dieser tat ihr den Gefallen, doch als sie mit Tränen in den Augen das Bier hinunterschlürfte, sah er die junge Frau besorgt an. Er wußte nicht, wie er ihr helfen könnte und hoffte, daß Irmhild bald nach Hause käme. Doch Irmhild nervte Franziskas Liebeskummer. Sie wollte sich nicht damit belasten und bat Richie, sie zu begleiten, um Freunde zu besuchen. Franziska war es recht, konnte sie doch endlich ihre lang aufgestauten Tränen herauslassen. Mit den Wohlsdorfs konnte sie sich ohnehin nicht über ihren Kummer unterhalten. Trotz des Bierkonsums konnte sie nur schlecht und unruhig schlafen. Sie wußte, daß etwas Schreckliches passiert war. Was sollte sie nur tun? Sie konnte nicht zu den Rosens fahren, doch die Ungewißheit konnte sie auch nicht länger ertragen. Also überredete sie am nächsten Tag ihren besten Studienfreund Torsten, in ihre Heimatstadt zu fahren, um nach dem Rechten zu sehen. Sie wartete gemeinsam mit Torstens Frau auf die Rückkehr des Freundes. Sie war dem Ehepaar unendlich dankbar, daß wenigstens sie sich mit ihrem Liebeskummer beschäftigten.

Als Torsten endlich das Zimmer betrat, schien er geschafft, goß sich ein Glas Wein ein, zündete sich eine Zigarette an und begann endlich zu reden: „Du kannst dich beruhigen, Rainer lebt und es geht ihm auch schon wieder besser." Franziska hatte wirklich um sein Leben gefürchtet. Nie zuvor hatte sie so etwas erlebt. Ihre Liebe zu diesem Mann befähigte sie, an seinem Seelenzustand teilzuhaben. Torsten erzählte: „Als ich ankam, machte mir Anne freundlich die Tür auf und ich hatte den Eindruck, daß sie es selbstverständlich fand, daß ich kam. Überhaupt schien sie vollkommen Herr der Lage zu sein. Also, Anne hat offensichtlich nach eurer letzten gemeinsamen Nacht die Kirchenleitung über euer Verhältnis informiert. Daraufhin hat der Kirchenpräsident Rainer mit einem Lehrzuchtverfahren gedroht, falls er das Verhältnis nicht sofort beenden würde. Als du dann auch noch angerufen hast, ist bei ihm eine Sicherung durchgebrannt. Er hat Tabletten genommen. Daraufhin hat Anne den Arzt und wieder die Kirchenleitung verständigt. Er ist nur noch ein wenig benommen und hat mir heute nachmittag während eines Spazierganges erzählt, daß er nicht weiß, ob er sich das Leben nehmen wollte. Er wollte nur seine Ruhe haben und sah keinen Ausweg. Heute vormittag war auch schon ein Oberkirchenrat da und hat eingelenkt. Das wollten die auch wieder nicht und offensichtlich haben sie ein schlechtes Gewissen, wegen der Drohungen des Kirchenpräsidenten. Mit Seelsorge hatte das alles ja auch nichts zu tun. Rainer läßt dich grüßen und bittet dich, ihn erst einmal in Ruhe zu lassen, auch wenn es schwer für dich ist. Er müsse nachdenken und zur Ruhe kommen."

Franziska war erschüttert, warum machte man so einen Stress, nur weil sich zwei Menschen ineinander verliebt hatten. Sie konnte nichts gegen diese Liebe tun, nur leiden. Sie erfuhr noch, daß Rainer bis auf weiteres beurlaubt war und keiner wisse, wie es weitergehen solle.

Fast die ganze Nacht diskutierten die Freunde über das Vorgefallene. Das Ehepaar wußte, daß sie Franziska jetzt nicht allein lassen konnten, denn ihr Zustand schien beängstigend. Irgendwann gegen Morgen betteten sie die Freundin auf ihrem Sofa zur Ruhe und zogen sich völlig erschöpft in ihr Bett zurück. Sie wußten nicht, wie sie Franziska helfen konnten, trotzdem boten sie ihr Hilfe an. Sie hofften auf die Wohlsdorfs und Torsten sprach am nächsten Morgen ohne das Wissen Franziskas mit Irmhild. Diese konnte Torsten gut leiden und versicherte ihm, sich um Franziska zu kümmern, obwohl sie das Drama weder verstand noch akzeptierte. Immerhin hatte Franziska einen Sohn und sie solle sich lieber um ihn als um ihre übertriebenen Gefühle kümmern. Zum Glück weilte Michael bei Franziskas Eltern am Meer. Doch Irmhild hätte es besser gefunden, wenn er jetzt dagewesen wäre, weil sie dann Franziska ein schlechtes Gewissen hätte machen können.

Als Franziska gegen Mittag das Häuschen betrat, erschrak Irmhild über ihr Aussehen. Gleichzeitig machte sie ihre Leidensmine wütend. Sie konnte und wollte sich nicht in Franziskas Lage versetzen. Zum ersten Mal zeigte sich die vollkommene Unterschiedlichkeit der beiden Frauen. Deshalb konnten sie an diesem Tag nicht zusammenkommen. Franziska fühlte sich vollkommen unverstanden und Irmhilds Hilfeversuch scheiterte kläglich.

Sie schleppte Franziska durch die Bekleidungsläden der Stadt und hoffte, daß sich die Unglückliche durch Klamotten ablenken ließ. Das hätte vielleicht Irmhild oder auch Franziskas Mutter in ähnlicher Situation geholfen, aber nicht Franziska. So gern sich Franzi auch schön anzog, oft hatten die beiden Frauen in den letzten Zeiten Sachen getauscht, so wenig bedeutete ihr letzten Endes Bekleidung. Sie war nicht der Meinung, daß Kleider Leute machten, nie hatte sie die Sucht ihrer Mutter nach neuen Sachen verstanden.

An diesem Nachmittag trottete sie wie ein Hund hinter Irmhild her und ihre Gedanken waren ganz woanders. Sie war nicht zu bewegen, irgendetwas anzuprobieren oder gar zu kaufen. Irmhild kaufte sich schließlich eine Bluse, damit das ganze Unternehmen nicht völlig umsonst war. Die beiden Frauen beendeten den Einkaufsbummel in einem Café und hatten sich erstaunlich wenig zu sagen.

In den nächsten Tagen verkroch sich Franziska unter ihre Bettdecke. Ihre depressive Stimmung nahm beängstigende Formen an und wieder war sie da, die Todessehnsucht – alles erschien so sinnlos. Wenn sie ihre große Liebe nicht leben durfte, was sollte sie dann noch hier. Doch hatte ihr Sohn eine solche Mutter verdient, die sich nur noch ihrem Kummer hingab? Nein, er hatte nicht. Sie mußte heraus aus diesem Loch, aber wie? In die Uni wollte sie zur Zeit nicht gehen, weil sie sich nicht konzentrieren konnte.

Endlich kam ihr eine rettende Idee. Sie würde die Arbeitstherapie antreten. Wenn sie acht Stunden im Kreißsaal arbeiten würde, hätte sie keine Zeit zum Grübeln und abends würde sie körperlich erschöpft ins

Bett sinken und auch schlafen können. Sie hielt nichts von Psychotherapie und kannte auch keinen Menschen, dem eine Therapie wirklich geholfen hatte, obwohl solche Therapien gerade unter den Intellektuellen hoch im Kurs standen. Sie haßte die Therapeutensprache. Außerdem war sie sicher, daß sie therapieunfähig war und darauf war sie stolz, nie würde sie vor anderen Menschen über ihre intimsten Gefühle schwatzen und sie war auch nicht scharf darauf, sich in einen Therapeuten zu verlieben. Sie würde ihrer großen Liebe treu bleiben.

Nur einem Menschen gegenüber fühlte sie sich verpflichtet. Michael hatte eine Mutter verdient, die ihm Milch und Honig gab, das hatte sie von ihrem Lieblingspsychoanalytiker Erich Fromm gelernt. Doch um Honig geben zu können, mußte man selbst ein glücklicher Mensch sein. Auch wenn ihr gerade das zur Zeit schwerfiel, sie wollte es versuchen und wenn schon nicht glücklich, dann doch zumindest lebenstüchtig. Sie war froh über ihre Eingebung, ihr Leben in den Griff zu bekommen und wollte gleich am nächsten Tag damit anfangen.

Auf die Wohlsdorfs konnte sie mit diesem Plan nicht hoffen, doch Torsten und seine Frau würden ihr bestimmt helfen und sie auch verstehen. Am nächsten Tag fuhr sie in das katholische Krankenhaus, in welchem sie Michael zur Welt gebracht hatte. Nur dort wollte sie als Hebamme arbeiten.

Franziska war erstaunt, daß sie sogleich bei der Oberin vorgelassen wurde. Eine erstaunliche Frau, dachte Franziska schon nach wenigen Minuten des Gesprächs. Nie zuvor hatte sie Kontakt zu einer Nonne gehabt. Diese Frau war nicht viel älter als sie selbst und strahlte eine innere Ruhe aus, die Franziska beeindruckend fand. Noch beeindruckender fand sie, daß wirklich eine Hebammenstelle frei war. Sie wollte nur fünfzehn Dienste im Monat machen, um noch genügend Zeit für ihren Sohn zu haben. Auch das schien kein Problem. Die Oberin bot ihr auch eine Stelle in der gynäkologischen Ambulanz an, weil sie dann nur Tagesdienst hätte und das vielleicht für sie einfacher wäre mit dem Kind. Franziska lehnte ab, weil sie nicht den ganzen Tag Gummihandschuhe zureichen oder in irgendwelchen Karteikarten herumwühlen wollte. Sie war Hebamme und eine Hebamme brauchte das Flair des Kreißsaales. Schließlich hatte sie nicht vor, sich auf irgendeiner Arbeit zu langweilen. Allerdings wußte sie, wie begehrt solche Anstellungen im Tagesdienst waren – für viele Frauen der

Traumjob – nicht für Franzi. Ihr ging es nicht um Bequemlichkeit und Sicherheit.

Nach einer Stunde war alles geklärt und Franziska kam es wie ein Wunder vor. Sie würde das Studium für ein Jahr unterbrechen und dann würde man weitersehen. Nach der Vorstellung im Krankenhaus ging sie zu ihren Freunden und berichtete von ihren Plänen. Torsten und Martina erklärten sich bereit, Michael an den Spätdiensttagen vom Kindergarten abzuholen und ihn ins Häuschen zum Schlafen zu bringen. Sie sollte ihnen ein Leben lang dankbar dafür sein. Ohne sie hätte sie es nie geschafft. Am Abend sprach sie mit Irmhild und Richie und sie war sehr traurig über Irmhilds Ablehnung. Irmhild sagte ihr klipp und klar, daß sie sich nicht um Michael kümmern würde, während sie arbeitete. Wie oft hatte sich Franzi um die Mädchen gekümmert und sie würde es während ihrer vielen freien Tage auch weiterhin tun. Doch Irmhild war wütend und sauer auf die Mitbewohnerin und Richie schaute besorgt drein. Er wollte die gute Stimmung im Haus nicht aufs Spiel setzen und Franziska wollte das auch nicht. Doch allen im Häuschen war klar, daß die gute Zeit zu dritt vorbei war und Franziska litt schon jetzt unter den Wolken, die auf einmal den bisher so blauen Himmel verdeckten. Jedoch ihr Entschluß stand fest und auch Irmhild konnte sie nicht davon abbringen. Es war für Franziska der einzige Ausweg, aus ihrem labilen Zustand herauszukommen. Sie ahnte nicht, daß es einst ihrer eigenen Hebamme ähnlich ergangen war. Sie wandelte, ohne es zu wissen, in den Fußstapfen von Emilie Behrend, Emilie sah ihr aus himmlischen Gefilden lächelnd zu.

An der Universität verlief die Beurlaubung reibungslos. Der Sektionsdirektor ahnte zwar, daß Franziska ihm nicht die wahren Gründe für ihre Beurlaubung nannte, doch diese Frau machte nicht den Eindruck, daß sie nicht wüßte, was sie tat. Deshalb akzeptierte er ihr Vorhaben ohne Kommentar.

Als Franziska im Zug gen Norden saß, um ihren Sohn abzuholen, fürchtete sie sich vor der Reaktion ihrer Eltern. Nie hatten sie kommentarlos akzeptiert, was Franziska tat. Immer hatten sie es geschafft, ihr ein schlechtes Gewissen zu machen. Warum konnten sie die Tochter nicht so lieben wie sie war? Hatte man als Eltern das Recht, die Kinder nach eigenem Bilde gestalten zu wollen? Einen Fehler, den fast alle Eltern dieser Welt begehen und der sich von Generation zu Generation fortpflanzt. Franziska wollte es bei ihren Kindern besser machen. Später lernte sie, wie schwer es war, gute Vorsätze auch wirklich in Taten umzusetzen.

Natürlich verstanden Franziskas Eltern ihr Vorhaben nicht. Wieso wollte sie nun auf einmal wieder arbeiten? Das hätte sie doch alles einfacher haben können und wahrscheinlich wäre nicht einmal ihre Ehe in die Brüche gegangen, wenn sie Hebamme geblieben wäre. Warum ging die Tochter immer den schwierigen Weg? Ihren Liebeskummer hatte Franziska nur angedeutet. Die Mutter hatte gebrüllt: „Liebe, Liebe, was ist denn das für ein Quatsch. Es gibt keine Liebe." Traurig für dich, dachte Franziska.

Herr Kaufmann reagierte wie immer ruhiger, kannte er seine Tochter gut genug, um zu wissen, daß sie konsequent ihr Leben lebte. Es stand seit kurzem fest, daß er an Leukämie erkrankt war und er wollte seine ihm verbleibende Zeit in Ruhe und Frieden verleben. Das führte zu einer selbst verordneten Friedhofsruhe, obwohl er noch kein Toter war. Diese erzwungene Scheinruhe innerhalb der Familie machte ihn selbst nur unruhiger. Seine innere Ruhe sollte er nie finden.

Am zweiten Abend erhielt Franziska zu ihrem Erstaunen einen Anruf von Anne Rosen. Sie würde am späten Abend im elterlichen Haus eintreffen und fragte nach dem Weg. Franziska wollte nicht, daß diese Frau kam. Doch Anne hatte ihr keine Wahl gelassen und Franziska war froh, daß die Eltern bei ihrem Eintreffen nicht zu Hause waren.

Anne Rosen war im Gegensatz zu Franziska ein vollkommen extrovertierter Mensch. Sie liebte es, stundenlang über Probleme zu diskutieren und alles von allen Seiten zu beleuchten, um zum Schluß doch zu keinem Resultat zu kommen. Sie war vor Jahren in der Therapie gewesen und hatte sich dort wohlgefühlt. Das Leben unter Gleichgesinnten hatte ihr so gut gefallen, daß sie ein Verhältnis mit einem, der sie verstand, eingegangen war. Seitdem hatte ihre Ehe einen Knacks, wofür sie allerdings zu neunzig Prozent ihren Ehemann verantwortlich machte. Nun hatte sie Angst, ihren Mann an eine andere Frau zu verlieren. Das konnte sie nicht zulassen und sie kämpfte mit den ihr gegebenen Mitteln. Franziska war weder Anne noch der peinlichen Situation gewachsen.

Anne war gekommen, um Franziska zu helfen, allein Franziska fehlte der Glaube. Die Freundlichkeit Annes ging Franzi auf die Nerven. Doch was sollte sie tun? Konnte sie ihr doch nicht nachts die Türe weisen. Sie scheute Auseinandersetzungen, doch sie wußte, daß Anne ihr nicht helfen konnte, selbst wenn sie wirklich in dieser Absicht gekommen war. Ihre Freundschaft war zu Ende und Franziska hatte auch gar keine Lust, sie wieder zu beleben. Sie wünschte dem Ehepaar alles Gute, wenn sie doch ihre Beziehung weiterleben wollten, sie würde sich gewiß nicht einmischen. Auch war Franziska nicht bereit, sich die Schuld an den Eheproblemen der Rosens zu geben. Für sie stand fest, daß eine gut funktionierende Ehe ein Dritter niemals auseinanderbringen konnte. Sie liebte diesen Mann, mehr konnte sie nicht sagen. So lange sie ihn liebte, würde sie diese unglückliche Liebe leben und niemand und nichts in der Welt konnte sie davon abhalten. Anne wollte unbedingt am nächsten Tag mit Herrn Kaufmann reden. Franziska hätte ihrem Vater das peinliche Gespräch gern erspart, doch Anne schien fest entschlossen.

Es kam natürlich so, wie Franziska befürchtet hatte. Ihr Vater verstand das Anliegen der Frau Rosen überhaupt nicht. Er sagte ihr eindeutig, daß sie sich mal lieber um ihren Mann als um seine Tochter kümmern solle. Seine Tochter hätte keinen Grund zum leiden, weil man sich nicht in einen verheirateten Mann zu verlieben hatte. Insgeheim schämte er sich für Franziska, denn für ihn war Ehebruch ein schweres Delikt.

Die Hauptschuld gab Herr Kaufmann dem Pfarrer, der sich seiner Meinung nach unmoralisch und für einen Pfarrer nicht angemessen verhielt. Anne war erschüttert über die Härte von Franziskas Vater. Franzi mußte lächeln, als sie ihr das alles erzählte. Das hätte sie ihr auch vorher sagen können. Anne konnte mit ihrem Psychogequatsche bei ihrem Vater nicht landen und das freute Franziska auch irgendwo. Sie hatte ein schlechtes Gewissen, ihrem kranken Vater so viel Streß zu machen. Als Anne nach drei Tagen endlich abfuhr, war Franzi heilfroh. Sie sah diese Frau nie wieder.

Frau Kaufmann war über die Ereignisse so empört, daß sie bis zur Abreise nicht mehr mit ihrer Tochter sprach. Herr Kaufmann hatte noch ein Gespräch mit seiner Tochter geführt, in dem er ihr unmißverständlich sein Unverständnis ihrem Handeln gegenüber mitteilte.

Franziskas Zustand verbesserte sich nicht im Hause der Eltern, im Gegenteil. Als sie mit Michael abreiste, weinte die Mutter, weil ihr angeblich Michael so leid tat. Ihr Vater schaute die beiden noch mal ernst und traurig an. Franziska tat sich leid, das alles ertragen zu müssen.

Im Zug erzählte sie ihrem verständigen Michael von ihrer neuen Arbeit. Sie versuchte ihm klarzumachen, daß sie Geld verdienen müsse und sie sehr hoffe, daß er sich wie ein großer Junge benehmen und ihr zur Seite stehen würde. Michael war immer glücklich, wenn seine Mutter ihn als großen Jungen bezeichnete. Er versuchte, sie nicht zu enttäuschen.

Logischerweise hing der Junge nach der Scheidung an seiner Mutter und hatte panische Angst, sie zu verlieren.

Für Mutter und Sohn begann eine besonders intensive Zeit, auch weil die Wohlsdorfs nicht mehr, wie vorher, für ihn da waren. Irmhild wollte so Franziska strafen und hoffte, daß sie die Arbeit nicht durchhalten würde. Doch da hatte sie sich gewaltig getäuscht. Franziska war traurig über die verlorene Freundschaft, aber sie gehörte zu den Menschen, die einmal Begonnenes durchhielten, selbst wenn es ihre Kräfte überschritt.

Als Franziska am ersten Arbeitstag um fünf Uhr aufstand, konnte sie ihren Entschluß nicht verstehen. Wie immer sah sie um diese Zeit zum Kotzen aus. Sie steckte sich das Haar hoch und versuchte ein wenig Farbe in ihr Gesicht zu bringen. Ihr ging es so wie den meisten Menschen. Sie haßte erste Arbeitstage. Man wurde beobachtet und stand doof in der Gegend herum. Alles mußte man sich sagen lassen oder danach fragen.

Zum Glück hatte neben der Oberhebamme auch die Hebamme Dienst, welche Franziska aus ihrer Ausbildung und von Michaels Geburt kannte. Sie nannte die Kollegin aufgrund ihres ungarischen Nachnamens Patti. Immerhin hatte sie es geschafft, einen Ungarn zu heiraten und auch so verstand sich Franzi mit ihr sehr gut.

Überhaupt merkte Franziska sehr schnell, daß ihre neue Arbeit viele angenehme Seiten hatte. Auf einmal gab es wieder andere Sorgen in ihrem Leben. Jeden Tag hatte sie das Gefühl, etwas Sinnvolles und Großartiges für die Menschheit geleistet zu haben. Schnell war die

Routine wieder da. Franziska gefiel das Klima und die Organisation in diesem Kreißsaal. Man war dank der Kirchenbeziehungen bestens mit westlicher Technik ausgerüstet. Dennoch fehlte es dank der Hebammen nicht an menschlicher Wärme für die Frauen. Die Hebammen wurden sowohl von den Nonnen als auch von den Ärzten in Ruhe gelassen. Man respektierte ihre Fachkenntnis in der Geburtshilfe. Der Chefarzt ließ sich wenig sehen, weil er mehr Gynäkologe als Geburtshelfer war. Das erleichterte vieles, weil man sich nicht ständig kontrolliert und beobachtet fühlte. Er war ein steriler, ordentlicher Mann und Patti scherzte, daß er beim Geschlechtsverkehr wohl auch Desinfektionsmittel davor und danach versprühte. Als er einmal von Patti während eines Frühdienstes ein Papier verlangte, das sie nicht gleich fand, brüllte er: „Meine Unterhosen liegen doch auch immer am selben Fleck", worauf die Hebamme gelassen antwortete: „Schön für ihre Unterhosen" und unbeirrt ihrer Arbeit weiter nachging. Franziska amüsierte sich köstlich über Pattis clevere Antwort.

Eine Hebamme gewann Franziska besonders lieb. Frau Carl war eine dicke, warmherzige intelligente Frau und Franzi freute sich auf jeden Dienst mit ihr. Sehr bald im Nachtdienst wurde sie von Frau Carl gefragt, was denn nun eigentlich ihr wahrer Grund für ihre erneute Tätigkeit im Kreißsaal sei. Ihre Menschenkenntnis ließ sich nicht täuschen. Franziska erzählte ihr die wahre Geschichte und wunderte sich über die Toleranz dieser Frau, die ihre Mutter hätte sein können. Viel lernte sie von Frau Carl, die ihren Beruf mit so viel Wärme ausübte. Frau Carl und Patti waren auch gute Freundinnen. Beide rauchten und Franziska rauchte manchmal im Raucherzimmer oder auf dem Balkon soviel mit, daß es ihr schlecht wurde. Wieder wurde ihre Meinung bestätigt, daß die meisten ihr sympathischen Hebammen rauchten. Es waren einfach die weniger spießigen, freizügigeren Frauen. Ausnahmen sollten diese Regel immer bestätigen. Konnte doch eine Hebamme besser dem Streß im Kreißsaal entfliehen, wenn sie eine rauchen ging. Frau Carl und Patti hatten sich vorgenommen, jeden Tag drei gute Taten zu tun. Franziska versuchte dasselbe.

Bei einer normalen Geburt mußte in diesem Kreißsaal kein Arzt zugegen sein, was Franziska als großen Vorteil empfand. Sehr schnell ließ man sie allein Dienst machen und sie war dankbar für das ihr entgegengebrachte Vertrauen. Franziska gewann nach und nach wieder ein normales Lebensgefühl, und die ihr selbst verordnete Arbeitstherapie wirkte sich positiv, vor allem auf ihre Seele, aus.

Zu Hause fand sie auch sehr schnell einen vernünftigen Rhythmus, und das Klima im Häuschen besserte sich wieder. Im Frühdienst rollerte sie mit ihrem Sohn zum Kindergarten, so daß sie die ersten um sechs Uhr dort waren. Michael liebte die morgendliche Rollertour mit seiner Mutter. Wenn es draußen kalt war, machte er mit der Kindergärtnerin Feuer im Öfchen. Die meisten Kinder kamen erst nach acht Uhr. Mit der Kirche hatten inzwischen fast nur noch Intellektuelle etwas zu tun. Deshalb fehlten im Kindergarten auch die Kinder der Schichtarbeiter. Nach dem Abliefern des Sohnes raste Franziska zur Straßenbahn und schaffte es meistens pünktlich um halb sieben ihren Dienst anzutreten.

Wenn sie Spätschicht hatte, brachte sie Michael mittags zu Martina und ihr Mann brachte ihn dann abends zum Schlafen ins Häuschen. Natürlich erfuhr sie von Torsten, daß Irmhild ihm dann meist den Jungen abnahm, allerdings mit einer Bemerkung in Richtung, daß Franziska ihre Freunde ausnutze. Franziska war traurig darüber, für sie zeigten sich wahre Freunde erst in schlechten Zeiten und sie würde immer Gleiches tun.

Im Nachtdienst legte sie Michael in ihr Bett zum Schlafen und bat ihn inständig, morgens auf sie zu warten. Wenn sie ging, klopfte sie noch mal an die Schaufensterscheibe und betete, daß dem kleinen Jungen nichts passierte. Sie konnte sich auf ihren Sohn verlassen und war stolz darauf, wenn ihre Kolleginnen meinten, sie hätte ein Wunderkind.

*

Irgendwann im Frühjahr klingelte es abends im Häuschen. Als Franziska die Tür öffnete, fragte sie sich, woher sie die beiden älteren Menschen kannte, die auf der Straße standen. Es waren Rainer Rosens Eltern. Die Eltern, obwohl beide krank, wollten die junge Frau kennenlernen. Sie hatten Franziska nur einmal bei ihrer Predigt in Rainers Kirche erlebt. Franziska erfuhr, daß die Ehe von Rainer nicht gut laufe. Rainers Mutter gab an der ganzen Misere Anne die Schuld. Die alten Rosens bewunderten die junge Frau, die so tapfer ihr Leben allein in die Hand nahm. Frau Rosen litt schon seit einiger Zeit an Unterleibskrebs und sie wollte ihre neue Schwiegertochter noch zu Lebzeiten kennenlernen. Für sie stand es fest, daß diese Frau besser für ihren Sohn wäre. Franziska, die zu diesen Zeiten keine gute Beziehung zu ihren Eltern hatte, fühlte sich durch die ihr angebotene Freundschaft geschmeichelt. Sie fand die Eltern von Rainer sehr sympathisch und unterhielt sich fast die ganze Nacht mit Frau Rosen. Sie hatte die Frau im Wohnzimmer auf die Couch gebettet und saß stundenlang an ihrem Bettrand. So etwas hatte sie bei ihrer eigenen Mutter noch nie getan. Es tat ihr gut, etwas über ihren Geliebten zu erfahren.

Allein Irmhild war wütend über den Besuch. Warum konnten diese Leute Franziska nicht in Ruhe lassen? Die Rosens luden Franziska ein, in ihr Häuschen in die Lausitz zu kommen. Sie könne sich dort gut von ihrer anstrengenden Arbeit erholen, erzählten sie ihr und ihr Söhnchen würde es auch gut bei ihnen haben. Franziska willigte ein, in den nächsten freien Tagen mit Michael zu kommen. Ob das richtig oder falsch war, wußte sie nicht. Doch sollte sie den Leuten ihre Freundschaft verweigern, nur weil sie die Eltern von Rainer waren? Irgendwo reizte es sie auch, auf den Spuren ihrer großen Liebe zu wandeln, wenn der Mann selbst für sie schon nicht präsent war.

*

Wenige Wochen später ging Franziska zum Nachtdienst und am darauffolgenden Morgen wollte sie mit Michael zum erstenmal in die Lausitz fahren. Es wurde einer dieser Dienste, die eine Hebamme nie im Leben vergaß. Der Kreißsaal lag voller Frauen. Dabei eine Bekkenendlage und eine Frau mit Zwillingen. Als Franszika glücklich fünf Geburten hinter sich gebracht hatte, der Kreißsaal aussah wie ein Schlachtfeld, ließ sie sich am Schreibtisch nieder, um den Schriftkram von fünf Geburten zu erledigen. Für jede Hebamme ein Graus, noch dazu zu einer Zeit, zu der man nur noch mit der Müdigkeit zu kämpfen hat, wenn man zum Sitzen kommt.

Hinter ihr lag noch die Zwillingsmutter mit einer Infusion im Kreißbett, um sich zu erholen. Plötzlich rief die Frau nach ihr und als Franziska sich auf ihrem Stuhl herumdrehte, glaubte sie, ihren Augen nicht zu trauen. Die Frau hatte einen aufgeschwemmten bläulichen Kopf und dicke blaue Hände. Nie zuvor hatte Franziska so etwas gesehen. In solchen Augenblicken geht alles ganz schnell, keine Müdigkeit, keine anderen Gedanken, nur noch ein Gedanke, das Leben dieser Frau zu retten. Infusionszwischenfall dachte Franziska, klemmte die Infusion ab, gab der Frau Sauerstoff und fühlte keinen peripheren Puls mehr. Die Zwillingsmutter ließ an ihrer aufkommenden Todesangst keinen Zweifel.

Franziska raste zum Telefon und hörte am anderen Ende eine verschlafene, nicht gerade freundliche Ärztin. Als sie ihr sagte, sie solle die Infusion abklemmen und abwarten, wurde Franziska wütend. Nie würde sie einen Arzt ohne triftigen Grund des Nachts aus dem Bett holen. Hier ging es um Minuten und sie war nicht gewillt, wegen einer blöden Ärztin das Leben einer Frau aufs Spiel zu setzen. Sie schrie die Ärztin, mit der sie befreundet war, an: „Wenn du nicht sofort deinen Hintern in den Kreißsaal bewegst, rufe ich den Chefarzt zu Hause an." Das hatte gewirkt, wenige Augenblicke später stand die junge Frau am Kreißbett und sah verblüfft, was auch sie noch nie zuvor gesehen hatte.

Die Patientin jammerte, daß sie nichts mehr sehen und hören würde. Franziska befahl der Ärztin, den Hintergrunddienst anzurufen, was diese auch ohne weiteren Kommentar tat. Der kleine Doktor Ritter tauchte eine Viertelstunde später auf – er war kein netter Arzt, doch er verstand viel von Geburtshilfe – und Franziska war froh, daß er in dieser Nacht Dienst hatte. Nur in solchen Augenblicken sah man die Kompetenz eines Arztes. Franziska hatte schon viel erlebt und sie betete insgeheim, daß es gut gehen würde. Der Mann sah die Frau kurz besorgt an und verschwand. Die Ärztin fragte Franziska verblüfft: „Wo ist der denn?" Und Franziska antwortete ganz selbstverständlich: „Der weiß natürlich auch nicht was es ist, der wird schlaue Bücher wälzen." Nach kurzer Zeit kam er zurück und ordnete an und ordnete an. Eine Schwester wurde zu Hilfe geholt. Da wurden Medikamente gespritzt und Infusionen angehängt. Ständig Blutdruck und Puls gemessen und ein Dauerkatheter gelegt. Eine Stunde rotierten und schufteten vier Leute und sie schafften es. Langsam verbesserte sich der Zustand der Patientin.

Als die erste Hebamme zum Frühdienst kam, sah sie sofort, was in dieser Nacht losgewesen war. In solchen Augenblicken ist die Solidarität unter den Hebammen groß. Da sagt keine: „Wie sieht es denn hier aus?" Man weiß einfach, was die Kollegin durchgemacht hat. Die Hebamme fing an, das Chaos aufzuräumen und sagte nach einer Weile mitfühlend zu Franziska: „Mach du nur deinen Schreibkram, ich kümmere mich um alles andere." Franziska war überzeugt, daß die Frau eine Fruchtwasserembolie überlebt hatte. Die schwerste Komplikation, die es für eine Gebärende gab.

Sie schloß kurz die Augen und sah die Frauen, die ihr in früheren Zeiten von der Schippe gesprungen waren. Die Frau, die nach einer Zwillingsgeburt so viel geblutet hatte, daß Franziska den Blutstrahl noch heute deutlich vor Augen hatte. Die andere Frau bekam in ihrem Zimmer eine Eklampsie und Franziska sah sich mit ihr auf der Gondel zurück in den Kreißsaal rennen. Alle Frauen hatten überlebt und Franziska wagte in diesem Moment nicht daran zu denken, was geschehen wäre, wenn die Schutzengel nicht zur Stelle gewesen wären.

Nun saß sie völlig erschöpft am Schreibtisch und hätte am liebsten vor Erschöpfung, vor Freude und vielem mehr laut losgeheult. Doch sie mußte nach Hause. Michael wartete auf sie und wenn sie den Zug noch schaffen wollten, mußten sie sich beeilen. Kurz bevor sie ging, betrat der Chefarzt den Kreißsaal, er hatte von der wilden Nacht gehört und war froh, daß sein Personal die Situation gemeistert hatte. Er befragte Franziska mit zurückhaltendem Respekt. Zum Glück hatte diese Hebamme rechtzeitig alle Hebel in Bewegung gesetzt und den Ernst der Lage erkannt, obwohl sie in dieser Nacht so viel zu tun hatte. Er hatte schon alles von Dr. Ritter gehört. An eine Fruchtwasserembolie glaubte er nicht, diese konnte man nicht überleben. Soll er denken, was er will, dachte Franzi, Hauptsache die Frau lebt!

Als Franziska mehrere Stunden später mit Michael den Zug verließ, war sie am Ende ihrer Kräfte. Frau Rosen durchschaute zum Glück ihren Zustand und schickte sie ins Bett. Sie versicherte ihr, daß Michael gut aufgehoben sei. Franziska verkroch sich unter die duftende Bettdecke, dankte Gott, daß sie es bis hierher geschafft hatte und verfiel in einen stundenlangen bewußtlosen Schlaf.

Am Abend betrat sie schüchtern das Wohnzimmer und die Familie schien schon sehnsüchtig auf sie zu warten. Sie entschuldigte sich, daß sie so lange geschlafen habe und berichtete kurz von der letzten Horrornacht. Alle hörten ihr ehrfürchtig zu. Wer kannte schon eine Hebamme, die obendrein noch so spannende Geschichten erzählen konnte? Der Abendbrottisch war schon liebevoll gedeckt, Franziska fühlte sich seit langem wieder geborgen. Michael erzählte ihr, daß er mit dem „Opa" im Bienenwagen gewesen war und sie war glücklich, daß sich auch der Sohn wohlfühlte. Nach dem Abendessen spazierte sie durch den Garten und bewunderte die Frühlingsblumen, hatte sie doch in den letzten Wochen wenig von der Natur gesehen. Nachdem sie Michael ins Bett gebracht hatte, zog sich der Vater zurück und überließ den Frauen das Feld. Komisch, dachte Franziska, das wäre bei ihr zu Hause undenkbar.

Frau Rosen genoß die Nähe der jungen Frau, sie konnte sich mit ihr so gut unterhalten. In ihrer Nähe vergaß sie sogar ihre Krankheit für ein paar Stunden, die inzwischen sehr an ihr zehrte. Sie würde noch zu Lebzeiten dafür sorgen, daß Rainer sich für Franziska entschied. Das hatte sie beschlossen, weil sie immer alles für ihren Mann und ihre drei Söhne geregelt hatte.

Am nächsten Tag spazierten die beiden Frauen mit Michael auf einem Neisedeich entlang. Die neue Großmutter flocht ihm einen Blumenkranz – es waren herrliche unbeschwerte Stunden und so sollten auch die nächsten Tage verlaufen. Sie besuchten Rainers Geburtshaus und den herrlichen Park von Fürst Pückler.

Franziska hatte bemerkt, daß es auch in dieser Familie Streß gab, doch sah sie alles durch eine rosarote Brille. Mit Rainers jüngerem Bruder Roland, der genau so alt war wie sie, verstand sie sich gut. Auch entging Franziska nicht, daß die Mutter zu Hause die dominierende Persönlichkeit war. Man sprach schon Jahrzehnte nicht mit den Nachbarn, immerhin waren es Frau Rosens Schwester und Herr Rosens Bruder. Sie konnte nicht verstehen, daß man auf so engem Raum so lange nebeneinander her leben konnte. Es wurde auch sonst nicht gut über den Rest der Familie gesprochen. Vor allem Roland schien total von der Mutter beeinflußt. Auch haßte er wohl ihren Geliebten wegen seiner angeblichen Hochnäsigkeit. Franziska erschien es eher so, daß er Minderwertigkeitskomplexe hatte. Sie kümmerte das alles wenig. Diese Leute schienen nur auf sie gewartet zu haben. Sie behandelten sie wie eine Prinzessin und lasen ihr jeden Wunsch von den Augen ab. Noch öfter besuchte sie die Rosens und ahnte nicht, daß das Glück mit diesen Leuten von so kurzer Dauer sein sollte.

Natürlich hatte man bald im Hause der jungen Rosens von Franziskas Besuchen in der Lausitz erfahren, was den Konflikt noch verstärkte. Rainer konnte und wollte sich noch immer nicht entscheiden. Er war sogar auf den Gedanken gekommen, mit seiner Familie in den Westen zu entfliehen, hatte den Gedanken aber schnell wieder verworfen. Würde ein Ortswechsel die Eheprobleme lösen? Er glaubte nicht mehr daran. Je weiter Franziska entfernt war, umso gegenwärtiger empfand er sie. Das Verhältnis zu seiner Frau war durch ihre Abwesenheit nicht besser geworden, im Gegenteil. Er war inzwischen in eine benachbarte Stadt versetzt worden und hatte auch vor, diese Pfarrstelle zu übernehmen, falls man ihn wollte. Doch mit welcher Frau und welcher Familie sollte er das tun?

Im Sommer würde er mit seiner Studentengemeinde nach Ungarn reisen. Er freute sich darauf. Dennoch wollte er Franziska wiedersehen. Nur einmal zu Ostern hatte sie kurz angerufen. Er war glücklich, ihre Stimme zu hören. Zum Glück schien sie ihn noch immer nicht vergessen zu haben. Er konnte Anne gut verstehen, daß sie die Einmischung seiner Mutter unverschämt fand. Seine Mutter konnte er auch verstehen. Zum Glück hielt sie den Kontakt, den er nicht pflegen konnte. Seine nur so kurz gelebte Beziehung zu Franziska würde ein Leben lang in seiner Ehe herumspuken und manchmal bereute er, daß er seine Sehnsucht so lange unterdrückt hatte. Zumindest für seine Ehe hatte es nichts gebracht. Immer wenn er glaubte, es würde besser gehen, kam der Rückfall. Die Eheprobleme waren nicht Franziska in die Schuhe zu schieben. Auch das wußte er – das war zu einfach. Er wollte Franziska wiedersehen und fragte sich, warum eigentlich nicht? Wovor habe ich Angst?

*

Franziska war jedes Mal nach getaner Arbeit froh, den kühlen Flur des Häuschens zu betreten. Der Sommer in dieser Großstadt war wirklich unerträglich. Man bekam kaum Luft und der Smog hing bedrohlich über der Stadt. Es hatte tagelang nicht geregnet – das Schlimmste, was dieser Stadt passieren konnte, in welcher man vor kurzem Fichtennadelaroma versprüht hatte, weil der Staatsratsvorsitzende zu Besuch war. Man spielte den Führenden gern eine heile Welt vor. Franziska hatte laut losgelacht, als sie davon hörte. Wer konnte an den penetranten Fichtennadelgeruch glauben, wo es doch weit und breit gar keine Fichten gab? Eben in der Straßenbahn wäre sie bald umgekippt. Ihr niedriger Blutdruck hielt langes Stehen nicht aus und wenn zu der unerträglich stickigen Luft auch noch die Körperausdünstungen der schwitzenden Menge kam, mußte sie alle ihre Willenskraft zusammenreißen, um nicht den Abgang zu machen. Franziska war sehr geruchsempfindlich und sie konnte nicht verstehen, mit welchen Gerüchen manche Zeitgenossen ihre Mitmenschen belästigen. Frauen, die den scharfen Geruch ihrer Tage nicht verbergen konnten, waren ihr ein Graus. Falls sich dieser Geruch noch mit einem billigen Intimspray mischte, wurde es Franziska übel. Alle intimen Gerüche waren ihr durch ihren Beruf vertraut. Sie konnte fast alles sehen, aber nicht alles riechen.

Ihr Leben lang hatte sie eine Schwäche für angenehme Düfte. Sie konnte die Sucht der Frauen nach teurem Schmuck nicht verstehen. Auf ein teures Parfüm sollte sie nie verzichten, auch wenn es ihr finanziell nicht gut ging.

Das Häuschen war im Sommer ein herrlicher Zufluchtsort vor der Hitze der Straße. Sie würde jetzt kalt duschen und dann ein Schläfchen machen. Gegen Abend würde sie für ein wunderbares Abendessen einkaufen. Ihre Arbeit sorgte dafür, daß sie ihren Mitbewohnern öfter ein gutes Mahl spendierte.

Richie und Irmhild freuten sich, als sie den Tisch liebevoll gedeckt vorfanden. Fanziska stand gutgelaunt am Herd. Inzwischen hatten sich die Wohlsdorfs mit ihrer Arbeitswut abgefunden. Wenn sie ehrlich waren, hatte diese Arbeit auch für sie einige Vorteile, zum Beispiel diese Steaks und der Wein. So etwas leistete man sich sonst nur am Wochenende. Ein gutes Essen kann man nur genießen, wenn es nicht alltäglich ist – ein großer Vorteil von bescheidenen Verhältnissen. Die positive Stimmung wurde noch dadurch verstärkt, daß keines der Kinder im Häuschen weilte. Michael war mit seiner älteren Cousine schon ans Meer gereist und auch die Wohlsdorfs ersparten ihren Mädchen den Sommer in der Großstadt. Carmen und Larissa weilten bei den Großeltern. Die erholsame Ruhe trug wesentlich zu der positiven Stimmung an diesem Abend bei.

Als es klingelte, fühlten sich die Freunde in ihrer trauten Dreisamkeit gestört. Irmhild erhob sich stöhnend, um die Tür zu öffnen. Als nach wenigen Augenblicken Rainer die Küche betrat, war für Franziska das Glück perfekt. Richie lächelte und Irmhild bot ihm zum ersten Mal freundlich einen Stuhl an. Diesen Abend wollte sie sich nicht durch seine Anwesenheit verderben lassen. Franziska und Richie waren erfreut durch Irmhilds Reaktion und Rainer war erstaunt. Alle drei taten so, als ob sein Besuch das Selbstverständlichste von der Welt war. Man plauderte, trank, rauchte und genoß das Leben. Rainer hatte so einen Abend schon seit langem nicht mehr erlebt und er fühlte sich geborgen an der Seite Franziskas in Gegenwart ihrer Freunde. Um Mitternacht gingen beide Paare auf ihre Zimmer. Franziska hätte gerne noch weiter gefeiert, doch ihr Frühdienst am nächsten Morgen hielt sie davon ab. Sie verzichtete gern auf den Nachtschlaf, weil die so lange aufgestauten Liebesgefühle den Rest der Nacht in Anspruch nahmen. Als sie morgens um sechs Uhr das Häuschen verließ, klopfte sie zum Abschied noch mal liebevoll an die Schaufensterscheibe. Sie war glücklich, daß ihr Geliebter auch noch da sein würde, wenn sie von der Arbeit nach Hause kam.

Irmhilds gute Laune war am nächsten Tag verflogen, als sie mitbekam, daß Rainer nicht nur eine kurze Stippvisite wie sonst abgestattet hatte. Als sie am Abend beobachtete, daß Franziska mit ihrem Geliebten ihr Zimmer umräumte, ohne sie zu informieren, schickte sie Richie zur Klärung der Situation in den Ladenraum. Richie sah das Paar beim Aufstellen eines zweiten Bettes und fragte empört: „Was hat denn das zu bedeuten? Falls du vorhast hier einzuziehen, möchten wir wenigstens gefragt werden." Daraufhin antwortete Rainer: „Nein das habe ich nicht vor, doch Franziska ist erwachsen genug, um ihr Zimmer nach ihren Vorstellungen einzurichten."

Schade, dachte Franziska, es hätte alles so schön sein können. Ihr ausgeprägtes Harmoniebedürfnis führte dazu, daß sie Auseinandersetzungen aus dem Weg ging. Sie konnte nicht verstehen, daß sie sich ständig im Leben zwischen diesen und jenen Menschen entscheiden sollte. Warum konnte sie nicht mit allen Menschen gleichzeitig verkehren, die ihr am Herzen lagen? Natürlich würde sie sich auch jetzt für den Geliebten entscheiden. Für sie waren die Wohlsdorfs viel mehr als nur gute Freunde. Gerne hätte sie diese Familie weiterhin als ihre betrachtet. Doch ihre gemeinsame Zeit war vorbei und der letzte Abend war ein würdiges Abschiedsfest einer so guten Zeit. Keiner der Anwesenden hatte das erahnt, und doch hatten alle gespürt, daß es ein ganz besonderer Abend war.

Franziska behielt diese Familie in liebender Erinnerung und vergaß das Häuschen nie.

*

Rainer blieb zum ersten Mal mehrere Tage bei Franziska und sie stellte ihm keine Fragen, sondern genoß in vollen Zügen das Liebesglück. Es war die Zeit des großen Einvernehmens. Die Zeit, die jeder großen Liebe für einen Augenblick des Lebens geschenkt wird. Die Zeit, die man nicht festhalten, sondern nur genießen kann. Die Zeit, die viele Paare nicht einmal mehr in Erinnerung haben, wenn schmerzliche Zeiten für sie anbrechen. Herausgelöst und abgehoben aus den irdischen Verstrickungen, in trauter zärtlicher Zweisamkeit gen Himmel treibend – so verlebten Rainer und Franziska die wenigen gemeinsamen Tage.

Als sich Rainer von Franziska dieses Mal verabschiedete, versicherte er ihr, daß es nicht für lange sein würde. Franziska war die Kehle wie zugeschnürt. Sie würde eine nochmalige Trennung auf unbestimmte Zeit auch nicht mehr ertragen können. Beide verabredeten sich für den August in Berlin. Wie würde Franziska diese Wochen bis dahin überstehen? Drei Wochen - das war eine Ewigkeit. Warum lagen Liebesglück und Liebesleid so dicht beieinander? Doch war sie glücklich, daß sie Leid und Glück empfand – gab es einen anderen Sinn?

In den darauffolgenden Tagen hatte sie Nachtdienst und sie war froh, sich mit ihren abgehobenen Gefühlen nicht den Tagesgeschäften stellen zu müssen. Außerdem war bei der Hitze die Nachtarbeit sehr angenehm. Wenn es ihre Arbeit erlaubte, saß sie auf dem Balkon des Krankenhauses, rauchte eine Zigarette und blickte verträumt und sehnsüchtig in den Sternenhimmel. Würde ihr Geliebter wiederkommen? Sie betete dafür.

Franziska hatte das erste Mal nach einem halben Jahr Arbeit einen längeren Urlaub. Sie würde ein paar Tage ans Meer zu ihren Eltern fahren, ihr Söhnchen abholen und dann hoffentlich ihren Geliebten in Berlin treffen. Danach wollte sie mit ihrer Exschwägerin nach Budapest fahren. Sie war die einzige in der Familie, die weiterhin auch Kontakte zu den geschiedenen Partnern pflegte. Sie meinte nicht, daß durch eine Scheidung auch ihre Freundschaft, zum Beispiel zu ihrer Schwägerin Gitte, aufhören sollte. Gitte war damals in der zwölften Klasse skandalöserweise von ihrem Bruder Michael schwanger geworden. Beide hatten geheiratet, doch sie waren viel zu verschieden, um einen gemeinsamen Alltag leben zu können. Oft hatte Franziska als Hebammenschülerin ihren kleinen Neffen gehütet, wenn Michael Musik machte und Gitte für Prüfungen lernte. Inzwischen hatte auch Gitte öfter mal auf ihr Söhnchen aufgepaßt. Sie lebte in einer häßlichen Neubaustadt und war inzwischen Kinderärztin. Gitte bewunderte Franziska als Lebenskünstler und beneidete sie um ihr Leben im Häuschen, obwohl sie charakterbedingt nie in so unsicheren Verhältnissen hätte leben können.

Franziska wurde wie immer von ihrem Vater am Bahnhof in Stralsund abgeholt. Er ahnte nichts von ihrer wiederbelebten Beziehung zu dem Pfarrer und sie erzählte auch nichts. Sie wollte den Vater nicht unglücklich machen. Als sie über den Rügendamm fuhren und sie nach langer Zeit zum ersten Mal wieder das Meer sah, war sie glücklich. Sie liebte das Meer von allen Landschaften am meisten. Die unendliche Weite faszinierte sie und gab ihr ein Gefühl von Freiheit.

Sie genoß die Tage am Ostseestrand mit ihrem Sohn. Kinder konnten sich mit Wasser und Sand immer beschäftigen, ohne den Erwachsenen auf die Nerven zu gehen. Franziska las, schlief oder beobachtete die verschiedenen Menschenkinder – für sie war es das, was sie sich unter Erholung vorstellte. Sie faulenzte gern, nie sollte sie etwas mit sogenannten Aktivurlauben anfangen können.

Abends saß sie mit ihren Eltern bei einem Glas Sekt und diskutierte vor allem mit ihrem Vater über Politik und Fußball, so wie sie es auch früher mit ihm getan hatte. Die Diskussion über ihr eigenes Leben vermied sie.

Als ihr Vater sie auf dem Bahnsteig verabschiedete, wußte Franziska, wie schwer ihm der Abschied von seinem Enkel fiel. Er hatte Michael besonders in sein Herz geschlossen, auch weil der kleine nette Junge ohne Vater groß werden mußte. Er wurde durch den Enkel an seine eigene Kindheit erinnert und versuchte, ihm ein Ersatzvater zu sein.

Im Zug erzählte Franziska ihrem Sohn, daß sie von einem Freund in Berlin abgeholt würden. Michael war für sein Alter ein sehr verständiges Kind. Nach einer langen Zeit des Überlegens sagte er zu seiner Mutter: „Hast du den Mann schon mal gesehen, der uns abholt, damit wir ihn auch erkennen." Franziska lächelte und meinte zu ihm: „Ja, mach dir keine Sorgen, ich kenne den Mann." Daraufhin sagte Michael erleichtert: „Dann ist es gut" und schlief ein. Kurz vor dem Bahnhof in Berlin bekam sie Herzklopfen, würde Rainer wirklich dastehen oder war wieder einmal etwas Tragisches dazwischengekommen?

Er stand da. Michael dachte, den kenne ich doch irgendwoher. Der Junge fühlte sich am wohlsten mit seiner Mutter allein und ihn beschlich ein unangenehmes Gefühl, wenn ein Mann ihre Zweisamkeit störte. Sie fuhren in die Wohnung ihres Bruders Robert. Robert wohnte seit kurzem in der Hauptstadt. Durch die Aufgabe des Geschäftes hatten die Kaufmanns ihm diese Wohnung besorgt, die offiziell Herrn Kaufmann gehörte.

Robert arbeitete als Steinmetz und führte ein fröhliches Leben. Für ihn war es das Wichtigste, sich zu amüsieren, nur dazu mußte man Geld verdienen. Inzwischen hatte er viele Freunde in Berlin und er hatte keine Probleme damit, seiner Schwester für ein paar Tage die Wohnung zu überlassen. Rainer und Franziska begegneten sich durch die Anwesenheit Michaels distanzierter als sie es ohne den Jungen getan hätten. Auch unternahm Franziska etwas mit ihrem Sohn allein, um ihn nicht zu sehr zu verstören.

An einem Nachmittag stand sie mit Michael vor dem Brandenburger Tor. Sie zog es bei jedem Aufenthalt in dieser geteilten Stadt an diesen Ort, weil ihr die Mauer hinter dem Tor so grausam vor Augen hielt, in was für einem Land sie lebte.

Sie erklärte dem kleinen dreijährigen Jungen: „Sieh Michi, dort an der Mauer ist unser Land zu Ende und dahinter beginnt ein neues, ein ganz anderes Land – der Westen." Sie merkte förmlich, wie das Gehirn des Kleinen arbeitete. Nach einer Weile sagte er: „Laß uns doch da hingehen, Mama, in den Westen." „Das geht nicht Michael, siehst du den Soldaten da, der würde auf uns schießen." Wieder überlegte Michael lange, plötzlich rief er: „Mama, Mama, jetzt guckt er nicht, jetzt können wir gehen." Franziska lächelte über die einfache Logik des Jungen. Sie nahm den Jungen bei der Hand und sagte: „So einfach ist das nicht. Es gibt noch viele Soldaten, die wir nicht sehen." Sie drehte sich langsam um und verließ mit ihrem Sohn den unheimlichen Ort.

Sie war mit Michaels Patentante verabredet, sie gingen zu Fuß in ihre Wohnung. Da sie kein Auto besaßen, war es Michael gewöhnt, schon in seinem Alter relativ große Strecken zu Fuß zu gehen. Franziskas ehemalige Schulfreundin, die einst Knäckebrot die Ohrfeigen verpaßt hatte, erwartete die beiden schon. Sie wollte ihr Patenkind in den Tierpark führen, um der Freundin ein paar Stunden allein mit ihrem Geliebten zu gönnen. Sie konnte Franziska gut verstehen, da sie gerade eine ähnlich tragische Liebesgeschichte lebte. Außerdem mochte sie den ruhigen, zurückhaltenden Pfarrer.

Eigentlich wollte Franziska mit ihrem Geliebten für ein paar Stunden die schöne Umgebung von Berlin genießen. Doch ihr Verlangen füreinander war plötzlich so groß, daß sie sich in die Wohnung von Robert zurückzogen, eine riesige Matratze auf den Boden schmissen und sich stundenlang liebten, leidenschaftlich wie nie zuvor. Keiner von beiden ahnte, welche Konsequenzen die Nachmittagsliebesstunden haben sollten. Beide verließen glücklich die Wohnung und verabschiedeten sich am Abend in bestem Einvernehmen. Rainer versprach Franziska, sie in wenigen Tagen zum Zug nach Budapest zu bringen.

Franziska reiste mit Michael ins Häuschen zurück, um Wäsche zu waschen und neuerlich Sachen zu packen.

Wirklich erschien Rainer zum verabredeten Zeitpunkt. Wie gerne wäre Franziska mit ihm gefahren. Doch sie wußte, daß sie nicht an ihn hängen konnte wie eine Klette und außerdem wollte sie Gitte nicht enttäuschen. Franziska freute sich, endlich mal wieder das Land zu verlassen, auch wenn es nur für ein paar Tage sein sollte. Die Wohlsdorfs paßten auf Michael auf. Schon im Frühjahr war die Reise mit Gitte geplant und die Freunde hielten sich trotz der Differenzen mit Franziska an den Termin. Michael hatte kein Problem, im Kreise der ihm inzwischen so vertrauten Menschen zu bleiben. Hatten doch die Kinder von den Problemen der Erwachsenen wenig mitbekommen. Zu sehr lag allen Beteiligten das Wohl der Kinder am Herzen.

Gitte war froh, als sie ihre Exschwägerin, die jetzt ihre Freundin war, auf dem Bahnhof sah. Keiner konnte übersehen, wie verliebt Franziska in ihren Pfarrer war. Sie konnte nicht so lieben wie Franziska, sie war ein viel zu realistischer Mensch. Einerseits bewunderte sie diese Frau ob ihrer Gefühle, andererseits wäre ihr ein solches Leben zu streßig. Keine der beiden Frauen konnte etwas für ihr Wesen.

Franziska mochte Gitte, weil sie mit ihr albern sein konnte und Gitte mochte Franziska, weil ihre unbekümmerte Art sie oft genug aus üblen Launen befreit hatte. Beide hatten schon während der Fahrt im Schlafwagen viel Spaß. Zum ersten Mal leistete sich Franziska einen Schlafwagen nach Budapest. In früheren Zeiten war sie nicht so komfortabel gereist. Die Züge waren im Sommer so überfüllt, daß selbst ein Platz auf der Toilette noch begehrt war.

Franziska hatte ständig Hunger und dann war es ihr für eine Weile übel und dann aß sie schon wieder. Gitte beobachtete ihr atypisches Verhalten und meinte schließlich ganz selbstverständlich: „Du bist doch schwanger." „Spinnst du", sagte Franziska und lachte. Es konnte nicht sein und wenn es wirklich so war, dann wollte sie jetzt nicht daran denken. Die Katastrophe würde ihr dann noch rechtzeitig zu schaffen machen. Gitte sah mehr, als Franziska wahrhaben wollte. Da Franziska bisher mit allen Problemen fertig geworden war, würde sie auch dieses meistern. Davon war die Freundin fest überzeugt.

Natürlich wohnten die beiden jungen Frauen bei den Isztvans. Wie immer empfingen sie Franziska mit solcher Herzlichkeit, daß sie weinen mußte. Wie viele unterschiedliche Menschen habe ich schon hier angeschleppt, dachte Franziska. Sie hatte weder Eltern noch Großeltern, wo sie das konnte und war glücklich, daß es das alte Ehepaar in ihrem Leben gab.

Nie würde sie den Anblick Papa Isztvans mit Pantoffeln vergessen, als er sie im letzten Jahr aus dem benachbarten Restaurant holte, weil Michael im Bett nach seiner Mutter geschrien hatte. Die beiden lieben Menschen hatten ihn nicht beruhigen können, weil er sie nicht verstanden hatte. Nun saß Franziska lächelnd und zufrieden in Isztvans großen, kühlen Wohnzimmer, trank Papa Isztvans Wein, aß wunderbare Paprikaschoten, Tomaten, Käse und Salami und ahnte nicht, daß sie das letzte Mal dieses Zimmer bewohnen würde, welches ihr so lange Jahre eine so gute Herberge war.

Franziska und Gitte genossen die wunderbare Stadt in vollen Zügen. Sie gingen sogar in den nahegelegenen Vergnügungspark und amüsierten sich wie die Kinder. Als sie lachend aus der Achterbahn stiegen, in der sie wie im freien Fall nach unten gebraust waren, sagte Gitte: „Also, falls du wirklich schwanger bist, hat das Kind einen Schock fürs Leben." Franziska lachte unbeschwert und hoffte im Innersten, daß Gitte nicht recht behalten würde. Außerdem war sie heute so durchgerüttelt worden, da hatte kein befruchtetes Ei eine Chance. Doch was bei Franziska saß, das saß, da konnte selbst ein freier Fall nichts dran ändern.

Wie immer fiel ihr der Abschied von den gütigen Ungarn, der wunderbaren Stadt und dem Land schwer. Papa Isztvan nähte nicht mehr, weil seine Hände von der Gicht befallen waren. Mutter Isztvan sah ihren Mann oft traurig an, sie ahnte, daß seine Stunden gezählt waren. Nie wieder sollte Franziska solche Leute kennenlernen, die trotz Krankheit, bescheidener Verhältnisse und vieler Schicksalsschläge so viel Liebe und Freundlichkeit ausstrahlten und nie sollte sie Papa Isztvans fröhliche Augen vergessen, die trotz des Alters nichts an Leuchtkraft und Charme verloren hatten. Sie sah diesen Mann zum letzten Mal. Zum Glück wußte sie es nicht – der Abschied war schon ohne dieses Wissen grausam genug.

*

Zu Hause angekommen, verteilte sie fröhlich Geschenke und erzählte von Land und Leuten. Sie ging wieder ihrer Arbeit nach und alles schien in Ordnung, allein ihre Tage stellten sich trotz Achterbahnfahrt nicht ein. In wenigen Tagen würde sie ihren neunundzwanzigsten Geburtstag feiern.

Rainer kam am Abend zuvor und bereitete ihr um Mitternacht einen wunderbaren Geburtstagstisch mit neunundzwanzig Kerzen und einem wunderschönen Blumenstrauß. Sie liebte seine Ästhetik und seine Sensibilität für Details. Wie sehr hatte sie gerade das bei ihrem ersten Mann vermißt.

Sie verbrachten ihren Geburtstag in trauter liebevoller Zweisamkeit in der Heide und fanden sogar ein Plätzchen, um sich zu lieben. Es war ein Ort abseits des Weges wie im Paradies. Sie dachte, überall findet man solche Orte auf der Welt unter Gottes freiem Himmel, man mußte sie nur suchen und auch sehen. Sie verpaßten die Zeit, um Michael aus dem Kindergarten zu holen. Zum Glück hatte ihn Irmhild mitgebracht, auch wenn sie nun Franziska mit einem vorwurfsvollen Blick empfing. Recht hat sie, dachte Franziska, so etwas darf nicht mal aus Liebe passieren. Abends kamen viele Gäste und Franziska feierte ihr einziges, großes Fest im Häuschen. Es kamen Freunde der Wohlsdorfs, die auch sie inzwischen gut kannte, ihre Studienfreunde Elvira und Gottlieb und natürlich Torsten und Martina. Es kamen ihr Bruder Michael und Gitte. Auch kam ihre Kollegin Patti mit dem ungarischen Ehemann. Sie war stolz und froh über ihre verschiedenen Freunde und sie war glücklich, daß ihr Geliebter mitfeierte. Es war das unbewußte Abschiedsfest von dieser Stadt und allen diesen Menschen, mit denen sie so viele gute Stunden verlebt hatte.

Nachdem Franziska sich ihre Schwangerschaft offiziell hatte bestätigen lassen, konnte sie das zweite Kind in ihrem Bauch nicht länger verdrängen. Ihr war bewußt, daß ihre Umwelt mit Unverständnis darauf reagieren würde. Man würde ihr vorwerfen, daß sie nun Nägel mit Köpfen machen und sie den Mann mit diesem Kind einfangen wolle. Auch jetzt war es wieder peinlich, gerade zu diesem Zeitpunkt schwanger zu sein.

Franziska wußte für sich, daß man einen Mann mit zwei Kindern nicht durch ein Kind einfangen konnte, im Gegenteil. Sollte sie das Kind abtreiben, um allen Schwierigkeiten aus dem Weg zu gehen? Ihr war klar, daß nur sie dann leiden würde. Seit sie als Hebammenschülerin Interruptionen gesehen hatte, verfolgte sie das Bild von zerstükkelten Feten. Sie würde einen Schuldkomplex fürs Leben in sich tragen, obwohl sie dieses Gesetz inzwischen durchaus richtig fand, weil es Kinder gab, die besser nicht geboren wurden. Doch gehörte dieses Kind in ihrem Bauch zu den besser nicht Geborenen? War ihre Situation wirklich so ausweglos, um ihm keine Chance zu geben? Sollte sie gerade das Produkt dieser großen Liebe aufgeben, nur der Leute wegen? Würde sie nicht die Liebe verraten, wenn das aus ihr entstandene Geschöpf auf dem Müll landete? Fragen über Fragen, auf die es keine endgültige Antwort gab. Zum Glück hatte die Schwangerschaft schon von ihrem Körper Besitz ergriffen, so daß sie trotz ihrer Probleme gut schlafen und essen konnte. Auch machte sich eine stoische Ruhe in ihr breit, die ihr eher dazu riet, den Dingen ihren Lauf zu lassen.

Natürlich errieten ihre Kolleginnen ihren Zustand zuerst. Frau Carl nannte sie von Stund an „Dickes Blümchen gutes Kind" und sie vermittelte ihr dadurch das Gefühl, daß ihre Schwangerschaft eine gute Sache war. Als ihr Franziska ihre Gedanken zu dem gerade im Fernsehen laufenden Holocaustfilm mitteilte, schimpfte sie mit „dickem Blümchen gutem Kind": „So etwas darfst du dir jetzt nicht ansehen, du hast dich nur noch mit Schmetterlingen und Gänseblümchen zu beschäftigen." Keine der Hebammen zog trotz ihrer schwierigen Familienverhältnisse eine Interruption für sie in Betracht, weil sie Franziska besser kannten, als sie es selbst wahrhaben wollte.

Als sie endlich ihrem Geliebten von ihrem Zustand erzählte, wirkte er nicht gerade hocherfreut – das hatte sie auch gar nicht erwartet. Allerdings schien ihn diese Nachricht auch nicht aus der Bahn zu werfen, wie sie es befürchtet hatte. Irgendwie hatte er damit gerechnet. Ihm war schon aufgefallen, daß sich Franziska veränderte. Vor allem hatte er sich also nicht nur eingebildet, daß ihre Brüste größer geworden waren. Franziska konnte verdrängen wie sie wollte, doch eigentlich wußte sie immer von dem Zeitpunkt, wo ihre Brüste anfingen zu spannen, daß sie schwanger war. Es war für sie ein untrügliches Zeichen, welches schon mehrere Tage nach der Befruchtung anfing, sich zu äußern.

Jetzt würde alles noch schwieriger werden, dachte Rainer. Falls er die Trennung von Anne, die schmerzlich genug war, über die Runden bringen sollte, hatte er eigentlich nicht die Absicht, sich sofort an die nächste Frau zu binden und vor allem wollte er nicht schon wieder eine Familie gründen. Er liebte Franziska gerade deshalb, weil sie nicht abhängig von ihm schien. Wollte sie ihn mit dem Kind an sich binden? Oder konnte er ihr glauben, daß das Kind an einem Tag zustande gekommen war, wo es nicht hätte passieren dürfen. Später war er schlauer und sollte den Satz prägen: „Meine Frau wird schon schwanger, wenn eine Männerunterhose am Bettgiebel hängt."

Wirklich gehörte Franziska zu den Frauen, für die es nur fruchtbare Tage gab. Sicher lag es daran, daß sie sich weniger Gedanken um eine mögliche Schwangerschaft als andere Frauen machte und sich weder ein Kind wünschte, noch es sich nicht wünschte. Sie war zu schicksalsgläubig, und wäre nie auf die Idee gekommen, ein Kind zu planen. Für sie stellten sich Kinder ein oder auch nicht und man hatte das eine wie das andere einfach hinzunehmen. Diese Haltung ist der fruchtbarste Nährboden für Kinder. Sie sollte nie verstehen, wie Frauen psychisch krank wurden, wenn sich das geplante Wunschkind nicht einstellte. Es gab so viele Kinder auf der Welt, denen man seine Liebe geben konnte und sie hätte das getan, doch dazu kam es wegen ihrer großen Fruchtbarkeit nur begrenzt.

Rainer hatte in Franziska bisher nur seine Geliebte gesehen. Die Mutter seiner Kinder war eine andere Frau. Er hatte sich nie mit dem Gedanken getragen, mit dieser Frau eine Familie zu gründen. Das sollte ihre Beziehung ein Leben lang belasten. Natürlich wußte er, daß Franziska schon ein Kind hatte, doch dieses Kind gehörte zu ihr und nicht zu ihm. Michael war für ihn ein, vor allem von den Großeltern, viel zu verwöhnter Junge, und da sowohl Michael als auch Rainer eigentlich nur Franziska liebten, sollten die beiden ihr Leben lang miteinander zu kämpfen haben und die Frau, welche beide liebte, sollte sich immer hin- und hergerissen fühlen.

Irmhild reagierte auf die Schwangerschaft mit dem von Franziska erwarteten Unverständnis. Für sie war nach wie vor Rainer der falsche Mann für Franziska, doch nun war wohl nichts mehr daran zu ändern. Sie konnte und wollte das alles nicht verstehen. Wie konnte sie von einem Pfarrer schwanger werden, der noch nicht einmal geschieden war?

Franziska teilte ihren Eltern mit, daß sie ihnen mit Rainer einen Besuch abstatten würde. Die Eltern waren entsetzt, doch sie sagte ihnen unmißverständlich, daß sie in Zukunft nur noch mit diesem Mann kommen würde, weil er zu ihr gehöre und sich die Eltern damit abfinden müßten.

Während ihres Aufenthaltes bei den Eltern erfuhr sie von ihrer Mutter, daß ihr Vater eigentlich vorhatte, das Haus zu verlassen, so lange der unmoralische Pfarrer in seinem Haus weilte. Herr Kaufmann setzte sein Vorhaben nicht in die Tat um. Diese sich selbst auferlegte Härte entsprach seinem Charakter. Sein Leben lang sollte er unter der Zerrissenheit seiner Persönlichkeit leiden.

Er begegnete sowohl Franziska als auch ihrem Geliebten mit distanzierter Höflichkeit, worunter die Tochter litt. Rainer Rosen kam sich im Hause der Kaufmanns nicht akzeptiert, sondern nur geduldet vor. Er war nur Franziska zuliebe mitgefahren und sollte nie ein gutes Verhältnis zu seinen zukünftigen Schwiegereltern haben. Franziska tat Rainer leid, weil er ständig die gemeinen Kommentare ihrer Mutter ertragen mußte. Sie ließ keine Gelegenheit aus, um ihm mitzuteilen, daß er für sie kein richtiger Pfarrer ist. Früher war das alles besser, da waren die Pfarrer noch Vorbilder.

Einmal langte es Franziska und sie fragte ihre Mutter, warum dann nicht mehr dieser großartigen Menschen damals in den Gaskammern gestorben wären? Man könne doch nun wirklich nicht von einer moralischen Zeit sprechen, in der Millionen sinnlos hingemordet worden waren. Die Mutter verließ mit Tränen in den Augen über die Unverschämtheit ihrer Tochter das Zimmer und bekam einen Asthmaanfall. Immerhin ersparte sie Franzi weitere Diskussionen über Moral und Unmoral.

Franziska sollte es mit ihren angehenden Schwiegereltern nicht besser gehen. Als Frau Rosen von der Schwangerschaft erfuhr, würdigte sie die schwangere Frau kaum noch eines Blickes und behandelte sie wie eine Fremde. Franziska fühlte sich verraten und mißbraucht und merkte, daß ihre ehrliche Sympathie für die Rosens wohl ein Fehler gewesen war. Sie litt wahnsinnig darunter und konnte Rainers Mutter nicht verstehen. Schließlich hatte sie ihre Nähe gesucht und nicht umgekehrt.

*

Rainer lud Franziska zu seiner Einführungspredigt ein. Die Gemeinde hatte ihn trotz seiner schwierigen privaten Situation gewählt. Der Pfarrer Rosen war froh, als er Franziska bei seinem Einzug in der Kirche sah. Natürlich bemerkte Franzi die neugierigen Blicke der Leute, die wußten, daß der neue Pfarrer eine Geliebte hatte. Gitte hatte sie begleitet, obwohl sie bisher selten eine Kirche von innen gesehen hatte. Die beiden Frauen fuhren sofort nach dem Gottesdienst zurück, ohne mit Rainer zu reden Franziska wollte sich nicht aufdrängen und es ihm überlassen, sie seiner Umgebung vorzustellen. Sie war stolz auf ihre große Liebe, hatte er doch die Situation grandios gemeistert und auch noch gut gepredigt.

Am Abend kam Rainer und die beiden gingen zusammen in ein Restaurant und feierten seine neue Stelle.

Rainer hatte begonnen, das heruntergekommene Pfarrhaus zu renovieren. Er pendelte jetzt zwischen drei Wohnungen hin und her. In der Wohnung seiner alten Familie versuchte er, mit Anne so gut wie möglich auszukommen und seinen Kindern nach wie vor Vater zu sein. Er wollte so lange warten, bis Anne mit einer Scheidung leben konnte und etwas Annehmbares für ihr weiteres Leben fand. Annes Stimmungen waren schwankend wie immer. Manchmal veranstaltete sie im Haus ein lustiges Jugendleben und tat so, als ob sie die errungene Freiheit besonders genieße. Andere Tage zog sie über Franziska her und versuchte Rainer davon zu überzeugen, daß diese Frau, die weder eine gute Ehefrau noch Mutter sein würde, ihn nun auch noch mit einem Kind einfangen wolle. Beide Eheleute diskutierten oft stundenlang und wußten doch, daß es an ihrer Beziehung nichts mehr zu retten gab. Trotzdem konnten sie sich nicht ganz voneinander lösen und der Gedanke der endgültigen Trennung war für beide sehr schmerzlich.

In Franziskas Wohnung versuchte Rainer weiterhin den Liebhaber zu spielen. Allein der Gedanke, daß Franziska und Michael seine neue Familie sein würden, fiel ihm schwer. Er versuchte auch seine Pflicht an Michael zu tun, doch da der Junge ihm skeptisch gegenübertrat, fühlte er sich in seinen Bemühungen oft mißverstanden und gekränkt. Einmal holte er Michael bei seinem Vater ab und es gab eine tragische Szene, weil Michael nicht mit ihm gehen wollte. Er klammerte sich fest an Blume und schrie. Blume war froh, daß die von ihm früher gewünschte Beziehung zu Rainer Rosen nun doch noch zustande gekommen war. Er beruhigte seinen Sohn, weil er glaubte, daß dieser Mann gut für Franziska war und wieder eine gewisse Ordnung in ihr Leben bringen würde, die auch für den Jungen wichtig war. Blume hatte das Leben seiner Exfrau im Häuschen nie verstanden. Es zeigte ihm ein weiteres Mal, daß Franziska nicht zu ihm paßte.

Als Rainer den Jungen bei Franziska ablieferte, sagte er zu ihr, daß er eine solche Szene nicht noch einmal mitmachen würde. Franziska saß zwischen den Stühlen und redete und warb um Verständnis für Michaels Verhalten. Sie meinte, daß Michael ein tapferer Junge war, der die Situation gar nicht so schlecht meisterte.

Franziska betrat das Pfarrhaus, welches nicht weit von der Saale in der Talstadt lag, zum ersten Mal zu Rainers dreiunddreißigstem Geburtstag. Rainer hatte ihr schon von einigen illustren Leuten aus seiner Gemeinde erzählt, die auch zu dem Geburtstag kommen würden. Franziska fuhr mit dem Bus in die vierzig Kilometer entfernte Saalestadt. Sie hatte sich schön gemacht und sich Irmhilds schönstes Kleid aus braunem Kreppstoff geborgt. Dazu trug sie ein Tuch auf dem Kopf mit der dazugehörigen Schminke im Gesicht. Später sollte sie über ihr Äußeres an diesem Tage in ihren Stasiakten lesen:„ ...eine ganz attraktive Dame mit so einem Schlumperkleid und Kopftuch auf und angemalt, als ob sie aus einem Tuschkasten gefallen ist... ". Natürlich war dieser Spitzelbericht von einer Frau verfaßt und Rainer ahnte natürlich nicht, daß die Lehrerin, die er nett fand und oft besuchte, weil er nicht nur zwischen seiner alten und neuen Frau hin- und herpendeln wollte, ein auf ihn angesetzter Spitzel war.

Als Franziska im Pfarrhaus eintraf, saß gerade eine andere Freundin ihres Geliebten im Wohnzimmer. Es war eine siebzigjährige schöne Frau mit einer interessanten Lebensgeschichte. Einer ihrer Ehemänner war Archäologe gewesen und deshalb schenkte sie Rainer Rosen auch eine kleine phönizische Vase – fünftausend Jahre alt. Inzwischen war sie mit einem jungen schönen Homosexuellen verheiratet, weil sie ihm, da sie kinderlos war, ihr Erbe hinterlassen wollte.

Natürlich waren alle Gäste neugierig auf die Freundin des Pfarrers. Franziska war Schauspielerin genug, um ihre Unsicherheit und Aufgeregtheit zu überspielen. Ihre äußerliche Schönheit half ihr dabei. Zu den Gästen gehörte auch die Katechetin, die mit ihren Zwillingen unten im Pfarrhaus wohnte. Sie hatte sich so lange um den Pfarrer bemüht, bis seine Geliebte auftauchte. Das Verhältnis zu seiner Mitarbeiterin sollte sich von nun an schwierig gestalten.

Unter den Gästen war ein Mann, der Franziska auffiel, weil er ihr gegenüber unvoreingenommener und herzlicher auftrat als die übrigen Gäste. Sie war sehr erstaunt als sie hörte, daß es der katholische Priester von nebenan war. Dieser Mann wurde ein besonders guter Freund der Familie und das hatte auch seinen Grund, welcher Rainer und Franziska allerdings lange verborgen blieb.

In diesem Herbst gestaltete sich Franziskas Leben ziemlich ruhelos. Sie pendelte zwischen dem Häuschen und dem Pfarrhaus hin und her und sie wußte nicht so recht, wo sie zu Hause war. Das Pfarrhaus wurde grundlegend renoviert. Es gab weder ein Bad noch eine Toilette. Wenn sie mit Michael dort weilte, ging sie mit ihm vorm Schlafengehen auf das Plumpsklo über den Hof, weil der Kleine sich im Dunkeln allein fürchtete. Es war, als ob sie auf einer Baustelle lebten und das Leben im Pfarrhaus zu diesen Zeiten verlangte von den Beteiligten ein hohes Maß an Disziplin.

Dennoch war Franziska jedes Mal glücklich, wenn sie nach dem Spätdienst noch mit dem Bus in die Stadt an der Saale fahren konnte und den Geliebten an der Bushaltestelle auf sie warten sah. Allerdings gestaltete sich ihr Liebesleben schwierig, weil Rainer und Franziska sehr verschiedene Vorstellungen von einem Zusammenleben hatten.

Rainer hielt sich oft bei seiner Familie auf und wenn seine Kinder mal für ein Wochenende kamen, würdigten sie Franziska kaum eines Blickes. Er wollte und konnte sich in diesen Zeiten nicht so an Franziska binden, wie sie es in ihrem schwangeren Zustand gebraucht hätte. Oft saß Franzi abends allein im Pfarrhaus und wartete auf ihre große Liebe. Wollte sie in ihrer ersten Beziehung eine Ehe auf Dauer leben und legte gerade deshalb viel Wert auf Eigenständigkeit, so wollte sie nun nur die Liebe leben nach dem Ideal von 1. Korinther 13: „Die Liebe verträgt alles, sie glaubt alles, sie hofft alles, sie duldet alles."

Da Franziska keine halben Dinge tat, lebte sie jetzt die Liebe bis zur Selbstaufgabe. Für ihre Freunde gab sie zuviel von ihrer Persönlichkeit auf. Doch Franziska sah das anders und für die glücklichen Stunden nahm sie die unglücklichen Stunden gern in Kauf. Abends ging das Paar oft Arm in Arm in den Gäßchen der alten Stadt spazieren. Franziska schwelgte dann in ihrer Romantik, die sie dazu befähigte, die heruntergekommene, dreckige Stadt im Glanz vergangener Tage zu sehen. Allerdings kamen sie bei Diskussionen über ein gemeinsames Leben selten zu einem Resultat. Als ihr Rainer einmal vorhielt, daß er es nicht ertragen könnte, wenn die Taschentücher nicht ordentlich gebügelt exakt aufeinander lagen, war Franziska sehr enttäuscht und traurig. Allein an ihrer Liebe für den Mann zweifelte sie nicht. Alles würde sie für ihn tun, weil die Liebe es ihr wert war. Sie schleppte viele schwere Wassereimer, um die Baustelle vom gröbsten Dreck zu befreien. Sie half Rainer beim ständigen Möbelrücken, weil sie durch die Renovierungsarbeiten von einem Zimmer ins andere ziehen mußten. Langsam wurde ihr das Kind in ihrem Bauch sympathisch, weil es das alles ertrug und sich doch nicht von ihr verabschiedete.

In der Stadt erzählte man sich, daß der Pfarrer in Westklamotten herumlaufe und seine Freundin den ganzen Tag zu Hause putze. Außerdem wurde erzählt, daß der neue Pfarrer eine seiner Konfirmandinnen geschwängert habe und nicht heiraten konnte, weil die Frau noch minderjährig wäre. Franziska mußte über beides herzlich lachen, weil an diesen Gerüchten nun wirklich nichts stimmte, außer, daß der Pfarrer sehr eitel war und Franziska mit ihren fast dreißig Jahren wie ein junges Mädchen aussah.

Eines Tages kam Rainer nach Hause und erzählte ihr, daß er an diesem Tag geschieden worden war. Franziska hatte daran schon gar nicht mehr geglaubt. Rainer war an diesem Abend sehr traurig und er hätte den Abend lieber allein verbracht. Es störte ihn, daß schon die neue Frau in seinem Wohnzimmer saß. Doch er hatte nicht die Kraft, es Franziska zu sagen. Natürlich merkte er, wie sehr Franziska ihn in ihrem Zustand brauchte, doch er war nicht gewillt, die Fehler aus der ersten Ehe erneut zu begehen und deshalb ging er seiner Wege, auch wenn seine Freundin darunter litt. Dem Theater der Frauen wollte er nicht noch mal in seinem Leben nachgeben. Diese Haltung führte dazu, daß er Franziska gegenüber eine Härte an den Tag legte, die sie nicht verdiente, weil sie nicht der Grund für seine gewonnenen Erkenntnisse war.

Franziska hätte gern vor der Geburt des Kindes geheiratet, doch als sie merkte, welche Schwierigkeiten Rainer mit dem Thema hatte, ließ sie ihn in Ruhe. Ihr war klar, daß man über eine „wilde Ehe" im Pfarrhaus redete – sie würde damit leben können. Als auch noch Rainers Mutter starb, tat ihr der geliebte Mann leid. Die Mutter hatte gewünscht, daß nur ihr Mann und ihre Söhne der Bestattung beiwohnten. Zu allem Hohn verlangte sie von ihrem Sohn Rainer, daß er über den Vers: „Selig sind, die reinen Herzens sind, denn sie werden Gott schauen", auf ihrer Beerdigung predigte. Rainer tat das von ihm Verlangte. Franziska schwieg, doch innerlich litt sie unter dem letzten Willen dieser Frau, die noch in ihrem Tod keine andere Frau neben sich duldete.

In diesen unsteten Zeiten half Franziska ihre Arbeit. Sie machte noch immer Nachtdienst, obwohl es ihr als Schwangere eigentlich nicht erlaubt war. Doch der Nachtdienst war für sie weniger streßig und außerdem konnte sie sich besser um Michael kümmern und bekam auch noch mehr Geld. Frau Carl hatte sie darauf hingewiesen, daß sie für den Nachtdienst keinerlei Absicherung habe, dennoch überließen ihr die Kolleginnen die Entscheidung. Als ihr eines Nachts eine Frau gewaltig in den Bauch trat und es Franziska schlecht vor Schmerzen geworden war, hörte sie damit auf und machte nur noch den vorgeschriebenen Spät- und Frühdienst.

„Dickes Blümchen gutes Kind" war im Krankenhaus rundum beliebt und sie überlegte, ob sie diese gute Stellung jemals wieder aufgeben sollte. Sie war auch wegen ihrer Lebenserfahrung eine viel weisere Hebamme geworden. Sie hatte nicht mehr den Ehrgeiz, einer Gebärenden all ihr angelerntes Wissen überzustülpen. Man konnte atmen wie man wollte, eine Geburt tat weh und das verschwieg sie den Frauen nicht. Sie fand das ganze Gequatsche von einer schmerzfreien Geburt inzwischen ziemlich albern. Es war doch besser, wenn sich die Frauen auf Schmerzen einstellten und dann versuchten, einfach damit umzugehen. Natürlich konnte eine richtige Atmung während der Wehen ablenken und war auch besser für das Kind. Doch die wenigsten Frauen schafften es, sich wie im Lehrbuch zu verhalten. Warum sollte man ihnen ein schlechtes Gewissen machen? Wenn Franziska eine Patientin empfing, sagte sie ihr: „Es werden keine leichten Stunden für sie und natürlich wird es sehr weh tun. Doch wir versuchen einfach, das Beste daraus zu machen und ich werde ihnen helfen, so gut ich kann. Sie können sich auf mich verlassen." Somit gab sie den Frauen Sicherheit und heuchelte ihnen doch nichts vor. Je älter sie wurde, umso mehr erkannte sie das Wunder der Geburt. Eigentlich konnte man diesem Wunder nur mit Ehrfurcht und Demut begegnen und je mehr sie das tat, umso besser gelang ihr die Arbeit.

An einem Adventssonntag kam sie zum Spätdienst und der Saal lag voller Frauen. Keine Hebamme und kein Arzt sind begeistert über so viel bevorstehende Arbeit und schon gar nicht an einem Sonntag. Als jedoch Dr. Ritter zu ihr entnervt sagte: „Mir wäre es am liebsten, wenn sie mich erst anrufen, wenn die alle abgeferkelt haben", glaubte Franziska ihren Ohren nicht zu trauen. Sie hielt dem Doktor eine Moralpredigt, daß ihm die so dahin gesagten Worte schnell leid taten und er sich mit hochrotem Kopf in sein Zimmer zurückzog. Er konnte diese schöne, große, intelligente Frau gut leiden, litt er doch selbst am Napoleonkomplex. Selbst wenn sie schwanger war, konnte man sie noch ansehen. Auch Franziska mochte den kleinen Doktor, der inzwischen lieber etwas anderes gewesen wäre als Gynäkologe. Trotz seiner schnodderigen Art war er für sie ein guter Kerl. Am späten Nachmittag rief sie an und sagte: „Herr Doktor, ich wollte ihnen nur sagen, sie haben alle abgeferkelt. Wenn sie wollen, können wir jetzt Kaffee trinken. Es ist ja schließlich der zweite Advent." Er lächelte und sagte, daß er gleich komme und dann sagte er noch: „Gut gemacht, Frau Wiesenblum, ich bedanke mich." Das war schon mehr der Anerkennung, als eine Hebamme von einem Arzt erwarten konnte.

Am Heiligabend hatte Franziska Frühdienst. Sie war um halb sechs mit Rainers Diensttrabbi losgefahren, um pünktlich zu sein. Michael und Franziska verlebten das erste Weihnachtsfest im Pfarrhaus. Bis in die Nacht war sie mit den Vorbereitungen für das Fest beschäftigt gewesen. Allen Ehrgeiz hatte sie aufgewandt, um die Weihnachtstraditionen unter einen Hut zu bringen. Sie machte für Rainer schlesische Mohnklöße und Obstsalat und aus ihrer Tradition bereitete sie Ragout fin. Sie schälte viele Kartoffeln für die rohen Klöße und briet die Gans vor. Auch Kartoffelsalat durfte zu den Weißwürstchen nicht fehlen.

Nachdem Michael im Bett war, hatte Rainer den Weihnachtsbaum aufgestellt. Franziska hatte ihn noch nach Mitternacht angeputzt und die Geschenke darunter gelegt.

Nach dem Dienst mußte sie sich beeilen, weil Rainer das Auto brauchte. Er hatte drei Gottesdienste zu absolvieren. Es war sehr schwierig, im Pfarrhaus auch noch ein eigenes Fest auf die Reihe zu bringen, doch Franziska wollte unbedingt, daß es Michael und Rainer an nichts fehlte, sollten sich doch beide bei ihr zu Hause und geborgen fühlen.

Als Rainer vom ersten Gottesdienst kam, war schon der Kaffeetisch gedeckt. Nach dem Kaffeetrinken fuhren alle drei zum Familiengottesdienst in die kleine alte romanische Kirche, die Franziska besonders liebte. Um achtzehn Uhr gab es noch einen Gottesdienst für die Erwachsenen in der Kirche beim Pfarrhaus, die an die Katholiken verpachtet war. Man lieh sich die Kirche zum Heiligabend aus, weil dieser Tag nach wie vor die Menschen in die Kirche trieb. Es war der einzige Tag im Jahr, an dem die Kirchen noch voll waren. Die Kollekte war an diesem Tag im ganzen Land für „Brot für die Welt" bestimmt und jeder Pfarrer freute sich über die ungewöhnlich hohen Summen, die zusammen kamen.

Einst gab es hier drei große Kirchen auf engstem Raum. Jetzt gab man eine dem Verfall preis, die zweite war verpachtet und die dritte sollte im Laufe der Jahre restauriert werden. Auch sie war lange Jahre stiefmütterlich behandelt worden. Die wertvollen bleiverglasten Fenster wurden von unwissenden Kindern und Jugendlichen als Zielscheibe beim Steinewerfen benutzt.

Franziska wollte eine gute Pfarrfrau werden und besuchte mit dem Kleinen auch noch den zweiten Gottesdienst. Danach konnte Michael endlich ins Weihnachtszimmer. Es war ein grausamer Tag des Wartens für ihn gewesen und jetzt war er eigentlich viel zu müde, um sich an der ganzen Pracht zu erfreuen. Als alles glücklich über die Runden gebracht war und Michael schlief, beschlossen Franziska und Rainer, in die katholische Messe zu gehen, um für sich auch ein wenig Weihnachtsbesinnung zu finden. Gregor freute sich über den Besuch seiner evangelischen Kollegen. Er wußte diese Geste zu schätzen und lud die beiden nach der Messe zum Umtrunk ein. Jedes Jahr nach der Mitternachtsmesse am Heiligabend schenkte er für besonders gute Freunde griechischen Messwein aus. Diese Geste wußten nun wieder Franziska und Rainer zu schätzen, obwohl Franziska eigentlich am Ende ihrer Kräfte war. Der schwere süße Wein tat das seinige, so daß sie nach wenigen Schlucken im gemütlichen Sessel im Wohnzimmer des katholischen Pfarrhauses einschlief. Nie zuvor war Franziska so etwas während einer Feier passiert. Doch der Streß dieses Tages hatte ihren schwangeren Körper überfordert. Als am nächsten Tag auch noch die rohen Klöße gelangen, war sie glücklich über das erste gemeinsame Weihnachtsfest, dem noch viele in ähnlicher Manier folgen sollten, allerdings mit immer mehr Kindern. Am zweiten Weihnachtsfeiertag fuhr sie zum Spätdienst und war froh, sich im Kreißsaal von den Strapazen der vorangegangenen Tage erholen zu können.

Michael verbrachte den Nachmittag bei Blume und Rainer hatte seine Kinder zu Gast. Das Leben mit meinen, deinen und unseren Kindern war nicht einfach. Doch Franziska glaubte auch in dieser Beziehung an die Kraft der Liebe.

*

In Franziskas letztem Dienst des Jahres 1982 erwartete sie eine Arbeit, vor der sich jede Hebamme fürchtete. Am Ende der Schwangerschaft sind die Herztöne eines Kindes sehr gut mit einem Holzstethoskop zu hören. Eine erfahrene Hebamme kann von außen sehr schnell ertasten, wo der Rücken und wo die kleinen Teile des Kindes sich befinden. Wenn sie dann an der maßgeblichen Stelle die Herztöne nicht hört, ist das ein Alarmzeichen. Gewöhnlich hört sie dann den ganzen Bauch ab und weiß eigentlich schon, daß das Kind nicht mehr lebt. Die Frau fragt meist sehr ängstlich, ob irgendetwas nicht stimmt. Die Hebamme hat Mühe, sie noch zu beruhigen. Sie fragt die Frau nach den letzten Kindsbewegungen und nicht selten geben die Frauen sie bis zuletzt an, weil ein totes Kind durch Bewegungen der Frau hin- und herschwappen kann.

So war es auch bei der Patientin, die vor Franziska lag. Sie rief den diensthabenden Arzt an und bat um einen Ultraschall. Peinlich war obendrein, daß am Tag zuvor angeblich bei der Patientin in der

Schwangerenberatung noch Herztöne gehört worden waren. Der Ultraschall bestätigte Franziskas Befürchtung. Das Kind war tot. Franziska wußte, was auf sie zukam. Die Frauen waren für die Geburt schlecht zu motivieren und man wußte nie, wie lange das Kind schon tot war. Die meisten Frauen sind entsetzt über die grausame Nachricht und da helfen verständlicherweise tröstende Worte wenig.

Zum Glück war die Frau noch relativ jung und die Hebamme sagte ihr: „Sie können noch viele Kinder bekommen. Wir werden untersuchen, woran es gelegen hat. Manchmal hilft sich die Natur auch selber. Ich werde ihnen helfen, so gut es geht. Sie bekommen mehr schmerzlindernde Mittel als sonst üblich. Sie müssen jetzt ganz tapfer sein."

Alles nur ein schwacher Trost! Als das Kind endlich kam, sah Franziska sofort, daß es schon länger als einen Tag tot war. Peinlich für den, der angeblich noch am Vortag Herztöne gehört hatte! Das Kind mußte gemessen und gewogen werden. Franziska fürchtete sich noch immer vor dieser Arbeit. Doch was sollte sie tun, wenn sie allein im Dienst war. Es war für jede Hebamme schrecklich, ein totes Kind im Arm zu halten. Noch mehr fürchtete sie sich, das Kind in die Leichenhalle des Krankenhauses zu bringen. Noch nie zuvor war sie in einer Leichenhalle gewesen. In ihrer ersten Stelle waren die Hebammen von dieser Arbeit entbunden. Die Schwestern mußten tote Kinder in die Leichenhalle bringen und da gab es sogar welche, die sensationslüstern genug waren, um sich zu informieren, wer da noch so lag.

Zum Glück holte Rainer Franziska an diesem Abend ab. Sie bat ihn, die Leichenhalle aufzuschließen und nachzusehen, ob noch andere Leichen dort lagen. Die Halle war leer und als Franziska sie zaghaft betrat, war sie angenehm überrascht. Es gab dort einen Altar mit brennenden Kerzen. Sie war froh darüber, hatte sie doch von anderen Leichenhallen ganz schreckliche Dinge gehört. Liebevoll legte sie die Kiste mit dem Kind auf einen der Tische und bat Gott, dieses kleine Wesen in Frieden aufzunehmen.

In der Nabelschnur war ein Knoten gewesen, der sich festgezogen hatte und Franziska war sich sicher, daß dieser echte Nabelschnurknoten die Todesursache war. Das kleine ungeborene Wesen war im Mutterleib in seinen eigenen Tod geschwommen. Was hatte das für einen Sinn?

Sie wußte längst, daß sie nicht Herr über Leben und Tod war, sie konnte das akzeptieren. Überhaupt war sie dagegen, dem Herrgott stets ins Handwerk zu pfuschen. Nie würde sie sich mit vorzeitigen Wehen behandeln lassen – alles hatte für sie einen guten Grund. Oft genug wurden so Kinder in die Frühgeburt hinübergeholt, die nur durch die hochtechnisierte Medizin am Leben erhalten wurden und keiner wußte, was einmal aus ihnen werden würde. Es konnte natürlich gutgehen - oft genug ging es schief.

Franziska sah sich als einen Teil von Gottes guter Schöpfung und selbst wenn es für sie nicht gut ausging, hatte auch das einen Sinn, den sie zwar nicht begriff, aber dennoch akzeptierte. Trotz allem vergaß sie den Anblick eines Totgeborenen lange nicht.

*

Für den Februar hatte Franziska den Möbeltransport bestellt. Sie kaufte nicht, wie geplant, das Haus der Wohlsdorfs – sie hatten zum Glück einen anderen Käufer gefunden. Sie zog mit Michael ins Pfarrhaus, weil sie überzeugt war, daß so wieder etwas Ordnung in das Leben kommen würde. Außerdem fehlten ihr die körperlichen Kräfte, um weiterhin hochschwanger allein mit Michael zu leben. Auch Rainer wußte, daß er seiner schwangeren Freundin endlich eine Heimstatt geben mußte.

Als Franziska Michael im staatlichen Kindergarten anmeldete, es gab keinen christlichen in ihrer neuen Heimatstadt, war sie froh über das freundlich wirkende Haus und die angenehme Leiterin. Erstaunt war sie, daß der Kindergartenplatz nur 2,50 Mark in der Woche kostete. Damit konnte kein Staat auf einen grünen Zweig kommen. Die Leiterin ging zwar nicht zur Kirche, doch sie war kirchenfreundlich. Ihr war diese Frau Wiesenblum sympathisch. Sie wollte es den ihr anvertrauten Kindern so angenehm wie möglich machen. Politik interessierte sie nicht. Michael ging von nun an allein in den Kindergarten und durfte meist mittags nach Hause kommen, worum ihn die anderen Kinder beneideten. Franziska freute sich, daß er diesen Kindergarten von Anfang an lieber besuchte als seinen vorherigen.

Bis Ende März arbeitete Franzi noch, dann nahm sie Wochenurlaub. Sie wollte nach der Entbindung das sogenannte Babyjahr für ein dreiviertel Jahr in Anspruch nehmen und zum nächsten Frühjahrssemester das Studium wieder aufnehmen. Auch dieses vollbezahlte Babyjahr kostete den Staat eine Stange Geld. Viele Frauen wurden dadurch ermuntert, ein zweites oder drittes Kind zu bekommen. Länger als zwei Jahre konnte Franziska das Studium nicht unterbrechen. Ihre Kolleginnen waren davon überzeugt, daß sie weiter im Krankenhaus arbeiten würde.

Nun lebte sie in einem großen Pfarrhaus mit einem noch größeren Anwesen ringsherum. Es gab viel zu tun und in den letzten Wochen der Schwangerschaft arbeitete sie jeden Tag soviel in Haus und Hof, daß sie abends todmüde ins Bett sank.

An einem der ersten Tage im Mai hatte sie schlecht und unruhig geschlafen. Am Morgen beobachtete sie ein Ziehen im Bauch, was allerdings überhaupt nicht schmerzhaft war. Sie glaubte, es wären Vorwehen und ging ihrer Arbeit nach. Rainer beobachtete, daß sie plötzlich eine Hektik an den Tag legte, als ob sie in Eile wäre. Irgendwann setzte er sich in die Küche und sah ihr zu, wie sie Rhabarber kochte. Vollkommen sinnlos, dachte er, daß sie das jetzt tut. Doch auch er hatte schnell gemerkt, daß Franziska von einmal beschlossenen Vorhaben nicht abzubringen war. Ab und zu blieb sie stehen und hielt sich den Rücken. Ständig fragte er sie, ob sie nicht ins Krankenhaus fahren sollten. Franziska meinte, es wäre noch nicht so weit.

Der Nestbautrieb hatte von ihr Besitz ergriffen und sie mußte später darüber lachen, was sie alles an diesem Vormittag getan hatte. Beim ersten Kind hatte sie keine spontanen Wehen bekommen und die Wehen am Wehentropf waren viel schmerzhafter gewesen. Die meisten Frauen gingen für Franziska zu zeitig ins Krankenhaus, diesen Fehler wollte sie nicht begehen. Doch mittags ließ sich Rainer nicht mehr abwimmeln, immerhin mußten sie noch vierzig Kilometer fahren, weil Franziska in dem Krankenhaus entbinden wollte, in dem sie bis vor kurzem gearbeitet hatte. Dort konnte sie mitbestimmen und außerdem hatte sie vollstes Vertrauen zu ihren Kolleginnen.

Sie kamen gerade zur Dienstübergabe im Kreißsaal an und „dickes Blümchen gutes Kind" wurde von ihren Kolleginnen mit großem Hallo empfangen. Sie war froh über Patti's Spätdienst, hatte sie doch schon ihr erstes Kind so souverän zur Welt gebracht. Bei der Verabschiedung sagte sie zu Rainer: „Wenn das Kind heute nicht kommt und es falscher Alarm war, holst du mich heute abend wieder ab. Ich bleibe nicht eine Nacht umsonst im Krankenhaus." Dann setzte sie sich zu ihren Kolleginnen an den Kaffeetisch und trank einige Tassen starken Kaffee. Sie lachte und erzählte, als ob sie nichts hätte. Doch Patti konnte sie nicht täuschen, sie beobachtete, daß sie immer öfter innehielt, weil die Wehen stärker wurden. Franziska wollte nicht ins Bett und behauptete, es wäre noch gar nichts, wußte sie doch, wie gut sie durch die Unterhaltung abgelenkt wurde. Gegen siebzehn Uhr ließ sich Patti nicht länger vertrösten. Sie wollte Franziska wenigstens untersuchen. Die Hebamme war erstaunt, daß der Muttermund schon fünf Zentimeter weit geöffnet war. Auch Franzi freute sich darüber, waren die Wehen doch lange nicht so schmerzhaft wie beim ersten Kind. Bald darauf wurde es allerdings unerträglich und die Hebamme wollte sich fürsorglich an ihr Bett setzen. Einer Kollegin war man das schuldig, doch Franziska sagte ständig, sie sollte ruhig noch eine rauchen gehen. Das sagte sonst nie eine Frau – im Gegenteil. Die meisten Frauen bekamen Panik, wenn sie die Hebamme nicht sahen. Doch schon wie beim ersten Kind war Franziska mit den unerträglichen Schmerzen, die wie eine fremde Macht von ihrem Körper Besitz ergriffen hatten, lieber allein. Franziska wollte wieder so lange wie möglich mit dem Pressen warten, um die Geburt dann schnell über die Runden zu bringen.

   Nur zwei Stunden lag sie im Kreißsaal. Kurz nach neunzehn Uhr wurde Franziskas zweiter Sohn geboren. Sie wußte schon aus dem Ultraschall, daß es ein Sohn war. Offiziell hatte sie es sich nicht sagen lassen. Doch wenn man das Teil, das einen Jungen zum Jungen machte, deutlich sah, gab es keinen Zweifel, und sie hatte dieses Teil gesehen.

   Lukas sollte der kleine Junge heißen, es war eine Kompromißlösung, da Rainer den Namen Tankred und Franziska den Namen Johannes am liebsten gehabt hätte. Tankred klang für sie wie Tankstelle, doch mit Lukas konnte sie leben.

Als gegen halb acht bei Rainer das Telefon klingelte, dachte er, jetzt muß ich sie wieder abholen und meine Gemeindekirchenratssitzung ins Wasser fallen lassen. Er war erstaunt, daß das Kind schon da war und sagte wenige Augenblicke später zu seinem im Gemeinderaum versammelten Gemeindekirchenrat: „Wir haben einen Sohn." Die Leute gratulierten ihm freundlich. Sie hatten kein Problem damit, daß ihr Pfarrer schon ein Kind mit dieser Frau hatte, obwohl er noch nicht mit ihr verheiratet war. Es schien alles gut im Pfarrhaus zu laufen und das war ihnen das Wichtigste.

Dieses Mal kam zwar die Plazenta spontan, doch sie war nicht vollständig. Wieder hatte eine junge Ärztin Dienst, doch dieses Mal eine, die Franziska wegen ihrer Kompetenz schätzte. Franziska freute es, daß auch bei ihrer zweiten Geburt nur Frauen anwesend waren. Sie bekam ein Beruhigungsmittel in die Vene gespritzt, um eine kurze Narkose zu haben. Sie verfiel in einen Zustand, der sie alles hören und merken ließ, nur wehren und äußern konnte sie sich nicht. Die Hebamme hörte sie sagen, daß sie anfangen müßten, bevor die Wirkung vorbei wäre. Franziska überlegte einen kurzen Augenblick, ob es wohl so wäre, wenn man stürbe. Die Cürettage verursachte solche gemeinen Schmerzen in ihrem Unterleib, doch sie konnte nicht schreien. Sie fühlte sich tot und lebendig zugleich und war froh, als das grausame Spiel ein Ende hatte.

Endlich wieder bei Sinnen, sah sie sich lange ihren neuen Sohn an, den man ihr in den Arm gelegt hatte. Lukas sah zwar jungenhafter aus als Michael, dennoch hatte auch er etwas von einem Posaunenengel. Wieder stellten sich mit der Geburt ihre Muttergefühle ein. Konnte sie sich vor der Geburt kein Leben mit Lukas vorstellen, so konnte sie es sich jetzt nicht mehr ohne ihn vorstellen.

Als sie von Patti ins Zimmer gebracht wurde, war sie froh, daß diese für sie ein Einzelzimmer organisiert hatte. Mit großem Appetit aß sie einen Teller Wurstbrote, den die Nonne, welche Stationsschwester auf der Entbindungsstation war, eigenhändig für sie zubereitet hatte. Es lagen sogar ein paar liebevoll geschnittene Radieschen darauf und Franzi dachte anerkennend, mit diesem Teller hat sie sich selbst übertroffen. Sie genoß die Fürsorglichkeit und Freundlichkeit des Personals. An diesem Abend schlief sie wunschlos glücklich ein. Wie froh war sie auf einmal, Lukas zur Welt gebracht zu haben. Hätte sie es sich jemals verzeihen können, wenn sie es nicht getan hätte?

Sie war glücklich, als am nächsten Vormittag endlich Rainer mit Michael erschien. Rainer wäre gern das erste Mal allein gekommen, doch Franziska hatte darauf bestanden, daß Michael mitkam. Er gehörte zu ihrer neuen Familie und sollte sich nicht ausgeschlossen fühlen. Michael war sichtlich erleichtert, als er seine Mutter gesund und munter vorfand. Noch nie zuvor hatte er sie in einem Krankenhaus gesehen. Michael und Rainer schienen zufrieden mit dem Ergebnis ihrer Bemühungen. Franziska war stolz auf ihre drei männlichen Wesen.

Traurig nahm Franziska zur Kenntnis, daß die Bilirubinwerte von Lukas so gestiegen waren, daß er behandelt werden mußte. Sie wollte das Krankenhaus so schnell wie möglich verlassen. Es war kein Ort, wo sie sich trotz aller Privilegien wohl fühlen konnte. Ihr Söhnchen machte einen ruhigen ausgeglichenen Eindruck, wenn er mit verbundenen Augen unter der Lampe lag, daß sie keine Angst um ihn hatte. Meistens schlief er und erholte sich von den Strapazen im Mutterleib. Nein, ihm war sie kein gutes Nest gewesen, das wußte Franziska. Allein sein Leben hatte er ihr zu verdanken – viel mehr hatte sie ihm nicht geben können. Auch jetzt verließ sie ihn, als die Zeit ihrer Entlassung gekommen war. Sie sprach mit dem Kinderarzt und verabredete, daß sie einmal am Tag zum Stillen kommen würde und die abgepumpte Milch mitbringen würde.

Am Tag ihrer Entlassung gingen Franzi und Rainer im Interhotel der Bezirksstadt essen. Ab und zu brauchte Franziska das Flair der großen weiten Welt, weil man dort nicht nur Landsleute traf. Das Essen war auch besser als anderswo. Ansonsten gefielen ihr diese Hotels in ihrem kalten Stil überhaupt nicht und sie wußte auch, daß es da von Spitzeln nur so wimmelte. An diesem Tag genoß sie das gute Essen und die traute Zweisamkeit mit Rainer. Sie fühlte sich wie ein Schwerstarbeiter, der sich nach getaner Arbeit diese Entspannung verdient hatte.

Wie sooft überschätzte Franziska wieder einmal ihre Kräfte. Sie wollte Rainer helfen, einen alten Holztisch von der Kirche ins Pfarrhaus zu schleppen. Er hatte während ihrer Abwesenheit viel in der Wohnung gearbeitet und mit viel ästhetischem Gefühl ein Zimmer für sie und Lukas hergerichtet. Rainer merkte sehr bald, wie blaß sie wurde und schleppte den Tisch allein. Er brachte Franziska zu Bett, obwohl sie noch immer die Starke markierte.

Schon zwei Tage, nachdem sie Lukas im Krankenhaus verlassen hatte, durfte sie ihn mitnehmen, die Bilirubinwerte waren normal. Der Junge hatte wohl gemerkt, was für eine Rabenmutter ich bin, dachte Franzi lächelnd. Nun hat er alles dran gesetzt, um in sein neues Zuhause zu kommen. Öfter gebrauchte Franziska den Leuten gegenüber das Wort Rabenmutter, wenn sie von sich sprach. Doch in Wirklichkeit war sie davon überzeugt, daß sie es richtig machte mit ihren Kindern. Sie wollte keine Gluckenmutter sein und sie wollte sich selbst nicht aufgeben. Falsche Mutterideale gab es ihrer Meinung nach schon genug. Ihre Kinder wollte sie fähig für das Leben machen. Sie würde sie wieder hergeben müssen und sie wollte es gern tun und nicht wie die meisten Mütter darunter leiden oder gar verzweifeln.

Mit ihrem Neugeborenen war sie nicht überängstlich. Man konnte nicht vierundzwanzig Stunden ein Kind hüten, um alles Übel von ihm abzuwenden. Sie wußte genau, daß man gegen den sogenannten Krippentod nichts machen konnte, vor dem so viele Eltern Angst hatten. Einmal hatte sie von einer Frau gehört, deren Baby während des Ausfahrens gestorben war. Was passieren sollte, geschah, sie hatte es nicht in der Hand. Vielmehr betete sie, daß die Schutzengel ihrer Söhne das taten, was sie nicht leisten konnte.

Zwischen den Stillzeiten ließ sie Lukas auch mal allein, das hatte sie schon bei Michael getan und der Junge war immer gesund und munter gewesen. Wichtig fand Franziska im Gegensatz zu anderen Müttern, daß ein Neugeborenes seine Ruhe hatte. Sie nahm es nie zwischen den Zeiten aus dem Körbchen, um es Besuch zu zeigen. Sie zog sich immer zum Stillen zurück, um mit dem Kind allein zu sein und sie ließ das Baby auch mal schreien, wenn sie davon überzeugt war, daß es nichts als Langeweile hatte. Ein paar Minuten schreien konnte nur der Kräftigung und den Lungen dienen. Babys waren für sie total schlau, das hatte sie schon im Krankenhaus beobachtet. Mütter, die beim ersten Geräusch schon am Bettchen standen, verließen schon als Nervenbündel das Krankenhaus. Sie zogen sich selbst ihre kleinen Tyrannen heran.

Das Resultat von Franziskas Umgang mit ihren Neugeborenen war, daß die Babies gut aßen, viel schliefen und nie krank waren. Sie holte halb im Schlaf den kleinen Lukas gegen Morgen in ihr Bett, stillte ihn und schlief fast ohne Unterbrechung mit ihm im Arm weiter. Das war die gute Seite des Stillens für Franziska, doch ansonsten konnte sie dieser Sache nichts Positives abgewinnen. Es tat ihr weh und es kam ihr vor, als ob das Kind die letzten Lebensgeister aus ihr heraussog. Jedes Mal danach fühlte sie sich schlapp und weinerlich und ihre einst schöne Brust schien genau so ausgemergelt wie sie selbst.

Rainer sagte zu ihr, nachdem er sie mit dem Baby beobachtet hatte: „Wie du so ein Baby herumwirbelst und wie schnell du mit ihm fertig bist – selbst beim Baden. Es ist dein Kind, du bist hier nicht im Krankenhaus." Franziska lachte, weil sie meinte, daß die meisten Mütter viel zu langsam und zu unsicher mit ihrem Neugeborenen umgingen. Das Baby wurde dann kalt und fühlte sich nicht geborgen und natürlich schrie es dann vor Kälte und Angst. Auch zogen die Mütter die Babys viel zu warm an. Sie hatte es in der Mütterberatung gesehen und Franziska war richtig heiß und schlecht dabei geworden. Wenn sommerliche Temperaturen herrschten, konnte man doch einem Baby nicht noch eine wollene Ausfahrgarnitur anziehen und es mit Federkissen und Ausfahrdecke zudecken. Es gab offensichtlich Frauen, die an ihrer Babyausstattung mehr Spaß hatten als am Baby selbst. Sie spielen immer noch Puppenmutter, dachte Franzi, und alles was man hatte, mußte benutzt werden. Das Resultat bei den lebendigen „Puppenkindern" waren Hitzepickelchen und Überempfindlichkeit gegenüber geringsten Temperaturschwankungen.

Franziska dachte traurig darüber nach, warum diesen Müttern das gesunde Muttergefühl abhanden gekommen war. Einmal erzählte ihr ein guter, lieber Landarzt, daß er nachts oft gerufen wird, weil Babys angeblich nur noch schreien und nicht zu beruhigen sind. Wenn er die Kinder dann drei Runden durchs Zimmer getragen und sie gestreichelt hatte, schliefen sie in seinen Armen ein und die Mütter sahen ihn verblüfft an. Oft hatte er das Gefühl, eine Medizin wäre ihnen lieber gewesen.

Es ist eine kurze Zeit, in der ein Baby so klein und grazil ist, daß man nur fasziniert vor seinem Körbchen stehen kann. Franziska liebte die Zeit mit einem Neugeborenen und genoß sie bei allen ihren Kindern ganz besonders. Natürlich half ihr der Hebammenberuf bei der Pflege der Säuglinge und sie konnte die Ängstlichkeit der anderen Mütter durchaus verstehen. Nicht verstehen konnte sie, daß die jungen Mütter sich nicht mehr von älteren, erfahrenen Frauen beraten ließen, sondern ihre normalen Kinder wie Kranke vom Arzt behandeln ließen. Oder gab es sie nicht mehr, die weisen Frauen...?

*

Als sich das Leben mit dem neuen Erdenbürger im Pfarrhaus normalisiert hatte, fuhr Rainer mit seinen großen Kindern ans Meer und er nahm Michael mit, um ihn bei seinen Großeltern abzuliefern. Michael freute sich vor allem auf seinen Großvater. Franziska hätte ihn auch gern zu Hause behalten, doch warum sollte sie dem Jungen aus Eigennutz den langen Ostseeaufenthalt verbieten?

So blieb sie zum ersten Mal allein mit dem Baby im Pfarrhaus, obwohl ihr nicht wohl dabei war. Das Haus war für mehrere Personen wunderschön, doch für einen Menschen allein war es zum Fürchten. Es war groß und unübersichtlich mit einem riesigen Dachboden und einem offenen Treppenhaus. Franziska kannte noch niemanden, dem sie so vertraut war, um von ihren Ängsten zu erzählen. Das Leben in einem Pfarrhaus kann trotz vieler Publikumskontakte sehr einsam sein. Die Leute begegneten Franziska zwar sehr freundlich, doch sie war weder Pfarrer noch Pfarrfrau – sie war die Geliebte des Pfarrers mit einem unehelichen Kind. Da sie nicht unter diesem Status litt, hielt sie sich bewußt dezent zurück. Die Liebe zu Rainer war ihr das alles wert, auch wenn es ihr lieber gewesen wäre, er hätte sie in dieser Situation nicht allein gelassen.

Auch das Verhältnis zu ihren Eltern gestaltete sich mehr als schwierig. Sie hatten ihr zur Geburt des zweiten Sohnes nur förmlich gratuliert und nahmen ansonsten keinen Anteil an seiner Existenz.

Als sie am ersten Abend allein mit einem Gläschen Wein in dem großen Wohnzimmer saß, klingelte das Telefon. Sie war von dem Klingeln zusammengezuckt und mußte lächeln über ihre Schreckhaftigkeit.

Mit Entsetzen hörte sie eine gruselige Stimme am Telefon, die ihr mit verstellter Stimme Schweinereien sagte und in den Hörer stöhnte. Nachdem sie ein paar Mal gefragt hatte, wer dran sei, legte sie den Hörer auf und sah sich ängstlich um. Weshalb bekam sie gerade heute Abend einen solchen Anruf?

Niemand wußte, daß Rainer für ein paar Tage das Pfarrhaus verlassen hatte. Der Hof war von einer hohen Backsteinmauer umschlossen, so daß ihn eigentlich niemand beim Packen hätte sehen können. Sie redete sich ein, daß sie sich von so einem kranken Idioten nicht fertig machen ließe und ärgerte sich, daß die Angst nicht von ihr wich. Zum Glück tat der Wein das seinige, so daß sie irgendwann einschlafen konnte.

Als es am nächsten Abend wieder genau um einundzwanzig Uhr klingelte, schreckte sie zusammen. Langsam ging sie zum Telefon und hob den Hörer ab. Wieder dieselbe Stimme – wie aus einem Horrorfilm. Sie fühlte sich beobachtet und legte den Hörer auf. Sie wollte dem gruseligen Anrufer keinen Grund zur Freude geben. Zuerst wollte sie den Hörer danebenlegen, doch sie lebte im Pfarrhaus und da konnte jederzeit ein wichtiger Anruf kommen.

Als Rainer anrief, erzählte sie ihm von den schrecklichen Anrufen, er lachte nur und meinte, sie solle sich nicht verrückt machen lassen. Er war fest davon überzeugt, daß sich jemand einen Scherz mit ihr erlaubte. Franziska fühlte sich unverstanden und zog sich die Bettdecke über den Kopf und hörte trotzdem Geräusche, die ihr Angst machten.

Ihre Mutter rief am nächsten Tag an und zog über Rainer her. Sie fand es unverschämt, daß er Franziska allein im Pfarrhaus mit dem Baby ließ und er selbst sich amüsierte. Franziska nahm ihn wie immer in Schutz und erzählte nichts von den mysteriösen Anrufen. Warum konnte ihr die Mutter nicht helfen, sondern immer nur negativ an ihrem Leben herumkritisieren?

Gegen Abend kamen unverhofft Torsten und Gottlieb und Franziska war fest davon überzeugt, daß der Himmel sie schickte. Die beiden Freunde wollten eigentlich nur Kirschen im Pfarrgarten pflücken. Nachdem sie Franziskas Geschichte gehört hatten, trösteten sie die Freundin. Sie würden dem Kerl schon die Meinung sagen und die Sache in die Hand nehmen. Franzi war glücklich und erleichtert. Wie schnell konnte sich eine bedrohliche Situation zum Guten wenden. Die Freunde versicherten ihr, sich mit dem Pflücken zu beeilen und spätestens um halb neun wieder im Haus zu sein.

An diesem Abend klingelte das Telefon schon um zwanzig Uhr und als Franziska den Hörer abnahm, bestätigte sich ihre Befürchtung. Dieser Irre sah, was im Pfarrhaus vor sich ging und das beunruhigte Franziska sehr. Sie ging in den Garten zu den Freunden und erzählte ihnen, daß ihre Anwesenheit den Anrufer nicht abgeschreckt habe. Zum Glück verstanden es Torsten und Gottlieb, Franzi zum Lachen zu bringen und sie war glücklich, daß sie die Freunde überreden konnte, über Nacht zu bleiben. Sie verbrachten einen Abend wie in alten Zeiten und Franziska vergaß für ein paar Stunden diesen bedrohlichen Mann.

Am nächsten Morgen lächelte sie tapfer den Freunden hinterher, als sie das Pfarrhaus verließen. Sie hatte ihnen versichert, daß sie die letzten beiden Nächte auch ohne sie auskommen würde und bedankte sich für ihren Besuch, der ihr ungemein geholfen hatte. Beide wurden von ihren Frauen erwartet und Franzi wollte sie nicht in Schwierigkeiten bringen. Die mitgebrachten Kirschen würden die Damen versöhnen, dachte Franzi. War doch frisches Obst in der Großstadt eine heißbegehrte Mangelware.

Sie mußte nur noch einen Anruf über sich ergehen lassen.

Rainer überraschte sie und kam einen Tag früher aus seinem Kurzurlaub mit den Kindern zurück. Franziska schloß ihn glücklich und erleichtert in ihre Arme. Er meinte, daß der Anrufer der verrückte Sektionsgehilfe von nebenan gewesen wäre, weil nur er Einblick in das Grundstück hätte. Dieser verklemmte kleine Mann hatte ihnen einmal einen Abend in der Kneipe versaut, weil er sich an ihren Tisch gesetzt hatte und den ganzen Abend Rainer als Seelsorger in Anspruch genommen hatte. Franziska bemerkte schon damals, daß der Typ einen Dachschaden hatte, so wie ihn Leute haben, die durch den ständigen Umgang mit Leichen ihr Leben nicht mehr in Griff bekamen. Wer arbeitete schon als Sektionsgehilfe? – für Franziska ein gruseliger Job! Nie hatte sie den Mann jemals wieder auf der Straße gesehen, obwohl er ihr Nachbar war. Sie nahm sich vor, nicht noch einmal eine Woche allein im Pfarrhaus zu verbringen, um die Heldin zu spielen.

Zum Glück sollte sie bald eine gute Freundin haben, die ihr das Alleinsein ersparte. Später war sie sich nicht mehr sicher, ob diese Anrufe nicht von der Sicherheit inszeniert waren. Wollten sie Franziska damit aus dem Pfarrhaus treiben, weil sie ihre Stärke und ihren Einfluß auf den Pfarrer sehr schnell erkannt hatten? Egal wer der anonyme Anrufer nun gewesen war, Franziska wollte sich nicht von solchen Vorkommnissen einschüchtern lassen. Sie kämpfte entschlossen dagegen an. Sie wußte, daß das Spiel mit der Angst die Menschen unfrei und feige machte und das sollte ihr nicht passieren.

Einmal als junge Hebamme war sie des Nachts von einem Einbrecher besucht worden. Trotzdem schlief sie damals weiterhin allein in ihrer Dachwohnung, auch wenn sie unter das Bett schaute, bevor sie schlafen ging. Sie wollte die gerade errungene Selbständigkeit nicht wegen eines krankhaften Kleptomanen aufgeben und jetzt sollte kein triebgestörter Irrer sie einschüchtern können. Allerdings wußte auch damals der Kleptomane, der eigentlich Rohrleger aus Dresden war, daß sie in der besagten Nacht allein in ihrer Dachwohnung schlief. Wie im Film hatte er sie mit einer Taschenlampe geblendet. Warum hatten diese Scheißkerle Spaß daran, ihr Angst einzujagen? Sie verstand solche Menschen nicht, doch ihr fiel auch der Satz ein: „Vater vergib ihnen, denn sie wissen nicht, was sie tun."

Sie versuchte die Sache zu vergessen und genoß das Leben allein mit Rainer und dem Baby.

An einem Morgen strich Rainer im Hof einen Tisch orange für sein Amtszimmer. Nach und nach richtete er in mühevoller Kleinarbeit Zimmer für Zimmer ein. Franziska liebte seinen Sinn für Details – ihr wäre der Aufwand zu groß, doch sie genoß das Resultat. Sie stand mit Baby Lukas auf dem Arm und vertrieb Rainer die Arbeitszeit. Plötzlich erschraken beide heftig, Lukas lachte auf einmal nicht wie ein Baby von zehn Wochen, sondern wie ein Erwachsener. Er lachte und lachte und es flossen ihm Tränen vor Lachen. Nie zuvor hatte Franziska so etwas gesehen. Irgendwann konnten sie nur noch mitlachen, bis auch ihnen die Tränen kamen.

Lukas hatte sich ihnen zum ersten Mal zu erkennen gegeben und den Eltern war etwas unheimlich dabei. Was würden sie noch alles mit diesem Kind erleben? Beide erahnten, daß es mit ihrem in Liebe gezeugten Kind nicht einfach werden würde. Keiner von beiden erahnte zu dieser Zeit, daß er das Spiegelbild ihrer schwierigen Liebesgeschichte war.

Mitte Juli kündigte einer der Oberkirchenräte seinen Besuch im Pfarrhaus an. Das bedeutete meist nichts Gutes, weil die Herren sich nur blicken ließen, wenn sie etwas zu beanstanden hatten. OKR Witzmann war froh, wenn es keine Probleme gab und versuchte immer zu vermitteln. Seinem Kirchenpräsidenten war er nicht gewachsen und so führte er auch dieses Mal einen Auftrag aus, den er sich persönlich lieber erspart hätte.

Als Rainer sich nach dem Gespräch zu Franzi in den Garten setzte, sagte er nach einer Weile: „Wir müssen heiraten." Franziska fragte erstaunt: „Warum denn das auf einmal?" Als frühesten Heiratstermin hatten sie inzwischen den September anvisiert. Franziska war es inzwischen egal, wann sie in ihren zweiten Ehehafen segelte. Zu dem Zeitpunkt, an dem es wichtig für sie gewesen wäre, hatte ihr Geliebter gekniffen. Inzwischen war sie wieder stark und selbstbewußt genug, um auch unverheiratet im Pfarrhaus leben zu können. Rainer sagte etwas peinlich berührt zu ihr: „Der Kirchenpräsident ist in Vancouver und wenn er zurückkommt, will er unsere Eheurkunde sehen. Ansonsten will er disziplinarische Schritte gegen mich einleiten." „Schon wieder mal", sagte Franzi ironisch, „wann kommt er denn zurück?" „Am neunzehnten August", antwortete Rainer.

Eigentlich müßte ich jetzt nein sagen, dachte Franziska. Weshalb sollte sie Hals über Kopf heiraten, nur weil der Kirchenpräsident es wollte? Sie würde es schon aus Prinzip nicht tun. Hatten diese Herren nichts anderes zu tun, als im Privatleben ihrer Pfarrer herumzuschnüffeln? Franziska war inzwischen der Meinung, daß die Institution Kirche alles tat, damit keiner mehr hinging und sie blieb eigentlich nur in dem Verein, weil es der Herr Jesus nicht verdiente, den anderen das Feld zu überlassen. Ihrer Meinung nach ließ sich Rainer viel zu viel gefallen, doch sie wollte ihm nicht weh tun, und so hielt sie sich zurück, obwohl es ihr mißfiel, daß gerade der Kirchenpräsident ihre Hochzeit veranlaßte.

Rainer sah das anders. Er war auch ein wenig froh, daß ihm ein anderer diese weitreichende Entscheidung abnahm. Außerdem hätte er Franziska sowieso in der nächsten Zeit heiraten müssen, weil er ahnte, daß die Kirchenleitung sich sein Verhältnis, das der Kirchenpräsident als skandalöse wilde Ehe im Pfarrhaus, laut Oberkirchenrat, bezeichnete, nicht mehr lange angesehen hätte. Es blieben dem Paar nur wenige Wochen der Planung und beide wußten nicht, ob sie über ihre überstürzte Hochzeit lachen oder weinen sollten.

Es war gar nicht so einfach, dem Befehl des Kirchenpräsidenten termingerecht zu gehorchen. Die Termine auf dem Standesamt waren alle besetzt. Franziska mußte darüber lachen und meinte, solle er ihnen einen Termin besorgen, wenn ihm so viel an ihrer Verheiratung lag.

Rainer sah das nicht so locker und telefonierte in den umliegenden Städtchen herum, bis er endlich einen Termin für den achtzehnten August in einem kleinen Vorharzstädtchen bekam. Franzi dachte amüsiert, diesen Tag wird der sittenstrenge Kirchenfürst wohl eher als Provokation auffassen – so kurz vor dem Ablaufen der Galgenfrist. Doch das war nicht ihr Problem. Sie beschäftigte sich vielmehr mit dem Thema: Wie sage ich es meinem Sohn? Deshalb reiste sie für ein paar Tage zu ihren Eltern, um mit Michael zu reden. Der Kleine war erst vier Jahre alt, dennoch wollte sie ihm die Entscheidung überlassen, weil sie sich später nicht vorwerfen lassen wollte, daß sie ihn zu etwas gezwungen habe, was er gar nicht wollte.

Gleich am ersten Tag nahm sie Michael und ging mit ihm an ihr stilles Lieblingsplätzchen im Wald. Sie setzte sich mit ihm auf die vertraute Bank und begann zu reden: „Michi, mein Schatz, du bist ein großer vernünftiger Junge und deshalb will ich mit dir wie mit einem Großen reden. Du weißt, du kannst dich immer auf mich verlassen und ich werde dich auch in Zukunft nie allein lassen. Ich werde demnächst heiraten und das bedeutet, daß ich dann nicht mehr Wiesenblum heißen werde, sondern Rosen. Bisher haben wir beide den Namen deines Vaters getragen. Du kannst dir nun aussuchen, wie du in Zukunft heißen willst. Ich kann dich, egal wie du dich entscheidest, verstehen. Du kannst weiter den Namen deines Vaters tragen, nur, diesen Namen hättest du dann in unserer neuen Familie allein. Du kannst aber auch, wie wir alle, Rosen heißen, weil du genau wie dein kleiner Bruder zu uns gehörst. Das hätte den Vorteil, daß du nie jemandem zu erklären brauchst, warum du einen anderen Namen trägst.

Doch wenn du lieber den Namen deines Vaters tragen willst, ist es auch gut."

Franziska sah, wie das Gehirn des Kleinen arbeitete und sie war traurig darüber, ihrem Sohn eine solche Entscheidung zumuten zu müssen. Doch sie wollte, auch wenn es tragisch war, fair sein und nicht über seinen Kopf hinweg entscheiden. Michael überlegte und überlegte. Franziska ließ ihm Zeit. Nach einer langen Zeit des Schweigens sagte er plötzlich: „Mama, ich setze mir einen Hut auf und heirate mit dir." Franziska stiegen Tränen in die Augen und sie nahm Michi in ihre Arme und umarmte ihn lange. Auf so eine grandiose Antwort wäre sie nie gekommen. Sie sagte zu ihm: „Gut, dann heiraten wir zusammen, ich freue mich und hoffe, daß wir es richtig machen."

Michael war stolz, daß seine Mutter mit ihm wie mit einem Großen geredet hatte. Es freute ihn, daß sie ihm eine so wichtige Entscheidung überließ. Er liebte und verehrte seine Mutter und würde schon auf sie aufpassen. Michael wäre am liebsten mit seiner Mutter allein geblieben. Alles war gut gewesen. Doch er verstand auch, daß sie wieder einen Mann wollte, obwohl ihm dieser Pfarrer nicht gerade sympathisch war. Er war ihm zu streng und nicht fröhlich genug – genau das Gegenteil von seiner Mutter.

Am Abend sprach Franziska mit ihrem Vater. Sie erzählte ihm von Michaels Entscheidung und auch Oskar Kaufmann stiegen vor Rührung über seinen Enkel Tränen in die Augen. Er wußte, daß er bei seinem ältesten Sohn einen Fehler begangen hatte. Als Franzi ihm erzählte, daß sie wüßte, wie sehr ihr Bruder Gerd darunter litt, daß er nicht den Namen Kaufmann trug, gab Oskar seiner Tochter recht. Nie hatte sich Gerd nach seinem Vater erkundigt, der im Krieg gefallen war. Herr Kaufmann hatte das nicht verstanden, weil für ihn die Herkunft eines Menschen etwas ganz Wichtiges war. Nie hätte er seinen Vaternamen, auf den er so stolz war, aufgeben wollen. Deshalb war er nicht auf die Idee gekommen, Gerd seinen Namen zu geben. Der Junge hatte den neuen Vater von Anfang an akzeptiert und bewunderte ihn mehr als die echten Kaufmannkinder. Tragisch für ihn, daß gerade er nicht seinen Namen trug. Franziska wunderte sich über die späte Einsicht des Vaters, der sonst so selbstherrlich und unkritisch mit sich selbst über die Familie herrschte. Herr Kaufmann wußte längst, daß die Tochter inzwischen erwachsener und ernst zu nehmender geworden war als seine Söhne. Allein dieses Eingeständnis fiel ihm in seinem übersteigerten Männlichkeitswahn schwer.

Franziska war glücklich über das gute Gespräch mit ihrem Vater. Sie fühlte sich zum ersten Mal neben ihm als ein gleichwertiger, ernstgenommener, erwachsener Mensch und das tat ihr gut. Sie war ihrem Vater dafür sehr dankbar. Mit der Mutter wäre es nicht möglich gewesen, so zu reden.

Michael wollte gern den ganzen Sommer bei den Großeltern bleiben, aber mitheiraten wollte er auch. Als Franziska ihm erklärte, daß er auch mitheiraten könne, wenn er nicht anwesend war, umarmte er seine Mutter zufrieden und glücklich. Sie wußte längst, wie wichtig der Junge für ihren leukämiekranken Vater war. Er hielt sich tapfer, doch seine Kräfte schwanden. Michael wich nicht von der Seite des Großvaters und das tat beiden gut. Margarete hatte nach der Pfeife der beiden zu tanzen. Die Kaufmanns waren froh, daß ihnen ihre Tochter den Jungen so lange überließ.

Franziska hatte auf der langen Rückfahrt genug Zeit, sich in Gedanken mit ihrer bevorstehenden Hochzeit zu beschäftigen. Dieses Mal wollte sie alles ganz anders machen. Keine faulen Kompromisse würde es geben. Beim Eingehen der zweiten Ehe hat man keinerlei gesellschaftliche und familiäre Pflichten. Den ganzen Hochzeitszirkus hatten ja alle bei der ersten Eheschließung miterlebt. Ein intimer Tag sollte es werden – nur nach dem Geschmack des Brautpaares.

*

Am Hochzeitstag verlief alles ganz ruhig und unspektakulär. Rainer hatte niemandem in seiner Gemeinde den Termin verraten. Das Brautpaar wollte diesen Tag ausschließlich nach seiner Phantasie verleben. Am Abend zuvor war Torsten mit seiner Familie gekommen. Torsten und seine Frau waren während der langen tragischen Liebesgeschichte Franziska immer liebe helfende Freunde gewesen. Nur sie befand die Braut als würdig, dieses Ereignis mit ihr zu teilen. Den Tag über wollte das Paar allein verbringen und die Freunde paßten auf den kleinen Lukas auf.

Während sich Franziska schön machte, pflückte Rainer im Pfarrgarten Blumen und band einen wunderschönen Brautstrauß für seine zukünftige Ehefrau. Franziska zog das englische weiße Leinenkleid an, das ihr die Westtante geschickt hatte. Dazu trug sie einen weißen Strohhut und weiße Leinenschuhe. Sie gefiel sich gut und als ihr Rainer den Gartenblumenstrauß in die Hand drückte, sah sie aus wie eine romantische verspielte Braut, die nichts mehr mit der Märchenbraut von vor fünf Jahren zu tun hatte.

Auch Rainer fühlte sich in seiner hellen Hose und dem hellblauen Hemd sehr wohl. Privat trug Rainer sein Leben lang fast ausschließlich hellblaue Hemden. Er mußte oft genug als Pfarrer einen schwarzen Anzug tragen, so daß er an diesem Tag gern darauf verzichtete.

Als sie auf dem Standesamt des kleinen Provinzstädtchens ankamen, wurden sie schon erwartet. Sie hatten vorher gesagt, daß sie allein kämen, um die Standesbeamtin nicht zu enttäuschen. Trotzdem mußten sie den Hochzeitsmarsch in voller Länge über sich ergehen lassen. Musik auf dem Standesamt war staatlich verordnet und durfte nach wie vor nicht abbestellt werden. Das Standesamt hatte für die meisten Brautpaare die Feierlichkeit der Kirche zu übernehmen.

Die Standesbeamtin verkniff sich salmige Worte und auch den Sozialismus brachte sie nicht ins Spiel. Noch nie zuvor hatte sie einen Pfarrer getraut, was sollte sie den beiden sagen? Wußten sie nicht alles viel besser als sie? Deshalb beschränkte sie sich auf eine kurze sachliche Rede, was das Brautpaar zu schätzen wußte.

Danach fuhren die frisch Vermählten in das Harzstädtchen, in dem ihre Liebesgeschichte ihren Anfang genommen hatte. Auf der Roßtrappe speisten sie zu Mittag. Sie wurden in dem Restaurant in einer Nische plaziert und genossen ihr Hochzeitsmahl zu zweit in vollen Zügen. Der Berg mit dem Lokal war ein beliebter Ausflugsort und es wimmelte dort von Menschen. Nach dem Mittagessen ging das Paar spazieren und wunderte sich, daß sie im Wald sehr schnell allein waren. Die meisten Menschen hielten sich dort auf, wo schon viele waren. Wenige suchten, wie sie, die Einsamkeit. Sie legten sich auf eine Blumenwiese und waren zufrieden und glücklich miteinander.

Gegen Abend kamen sie zurück und bald darauf traf der Pfarrer, der sie trauen sollte, mit Frau und Kind ein. Die drei Ehepaare brachten alle Kinder zu Bett und als es im Kinderzimmer ruhig war, fuhren die sechs Leute in die kleine romanische Kirche, die Franzi und Rainer so sehr liebten. Die Frau des Pfarrers spielte phantastisch auf dem für diesen Abend geliehenen Spinett.

Franziska und Rainer hatten diesen Pfarrer und seine junge Frau schon öfter auf seinem Dorf besucht. Sie fühlten sich mit diesen Leuten auf einer Wellenlänge und das bestätigte auch die Trauansprache, von der das Brautpaar stark beeindruckt war: „Wandelt, so lange ihr das Licht habt, damit euch die Finsternis nicht überfalle. Wer in der Finsternis wandelt, weiß nicht, wo er hingeht. So lange ihr das Licht habt, glaubt an das Licht, damit ihr Kinder des Lichtes werdet." Diesen Spruch hatten sich die beiden Theologen aus dem Johannesevangelium ausgesucht. Ihr Traupfarrer wußte, wen er vor sich hatte und hielt eine dementsprechende Rede. Franzi hätte am liebsten „Bravo" gerufen, als der Pfarrer die Ansprache mit folgenden Sätzen beendete: „Durch den Glauben an Jesus wird nicht nur das sorglose Unterwegssein begründet, sondern auch die neue Seinsweise: Kinder des Lichtes zu werden. Ein Zuspruch, eine Verheißung. Teilzuhaben an der Seinsweise Jesu. Befreit von aller Gebundenheit und Gesetzlichkeit, befreit von der Denkart der Dunkelheit, des Umherirrens, befreit von der Orientierungslosigkeit. Wandelt, seid sorglos unterwegs, nicht einer Sonne entgegen, sondern einer befreienden Wirklichkeit. Diese Wirklichkeit sollt auch ihr in eurer Ehe spüren, das wünsche ich euch von Herzen."

Als sich Franziska und Rainer von der Kirchendienerin verabschiedeten, hatte die alte Dame noch immer nicht ihre Fassung zurückgewonnen. Der Pfarrer Rosen hatte sie gebeten, die Kirche für eine Hochzeit herzurichten. Kein Wort hatte er darüber verloren, daß er selbst der Bräutigam sein würde. Gleich morgen früh würde sie dafür sorgen, daß diese Hochzeit nicht länger geheim blieb.

Die drei Paare waren zufrieden und in guter Stimmung, als sie sich im Pfarrgarten mit einer Kiste Sekt niederließen. Petrus meinte es gut mit der kleinen Hochzeitsgesellschaft – es war ein wunderschöner warmer Augustabend und so sollte es die ganze Nacht bleiben. Die sechs Leute feierten ein rauschendes Hochzeitsfest und es gab nichts und niemanden, der ihnen die durch den Sekt unterstützte Hochstimmung hätte nehmen können. Sie lachten, unterhielten sich und tanzten bis zum frühen Morgen. Die Ehe der Rosens hatte einen guten Anfang genommen und weder Franziska noch Rainer machten sich Gedanken darüber, ob das ungetrübte Glück dieser wundervollen Nacht je vergehen würde.

Am nächsten Vormittag saß man genauso fröhlich beim Frühstück, die positive Stimmung der letzten Nacht reichte bis in den nächsten Tag hinein. Alle wunderten sich, als plötzlich der Landesjugendpfarrer in der geräumigen Küche stand. Er blickte neugierig auf die versammelte Gesellschaft, wagte aber nicht nach dem Grund ihres so gemütlichen Zusammenseins zu fragen. Hatte er doch von der Trauung etwas läuten hören? Als Vorwand für sein Kommen gab er an, daß er sein Spinett abholen wolle. Als er ging, wußte er immer noch nicht, ob die Rosens nun verheiratet waren oder nicht. Die Frühstücksgesellschaft lachte über das verdutzte Gesicht des neugierigen Pfarrers

Am kommenden Sonntag kündigte Pfarrer Rosen seine eigene Trauung von der Kanzel ab. Die meisten Anwesenden waren froh, daß die unsteten Zeiten ihres Pfarrers wohl nun beendet waren und man wieder zum Kirchenalltag übergehen konnte. Ein treues Gemeindemitglied, ein Fräulein mittleren Alters, die zu den Menschen gehörte, welche glaubensstark eine Kirchengemeinde auch durch wilde Zeiten tragen, sagte zu Franziska und Rainer: „Ich gratuliere ihnen, nun hat alles wieder seine Ordnung." Damit sprach sie aus, was die anderen dachten.

Torsten und seine Familie blieben im Pfarrhaus und hüteten weiterhin den kleinen Lukas und das frischvermählte Paar fuhr nach Budapest. Da man aber nicht nur für sich allein verantwortlich war, nahmen sie Rainers Kinder aus erster Ehe mit. Franziska freute sich auf den Besuch der von ihr so geliebten Stadt und ahnte nicht, daß diese Reise ihr nicht das von ihr gewünschte Glück bringen würde.

Später war Franziska schlauer. Man konnte keine guten alten Traditionen mit neuen Menschen einfach weiterleben. Die Kinder im schwierigen vorpubertären Alter interessierte nicht, daß der Vater wieder verheiratet war. Der Vater war ihnen vertraut und Franziska nicht. Viel lieber hätten sie mit ihm die Ferien allein verbracht. Rainer war total überfordert damit, seinen Kindern und seiner Frau gerecht zu werden. Außerdem ermöglichten es die begrenzten Finanzen eines Pfarrers nicht, sich auch nur annähernd dem Luxus dieser Stadt hinzugeben. Man schlief auf einem lauten, staubigen Zeltplatz und die Kinder wichen nicht eine Minute von der Seite der Frischvermählten. Sie waren nicht gewillt, dem Ehepaar auch nur eine Stunde des Alleinseins zu gönnen. Das alles hätte Franzi noch nicht einmal gestört, wäre da nicht die miese Stimmung gewesen, die sich während der ganzen Fahrt breitmachte. Eigentlich war die Stimmung gar nicht so schlecht, doch Franziska war ein Mensch, der gerade im Ausland euphorisch war, lachen und sich amüsieren wollte. Sie wollte nicht den ganzen Tag wortkarg in der Gegend herumlaufen, und schon gar nicht in Budapest. Doch es fehlte ihr an Gelassenheit und Lebenserfahrung, um diese Situation zu meistern. Sie reagierte zunehmend gereizt und ärgerte sich über ihren Mann, daß er sich ihr nicht mehr widmete. Rainer seinerseits ärgerte sich über ihr Unverständnis.

Selbst ein Besuch bei den Isztvans konnte ihre Stimmung nicht heben. Vater Isztvan war im letzten Jahr verstorben, was ihr Mutter Isztvan unter Tränen mitteilte. Im Wohnzimmer, welches Franzi so lange Jahre bewohnt hatte, lebte nun die Tochter der Isztvans. Auch sie hatte tragischerweise ihren Mann verloren und sah nun selbst sehr kränklich aus. Als Franziska das ihr so vertraute Haus verließ, wußte sie, daß sie Abschied nehmen mußte von einer glücklichen Zeit, die unwiederbringlich vorbei war. Erst viele Jahre später sollte Franziska mit Rainer noch einmal nach Budapest reisen, dann allerdings aus einem anderen Land.

Auf der Rückfahrt an der tschechischen Grenze wurde der Trabbi von Grenzsoldaten in eine dunkle, kalte Garage gelotst. Franziska hatte den Eindruck, hier nie wieder herauszukommen. Sie versuchte sich, schon der Kinder zuliebe, zusammenzureißen und spielte zum ersten Mal auf der ganzen Reise die Fröhliche. Das Gepäck und das Auto wurden gefilzt und die Situation war bedrohlich. Offensichtlich wollte man ihnen etwas anhängen. Franziska und Rainer wußten, daß noch ein paar Westmark im Schlafsack versteckt waren; Devisenschmuggel war verboten. Franzi betete, daß man das Geld nicht fand. Sie wollte diese Reise so schnell wie möglich vergessen und nicht noch weitere Unannehmlichkeiten auf sich nehmen. Die Schikanen der Grenzbeamten nahmen oft genug unmenschliche Formen an. Offensichtlich tat man alles, um den Bürgern des kleinen Kacklandes in aller Grausamkeit klarzumachen, daß man wieder zu Hause war. Ihre

Stoßgebete wurden erhört, man mußte die vier Leute nach zwei Stunden unverrichteter Dinge ziehen lassen. Alle waren erleichtert, als sie wieder die Wärme und das Tageslicht spürten und so fuhr man doch noch fröhlich nach Hause.

Wie jede Mutter freute sich Franziska vor allem auf den kleinen Lukas. Sie nahm ihn liebevoll in die Arme und als der Kleine lächelte, weil er sie offensichtlich an ihrer Stimme erkannte, nahm sie sich vor, ihn nicht wieder so lange allein zu lassen. Sie wollte sich nun vollkommen ihrer neuen Familie widmen und der Gemeinde eine gute Pfarrfrau sein.

Später las Franziska in ihrer Stasiakte, daß sie während der ganzen Reise bespitzelt worden waren und man sie an der Grenze wirklich festsetzen wollte. Kein Wunder, daß diese Reise unter keinem glücklichen Stern stand, dachte sie lächelnd einige Jahre danach.

Am Ende des Sommers reisten Franziska, Rainer und Lukas zu den Kaufmanns, um Michael abzuholen. Die Kaufmanns hatten sich mit dem neuen Schwiegersohn abgefunden, auch wenn sie ihm weiterhin mit kühler Reserviertheit begegneten. An dem neuen Enkelkind nahmen sie wenig Anteil, was Franzi nicht fair fand, aber dennoch damit leben konnte

Eines nachmittags kam der Heimleiter des gegenüberliegenden Altersheimes blaß und aufgeregt den langen Gartenweg entlang und suchte Franziska. Als Rainer seine Frau im Garten fand – es war ein wunderschöner Septembertag – sagte der sonst so ruhige angenehme Mann, daß seine Frau einen Blasensprung hätte. Franziska eilte mit ihm ins Schlafzimmer seiner Wohnung. Die Frau bekam das vierte Kind und Franziska hörte, daß es eine Beckenendlage war. Mit ein paar Handgriffen stellte sie fest, daß die Frau regelmäßige Wehen hatte und das Kind sich nicht noch mal gedreht hatte. Der Nachbar bestellte auf Franziskas Anweisung den Krankenwagen und bat Franziska, doch mitzufahren. Er hätte sie nicht darum bitten müssen. Keine Hebamme würde eine Frau in dieser Situation allein lassen.

Franziska wußte, daß sie zur Not auch eine Beckenendlage im Krankenwagen entwickeln konnte. Die Krankenfahrer konnten es mit Sicherheit nicht. Scharf war sie allerdings nicht darauf, kannte sie die Komplikationen nur zu gut. Sie betete, daß die Nabelschnur nicht vorfiel und bat die Krankenfahrer, die Frau liegend zu transportieren. Diese waren zwar nicht erfreut, entsprachen allerdings ihrem Wunsch als sie hörten, daß Franziska Hebamme war. Sofort begegneten sie ihr mit Respekt und waren froh, daß sich Franzi während des Transportes um die Frau kümmerte.

Jeder Krankenfahrer fürchtet sich vor einer stöhnenden Frau im Auto und hofft, das Krankenhaus noch rechtzeitig zu erreichen. Viele Male hatte Franziska das erlebt und sie konnte die Männer gut verstehen. Zum Glück hatten sie eine ruhige, nicht hysterische Frau zu transportieren, die ihre Anweisungen brav befolgte. Franziska war froh, als sie die Frau an der Tür des Kreißsaales des Kreiskrankenhauses abliefern konnte. Immer wieder hatte sie während der Fahrt die Wehen kontrolliert, die immer stärker wurden. Die Herztöne waren regelmäßig und kräftig gewesen und die Frau verspürte zum Glück noch keinen Druck nach unten. Wie deutlich war ihr eine Situation aus ihrer Hebammenpraxis, die sie ihr Leben lang nicht vergessen würde.

Damals, es war im Nachtdienst, ging sie an das Bett einer Steißlagengeburt und sagte lächelnd zur Nachtschwester, als die Frau anfing zu pressen: „Mal sehen, ob uns schon etwas guten Tag sagt." In der nächsten Wehe kam etwas zum Vorschein und Franziska glaubte ihren Augen nicht zu trauen. Nicht ein Fuß, auch kein Steiß, sondern eine dicke, pralle Nabelschnur schob sich durch die Scheide. Franziska lagerte sofort den Steiß der Patientin hoch und versuchte die Nabelschnur zurückzuschieben – vergeblich. Herztöne hörte sie auch nicht mehr. Sie schrie die unwissende Schwester an, den Doktor zu rufen und gleich danach schrie sie weiter, ob sie sich auch klar und deutlich am Telefon ausgedrückt habe. Zum Glück hatte sie, so schnell war der sonst so langsame Blume nie im Kreißsaal gewesen. Sie zerrten die Frau auf den Stuhl und Franziska drückte mit aller Kraft das Kind aus dem Bauch und Blume beförderte das Neugeborene erstaunlich schnell ans künstliche Licht der Nacht. Es hatte keine Reflexe und keinen Tonus, nur noch einen langsamen, kaum zu hörenden Herzschlag. Nach wenigen Augenblicken der Reanimation kamen die Lebensgeister wieder. Für Franziska war es ein Wunder, wie schnell sich dieses Kind erholt hatte und sie dankte Gott, daß sie zum richtigen Zeitpunkt am richtigen Fleck gestanden hatte.

So eine Situation im Krankenwagen wäre auf alle Fälle schief gegangen. Nur der Wissende weiß in solchen Situationen, der Vorsehung zu danken. Nun saß Franziska zufrieden und dankbar im Auto des Heimleiters. Wieder einmal war sie vom Schicksal gnädig behandelt worden. Als sie nach zwei Stunden das Grundstück der Eltern wieder betrat, begegneten ihr alle mit Respekt, so als ob sie das Kind zur Welt gebracht hätte. Nur sie allein war froh, daß es nicht soweit gekommen war.

Am Tag ihres dreißigsten Geburtstags erfreute sich Franziska bester Laune und wunderte sich darüber. Hatte sie doch als Teenager immer lauthals verkündet, daß sie sich mit dreißig umbringen wolle, weil es dann mit einer Frau nur noch bergab ginge. Sie mußte nun lächeln über ihre damalige Naivität und Dummheit. Zum Glück war sie mit einem Mann verheiratet, der meinte, daß Frauen erst ab dreißig richtig interessant und begehrenswert würden.

Überhaupt blieben ihr im Leben Männerbekanntschaften erspart, die je älter sie wurden, um so geiler und lüsterner nach jungen Mädchen stierten.

Sie feierte im Garten, umgeben von ihrer Familie, ein nettes beschauliches Grillfest und war mit ihrem bisherigen Leben nicht unzufrieden, auch wenn ihr die Zahl dreißig ein wenig Angst einjagte, weil sie sich noch immer weder erwachsen noch weise fühlte. Sie ahnte nicht, daß sie später einmal sagen würde, daß die Jahre zwischen dreißig und vierzig für eine Frau die besten wären. In dieser Zeit sollte Franziska zu voller Schönheit erblühen und ihre hohe Zeit als Frau genießen.

Zum Glück ahnte sie auch nicht, daß gerade diese Jahre die turbulentesten in ihrem Leben werden würden und das hatte vielerlei Gründe. Sie glaubte vielmehr, nun würden die ruhigen Jahre als Pfarrfrau, Ehegattin, Mutter und vielleicht auch als Pastorin beginnen. Sie freute sich mehr darauf, als sie sich davor fürchtete.

*

Als die vierköpfige Familie wieder zu Hause eintraf, begann das Alltagsleben im Pfarrhaus. Franziska lernte schnell. So begann sie gut zu kochen und zu backen. Der von Rainer so geliebte Gulasch gelang ihr immer besser. Auch riesige Blechkuchen aus Hefeteig bereiteten ihr sehr schnell keine Schwierigkeiten mehr und die Gläser mit eingekochter Marmelade, Pflaumenmus und Obst füllten bald die Kellerregale. Selbst Quittengelee bereitete sie ohne Schwierigkeiten, worüber Rainer besonders glücklich war, weil er das alles seiner zweiten Frau überhaupt nicht zugetraut hatte.

Da Franziska viel geschwätziger und leutseliger war als ihr Mann, unterhielt die Gemeinde einen regen Kontakt zu ihrer Pfarrfrau. An manchen Tagen glich ihre Küche einem kleinen Café, in dem immer Leute saßen und ihre Probleme mitteilten. Sie hörte sich geduldig Familien- und Krankheitsgeschichten an, auch wenn sie nebenher ihre Hausarbeit verrichtete.

Eine etwas schlampig wirkende alte Frau kam besonders gern. Wenn sie die Küche betrat, fragte sie jedes Mal: „Kann ich wieder das Baby halten, bei ihnen ist es so gemütlich." Franziska gab der Frau lächelnd ohne Bedenken Lukas in den Arm und hörte sich interessiert ihre Lebensgeschichte an. Es störte sie nicht, daß die Frau nicht so exakt gekleidet und frisiert war wie andere ältere Damen. Es störte sie allerdings, wenn Christenmenschen über andere den Stab brachen und hochnäsig die Nase rümpften.

Auch kamen öfter Bettler ins Pfarrhaus, meist mit zurechtgelegten wilden Geschichten, nur um ein paar Mark zu ergattern. Offiziell gab es so etwas im „sozialistischen Musterländchen" nicht. Ein spezieller Kunde war der in den Pfarrhäusern der Umgebung bekannte „Magenbluter". Er stellte ein paar Flaschen roter Flüssigkeit auf den Tisch und behauptete, daß es das Blut sei, welches er in den letzten Tagen aus dem Magen verloren habe.

Michael fürchtete diesen Mann besonders, weil er sofort den Fuß in die Tür stellte, wenn er nicht eingelassen wurde. Einmal fragte Michael seine Mutter, warum die ganzen Leute immer zu ihnen kämen und nicht woanders hingingen. Er haßte den regen Publikumsverkehr im Pfarrhaus.

Meist konnte die Familie nicht einmal in Ruhe essen, weil entweder das Telefon klingelte oder jemand an der Haustür war. Franziska fand das alles normal und konnte nicht verstehen, wenn vor allem junge Pfarrfrauen sich weigerten, den Beruf ihres Mannes mitzutragen. Schließlich wußte man doch vorher, wen man heiratete. Sie richtete die Kirche für den Gottesdienst her und kochte Kaffee für die Frauenhilfe. Nicht selten schreckte sie noch abends im Bett auf, weil ihr Mann einen wichtigen Besuch vergessen hatte oder sie erzählte Rainer noch im Ehebett von gehörten Problemen. Rainer sagte ihr dann gewöhnlich: „Also, irgendwann muß mal Schluß sein, wir können nicht mehr als arbeiten. Wenn du so weitermachst, wirst du bald mit den Nerven fertig sein. Du mußt es lernen abzuschalten." Doch Abschalten lag nicht in Franziskas Natur. Sie wollte, wie immer, so perfekt wie möglich sein.

Da die Pfarrfrau noch immer kein Morgenmensch war und gern lange schlief, zog sie sich morgens ein Kleid an und legte sich wieder ins Bett, um nicht von einer Beerdigungsgesellschaft im Nachthemd überrascht zu werden. Nur Gregor empfing sie morgens im Bademantel, wenn er von der Morgenmesse kam, um bei ihnen Kaffee zu trinken. Er war inzwischen ein guter Freund der Familie geworden. Daß diesen Mann ein Geheimnis umgab, ahnte Franziska, erfahren sollte sie davon erst viel später. Nicht alle Gemeindeglieder freuten sich über die Kontakte der Rosens zum katholischen Priester. Einmal fragte eine Frau Franziska pikiert, warum Michael am Kinderfest der Katholiken teilgenommen hatte. Franzi antwortete ihr ruhig: „Sind wir nicht alle Christenmenschen? Sollten wir nicht mit gutem Beispiel vorangehen?"

Ein Pfarrhaus war ein öffentliches Haus und man wußte nie, wer vor der Tür stand. Franziska störte das nicht und sie zeigte auch jedem unaufgefordert die gesamte Wohnung, um Gerüchten aus dem Wege zu gehen. Die Leute waren neugierig – das wußte sie und sie konnte damit leben. Die meisten der älteren Frauen sagten zu ihr: „Sie haben es jetzt wunderschön, Frau Pfarrer, aber daß sie keine Gardinen haben." Franziska antwortete dann gewöhnlich: „Wieso, wir haben nichts zu verbergen. Die Leute können alles sehen was wir tun." Einmal bekam die Pfarrfamilie abgelegte Gardinen geschenkt, weil man glaubte, daß sie sich keine neuen leisten könnte, was zwar stimmte, jedoch verstand man nicht, daß die Rosens gar keine Gardinen vor ihren Fenstern haben wollten.

Auch ihre Mutter sagte bei ihrem ersten Besuch im Pfarrhaus: „Hier sieht es ja aus wie im Stall, diese weißen Wände und keine Gardinen." Außerdem sagte sie ihrer Tochter: „Wenn ich so wenig Geld hätte wie du, würde ich morgens aufstehen und den ganzen Tag nur heulen." Franziska lachte und antwortete: „Und dann, was würde es dir nützen, das Heulen?" Margarete Kaufmann konnte und wollte nicht akzeptieren, daß das Leben mit diesem Mann in diesem Hause gut ging. Sie versuchte an allem herumzunörgeln, natürlich am meisten an der Erziehung von Michael.

In der Tat kam es öfter zum Streit zwischen Franziska und Rainer wegen des Jungen. Das erzählte allerdings Franziska ihrer Mutter nie. Sie wollte ihr keine Genugtuung gönnen. Rainer fand den Jungen von den Großeltern verwöhnt und er ärgerte sich, daß seine Schwiegereltern weder von ihm noch von Lukas Notiz nahmen. Franziska konnte das gut verstehen, doch nicht verstand sie, daß er seine Wut an Michael ausließ. Ihrer Meinung nach ging er zu streng mit dem Jungen um und wenn es ihr zuviel wurde, schritt sie ein, was wiederum Rainer ärgerte. Franziska litt ein Leben lang an diesem Problem. Sie gab Rainer die Schuld, weil er der Klügere und gerade diesem Sohn ein milder Vater hätte sein müssen. Michael hatte Rainer als Vater akzeptiert und sie ärgerte es, daß Rainer die Vaterrolle nicht zu ihrer Zufriedenheit ausfüllte. Doch da Franziska ein positiv denkender Mensch war, redete sie sich ein, daß es schlimmer hätte kommen können und versuchte, das Beste daraus zu machen. Sie waren trotz allem eine mehr glückliche Familie und Franziska würde durch nichts und niemanden dieses Familienglück auch nur beeinträchtigen lassen. Zuviel hatte sie in diese Beziehung investiert. Sie wollte um keinen Preis, daß die Kritiker ihrer Verbindung mit Rainer jemals recht bekommen sollten.

*

Je näher der Termin kam, an dem sie ihr Studium wieder aufnehmen mußte, umso mehr graute ihr davor. Sie wußte, daß der größte Teil des Lehrkörpers gegen sie war. Als sie sich im letzten Frühjahr für ein weiteres Jahr beurlauben ließ, hatte sie ein gruseliges Erlebnis mit einigen Professoren gehabt. Sie war sich vorgekommen wie die Ehebrecherin, die man am liebsten gesteinigt hätte. Von den Worten Jesu „Wer unter euch ohne Schuld ist, werfe den ersten Stein", schienen diese Herren noch nichts gehört zu haben.

Sie hatten damals die hochschwangere Frau Wiesenblum gefragt, von wem sie das Kind erwarte. Franziska hatte geantwortet: „Das wissen sie doch." Sie wußte, daß Anne gute Vorarbeit geleistet hatte, doch sie fürchtete sich vor Menschen wie Anne, die ihr nichts Gutes wünschten. Mit solchen Menschen konnte Franziska nicht umgehen. Sie konnte sich nur zurückziehen. Sie wünschte dieser Frau das Beste, doch sie wollte nichts mehr mit ihr zu tun haben. Die Professoren bestanden darauf, den Namen des Vaters aus ihrem Mund zu hören.

Torsten hatte ihr erzählt, daß der Sektionsdirektor behauptet habe, sie hätte vier Ehen zerstört. Sie mußte lange rechnen, um die Phantasien dieses Mannes zu verstehen. Er meinte also Blumes erste Ehe. Damals kannte sie Blume überhaupt noch nicht. Weiterhin ihre Ehe mit Blume, natürlich die Ehe der Rosens und zu allem Unglück auch noch die Ehe Blumes jetziger Frau. Warum machte man ausgerechnet sie dafür verantwortlich?

Es lag daran, daß Franziska nie mit ihren Problemen hausieren ging und sich nicht als mitleiderregendes Opfer aufspielte. So sahen Menschen, die Franziska nicht näher kannten, sie immer als die Stärkere, die Abgebrühte, die über Leichen ging. Sollte sie es sich wirklich antun und unter diesen scheinheiligen Moralaposteln weiter studieren?

Rainer hatte für ihre Bedenken kein Verständnis. Er meinte, sie müsse sich über diese Vorurteile hinwegsetzen. Franziska litt, wie jedes Mal im Leben, wenn sie sich ungerecht behandelt fühlte. Doch sollten dreieinhalb Jahre umsonst gewesen sein? Sollte sie es nicht wirklich diesen Herren zeigen?

Schließlich stellte sie den Antrag auf Reimmatrikulation. Als sie wieder vor das Tribunal trat, hatte sie Herzklopfen, doch sie nahm sich vor, Stärke zu zeigen. Die maßgeblichen Professoren ärgerte es sichtlich, daß sie eine so gute Beurteilung aus dem Krankenhaus erhalten hatte. Diese Beurteilung zeichnete sie sowohl als guten Menschen als auch als Hebamme mit großen Sachkenntnissen aus. Auch wurde ausdrücklich erwähnt, daß sie aus freien Stücken das Krankenhaus verließe und man sie gern behalten hätte. Der letzte Liebesdienst für „dicke

Blume gutes Kind". Franziska war ihren Kolleginnen sehr dankbar und sollte diese großartigen Frauen lebenslang in ihrem Herzen tragen.

Dennoch sagte ihr der Sektionsdirektor unmißverständlich, daß man ihren Antrag vor der Universitätsleitung nicht unterstützen würde.

Zum Glück studierte Franziska an einer staatlichen Universität und nicht an einer kirchlichen Hochschule. Die Privatverhältnisse interessierten da wenig.

Später las sie in ihren Stasiakten, daß die theologische Sektion zu bedenken gegeben hatte, daß sie als Pfarrfrau und Mutter von zwei Kindern mit dem Studium überlastet wäre. Scheinheilige Arschlöcher, dachte Franziska. Diese Bedenken teilte allerdings die Universitätsleitung nicht, weil man gerade Studentinnen mit Kindern besonders förderte. Eines der guten Dinge, die es im kleinen Kackland gab und die Franziska zu würdigen wußte. Noch mehr, als sie Jahre später erfahren mußte, wie schwer es Frauen mit Kindern im anderen Teil Deutschlands hatten.

Franziskas Reimmatrikulationsantrag wurde stattgegeben und ihr Spießrutenlauf konnte beginnen. Wie gern hätte sie das Handtuch geschmissen, doch sie war niemand, der vorzeitig aufgab. Sie wußte, daß sie es ewig bereuen würde, wenn sie das Studium nicht beendete. Deshalb raffte sie allen Mut zusammen und betrat pünktlich am ersten Tag des Frühjahrssemesters nach zwei Jahren die ihr vertrauten Räume.

Sie wurde sowohl von den Studenten als auch von den Lehrern neugierig angestiert. Da aber Franziska inzwischen dreißig Jahre alt war, begegneten ihr die neuen Kommilitonen mit Respekt und ließen sie in Ruhe.

Jeden Morgen brachte nun Rainer seine Frau an die Landstraße nach Halle. Franzi hatte schnell gemerkt, daß sie immer schneller war als der Bus, wenn sie per Anhalter fuhr. Der kleine Lukas saß mit im Auto und Franziska dachte lächelnd, was wohl in seinem Kopf vorgehen mag, wenn seine Mutter zu einem anderen Mann ins Auto stieg und winkend mit ihm davonfuhr.

Sie war eine attraktive junge Frau, die natürlich vor allem Männer gern mitnahmen. Franziska hatte einen guten Blick und wenn sie glaubte, ein Typ könnte ihr zu nahe kommen, erzählte sie sofort von

Mann und Kindern. Sie hatte keine Angst vor den Männern und auch keine Hintergedanken. Es passierte ihr nur einmal in eineinhalb Jahren, daß so ein Kerl sie aus dem Auto schmiss, weil sie nicht mit ihm in den Wald fahren wollte.

Am liebsten fuhr sie mit Fernfahrern. Sie waren unverklemmt und hatten schon viel erlebt. Einmal wollte einer sie mitnehmen in ein Motel nach Magdeburg und als sie ablehnte, erzählte er genau so fröhlich weiter wie zuvor, ohne beleidigt zu sein. Außerdem liebte es Franzi, so hoch oben zu sitzen und sich als Königin der Landstraße zu fühlen. Am liebsten fuhr sie mit Fahrern aus dem Westen, die ihr von der großen weiten Welt erzählten, weil Franziska, wenn auch unbewußt, immer das Fernweh plagte.

Wenn die Fahrer hörten, daß sie Theologie studierte, fingen sie entweder an, über den Staat zu schimpfen oder sie sprachen über persönliche Probleme. Manche grinsten sie an und sagten, wenn sie predigte, würden auch sie zur Kirche kommen. Jedenfalls merkte Franziska sehr schnell, daß man als Theologiestudentin bei den Leuten einen besonderen Stand hatte und einen Vertrauensvorschuß genoß.

Meist qualmte ihr der Kopf, wenn sie abends nach Hause kam. Auf der Hinfahrt hatte sie eine oder zwei Lebensgeschichten gehört. Am Studienort befaßte sie sich mit hochtheologischen Problemen, über die sich inzwischen wirklich nur noch die Theologen den Kopf zerbrachen und auf der Rückfahrt hörte sie sich wieder die Probleme der ganz normalen Menschen an. Zu Hause warteten zwei kleine Jungen auf sie mit noch mal ganz anderen Sorgen.

Ihr Studienfreund Gottlieb erzählte ihr, daß er beim Trampen schon lange nicht mehr sage, daß er Theologie studiere. Er sagte den Leuten, er sei Maurer und würde in Ruhe gelassen. Doch Franziska meinte, ein Theologe müsse sein Ohr am Volk haben und sie erfuhr ja auch Dinge, die sie sonst so nicht gehört hätte.

Wenn sie denen, die auf den Staat schimpften, sagte, daß jedes Volk die Regierung habe, die es verdient, wurden die Meckerer meistens ruhig. Franziska setzte dann noch einen obendrauf und meinte, man müsse diese Regierung ja nicht wählen. Sie ginge auch nicht mehr zur Wahl. Die jeweiligen Fahrer sahen sie dann komisch von der Seite an und hielten den Mund. Meinte es diese Frau wirklich ernst oder wollte sie einen nur aushorchen? Vorsicht war das Motto, das im Lande herrschte.

*

Als Franziskas letztes Studienjahr angebrochen war, mußte sie noch das Hauptseminar im Fach Praktische Theologie absolvieren. Die Seminare in diesem Fach machten ihr Spaß, obwohl ihr der Professor zu bieder und uninteressant erschien. Auch ihre Diplomarbeit wollte sie in diesem Fach schreiben, weil ihr die anderen großen theologischen Fächer zu theoretisch und wirklichkeitsfremd waren. Jeder Teilnehmer dieses Seminars mußte eine Predigt halten, die dann ausgewertet wurde. Franziska liebte die wenigen Arbeiten mit Praxisbezug mehr als das ewige Wühlen in verstaubten Büchern.

Während des katechetischen Seminars hatte sie eine Christenlehrestunde über Mutter Teresa gehalten und war gut bei den Kindern damit angekommen. Damals lebte sie noch im Häuschen und Richie hatte ihr viele kleine Fähnchen mit weißblauen Streifen gebastelt, dem Erkennungszeichen der Schwestern der Nächstenliebe. Nach ihrer gelungenen Stunde lud sie ihre Kommilitonen zum Glühwein auf dem Weihnachtsmarkt ein. Die Theologiestudenten empörten sich lauthals darüber, mit welcher Selbstverständlichkeit Eltern ihre Kinder in die Panzer des Kinderkarussels setzten und sorgten somit für Unruhe.

Im Seelsorgeseminar besuchte sie eine Frau, die im Sterben lag. Da sie durch ihre medizinischen Vorkenntnisse sofort die Situation der Frau durchschaute, wollte Franziska auch mutig sein und über den Tod sprechen. Nachdem sie alltägliche Oberflächlichkeiten ausgetauscht hatten, fragte sie: „Haben sie Angst vorm Sterben?" Die Frau riß die Augen auf und antwortete wütend: „Über den Tod spricht man nicht." Franziska versuchte zu erklären, daß sie sich selbst schon viele Gedanken über den Tod gemacht habe. Doch die Todeskandidatin entgegnete genervt:„ Was für ein Quatsch, in ihrem Alter hat man nicht an den Tod zu denken." Irgendwann sagte die geschwächte Frau, daß ihre Besucherin jetzt gehen solle. Franziska kam sich vor wie der ungeliebte Todesengel, der ein Tabuthema angesprochen hatte. Sie nahm sich vor, so etwas nie wieder zu tun, obwohl ihr Gedächtnisprotokoll im Seminar sowohl bei den Studenten als auch beim Professor viel Beachtung fand. Für sich hatte sie dabei nur gelernt, daß man Menschen nicht mit Themen belasten konnte, die sie lieber, und sei es bis zum bitteren Ende, verdrängten.

Nun hatte sie ihre Predigt in einer großen Kirche in der Bezirkshauptstadt zu halten. Sie war aufgeregt, als sie allein mit Rainers Diensttrabbi in die Stadt fuhr. Ihre Predigt gefiel ihr gut. Nie sollte Franziska den Leuten etwas predigen, wo sie nicht hundertprozentig dahinter stand. Sie predigte über die Dankbarkeit gegenüber Gott. Die meisten Menschen vergaßen Gott, wenn es ihnen gut ging, schrien aber laut nach ihm in schlechten Zeiten. Sieben Aussätzige hatte Jesus geheilt und sie somit wieder gesellschaftsfähig gemacht. Nur einer ging zurück, bedankte sich und lobte Gott. Franziska begann ihre Predigt mit einer Kreißsaalgeschichte und die Leute hörten ihr aufmerksam zu.

Sie stand auf einer hohen Kanzel weit über den Köpfen der Menschen. Schnell merkte sie, wie leicht es war, aus solcher Distanz, so abgehoben, zu den Leuten zu reden. Unsicherheiten bekamen die Zuhörer überhaupt nicht mit. Sie spürte die Macht, welche Theologen nicht selten in der Geschichte für falsche Ziele mißbraucht hatten.

Torsten, ihr treuer alter Studienfreund, der inzwischen seine Doktorarbeit schrieb, erzählte ihr nach dem Gottesdienst, daß der Professor zu ihm gesagt habe: „Ich wußte gar nicht, daß diese Frau Rosen so ein Redetalent hat." Zu Franziska sagte der Professor nichts, noch immer freute man sich mehr über schlechte als über gute Leistungen dieser Studentin.

Franzi brauchte das Lob des Professors nicht. Sie wußte, daß sie eine gute Leistung abgeliefert hatte. Zufrieden und glücklich fuhr sie nach Hause. An der letzten Bahnschranke vergaß sie die Handbremse zu lösen. Zu sehr war sie noch in Gedanken bei dem Gottesdienst. Als ihr Ehemann eine halbe Stunde nach ihrer Ankunft in sein Auto steigen wollte, waren die Radkappen geschmolzen und abgefallen. Franziska lachte, als sie das von ihr angerichtete Unheil sah. Rainer konnte Franziskas Unkonzentriertheit bei alltäglichen Dingen nicht verstehen. Teurer Gottesdienst meiner Gattin, dachte er bei sich.

Zu Weihnachten schenkte Rainer seiner Frau ein Zimmerchen auf dem Dachboden. Er hatte es für sie hergerichtet, damit sie ungestört für das Abschlußexamen lernen konnte.

Bisher hatte sich Franziska in der Pfarrwohnung durch die Kinder, Besuch und Telefon zu sehr ablenken lassen. Sie haßte es, stundenlang zu pauken und jede Ablenkung war ihr deshalb recht. Nun wurde es jedoch Zeit, bis zum Examen waren es nur noch zehn Wochen und Franzi nahm sich vor, im neuen Jahr jeden Tag fünf Stunden zu lernen.

In ihrer neuen Lernzelle gab es keine Möglichkeit der Ablenkung. Sie hörte nicht, was im Hause vorging und selbst das Fenster war so hoch, daß sie nicht hinaussehen konnte. Ein alter Elektroheizkörper erwärmte ihr spartanisches Studierzimmerchen, in dem nur ein Schreibtisch, ein Stuhl und eine Liege standen. Sie stellte so lange ihre Füße zum Wärmen auf den Heizkörper, bis eines Tages die Sohlen ihrer Hausschuhe wegschmolzen und es furchtbar stank. Natürlich lachte sie auch über dieses Mißgeschick und stellte sich vor, daß sie wegen des ewigen Heizproblems fast zu heiße Füße bekommen hätte.

Das Lernpensum schien ihr schier unmöglich. Sie heftete sich die Genealogien der Urväter an die Wand und wichtige Jahreszahlen von viertausend Jahren Geschichte. Manchmal schlief sie für ein paar Minuten am Tisch oder sie legte sich auf die Liege im Zimmerchen, um einen Kurzschlaf von zwanzig Minuten zu halten. Sie wußte, daß ihre Kommilitonen mehr lernten, doch mehr als fünf Stunden am Tag wollte und konnte sie nicht. Franzi war jedes Mal froh, wenn sie nach getaner Arbeit die Bodentreppe herabstieg.

Die letzten vier Wochen lernte sie mit ihrem neuen Studienfreund Holger Freisicker. Franzi nannte den jungen Mann „Freisickerchen". Er war ihr aufgefallen, weil er anders war als die typischen Theologiestudenten. Freisicker wiederum war die skandalumwitterte Frau Rosen aufgefallen, welche auch auf ihn einen anderen Eindruck machte als die restlichen Theologen, die er nicht besonders mochte. Freisicker galt unter ihnen als anrüchig, weil er vom Offiziersschüler zum Theologiestudenten gewechselt hatte. Franzi und Freisickerchen ergänzten sich ideal.

Während Franziska ihm mit leuchtenden Augen Gleichnisse und andere biblische Geschichten erklärte, trichterte Freisickerchen ihr die

Kirchengeschichte ein. Öfter sagte er bewundernd zu Franziska: „Mein Gott, bist du fromm!" Franzi lachte dann und sagte: „Ich weiß, aber erzähle das mal den Professoren und der Kirchenleitung. Für die bin ich noch immer die Ehebrecherin, die froh sein muß, daß sie nicht gesteinigt wurde."

Freisickerchen war jünger und impulsiver als Franzi. Als beide mal vom Trampen kamen und in die Straße einbogen, in der Franzi zu Hause war, wurden sie von einem Lautsprecher beschallt. Man hatte ihn an einem Haus angebracht und belästigte nun die Bürger mit Musik und Lokalnachrichten in schlechtester Qualität. Franziska fand diese Beschallung unverschämt, doch Freisickerchen rastete regelrecht aus und brüllte: „Das ist Faschismus, wie bei den Nazis. Verdummung der Leute durch Propaganda." Franzi war wütend über die Unbeherrschtheit ihres Studienfreundes, weil sie sein Gebrüll nicht nur gefährlich, sondern auch sinnlos und übertrieben fand. Sie schrieb eine Eingabe an den Bürgermeister, worin sie sich über diese Belästigung als Eingriff in die Persönlichkeit beschwerte. Natürlich gab es für solche dreisten „Unverschämtheiten" entsprechende Antworten, denen es an Drohgebärden nicht fehlte.

Eines Tages kam Freisickerchen und zeigte ihr die Todesanzeige von Gabriel. Dieser junge Schweizer hatte ein Semester für viel Geld an ihrer Uni studiert, weil er den Sozialismus kennenlernen wollte. Er war Franziska wegen seiner engelhaften zarten Schönheit und seiner intelligenten Antworten im Kirchengeschichtshauptseminar aufgefallen. Bei einem gemütlichen Zusammensein der Studenten wurde er gefragt, wie er es in Halle fände. Er sagte: „Die Stadt ist für mich wie ein Inferno. Es gibt nichts Schönes hier. Die Häuser sind dreckig und grau, die Luft ist verschmutzt – nie scheint die Sonne richtig. Selbst das Essen in der Mensa wird so dargereicht, daß einem der Appetit vergeht. Es ist menschenunwürdig, das alles", setzte er leise hinzu.

Die Studenten belächelten den verwöhnten Schweizer und meinten beleidigt, daß er maßlos übertreibe. Franziska dachte, warum sind sie unfähig zu hören, was ein Außenstehender aus einer anderen Welt ihnen über diese Stadt zu sagen hat? Sie sah, wie der junge Mann litt und traurig war über die Verhältnisse. Hatte er sich doch so viel versprochen von dem anderen Deutschland und welche Kraft hatte es ihn gekostet, seine Eltern dazu zu bringen, ihn gen Osten ziehen zu lassen. Ein paar Mal im Winter war seine Mutter angereist und hatte ihm Obst gebracht, weil sie sich um die Gesundheit ihres zarten Sohnes in diesem furchtbaren Land Sorgen machte.

Als Franziska das nächste Mal Gabriel in der Uni sah, ging sie zu ihm und sagte freundlich:„Hallo, ich bin Franziska, ich finde es sehr interessant, was du neulich erzählt hast. Außerdem wollte ich dich mal zu mir nach Hause einladen. Du kannst über Nacht bleiben – kein Problem – wir haben ein schönes großes Pfarrhaus." Gabriel sah Franzi verblüfft an und fragte: „Warum lädst du mich ein?" Franzi lächelte und antwortete:„ Erstens, weil du mir von der großen weiten Welt erzählen sollst, zweitens, weil du mir aufgefallen bist und drittens, weil du auch ein paar schöne Erlebnisse mit nach Hause nehmen sollst. Glaube mir, hier wohnen auch ganz nette Menschen und ich gehöre dazu."

Gabriel lächelte über diese selbstbewußte, fröhliche Frau. Er hatte schon viele Einladungen abgelehnt, weil es immer dasselbe war und er wunderte sich über sich selbst, daß er mit Franzi einen Termin ausmachte.

Franziska wiederum wunderte sich, daß Gabriel wirklich zum verabredeten Tag im Pfarrhaus eintraf. Sie aßen und tranken gut miteinander. Gabriel wunderte sich über das Pfarrhaus, die ausgelassene Hausherrin, den stillen Hausherrn und die Kinder, die viel weniger Streß machten als anderswo. Abends hörten sie Schallplatten und dem jungen, schönen, zarten Schweizer gefiel besonders eine Platte mit alten deutschen Liedern, gesungen von Schauspielern des Deutschen Theaters. Franzi genoß diesen Abend in vollen Zügen mit Wein, Musik und Unterhaltung.

Als der Gast am nächsten Mittag sagte, er werde mit dem Zug zurück in die Universitätsstadt fahren, sagte Franzi: „Das geht nicht, da brauchst du drei Stunden für vierzig Kilometer." Da erzählte ihr Gabriel, wie schlecht es ihm am Vortag im überfüllten, stickigen Bus geworden war. Franziska lächelte und sagte:„ Mein Mann wird dich zurückfahren."

Sie dachte, er ist ein Prinz, ich kann ihn gut verstehen, das ist kein Ort für Prinzen und Prinzessinnen. Wie oft war sie den Tränen nahe gewesen, als sie hochschwanger im Bus stand und nicht mal einen

Platz angeboten bekam. Sie umarmte den Märchenprinzen mit den blonden Locken, schenkte ihm seine Lieblingsschallplatte und wußte, daß sie ihm in diesem Leben nicht noch mal begegnen würde.

Freisickerchen war mit Gabriel nach Güstrow ins Barlachhaus gereist und die beiden jungen Männer hatten begeistert die glatten, schönen Skulpturen gestreichelt. Er hatte vor ein paar Wochen das engelhafte Wesen vorzeitig zum Bahnhof gebracht und Gabriel bestellte für Franziska Grüße mit den Worten:„ Der Besuch bei Franzi gehört zu meinen ganz wenigen schönen Erlebnissen in diesem Land."

Der kleine Prinz konnte nach seiner Rückkehr auch nicht mehr in der stubenreinen Schweiz leben. Er stürzte sich von einem hohen Berg und Franzi hoffte, daß er mitten in den Himmel hinein geflogen war. Dieser zarte Jüngling gehörte viel mehr in den Himmel als auf die Erde.

An diesem Abend gingen Franziska und Freisickerchen ins beste Haus am Platze und tranken den teuersten Cognac auf den Freund, der einem Engel glich und der sie so kurz mit seinen Flügeln berührt hatte. Beide hingen still ihren Erinnerungen nach und ahnten, daß er vorzeitig heimgekehrt war.

*

Das Examen der Theologen hatte mit dem sozialistischen Bildungssystem nichts zu tun. Nicht mal an die Prüfungsordnung des Landes hielt man sich. Die Theologiestudenten sollten wie eh und je das gesamte Wissen parat haben und es sollte für sie unmöglich sein, von Prüfung zu Prüfung zu lernen. Das bedeutete im Klartext vier große Klausuren in einer Woche. Nur im Fach, in welchem man die Diplomarbeit schrieb, wurde die Klausur erlassen. Als Krönung mußte man dann in der darauffolgenden Woche sieben mündliche Prüfungen an zwei Tagen absolvieren. Franziska lernte in diesen Tagen, wie recht das Sprichwort „Man wächst mit seinen Pflichten" hatte. Waren die meisten ihrer Kommilitonen mit den Nerven am Ende, hatte sie auch noch andere Sorgen als die bevorstehenden Prüfungen und das wirkte sich für sie positiv aus.

Während der Klausurenwoche fuhr sie mit Freisickerchen jeden Tag ins Pfarrhaus zurück. In Kirchengeschichte hatte Franzi die wichtigsten Jahreszahlen auf ein kleines Spickzettelchen reduziert, welches sie im Schuh trug. Sie brauchte das Zettelchen nicht, es verlieh ihr allerdings Sicherheit. In den anderen Fächern half kein Spickzettel, zu groß war das Wissen, welches man parat haben mußte.

Es gibt unterschiedliche Lerner. Franziska gehörte zu denen, die das Wichtige vom Unwichtigen unterscheiden konnten. Sie wußte, daß sie zwar damit nicht unbedingt eine Eins erringen konnte, doch vor allem wollte sie durchkommen. Sie lernte alles, wenn auch in kürzester Zeit, einmal durch. Am Ende hatte sie soviel im Kopf und fürchtete, nichts davon wiedergeben zu können.

Bei den Klausuren hatte sie kein schlechtes Gefühl gehabt. Während der zwei Tage der mündlichen Prüfungen verabschiedete sie sich von ihrer Familie und wohnte ein einziges Mal in der Wohnung von Freisickerchen. Wie in Trance wandelte sie von Prüfung zu Prüfung. Zwischendurch ging sie allein in Cafés und ließ sich nicht verrückt machen. Sie sah Kommilitonen heulend aus den Prüfungen kommen und war froh, daß ihr Lebensglück inzwischen nicht nur vom Bestehen eines Examens abhing. Dennoch wollte sie unter allen Umständen bestehen.

Unterschiedlich gingen die Professoren zu Werke. Im Alten Testament wurde sie u.a. gefragt, wie oft Alkohol eine Rolle in diesem Buch spiele und sie war froh, wenigstens eine von zwei Stellen nennen zu können. Franzi erzählte dem Professor, der sich immer noch ärgerte, daß es diese Studentin so weit gebracht hatte, lächelnd die Inzucht-Wein-Geschichte und war sich klar darüber, warum gerade sie diese Frage gestellt bekam.

Im neuen Testament konnte sie, wie schon in der Griechischprüfung, zwar sehr gut lesen, den Text allerdings nur mangelhaft übersetzen. Doch Franzi war inzwischen mutiger und reifer geworden und fragte den Professor einfach nach Vokabeln, die ihr angeblich entfallen waren. Der Professor lächelte die junge schöne Frau an und sagte: „Frau Rosen, sie haben so grandios gelesen, ich habe geglaubt, daß sie ebenso gut übersetzen können." Pech gehabt, dachte Franzi und fand sich in der Prüfung besser als vermutet. Er war der einzige der Herren Professoren, der für Erotik zugänglich war und Franziska wußte ihren Charme einzusetzen.

Zu dritt mußten sie jeweils vor die zuständigen Herren. Frauen gab es im Lehrkörper der Theologen nicht. Selbst unter ihren Kommilitonen gab es welche, deren Motto noch immer lautete: „Die Frau schweige in der Gemeinde." Eine Stunde war drei Studenten zugemessen und die mußte erst einmal vergehen. Da konnte viel gefragt werden.

Am Abend zwischen den zwei Prüfungstagen trank die kleine Lerngemeinschaft eine Flasche Sekt und Franzi lag dabei angezogen in Freisickerchens Bett, weil auch seine Studentenbude Anfang März keine normale Zimmertemperatur erreichte. Ein letztes Mal sah sie in ihre Aufzeichnungen, die sie gleich nach dem Examen dem Feuer preisgeben wollte. Besorgt blickte sie auf den Freund, der, in eine Decke gehüllt, im einzigen Sessel saß und sichtlich nervöser und pessimistischer schien als sie selbst.

Franzis letzte Prüfung war in „Praktischer Theologie". Da der Beisitzer noch auf sich warten ließ, versuchte der Professor eine unbeholfene Diskussion mit den Studenten zu führen. Auf das Stöhnen der Studenten über den Prüfungsstreß antwortete er ihnen belehrend: „Sie erlangen mit diesem Examen einen akademischen Grad, den gibt es nicht umsonst. Dafür muß man schon etwas leisten." Du Arsch, als ob wir das nicht wüßten, dachte Franziska und war froh, als es endlich losging. Die gespielte unehrliche Kumpelhaftigkeit von Lehrern war für sie eine peinliche Sache.

Zwei Stunden später standen alle Theologiestudenten des fünften Studienjahres im Halbkreis, um sich die Resultate anzuhören. Die Namen rasten alphabetisch geordnet an ihr vorbei. Sie wartete auf Freisickerchen und betete dafür, daß sie es beide geschafft haben. „Freisicker 2,7 – Nachprüfung im Neuen Testament", hörte sie den Sektionsdirektor sagen. So ein Mist, war er durch seine letzte Prüfung gefallen, dachte Franzi und lächelte ihm zu. Freisicker war nicht zum Lachen zumute. Er war stinksauer auf den zuständigen Professor und fühlte sich ungerecht behandelt. Hatte er eben richtig gehört? „Rosen – 2,8" – kleine Pause – nächster Name. Franzi hatte es geschafft. Er war einerseits froh und andererseits war es ihm peinlich, daß sie durchgekommen war und er nicht. Nach der Verkündigung gratulierten die Professoren den Studenten. Franziska reichten sie nur kurz die Hand. Ihre Leistung schien ihnen keine Freude zu bereiten. Nur der Professor für systematische Theologie lächelte Franziska an und sagte: „Herzlichen Glückwunsch, Frau Rosen. Ich bewundere sie. Sie haben eine große moralische Leistung vollbracht." „Danke, Herr Professor", sagte Franziska gerührt. Das hätte sie von diesem schüchternen Mann nicht erwartet und seine Worte taten ihr ungemein gut.

Auch ihr guter Freund Torsten sagte ihr wenig später: „Wenn sie dir eine Drei gegeben haben, hättest du mindestens eine Zwei verdient. Das hätte ich nicht gedacht – gratuliere!"

Die Absolventen bekamen nach dem Händeschütteln ein Glas Sekt in die Hand gedrückt und sollten wohl noch ein wenig dem Lehrkörper über den Verlust ihrer jahrelangen Schüler hinweghelfen. Eigentlich fieberten die frischgebackenen Akademiker nur darauf, diese heiligen Hallen endlich verlassen zu können, um angemessen zu feiern. Franzi ging mit ihrem Glas zu Freisickerchen und sagte: „Ich weiß, es klingt beschissen, aber mach dir nichts draus. Du weißt doch, daß der immer welche durchfallen läßt und da er heute noch zu wenig hatte, warst du eben sein Opfer. Wegen einer Nachprüfung bricht doch die Welt nicht zusammen. Nächstes Jahr um dieselbe Zeit lachst du darüber." Franziska wußte, wie sinnlos ihre Aufheiterungsversuche für den Freund an diesem Tag waren. Hätte sie sich trösten lassen? Für sie wäre es das Schlimmste gewesen, die inzwischen verhaßten Bücher noch einmal herauszuholen. Doch sie fühlte so sehr mit Freisickerchen, daß ihre Freude sich in Grenzen hielt. Keiner der beiden wußte zu diesem Zeitpunkt, daß Freisickerchen sich ein Leben lang mit einem Pfarramt herumschlagen würde, was Franziska verwehrt wurde und damit auch erspart blieb.

Als Rainer Rosen langsam vom Auto zu Freisickerchens Wohnung ging, hatte er sehr gemischte Gefühle. Er wußte, daß dieses Examen kein Zuckerschlecken war und daß Franziska es schwerer hatte als die anderen. Er war der Grund für ihre Probleme, auch das wußte er. Hatte Annes verspritztes Gift gereicht, um ihr jetzt noch den Titel zu vermiesen? Hatten Franziskas Nerven durchgehalten? Konnte sie es mit der wenigen Lernerei überhaupt schaffen?

Als Franzi ihm die Tür öffnete, erkannte er sehr schnell, daß seine Bedenken umsonst gewesen waren. Er sah an ihren Augen, daß sie bestanden hatte. Sie sagte zu ihm: „Stell dir vor, ich habe es wirklich geschafft – aber leider Freisickerchen nicht. Er wußte doch genau soviel wie ich." Das Mitleid von Rainer für den jungen Mann hielt sich in Grenzen, ihn interessierte nur seine Frau. Als er ihren Durchschnitt hörte, dachte er bei sich, sie ist wirklich bemerkenswert, unter diesen Umständen ein besseres Examen als ich zu machen.

Franziska konnte ihren Studienfreund nicht überreden, mit ihnen im Interhotel zu essen. Rainer war das recht, konnte er doch endlich einmal wieder mit seiner Frau allein sein. Sie erzählte und erzählte über die einzelnen Prüfungen. Am Ende ihres Redeflusses sagte sie: „Ich bin ziemlich sicher, daß ich schwanger bin." Franziska hatte schon seit Wochen die für sie typischen Schwangerschaftszeichen, obwohl sie bisher nur abgenommen hatte. Auch dieses Mal war es ihr gelungen, die Frühschwangerschaft einfach zu verdrängen. Sie wollte das Examen bestehen und das war ihr gelungen. Franziska und Rainer hatten keine Ahnung, wann es passiert war. Inzwischen war auch bei den Rosens der Ehealltag angebrochen und sie konnte nur bei einem ganz normalen unspektakulären Liebesakt schwanger geworden sein. Zum Glück sollte nur dieses Kind seinem Vater ähneln, der wegen der Vaterschaft seine geheimen Bedenken hatte. Freisickerchen hatte sich zu diesen Zeiten noch nicht als Schwuler offenbart.

Drei Monate blieben ihr zum Schreiben der Diplomarbeit – keine Zeit, um sich einer Schwangerschaft zu widmen. Allerdings lebte sie zum ersten Mal in diesem Zustand in geordneten Familienverhältnissen. Deshalb machte sie sich wenig Gedanken. Sie würde das Kind einfach bekommen, welches sich da so heimlich in ihren Bauch geschlichen hatte.

*

Der Landesjugendpfarrer von Anhalt hatte Franziska überredet, sich der Jugendarbeit zu widmen, weil gut ausgebildete Mitarbeiter der Kirche auf diesem Arbeitsfeld fehlten. Franziska hatte inzwischen mitbekommen, daß der Mann recht hatte und willigte ein. Sie fing also an, sich nicht, wie von ihr geplant, mit Krankenhausseelsorge, sondern mit Problemen der Jugend zu beschäftigen.

Als sie dem Professor ihr Anliegen mitteilte, machte dieser ein schwieriges Gesicht. Sein Steckenpferd war die Sterbeseelsorge und zu diesem Thema war es auch im kleinen Kackland einfach, sich als Theologe mit Veröffentlichungen einen Namen zu machen. Das Bildungs- und Freizeitmonopol lag beim Staat und dieser sah es gar nicht gern, wenn die Kirche ihm auf diesem Feld ins Handwerk pfuschte. Offizielle Probleme mit der Jugend gab es nicht und die Literatur beschränkte sich auf staatskonforme Veröffentlichungen des Jugendverbandes.

Dennoch sagte der Professor zu Franziska: „Frau Rosen, das ist ein heißes Thema, sie werden es schwer haben. Es gibt wenig Literatur und eine solche Diplomarbeit, selbst wenn sie sehr gut ist, wird immer geheimgehalten werden. Aber da das Thema ihnen so am Herzen liegt, werde ich es ihnen nicht abschlagen." Wenigstens das, dachte Franziska und bald darauf bekam sie von ihm ein umständlich formuliertes Thema zu gemeindeintegrierter Jugendarbeit.

Die Wochen vergingen sehr schnell, Franziska besorgte sich Bücher aus dem Westen zu Jugendpsychologie, kircheninterne Rundschreiben und die offizielle Literatur des Landes.

Wie immer im Leben, wenn sie ein Ziel verfolgte, widmete sich Franzi ihrer neuen Aufgabe wie ein pflichtbewußter Arbeiter. Wieder zog sie sich täglich für Stunden in ihr Dachzimmer zurück und beschäftigte sich mit Themen wie Generationenkonflikt, Pubertät als zweite Geburt, Punks, Grufties, Skinheads und vieles mehr. Sie fand die Materie sehr interessant und lernte schnell, daß die Erwachsenen weniger Streß hätten, wenn sie sich mehr Mühe geben würden, die Zeichen zu deuten und zu verstehen.

Wegen ihres neuerlangten Wissens war sie schnell zum Verteidiger und Fürsprecher der Jugendlichen geworden. Auch ihr war bisher nicht bewußt gewesen, daß es allein von dieser Zeit abhing, ob der Eintritt in die Erwachsenengesellschaft gelänge und welche große Verantwortung bei allen lag, die mit Jugendlichen umgingen. Sicher gab es in der Diktatur weniger offensichtliche Probleme, weil sich Jugendliche nicht frei entfalten durften und vorsichtig sein mußten, um Studienplätze und Lehrstellen zu sichern. Dennoch waren es die gleichen Jugendlichen wie überall auf der Welt, die sich vom Elternhaus abnabeln mußten und nach eigener Identität suchten. Franziska wurde zunehmend bewußt, wie schlecht ausgebildet die Menschen waren, die von Berufs wegen mit den Heranwachsenden zu tun hatten.

Als ihr der Professor während eines Vortrags, den sie im Diplomantenseminar halten mußte, sagte: „Frau Rosen, ehrlich gesagt, wenn ich so einen Punk in der Straßenbahn sehe, geht mir auch immer das Messer in der Hose auf", war Franzi erschüttert. Hatte der Mann ihr denn überhaupt nicht zugehört? Lang und breit hatte sie über die faschistoiden Sprüche der Älteren geredet nach dem Motto: „So etwas hätte man früher vergast." Außerdem hatte sie über die Friedfertigkeit gerade dieser Gruppe gesprochen, die durch ihr Äußeres auf die Schmutzigkeit der Welt hinweisen wolle.

Dabei waren für eine Gesellschaft und für den eigenen Werdegang gerade die Angepaßten und Braven das größte Problem. Doch der Generationskonflikt war nicht ein Phänomen der Neuzeit, ihn gab es, so lange die Menschheit existierte und deshalb begann sie ihre Diplomarbeit mit einem zweitausendfünfhundert Jahre alten Zitat von Sokrates: „Unsere Jugend liebt den Luxus, sie hat schlechte Manieren, mißachtet die Autorität und hat keinen Respekt vor dem Alter."

Offensichtlich wollten die meisten Menschen nichts dazu lernen, nicht einmal ihr Professor. Am liebsten hätte sie ihm gesagt: „Denken sie etwa, daß sie mit ihrem Äußeren die Menschheit nur erfreuen? Mich jedenfalls nicht. Ihre Krawatte paßt nie zu ihrem Anzug und ihre Hosen sind viel zu kurz." Aber es war sinnlos, Franziska gab es auf, den Professor mit Fakten, die sie sich nicht ausgedacht hatte, zu überzeugen. Bei den Pflichtkonsultationen in seinem Haus sprach sie mit ihm nur noch über die Schafe, die auf der Wiese vor dem Haus grasten und schrieb ihre Diplomarbeit in eigener Regie.

Als Franziska ihr Werk abgab, war sie stolz darauf und sie wußte, daß es eine spannende Arbeit war, egal welche Zensur sie dafür erhalten würde.

Franzi hatte die Gabe, sich Arbeit gut einteilen zu können. Sie verstand keine Studenten, welche die letzten Nächte vor dem Abgabetermin durcharbeiteten und sie hätte es auch nicht gekonnt. Ihr Mann hatte die Arbeit abgetippt und sie war ihm dankbar, auch wenn es öfter Krach gegeben hatte, wenn er eine Seite wegen zu vieler Tippfehler noch einmal schreiben mußte. Es gab noch keine Computer und Kopierer und der letzte Durchschlag war so schlecht, daß man ihn kaum entziffern konnte. Egal, auch diese Hürde hatte sie genommen.

Nun mußte sie die Arbeit nur noch verteidigen und würde dann nach einem langen steinigen Weg die Uni endlich als Diplomtheologin verlassen.

In einem hübschen Umstandskleid ging sie zur Diplomverteidigung und machte sich überhaupt keinen Kopf, was man zu ihrer erneuten Schwangerschaft sagte. Drei Kinder und zwei Berufe würde sie haben, das sollte ihr erst einmal einer nachmachen.

Der Professor lobte ihre Arbeit nicht gerade und die Verteidigung glich mehr einem Schlagabtausch zwischen Professor und Studentin. Als er ihr vorwarf, daß es übertrieben wäre, in Bezug auf den Generationskonflikt von Krieg zu sprechen, der sich laut Franziska in Familien und Gesellschaft abspiele, sagte sie ihm entnervt: „Glauben sie, der Krieg fängt im Schützengraben an? Nein, da hört er auf."

Nach der für Franziska peinlichen Veranstaltung kam ihr Lieblingsdozent Dr. Bauer zu ihr und sagte: „Frau Rosen, ich wollte ihnen noch zu ihrer Arbeit gratulieren. Da stehen wirklich mutige Formulierungen drin, mir gefällt diese Arbeit sehr gut." Am liebsten hätte Franzi diesen Mann abgeknutscht für seine Worte. Ein Lob aus seinem Mund an diesem Tag war ihr schönstes Geschenk.

Vom Professor bekam sie für Arbeit und Verteidigung ein Befriedigend und Franzi fand das zwar nicht gerecht, aber sie war zufrieden.

Geschafft, endlich geschafft! Gab es etwas Schöneres auf der Welt als nach getaner Arbeit erfolgreich ein Lehrgebäude zu verlassen und es nie wieder betreten zu müssen?

*

Franziska war das erste Mal über den Sommer hochschwanger und sie fand es entsetzlich. War im Winter die Anzieherei das Problem, so war es nun die Auszieherei. Viel zu eitel war sie, um den Menschen ihren für sie häßlichen Körper zu zeigen. Ihre Mutter hatte sie nur während ihrer ersten Schwangerschaft vernünftig benäht – nun gingen ihr langsam die Sachen aus. Die angebotene Konfektion war für Franzi eine Katastrophe – zu verwöhnt war sie, was Bekleidung anbetraf.

Krampfadern hatten sich gebildet und da es im Lande keine Strumpfhosen für dieses Leiden gab, mußte sich Franzi das Bein einsalben und mit Binden umwickeln, was sie aus Eitelkeit freilich erst abends tat. Die Salbe stank fürchterlich, worunter besonders Rainer litt. Es war für ihn der typische Geruch der alten Frau, den er schon in vielen Wohnungen gerochen hatte.

Michael verbrachte den Sommer wieder bei den Großeltern. Ihr anderes Enkelkind schienen sie kaum wahrzunehmen. Franziska wollte nicht den ganzen Urlaub bei ihren Eltern verbringen, weil sie unter der Nichtakzeptanz ihrer neuen Familie litt. Noch mehr litt ihr Ehemann, sie wußte das. Dennoch kam es zum Streit, weil Franziska nicht begriff, warum Rainer nicht gelassener mit dem Problem umging. Sollte sie sich für immer von ihren Eltern trennen? Das konnte sie nicht, weil sie es unmoralisch fand. Sie wollte in diesem Konflikt die Klügere sein und bemühte sich ihr Leben lang. Immer gelang ihr das hohe Streben nicht.

So fuhr das Ehepaar zunächst mit Lukas für ein paar Tage in den Böhmerwald. Natürlich mußten sie aus finanziellen Gründen zelten. Doch benutzten sie das Zelt nur zum Schlafen. Im Gegensatz zu Rainer haßte Franziska Camperidylle. Sie konnte daran nichts Angenehmes außer dem Preis finden. Jeden Morgen zog sie sich vernünftig an, ging in den Waschraum und schminkte sich. Sie war die einzige Frau, die so etwas tat. Die Camperinnen aus Passion liefen mit Trainingsanzug und strubbeligen Haaren herum. Doch in ihren Zelten sah es aus wie zu Hause. Die Auslegware wurde jeden Tag gesaugt – hier ein Deckchen, dort ein Deckchen und das wichtigste Möbel war der Fernsehapparat.

Von so einem Zeltplatz mit überwiegend Menschen aus ihrer Heimat floh die kleine Familie Rosen sehr schnell. Sie fanden einen kleinen Platz tief im Wald mit tschechoslowakischem Publikum. Das war genau das Richtige. Wenn man schon mal – viel zu selten – das Ländchen verließ, wollte man doch nicht die gleichen Leute treffen wie zu Hause. Die Tschechen sammelten den ganzen Tag Pilze und machten abends Lagerfeuer vor ihren Zelten. Es gab eine kleine Kneipe, wo

man gutes tschechisches Bier trinken konnte. Franziska genoß die urwüchsige Idylle des Böhmerwaldes und abends, wenn Lukas schlief, ging sie mit Rainer Bier trinken, um die nötige Bettschwere zu bekommen, die sie besser im unbequemen Quartier schlafen ließ.
   Einmal kamen sie wohlgelaunt, Arm in Arm, zu ihrem kleinen Zelt und wurden von einem freundlichen Holländer erwartet. Holländer traf man auch im sozialistischen Ausland, selbst an den abgelegendsten Orten. Ein Volk, welches immer Urlaub zu haben schien. Der Mann sagte ihnen mit dem sanftmütigen, typisch holländischen Akzent: „Der kleine Junge hat nach seiner Mutter gerufen. Ich bin ans Zelt gegangen und habe mit ihm gesprochen. Hineingegangen bin ich nicht. Ich wollte ihn nicht erschrecken. Er war dann mucksmäuschenstill. Wahrscheinlich hatte er Angst vor mir. Wenn er geweint hätte, hätte ich sie gesucht." Die Rosens bedankten sich für die Fürsorglichkeit des Mannes, der ihnen viel freundlicher vorkam als ihre Landsleute.

Bei ihren Eltern angekommen, zeigte Franziska ihrem Vater zuerst ihr Abschlußzeugnis mit der Diplomurkunde. Der Vater blickte lange auf das Zeugnis und sagte kein Wort. Er bat jedoch Franziska, das Zeugnis noch bei sich behalten zu dürfen. Die Tochter ließ es ihm und dachte, nun wird er es herumzeigen. Warum konnte er ihr nicht sagen: Ich bin stolz auf dich, entschuldige, daß wir so lange gegen dieses Studium waren? Oder einfach: Gut gemacht, meine Tochter. Oskar Kaufmann konnte und wollte so etwas nicht sagen.
   Er litt an allen seinen Kindern, weil sie nicht so funktionierten, wie er es sich vorgestellt hatte. Keiner von ihnen wollte eine Karriere in seinem Sinn machen. Alle Kinder konnten nicht mit Geld umgehen und dennoch schien diese Tochter anders zu sein. Immer hatte sie ihren Willen durchgesetzt, noch nie hatte sie ihn um einen Rat oder Geld gebeten. Er litt, daß sie mit drei Kindern so bescheiden leben mußte. Sie hätte es besser haben können, wo sie doch schön und intelligent war. Außerdem war sie immer ehrgeizig gewesen, allerdings anders als er. Es ging ihr nicht ums Geld und er verstand sie nicht. Warum hatte sie diesen Mann geheiratet, der für ihn kein Mann nach seinen Vorstellungen war. Doch nun hatte sie etwas geschafft, was weder er, noch seine Frau, noch seine Söhne vorweisen konnten. Sie

hatte dieses Studium wirklich beendet. Ein so langes Studium und sie würde nur einen Hungerlohn dafür sehen. Trotzdem nahm er in den folgenden Tagen öfter ihr Zeugnis in die Hand und betrachtete es voller Stolz. Allein sagen konnte er es ihr nicht. Vater und Tochter sollten sich ein Leben lang quälen, aneinander leiden und sich trotzdem lieben.

Franziska saß in diesen Tagen schwitzend am Strand und beobachtete ihre Söhne beim Baden. Sie wollte mit ihrem dicken Bauch und ihren Krampfadern keinen Badeanzug anziehen. Zum ersten Mal wünschte sie sich ein Mädchen und sie wußte, daß auch Rainer mit einer Tochter glücklicher wäre. Er konnte einfach besser mit Frauen umgehen. Nie spielte er mit den Söhnen Fußball oder kämpfte mit ihnen. Deshalb verehrte auch Michael seinen Großvater mehr, der das alles, trotz seiner Krankheit, tat. Hätte sie jemals eine Chance, ein Mädchen zu bekommen?

Bei den Kaufmanns waren Mädchen über Generationen die große Ausnahme und auch ihr Mann stammte aus einer Männerfamilie. Dieses Mal hatten sich Franzi und Rainer schnell auf Namen geeinigt. Marlene würde ein Mädchen heißen und Benjamin ein Junge. Natürlich hatte Franziska die Namen ausgesucht. Sie verehrte Marlene Dietrich mehr als andere Frauen und fand den Namen außerdem weiblich und schön. Benjamin hatte sie wegen der biblischen Bedeutung ausgesucht. Es sollte ihr letztes Kind werden. Ihr Körper hatte sich noch nicht von der letzten Schwangerschaft erholt – mehr würde er nicht verkraften. Franziska sollte immer eine Verfechterin der großen Abstände zwischen den Geburten sein und zwei Jahre waren einfach zu kurz. Außerdem war es für sie eine moralische Verpflichtung, einem deutschen Kind einen jüdischen Namen zu geben. Jahre später sagte ein Jude zu ihr in New York: „Oh, ihr Sohn hat einen Namen von uns", und sie antwortete: „Das weiß ich, deshalb habe ich diesen Namen ja genommen."

An einem Nachmittag im Elternhaus konnte Franziska auf der Kellertreppe das Gleichgewicht nicht halten und flog die gesamte Eisentreppe hinunter. Als es aufgrund des Sturzes anfing, in ihrem Bauch zu ziehen, nahm sie sich ein großes Glas Wein. legte sich ins Bett und sagte zu Rainer: „Wenn die Wehen nicht wieder nachlassen, fährst du mich noch heute nach Halle. In diesem Kaff bringe ich keine Frühgeburt zur Welt." Rainer wußte, daß seine Frau in solchen Situationen keine Widerrede duldete und hoffte, daß ihm diese Fahrt erspart bliebe. Er hatte Glück, dank Franziskas Kenntnisse in der Geburtshilfe überstand sie die brenzlige Situation. Sie legte sich ins Bett, holte tief und tüchtig Luft und trank schlückchenweise den Wein. Alkohol wirkt krampflösend, weil er die Gefäße erweitert und somit verschwand das regelmäßige Ziehen in Franzis Bauch.

Im Gegenteil, auch dieses Kind hatte Schwierigkeiten, sich aus der Obhut seiner Mutter zu lösen. So sehr Franzi auch die Wehen herbeisehnte, sie kamen nicht von allein. Franziska rief kurzerhand ihre alten Kolleginnen an und verabredete mit ihrer geliebten weisen Frau Carl einen Termin, um eventuell die Geburt einzuleiten. Erzwingen konnte und sollte man nichts – das wußte Franziska. Doch bei geburtsreifem, weichem Muttermund dürfte es bei einem dritten Kind keine Schwierigkeiten geben, wenn man ein wenig nachhalf. Sie wollte die Last endlich loswerden und obwohl sie schicksalsgläubig war, wollte sie mitbestimmen und vor allem eine kompetente Hebamme und wenn nötig, einen kompetenten Arzt bei sich haben.

Wie immer wurde sie liebevoll und fröhlich im Krankenhaus empfangen. Nach der Untersuchung sagte ihr Frau Carl daß das Baby wahrscheinlich noch ein paar Tage auf sich hätte warten lassen. Aber man könnte es wagen und Franzi war froh. Immerhin dauerte es noch fünf Stunden trotz Wehenmittel und Franzi wußte, daß sie für die relativ langen starken Schmerzen selbst verantwortlich war.

Ganz im Gegensatz zu anderen Frauen empfand sie ihre Geburten von mal zu mal schmerzhafter. Die Schmerzempfindlichkeit der Frauen unter der Geburt ist total unterschiedlich und hängt von vielen verschiedenen Faktoren ab. Jede Hebamme weiß das.

Franzi arbeitete auch diese Geburt tapfer ab und am Ende ging alles normaler als sonst, kein Riß, keine unvollständige Plazenta.

Frau Carl sagte: „Blümchen, wieder ein Junge, ist vielleicht besser so, ein Mädchen als Letztes hättet ihr vielleicht zu sehr verwöhnt." Keiner ahnte in diesem Augenblick, daß dieser Junge nicht der eigentliche Benjamin der Familie werden sollte. Den Namen erhielt er trotzdem, weil es Franzi zu diesem Zeitpunkt nicht besser wußte.

Benjamin wurde am letzten Tag des Sternzeichens Waage geboren. Auch Rainer war eine Waage und hatte zu ihr vor ein paar Tagen gesagt: „Sieh zu, daß es noch eine Waage wird, Skorpione sind so schwierig." Dabei dachte er wohl an seine Schwiegermutter. Franziska lächelte dankbar, daß sie ihm diesen Wunsch erfüllen konnte.

Als Rainer am nächsten Tag mit dem kleinen Lukas erschien, sagte dieser zu seiner Mutter empört: „Zieh dich an, komm nach Hause." Das Baby würdigte er keines Blickes. Lukas fand es unverschämt, seine Mutter anderswo im Nachthemd zu sehen.

Franziska empfand den Jungen wie ein Kuckucksei. Nie hätte sie geglaubt, einmal ein blondes, blauäugiges Kind zu haben. Er war ganz anders als Michael und schon mit zweieinhalb Jahren ein Nestflüchter, der allein durch die Gegend zog. Erst vor kurzem sagte er zu seinem Vater: „Du kannst mich schlagen wie du willst, ich mache es trotzdem." Franziska hatte den Mut des kleinen Jungen seinem großen Vater gegenüber bewundert. Aber gleichzeitig hatte sie Angst beschlichen. Was machte man mit einem solchen Jungen, der wie ein streunender Hund umherlief? Das Rückgrat wollte sie ihm nicht brechen – ihre Kinder sollten mutige, aufrichtige Menschen werden. Duckmäuser gab es schon genug auf dieser Welt. Sie begann zu ahnen, daß Erziehung das schwierigste Ding auf der Welt war und daß es außer der Liebe keinen Maßstab gab. Viel später las sie den Satz von Fröbel: „Erziehung ist Beispiel und Liebe und sonst nichts". Wie recht der Mann hatte, lernte sie in ihrem langen Mutterleben. Franziska sollte vier Jungen mit total verschiedenen Charakteren und keiner Ähnlichkeit untereinander großziehen. Die Natur ging ihre eigenen Wege und Eltern konnten das akzeptieren oder dabei unglücklich werden.

An die Aufzucht des dritten Jungen konnte sich Franzi später überhaupt nicht mehr erinnern. Wie nebenbei wuchs er in der Familie auf, ohne Komplikationen, Krankheiten oder jegliche Art von Schwierigkeiten. Franziska stimmte den Psychologen zu, die da sagen, erst das dritte Kind wächst vollkommen normal auf. Weder die Eltern noch das Kind müssen sich etwas beweisen.

Außerdem war das Leben im Pfarrhaus turbulent genug und Franziska versuchte, ihren Mann so gut es ging zu unterstützen. Neben den täglichen Pfarrpflichten gab es immer zusätzliche Probleme und erst viel später las sie in ihrer Stasiakte, daß die meisten dieser Probleme von der Sicherheit inszeniert waren, um sie aus dem Land zu treiben.

Gleich die erste Frau, die Rainer etwas näher kennenlernte, war auf ihn angesetzt. Und diese Dame lieferte nicht nur treu und brav Spitzelberichte ab, sondern schrieb auch als angebliches Gemeindemitglied einen diffamierenden Brief über den Pfarrer an den Kirchenpräsidenten. Dieser dankte und ermutigte die Dame, wieder zu schreiben, wenn ihr etwas auffiele. Franzis weibliche Intuition bewahrte sie vor ähnlichen Traurigkeiten.

Sehr schnell erkannten die maßgeblichen Stellen, daß die neue Pfarrfrau nicht nur ihren Mann unterstützte, sondern ihm tatkräftig zur Seite stand. Später liest Franzi über sich in den Akten: „Mit dem Rosen kann man reden. Er gibt sich in Gesprächen höflich und zurückhaltend. Nicht so die Rosen, sie ist anmaßend und arrogant. Mit ihr ist ein konstruktives Gespräch nicht möglich."

Im Herbst 1983 war sich Franziska vorgekommen wie im Untergrund lebend, nur weil während der Friedensdekade eine weiße Fahne aus der Kirche hing und ein Brief an den Staatsratsvorsitzenden auslag, den jeder, der es wollte, unterschreiben konnte. In diesem Brief sprach man Bedenken gegen die Stationierung der SS-20-Raketen im eigenen Land aus. Das mindeste an Courage, die nach Franzikas Meinung ein Christ aufbringen sollte. Der Kirchenpräsident sah das anders und brüllte durchs Telefon: „Der Brief und die Fahne kommen weg."
Franzi erlebte auf grausame Weise, in welche Mühlen man geriet, wenn man das tat, was für sie eine Gewissensentscheidung war. Drohungen über Drohungen mußte ihr Mann über sich ergehen lassen. Die Stasi zeigte ständig Präsens und parkte stundenlang vor ihrem Haus. Einschüchterung war die Taktik, doch Franzi spürte auch zum ersten Mal, daß es einen mutig und frei machte, wenn man sich nicht einschüchtern ließ.

Eines Abends kam ihr katholischer Priesterfreund, der sie unterstützte, so gut er konnte, und sagte aufgeregt: „Der Wartburg der Stasi steht vor meinem Haus." Franzi antwortete lachend: „Und der andere steht bei uns vor der Tür." Beide winkten freundlich den Herren zu, was diese verunsicherte. Gemeinsam war man einfach stärker. Dank der Solidarität einiger weniger Pfarrer und vieler Gemeindemitglieder hielt man durch. Die weiße Fahne blieb und der Brief wurde mit über dreihundert Unterschriften abgeschickt. Am Ende der Dekade feierte der harte Kern der Aktion ein rauschendes Fest im Pfarrhaus. Franzi spendierte ihren Sonntagsbraten, man trank glücklich Wein und tanzte miteinander. Viele ähnlicher Situationen sollten die Rosens in den kommenden Jahre noch erleben.

Kurz vor der Geburt von Benjamin fuhr Franziska zur Staatsratssprechstunde nach Berlin, um die wunderschönen alten Kastanien vor dem Pfarrhaus vorm Fällen zu schützen. Ein langer Briefwechsel mit den zuständigen Behörden war vorausgegangen. Rainer hatte von der Kanzel zum Schutz der Bäume aufgerufen und es entbrannte ein Streit zwischen Pfarrer und Bürgermeister. Franzi wollte nicht aufgeben und das letzte, was sie für die majestätischen Bäume tun konnte, war der Besuch bei der obersten Berufungsinstanz.

Das erste, was der zuständige Beamte zu Frau Rosen sagte, war: „In ihrem Zustand machen sie die lange Reise wegen ein paar alter Bäume?" Franzi lächelte und kam sich vor, als ob sie aus Sibirien zum Zar gereist war. Doch sie hatte Erfolg, die Bäume vor dem Haus blieben stehen. Später einmal bei einer Vorladung beim Bürgermeister, brüllte sie dieser Stalinist an: „Glauben sie nicht, daß die Bäume wegen ihnen noch stehen." Der Mann hatte sich verraten und Franzi war glücklich, daß sie nicht aufgegeben hatte.

*

Als sie ihren kirchlichen Dienst als Vikarin antrat, wußte sie, daß sie es mit der Institution Kirche schwer haben würde. Doch hatte es der Herr Jesus verdient, diesen Herren das Feld zu überlassen? Nein, er hatte nicht und deshalb wollte sie in der Kirche, die sich auf Jesus Christus berief und gründete, arbeiten.

Ihr Vikariatsvater war ein älterer autoritärer Pfarrer, den sie sehr schätzte. Die Kirchenleitung hatte sich für sie etwas Besonderes ausgedacht. Weil man fürchtete, daß sie als Pfarrfrau mit drei Kindern ihren Dienst vernachlässigte, mußte sie jeden Tag Bürostunden im Pfarrbüro ableisten. So fand sich Franzi für ein paar Monate jeden Morgen neben der Gemeindesekretärin am Schreibtisch sitzend. Sie trug auch diese Arbeit mit Humor und klebte Briefmarken, schrieb Adressen und hörte sich die Familiengeschichte der Sekretärin an.

Nachmittags ging sie mit ihrem Vikariatsvater zu Gemeindeveranstaltungen, besuchte meist alte Leute oder bereitete Predigten vor. Der Pfarrer schickte die junge Frau zu Menschen, bei denen er selbst einen Besuch scheute. Franziska lernte Schicksale kennen, die sie sich nicht einmal in ihren kühnsten Träumen hätte vorstellen können.

Einmal besuchte sie eines der berüchtigsten Pflegeheime. Acht bis zehn Menschen saßen in einem Saal auf ihren Betträndern und warteten auf den Tod. Eine alte Frau sagte zu Franziska: „Ich hole mir Schnaps aus der Kneipe in einer Ketchupflasche." Die Vikarin sagte zu der Frau, die fröhlicher drauf war als die anderen: „Ja, machen sie das nur. Es hilft ihnen hier, wenn sie jeden Tag ein paar Schlucke nehmen." Die Frau sah die junge Frau von der Kirche erstaunt an und sagte glücklich: „Wollen wir zusammen einen trinken gehen?" Franziska lehnte dankend ab, da sie mit dem Auto sei und verließ traurig das gruselige Haus.

Zu Hause sagte sie zu ihren Söhnen: „Bringt mich nie ins Heim. Ich gehe nicht ins Heim. Ihr könnt mich auf einen Stuhl hinter den Ofen setzen, aber merkt es euch – ich gehe nicht ins Heim."

Noch unfaßbarer fand Franziska, daß man im Altersheim ihrer Stadt ein Ehepaar getrennt hatte, weil kein Doppelzimmer frei war. Vollkommen erschüttert kam sie nach Hause und erzählte Rainer: „Stell dir vor, da lebte das Paar vierzig Jahre zusammen und jetzt können sie sich nur noch nachmittags auf dem Flur treffen. Schlimmer geht's nimmer. Ich konnte überhaupt nichts mehr sagen."

Am Wahlsonntag ging Franziska morgens um neun Uhr mit ihrem Talar unterm Arm durch die ganze Stadt. Die Kirche, für die sie arbeitete, lag fast am anderen Ende der Stadt und der Fußweg betrug eine halbe Stunde. Sie sah die braven Bürger geschniegelt und gebügelt in Reih und Glied vor den Wahllokalen stehen. Da man ja nicht wählte, sondern nur den Wahlzettel in die Urne steckte, war der Zeitpunkt der Wahl zu einem wichtigen Moment geworden. Die ersten bekamen einen Blumenstrauß. Bis Mittag hatte ein ordentlicher Bürger zu wählen. Nachmittags zu wählen war schon eine Provokation und wer kurz vor Toresschluß wählte, war schon fast ein Staatsfeind.

Die Rosens gingen nicht mehr zur Wahl und einen Pfarrer kam man auch nicht holen. Solche Art von Wahl war für Franzi ein Theater, das man sich sparen konnte. Als sie nach getaner Arbeit nach Hause kam, sagte sie wütend: „Da kann man echt zum Terroristen werden, wenn man die da alle stehen sieht. Alle schimpfen nur in ihren vier Wänden. Es ist doch kein Wunder, daß sich nichts ändert."

Als der Atomreaktor von Tschernobyl explodierte, konnte man zwar keine besorgniserregenden Meldungen in der Zeitung lesen, dafür gab es in diesem Frühjahr frischen Salat und grüne Gurken zu kaufen. Franziska sprach mit den alten Damen in der Frauenhilfe darüber: „Das ist nicht bei uns mit der Verseuchung – nur im Westen." Als Franziska entgegnete: „Unser Land liegt aber bekanntlich östlich vom Westen", sahen die Frauen sie verständnislos an. Sie wollten sich nicht auseinandersetzen und Franziska begriff, daß man Menschen nicht aufklären konnte, wenn der Wille fehlte.

Sie ging mit Michael an der Hand am peinlichen Gemüseladen vorbei. Franziska nannte den Laden in ihrer Straße so, weil es dort normalerweise nach verfaulten Kartoffeln stank und nur ein paar Gläser mit verblichenem Rotkraut, Bohnen und wenn's hoch kam, Mischgemüse in den Regalen standen. Laut und deutlich sagte sie zu ihrem Sohn: „Das können wir nicht kaufen, es ist verseucht." Die nach Gurken und Salat Anstehenden sahen Franziska wütend an, so als ob es eine Unverschämtheit wäre, ihnen den Appetit zu verderben.

Trotzdem lebte Franziska gern in ihrer Stadt an der Saale und das Gemeindepraktikum bereitete ihr Vergnügen. Am Ende fuhr sie mit dem Landesjugendpfarrer zu einer Jugendrüstzeit ans Meer. Dort trafen sich Jugendliche aus Anhalt und Mecklenburg.

Unter den Mitarbeitern war ein Theologiestudent, mit dem sie sich von Anfang an gut verstand und eigentlich lachten die beiden den ganzen Tag zusammen. Es gibt nur wenige Menschen, die der gleiche Humor verbindet. Bei Jonas und Franzi war das der Fall. Sie lachten so viel zusammen, daß sie für spätere Zeiten eine Lachrüstzeit planten. Lachen wirkte heilend und machte glücklich, sofern es nicht auf Kosten anderer geschah. Die beiden waren mit Recht der Meinung, daß es der Gesellschaft an Humor fehlte. Zu der Rüstzeit sollte es zwei Jahre später sogar kommen und Franzi ahnte nicht einmal, daß sie kurz vorher ihr Land verlassen mußte.

Die Jugendlichen waren ihr sehr schnell ans Herz gewachsen und diese Woche wurde ein so großer Erfolg, daß es Tränen beim Abschied gab. Franzi bemerkte, wie sehr die jungen Leute auf der Suche und wie dankbar sie für Verständnis und Zuwendung waren. Gemeinsam sammelten sie zur Bewahrung der Schöpfung Müll am Strand auf. Franziska studierte das Märchen: „Des Kaisers neue Kleider" mit ihnen ein; neben dem „Fischer und seiner Frau" ihr Lieblingsmärchen. Als der Kaiser ohne Kleider die Parade abschritt, spielte Jonas „Brüder, zur Sonne zur Freiheit" auf dem Klavier. Es wurde für Franziska eine unvergeßliche Woche und sie war überzeugt, daß ihr eine solche Arbeit auf Dauer Spaß machen würde. Nach getaner Arbeit skatete sie jede Nacht mit den zwei Pastoren und Jonas. Ein Junge sagte an einem Morgen anerkennend zu ihr: „Das habe ich überhaupt noch nie erlebt auf einer Rüste, daß die Aufpasser länger wach sind als wir."

Herr Kaufmann holte seine Tochter im Rüstzeitheim ab. Michael war wieder viele Wochen bei den Großeltern gewesen und nun wurden Franzi und Michi von ihm nach Hause gefahren und Jonas nahmen sie auch noch mit. Wenn Vater und Tochter allein waren, gab es keine Probleme. Alle waren vergnügt und berichteten von ihren Erlebnissen am Meer.

Jedes Mal hoffte Herr Kaufmann seinen Enkel, den er als Kronprinz auserkoren hatte, noch einmal wiederzusehen. Michael kam in ein paar Tagen in die Schule und konnte nun nur noch in den Ferien kommen. Wenn der Kleine da war, fühlte er sich besser. Die todbringende Krankheit nagte an ihm und er verdrängte sie, so gut er konnte. Von seiner Familie machte ihn nur noch dieser kleine Junge glücklich.

Jonas, seine Frau und deren Freundin Ute sollten gute Freunde von Franzi werden. Endlich hatte sie zwei Frauen gefunden, mit denen sie einen Damenskatclub gründete. Franziska hatte die Gabe, sich in aller Ruhe zu vergnügen, auch wenn ihr Leben ansonsten sehr stressig war. Zu gerne lebte sie und fand das Leben schön. Skaten gehörte zu einem ihrer Lieblingsvergnügen.

Langsam organisierte sie ihr Leben, so angenehm es ging. Sie hatte eine liebe Kinderfrau für Benjamin, die mit dem Jungen viel spazieren ging und sich stundenlang Zeit zum Schwäne füttern nahm.

Fast jeden Abend ging sie zu ihrer Freundin Ute und legte sich nach einem arbeitsreichen Tag bei ihr aufs Sofa. Beide Frauen tranken

Wein und hörten Musik. Meist holte Rainer seine Frau gegen vierundzwanzig Uhr bei der Freundin ab. Ute sollte dann immer sagen: „Hast du einen guten Mann."

Ein einziges Mal wurde ihm das Warten zu lang und Franzi mußte allein durch die Nacht nach Hause gehen. Es war Glatteis und über die Fußgängerbrücke ging sie fast auf allen Vieren. Sie kam wütend nach Hause, riß Rainer aus dem Schlaf und schimpfte: „Da brauche ich dich einmal und da bist du nicht da. So eine Sauerei, das werde ich dir nie verzeihen."

Rainer lächelte vor sich hin, er war der Meinung, daß Franziska ab und zu eine solche Erziehungsmaßnahme brauchte und seine Frau reagierte jedes Mal mit der gleichen Wut darauf.

Ute schlief nun auch immer bei Franziska im Ehebett, wenn Rainer abwesend war.

Während der letzten Friedensdekade allerdings hatte sie sich spontan dazu entschlossen, im Pfarrhaus zu übernachten, weil sie Angst vor den Nachstellungen eines Russen hatte. Jedes Mal, wenn sich die beiden Freundinnen über diese Geschichte kaputtlachten, meinten sie, daß der Stoff reif für einen Film wäre.

Zu dieser Friedensdekade hatten die Rosens erstmalig einen ökumenischen Gast aus den USA von der Kirchenleitung zugeteilt bekommen. Sie wußten auch nicht, wie sie zu der Ehre kamen, doch sie freuten sich auf ihren interessanten Gast aus einem Land, das für sie so unerreichbar und unendlich weit weg war.

Joan war eine hübsche junge Frau, gläubig aber unverklemmt, die sich bei den Rosens sofort wohl fühlte.

Franziska fragte viel und hörte sich interessiert die Berichte aus dem fernen Land an, denn an Propaganda gegen oder für ein Land glaubte sie schon lange nicht mehr.

Am Abend gingen die Rosens mit dem Gast in ihre Kirche zu einem Diskussionsabend, auf dem Joan die Attraktion sein sollte. Wieder ärgerte sich Franzi, daß die Leute nicht grenzüberschreitend diskutieren konnten. Zu sehr waren sie mit sich selbst beschäftigt.

Nach einer schleppenden und schwierigen Diskussion über Umwelt- und Friedensfragen freuten sich die drei auf ein kühles Bier. Sie wurden von Franziskas Freundin Ute begleitet.

Vor dem besten Restaurant am Platze stand ein angetrunkener Russe, der Rainer fragte, ob sie ihn mit in das Lokal nehmen würden, weil man ihn nicht allein hereinließ.

Franziska taten die im Land stationierten Russen leid. Obwohl offiziell als Freunde und Helden gepriesen, begegnete ihnen die einheimische Bevölkerung nicht gerade mit der verordneten Liebe.

In der Stadt gab es eine große russische Garnison und schon öfter hatten die Rosens den Soldaten Zigaretten über die Mauer geworfen, weil diese vorübergehende Passanten danach fragten.

Nur die Offiziere führten ein halbwegs menschenwürdiges Dasein. Nur sie durften ihre Familien mitbringen und Franziska hatte als Kind oft genug erlebt, wie ihr Vater Geschäfte mit den Russen machte, weil er perfekt russisch sprach.

Nachdem sie mit dem Russen an einem Tisch Platz genommen hatten, bestellte dieser sofort eine Runde Wodka für alle und da weder Rainer noch seine drei Begleiterinnen das hochprozentige Gesöff so schnell hinunterkippen konnten wie Iwan, stand der Tisch bald voll mit gefüllten Schnapsgläsern.

Die Konstellation am Tisch war für dieses Land einmalig: Eine Amerikanerin, ein Russe und drei Leute aus dem Bruderland der Sowjetunion. Der Russe verstand gar nichts, obwohl Joan sich bemühte, von Völkerverständnis und friedlichem Zusammenleben zu reden.

Ute und Franziska bemühten sich, ihm ihrerseits auf russisch zu erklären, mit wem er am Tisch saß. Doch Iwan hatte ein anderes Anliegen, er träumte von einer Frau für diese Nacht und er fand es ungerecht, daß Rainer mit drei jungen Frauen unterwegs war und ihm nicht eine davon abgab. Er wollte Rainer unbedingt eine Frau abkaufen und erklärte ihm, daß er ihm auch eine schöne junge Frau in Moskau besorgen würde, falls er mal sein Gast sei.

Die drei Damen amüsierten sich köstlich und als die gemischte Gesellschaft das Lokal verließ, traute sich Ute nicht, allein in die andere Richtung ihren Heimweg anzutreten.

Die Frauen gingen kichernd und zügig zum Pfarrhaus, um dem Russen zu entwischen und Rainer torkelte Arm in Arm mit ihm hinterher.

Franziska war sauer, als ihr Ehemann mit Iwan im Wohnzimmer des Pfarrhauses erschien und sofort plazierten sich die drei Frauen auf das

Sofa wie die Hühner auf der Stange, um Annäherungsversuchen zu entfliehen. Franziska tat zwar Iwan genau so leid wie Rainer, dennoch wußte sie, daß Zurückhaltung geboten war, um keine falschen Hoffnungen in dem sexuell so unbefriedigten Mann zu erwecken.

Einmal hatte sie in jungen Jahren ein Russe auf der Straße nach dem Spätdienst belästigt und sie war damals ihrem Schutzengel sehr dankbar, daß die Situation nicht eskalierte. Sie gab nicht den Russen, die offiziell Sowjetmenschen hießen, die Schuld, sondern den politischen Verhältnissen.

Trotzdem legte sie für Iwan eine Schallplatte von Udo Lindenberg auf. Ihr Lieblingssänger sang darauf ein Lied mit der russischen Rocksängerin Ala Bugatschowa. Als Iwan den Rockgesang in seiner Sprache hörte, kniete er vor dem Plattenspieler nieder und weinte. Allen Anwesenden stiegen ebenfalls die Tränen vor Rührung in die Augen.

Natürlich wollte keine der Damen mit ihm tanzen und so tanzte Rainer mit ihm und Franziska liebte ihren Mann für diese Leistung der Nächstenliebe.

Irgendwann spät in der Nacht, nachdem Joan zu Bett gegangen war, weil sie nicht so trinkfest wie die Leute aus dem Ostblock war, traten Rainer und Iwan den Heimweg an. Iwan wollte nicht gehen und war auch nicht mehr fähig dazu.

Als Rainer gegen vier Uhr immer noch nicht zurück war, wollte Ute ihn suchen. Franziska lehnte ab und gab ihrer Freundin unmißverständlich zu verstehen, daß sie keine Lust habe, sich an der Garnison mitten in der Nacht auflesen zu lassen. Bevor die beiden Freundinnen im Ehebett einschliefen, nuschelte Ute noch: „Hast du einen guten Mann." Franziska lächelte und nuschelte zurück: „Wieso, das ist doch sein Job."

Trotzdem war Franziska sehr froh, als sie ihren Mann am nächsten Vormittag in einem anderen Bett der großen Pfarrwohnung fand; Ute war längst arbeiten gegangen.

Am Frühstückstisch erzählte ihr Rainer die Geschichte seines Ausflugs am frühen Morgen: „Iwan ging immer einen Schritt vor und zwei zurück, weil er zu euch Frauen wollte. Es dauerte Stunden und wenn gar nichts mehr ging, schnauzte ich ihn an wie ein Vorgesetzter. Dann parierte er. Natürlich wollte er nicht durch den offiziellen Eingang der Garnison, weil er sich heimlich Ausgang verschafft hatte. So mußten wir einen riesigen Umweg machen und irgendwo, weit ab vom Schuß, habe ich ihn dann über die Mauer bugsiert. Als ich schon fast wieder zu Hause war, lag der dicke Trinker auf der Straße. Weißt du, der mit der Ponykutsche. Er hat zum letzten Gemeindefest die Kinder umherkutschiert. Den habe ich dann auch noch nach Hause gebracht. Das war noch eine größere Kraftanstrengung als die mit dem Russen. Zum Glück wußte ich, wo er wohnt."

Franziska sagte müde: „Hoffentlich hat der arme Iwan nicht noch Schwierigkeiten bekommen, wenn es schon mit einer Frau nicht geklappt hat. Ich glaube, der denkt, wenn er seinen Rausch ausgeschlafen hat, daß alles ein Traum war. Unser Wohnzimmer muß ihm vorgekommen sein wie das Paradies."

Joan hörte sich die Geschichte schweigend an. Zu viel der Eindrücke! Erst zu Hause würde sie darüber nachdenken können...

Als Franziska die Geschichte mit dem Russen später in ihrer Stasiakte las, lachte sie laut. Demnach waren viele Russen in ihrer Wohnung, nicht etwa zum Saufen, Tanzen und Musikhören, sondern eher zur Konspiration.

*

Für Franziska stand es fest, daß ihr Sohn nicht der Pionierorganisation beitreten würde. Sie hatte vor dem Schulbeginn ein langes Gespräch mit dem verständigen kleinen Michael geführt und ihm gesagt, daß sie ihn dort nicht hinschicken könnte, weil sie es falsch findet, daß man Kinder in eine Uniform steckte und sich mit dem Gruß: „Seid bereit – immer bereit," begrüßte. Kein Mensch war für eine Sache immer bereit. Das wäre sie nicht einmal für die Kirche. Außerdem war es in Deutschland schon mal ganz schlimm, als alle Menschen in Uniformen auf ähnliche Befehle hörten. Michael fand die Rede seiner Mutter logisch und dachte, daß sich noch mehr Eltern wie sie entscheiden würden.

Am Tag des Pioniergeburtstages, an dem die Jungpioniere aufgenommen wurden, kam Michael traurig nach Hause und schmiß seine Schultasche in die Ecke. Franziska wußte, was passiert war.

Alle saßen mit ihren weißen Pionierblusen und blauen Halstüchern stolz da. Michael zog sich aus und alle sahen, daß er nicht so gekleidet war. Seine Mitschüler fingen an, ihn zu hänseln und er sagte zu seiner Mutter: „Mama, so schön war das heute nicht."

Franzi antwortete traurig: „Ich weiß mein Junge. Doch ich kann dich doch nicht da hinschicken, nur weil deine gesamte Klasse dabei ist." Er könne jetzt kein guter Schüler mehr sein, hatten sie ihm gesagt und Rainer sagte lethargisch: „Das ist kein Argument, die gesamte Hilfsschule ist bei den Pionieren. Außerdem kannst du jetzt immer "Guten Morgen„ sagen, wenn der Lehrer sagt:: Seid bereit."

Franziska nahm Michael liebevoll in die Arme und erklärte: „Du kannst sagen, was du willst. Du kannst auch sagen, daß es deine Mutter nicht erlaubt, denn ich muß diesen Wisch unterschreiben, nicht du. Und wenn ein Lehrer es wagt, dich deswegen nachteilig zu behandeln, gehe ich sofort in die Schule."

Wenig später ging Franzi und holte den Sohn der Katechetin, den Michael als Älteren verehrte. Sie sagte ihm: „Geh bitte mal Michi aufheitern, er ist traurig, daß er als Einziger der Klasse nicht bei den Pionieren ist." Sie hörte, wie der Junge lässig zu ihrem Sohn sagte: „Weißt du, das ist doch viel besser. Da brauchst du wenigstens nicht zu den blöden Nachmittagen zu gehen. Inzwischen beneiden mich die anderen darum." Michael lächelte seinen Freund zaghaft an. Er wollte vor ihm mutig erscheinen.

Nach ein paar Tagen kam der Junge ganz aufgeregt aus der Schule und rief: „Mama, Mama, das war genau so wie ihr gesagt habt. Der Mathelehrer kam in die Klasse und sagte nach: "Seid bereit – immer bereit, na, Michael, mein Kleiner, soll ich dich auch begrüßen: Guten Morgen„" Franziska war dem Lehrer für die geheime Sympathiebekundung sehr dankbar. Damit war das Thema Pioniere im Hause Rosen erledigt.

Allerdings empörte sich Franziskas Mutter wahnsinnig, als sie von der Entscheidung ihrer Tochter hörte. Sie brüllte durchs Telefon: „Du versaust dem Jungen die gesamte Karriere. Willst dich nur damit interessant machen." Franzi antwortete: „Nein, Mama, ich will mich nicht interessant machen. Ich kann nicht anders. Hättet ihr so gehandelt, wäre ich heute stolz auf euch – auf Wiedersehen." Sie war traurig, daß die Mutter sie nicht verstand. Später hörte sie einmal ihre

Mutter sagen: „Mein Enkel war nicht bei den Pionieren. Meine Tochter hat das alles nicht mitgemacht."

Auch mit den Kindern während ihres Katecheticums kam Franziska gut zurecht. Sie machte dieses Praktikum gerade bei einer Frau, die man als Fundamentalistin bezeichnen konnte. Doch die Frau des Kreisoberpfarrers zog viele Kinder an und hatte eine gute und liebevolle Ausstrahlung. Man nahm ihr ab, daß der Glaube sie positiv beeinflußte. Sie wirkte zufrieden und glücklich und das gefiel Franzi.

Franziska saß mit ihrer theologischen Einstellung zwischen allen Stühlen. Sie mochte es nicht, wenn man in der Christenlehre nur noch psychologische Spielchen trieb und sie mochte es auch nicht, wenn man die Bibel nur wörtlich nahm. Ihrer Meinung nach konnte man so zwar die kleinen naiven Kinder überzeugen, aber irgendwann die Fragen nicht mehr glaubwürdig beantworten.

Die ältere Katechetin merkte sehr schnell, daß Franziska ein Talent für die Kinderarbeit hatte und beide Frauen akzeptierten sich gegenseitig. So wurde es eine fruchtbringende Arbeit. Franzi genoß den wundervollen Kuchen von Frau Kreisoberpfarrer und gewöhnte sich daran, daß sogar vor dem Kaffeetrinken gebetet wurde.

Am Ende des Katecheticums lud Franziska ihre Chefin in das beste Café am Platze ein und zum Abschluß sagte die Katechetin zu der angehenden Pastorin: „Sie haben sich einen schweren Weg gewählt. Mit ihrem Glauben wollen sie die Welt verändern. Ich überlasse das dem lieben Gott, mich interessiert Politik nicht. Trotzdem wünsche ich ihnen viel Kraft, Mut und vor allem Gottes Segen." Franzi wußte diese Rede der ehrlichen Frau zu schätzen.

Öfter hatte der Kreisoberpfarrer die Praktikantin seiner Frau in ein Gespräch über die Gemeinde ihres Mannes verwickelt. Meist fanden die Gespräche im Auto statt, weil sich der Pfarrer dort vor Abhörung sicherer fühlte. Franziska mochte diese Aushorcherei gar nicht.

Es gab inzwischen ein neues Problem und das sollte für die Rosens Konsequenzen haben. Im herrlichen von Rainer hergerichteten Pfarrhausboden traten seit längerem Liedersänger unter dem Titel: „Kirche unter dem Dach" auf. Inzwischen hatte einer dieser Liedersänger vom Staat Berufsverbot erhalten wegen seiner kritischen Lieder.

Sollte man nun diesen Mann auch nicht mehr in der Kirche auftreten lassen? Mußte nicht gerade die Kirche den Verfolgten ein Obdach geben? Die Kirchenleitung unterstützte den Pfarrer nicht und der Kreisoberpfarrer saß zwischen den Stühlen. Einmal sagte Franziska zu ihm: „Wenn der Herr Jesus jetzt auf die Erde kommen würde, hätte er nicht viel zu lachen. In ihrer Kirche und Gemeinde würde er achtkantig herausfliegen." Daraufhin stieg sie aus dem Auto und der Pfarrer war empört. Er wollte doch nur Ruhe und Frieden in seinem Kirchenkreis. Er verstand die Rosens irgendwo, doch er verstand auch die Kirchenleitung.

*

Das Predigerseminar, in dem die angehenden Pfarrer den letzten theologischen Schliff bekommen sollten, besuchte Franzi extern. Sie mußte alle paar Wochen für ein paar Tage dort hinfahren und ihre Hausaufgaben vorlegen. Schnell freundete sie sich mit zwei vollkommen ungleichen Frauen an.

Die eine – eine resolute konservative Persönlichkeit, die sich Franzi total gut als Pastorin vorstellen konnte. Sie gehörte zu der Gattung Frauen, die ihren Job machten wie ein Kerl. Die andere – eine chaotisch aufmüpfige Oppositionelle, die mit Traditionen gar nichts anfangen konnte und sich nicht fürchtete, alles zu sagen, was sie dachte.

Dennoch verband die drei ungleichen Frauen etwas. Es war die jeweils eigene Persönlichkeit, die Andersdenkende akzeptierte und sogar gern haben konnte. Abends spielten die drei neuen Freundinnen Skat und erholten sich von den endlosen theologischen Diskussionen, welche die anderen Seminaristen oft bis in die Nacht führten. Jule, Fuchsi (sie hatte einen frechen kurzen Haarschnitt und rote Haare) und Franzi freuten sich auf ihr Zusammentreffen im Seminar.

Einmal weigerte sich Fuchsi an einem Rollenspiel teilzunehmen, weil sie es kindisch und albern fand. Franzi wußte, daß solche Spielereien bei der Kirche „in" waren. Doch auch sie war der Meinung, daß man Pfarrer nicht durch Rollenspielchen erlernen konnte, sondern die Praxis die beste Schule war.

Der Seminarleiter war entsetzt und fühlte sich provoziert durch Fuchsis aufmüpfiges Verhalten. Er berief ein Gruppengespräch ein und wollte eine therapeutische Sitzung daraus machen. Angeblich stimmte es in der Gruppe nicht, weil man Verklemmungen haben mußte, wenn man das Rollenspiel ablehnte. Nun langte es auch Franziska und sie sagte dem Theologen, der von sich total überzeugt schien: „Ich habe überhaupt keine Hemmungen, falls es nötig wäre und ich einen Sinn darin sehen würde, würde ich auch vor ihnen und den anderen nackt auf dem Tisch tanzen." Daraufhin verließ der Herr beleidigt das Feld. Er gehörte zu der Sorte Pädagogen, die sich so lange lässig und kumpelhaft geben, so lange sie nicht kritisiert werden. Der Nachmittag war plötzlich frei und um sich dem Zorn der lernbegierigen Gruppe zu entziehen, gingen die drei Frauen fröhlich spazieren.

Als Franzi und Rainer Fuchsi und ihre Familie das erste Mal besuchten, begann eine Freundschaft ganz anderer Art. Das Ehepaar lebte in einer riesigen chaotischen Wohnung in der Hauptstadt und kämpfte unter schwierigsten Bedingungen für bessere Zeiten. Dem überzeugten Marxisten Hänschen machte man das Leben im kleinen Kackland schwer, doch er versuchte, mutig zu sein. Franzi glaubte zwar, daß Marx, der Revolutionär, ein aufrichtiger Mann seiner Zeit gewesen war, dennoch hatte er sich in der Menschheit getäuscht. Wie hatte er glauben können, daß die Veränderung der Besitzverhältnisse die Menschen ändern könnte? Für Franzi inzwischen eine Utopie. Mußte sich nicht erst der Mensch ändern und würde sich dann nicht automatisch die Gesellschaft ändern? Für sie war Jesus da viel realistischer. Seinen Traum konnte sie mitträumen, den von Marx nicht.
Dennoch schätzte sie Fuchsis Mann als guten aufrichtigen Menschen und die liebevolle Gastfreundschaft ihrer neuen Freunde rührte sie.

Von ihnen bekamen die Rosens Literatur, die im Lande als staatsfeindlich galt. Es ging hauptsächlich um Themen, welche Menschenrechte und Umwelt betrafen. Man las das alles wißbegierig und borgte es sich gegenseitig aus. Nie wieder sollte sich Franziska so gut informieren wie in diesen Zeiten. Der Staat mit seiner pingeligen Zensur schoß damit ein Eigentor. „Freiheit ist immer die Freiheit der Andersdenkenden", hatte ihre Lieblingssozialistin Rosa Luxemburg gesagt. Doch Andersdenkende wurden, wenn sie laut dachten, peinlichen Schikanen ausgesetzt – das konnte nicht gut gehen. Sie verstand irgendwo ihren Vater, dessen Lieblingslied war „Die Gedanken sind frei". Das Lied paßte zu ihrem Vater, der so viel erlebt hatte und schwieg.

Einmal hatte man Franziska in die „Freiheit" reisen lassen. Viele Bürger ihres Landes lebten inzwischen angepaßt von Reise zu Reise, weil die Reisen vollkommen willkürlich verteilt wurden. Immer wieder hatte Franzi Reisen zu ihrer Verwandtschaft beantragt und sich eine Absage anhören müssen. Immer hatte sie dann zu dem zuständigen Polizeibeamten gesagt: „Eine Begründung brauchen sie natürlich nicht zu geben." Jedesmal war die Antwort: „Nein, das brauchen wir nicht." Einige Leute hatten zu ihr gesagt: „Frau Rosen, wenn sie nicht wählen gehen, brauchen sie sich nicht zu wundern."

Rainer hatte keine Westverwandtschaft und die Kirchenleitung schlug ihn gar nicht erst für Reisen vor. Inzwischen gab es schon Kirchenfürsten mit Dauerpaß und natürlich wollten es diese Herren nicht mit ihren großzügigen Gönnern verderben. Als Franzi zum siebenundsechzigsten Geburtstag ihrer Stiefgroßmutter reisen durfte, hoffte man, daß sie nicht wiederkommen würde. Doch auch wenn sie wiederkam, würden sich die Menschen Gedanken machen, warum gerade sie die Reise bekam.

Franziska kam wieder und verfiel nicht in die übliche Schwärmerei für den Westen. Wenn Leute sie fragten, wie es gewesen sei, sagte sie: „Es war genau, wie ich es mir vorgestellt habe. Ich wußte vorher, daß ich dort alles kaufen kann, falls ich das nötige Kleingeld habe. Doch auch da gibt es Schattenseiten." So was wollten die Fragenden nicht hören. Sie fanden es suspekt, daß Frau Rosen nicht in Verzückung geraten war.

In der Tat hatte auch Franzi sich dem Kaufrausch mit ihren begrenzten Mitteln hingegeben und hauptsächlich an ihre Familie gedacht, welche sie zurücklassen mußte. Zu Rainer hatte sie gesagt: „Es ist schon beeindruckend. Dort riecht es überall gut. Alles was hier schmutzig ist, ist dort sauber. Als ich in den Zug mit den dreckigen

Scheiben und mit der nach Pisse stinkenden Toilette einstieg, wußte ich, daß ich zu Hause bin."

Während des Predigerseminars versorgte Franzi zwei abgelegene Dörfer mit Pfarrdiensten und schrieb ihre Arbeiten für das zweite theologische Examen. Sie hatte einen alten Diensttrabbi vom Kreisoberpfarrer zu ihrer Verfügung. Aus dem Westen hatte sie sich einen Aufkleber mitgebracht mit der Aufschrift: „Hupen zwecklos – Fahrer wird aus Moskau ferngesteuert." Den klebte sie fröhlich auf das alte Auto und fuhr auf ihre Dörfer. Allerdings klebte der Aufkleber nicht lange an ihrem Trabbi. Der Kreisoberpfarrer verlangte, daß sie ihn abnahm, weil man sich angeblich beschwert hatte. Franziska sagte nach einer langen Diskussion: „Gut, ich mache das Ding ab, aber nur weil es offiziell ihr Dienstwagen ist. Ich finde es traurig, daß man so wenig Humor in diesem Land hat." Am liebsten hätte sie vor Wut geheult, aber Schwäche wollte sie nicht zeigen.

Der Trabbi hatte nie eine Panne, doch er wurde im Winter auf kurzen Strecken nicht warm und lärmte höllisch. Immer hatte Franzi kalte Füße, wenn sie in die kalte feuchte Kirche kam.

Der Vorgängerpfarrer hatte dafür gesorgt, daß niemand mehr zur Kirche ging und so kam es, daß sie im ersten Dorf manchmal mit dem Bauer Fabian allein war, der so etwas wie Küsterdienste verrichtete. Dann sagte der Bauer zu ihr: „Frau Pfarrer, wir unterhalten uns lieber, der Pfarrer vor ihnen hat immer seinen gesamten Gottesdienst abgehalten. Das war so peinlich für mich." Franzi sagte: „Natürlich unterhalten wir uns. Es soll nicht peinlich sein für sie. Kirche soll doch Spaß machen."

So erfuhr sie vom Bauer von einer schmerzlichen Todgeburt seiner Frau, die er so kommentierte: „Der Arzt sagte damals, meine Frau solle nur noch im Bett liegen. Ich wußte, daß das nicht gut gehen konnte. Schwangere Kühe muß man auch ständig bewegen, um das Kalb vernünftig herauszubekommen."

Franziska bewunderte die simple Weisheit des Mannes und sagte: „Ja, da haben sie vollkommen recht. Das ist bei den Menschen nicht anders als bei den Kühen" Sie hörte von ihm von der Mißwirtschaft auf den LPG's. Dem alten Bauern tat es leid, wie man in den großen

Ställen die Kühe quälte, nur weil die Studierten und Parteigenossen glaubten, sie wüßten es besser. Franziska ermutigte den Bauer, die Kühe mit seiner Erfahrung weiterhin zu pflegen, wenn die Euter eiterten. Er würde es nicht für den Staat tun, sondern für die Tiere und der liebe Gott würde es ihm mit Sicherheit danken.

Einmal war die Kirche verschlossen, als sie zum Gottesdienst kam und Franziska dachte, sie hätte sich im Datum geirrt, weil es nur zweimal im Monat Sonntagsgottesdienste gab. Sie fuhr zum Bauern Fabian, denn eine Stunde später mußte sie schon im nächsten Dorf sein. Der Bauer sagte, sein Freund habe es wohl vergessen, die Kirche aufzuschließen. Er wäre heute nicht dran. Zu Franzi sagte er: „Nun kommen sie erstmal rein und essen sie richtig Frau Pfarrer, sie sind sowieso viel zu dünn." So genoß Franzi die hausgeschlachtete Wurst im warmen Wohnzimmer und fand es gar nicht so schlecht, daß die Kirche verschlossen gewesen war.

Nach ein paar Wochen wollte Franziska ihren Arbeitsplatz verschönern. Sie hatte es satt, daß es in der alten Dorfkirche so deprimierend aussah: überall Spinnweben, alte Teppiche mit Stockflecken, staubige Kirchenbänke – es roch nach Tod; keine Spur von ewigen Leben und Auferstehung.

Franziska schrieb an alle Kirchensteuerzahler des Dorfes einen freundlichen Brief. Sie lud die Leute zu einer Saubermachaktion mit anschließendem Kaffeetrinken ein.

Mit zwei Kuchenpaketen bepackt betrat sie am angekündigten Tag die Kirche und fürchtete, den vielen Kuchen allein mit dem Bauer Fabian verzehren zu müssen. Ihr stiegen Tränen in die Augen, als sie das Treiben in der Kirche sah. Nein, das hätte sie in ihren kühnsten Träumen nicht gedacht. Da scheuerten und wienerten ungefähr zwanzig Frauen in der Kirche herum. Bauer Fabian sah sie bewundernd an. So etwas hatte es schon seit Jahren nicht mehr gegeben. Selbst seine Frau war mitgegangen, die ihn ansonsten nur anmeckerte für seine angeblich so nutzlosen Kirchendienste.

Nachdem Franziska eine Weile mitgeputzt hatte, fragte sie die emsige Putzkolonne, ob man nicht die alten verrotteten Teppiche rausschmeißen wolle. So könne der rote Steinfußboden besser atmen und außerdem sähe es viel schöner aus. Die Anwesenden sagten respektvoll: „Wenn sie meinen, Frau Pfarrer." Sofort rollte Herr Fabian die

Teppiche zusammen und schleppte sie zusammen mit Franziska aus der Kirche. Am Ende tranken alle Kaffee und aßen Kuchen und Franziska lud zum Gottesdienst am Sonntag ein. Franzi sah zufrieden die Kirche an, die auf einmal wieder Optimismus und nicht nur Resignation ausstrahlte.

Am kommenden Sonntag waren dann auch fünfzehn Leute da und die Pastorin war froh und stolz über den Erfolg. Immer schon hatte sie die Meinung vertreten, daß es in erster Linie auf den Pfarrer ankam, wie es in der Gemeinde lief.

Nach dem Gottesdienst sagte Herr Fabian zu ihr: „Wir müssen uns erst an den neuen Predigtstil gewöhnen. Die anderen Pfarrer haben ganz anders gepredigt." Franzi ahnte, was der Bauer meinte. Sie wollte den Menschen nahe bringen, daß das Evangelium etwas mit ihrem alltäglichen Leben zu tun hat. Über die Geschichte des reichen Kornbauern hatte sie gepredigt. Als Einstieg erzählte sie eine Geschichte von einem Mann, der wegen der höheren Rente in die Kampfgruppe gegangen war – gegen seine Überzeugung und kurz vor seinem Rentendasein gestorben war. Hier und heute mußte gelebt werden – die Zukunft hatte man nicht in der Hand.

Franziska sprach mit der Frau, die die Kirchenkasse verwaltete und bat um Geld für ein Geburtstagsgeschenk für den treuen Küster. Am Tage seines Geburtstages erschien sie mit einem Präsentkorb und seiner Frau klappte der Unterkiefer herunter, während ihr Mann sprachlos mit den Tränen kämpfte. Er konnte nur sagen: „Die Rosen ist immer für eine Überraschung gut. So was habe ich, so lange ich in der Kirche bin, noch nicht erlebt."

*

Als Franziska ihren fünfunddreißigsten Geburtstag auf dem Dachboden des Pfarrhauses feierte, ahnte sie nicht, daß es ihr letzter Geburtstag in diesem, ihrem kleinen Kackland, sein würde. Viele ihrer Freunde kamen und es wurde ein fröhliches Fest nach Franzis Geschmack. Jonas spielte den ganzen Abend wie ein begabter Kaffeehausmusiker Klavier und es wurde getanzt, gesungen und natürlich sehr viel gelacht. Ihre Skatschwestern behaupteten am nächsten Tag, daß Franzi und Veri zusammen getanzt hätten wie die Broiler. Ein Wort für tote gegrillte Hühner, das man nur dort verstand und die Menschen auf Dauer verbinden sollte.

In solchen Stunden vergaß Franziska wo sie lebte. Alle Sorgen verflogen und sie war nur noch glücklich.

Gegen vier Uhr morgens verabschiedete sie die letzten Gäste. Rainer kannte das Durchhaltevermögen seiner Frau und ging immer früher zu Bett. Als Franzi die Korridortür schloß, ließ sie sofort ihr langes Kleid fallen. Plötzlich hörte sie jemand die Bodentreppe herunterkommen und rufen: „Franziska, ihr habt mich vergessen – ich habe doch nur noch die Noten eingesammelt." Franzi ließ den Landesjugendpfarrer in Schlüpfer und BH hinaus und dachte: Peinlich!

Einen Monat später hatte Rainer Geburtstag. Es sollte noch einmal ein Konzert des verbotenen Liedersängers stattfinden und im Vorfeld hatte es wieder den üblichen Streß gegeben. Inzwischen hatten sich die Konzerte herumgesprochen und Franziskas und Rainers Nerven waren angespannt. Der Boden füllte und füllte sich und Franzi betete, daß er standhielt und kein Feuer ausbrach.

Eigentlich hätten die staatlichen Stellen den Dachboden wegen Sicherheitsmängel für solche Veranstaltungen einfach sperren können. Allein darauf kamen sie nicht. Von überall reisten Freunde der Rosens an und erzählten, daß an den Zufahrtsstraßen der Stadt die Polizei stehe. Als der Boden bis zum Brechen gefüllt war, fehlte nur noch der Star des Abends. Franziska fürchtete, daß man ihn festhielt. Kurz vor zwanzig Uhr kam er blaß und schüchtern an und fragte Franzi. die ihn froh auf der Treppe begrüßte: „Franziska, bin ich heute hier richtig?" Immer wieder sagten ihm Pfarrer kurz vor Toresschluß die Konzerte ab, weil sie den Repressalien nicht standgehalten hatten.

Franzi sagte ihm: „Du bist goldrichtig Stephan, alle warten nur noch auf dich." Der Sänger bewunderte die mutigen Pfarrersleute, die für ihn mit der verlogenen und knöchernen Institution Kirche so wenig zu tun hatten. Natürlich wußten die Rosens, daß die Sicherheit und die Spitzel an diesem Abend präsent waren. Später konnten sie seitenlange Berichte in ihren Stasiakten über diese Konzerte lesen.

Franzi dankte dem lieben Gott, daß wieder einmal alles gut gegangen war. Nachdem die vielen Leute gegangen waren, feierte man mit Freunden und dem Liedersänger ein gemütliches beschauliches Fest.

*

Neben der gesamten Arbeit im Pfarrhaus, mit der Familie, den Vorbereitungen auf das zweite theologische Examen und den Pfarrdiensten auf ihren Dörfern, hatte sich Franziska schon länger mit ihrer offenen Jugendarbeit auseinander zu setzen.

Irgendwann hatten ein paar Jugendliche den Pfarrer gefragt, ob sie sich am Wochenende im Pfarrhaus treffen könnten, weil es keinen anderen Raum für sie gab. Sie kamen hauptsächlich aus den Neubaugebieten der Stadt und Franziska wunderte sich nicht, wie sie so drauf waren. Fünfzig bis siebzig Jugendliche kamen jeden Samstagabend ins Pfarrhaus und am Anfang sah das Ganze so aus: Die meist vierzehn- bis achtzehnjährigen Jungen und Mädchen tranken und rauchten bis es ihnen schlecht wurde, einige kotzten. Sie verwüsteten Rosens Toilette und wüteten in Franziskas Schminke herum.

Nun konnte Franzi ihre theoretischen Kenntnisse in die Praxis umsetzen. Nachdem sie die Jugendlichen genügend beobachtet hatte, die nichts anderes taten als das, was ihnen die Gesellschaft vorlebte, faßte sie sich ein Herz und begann mit ihrer Arbeit:

Sie trommelte alle im Gemeindesaal zusammen und sagte: „Ihr werdet Verantwortliche wählen, die jeden Samstag hier sind und an die wir uns wenden können, wenn wir ein Problem haben. Außerdem möchte ich, daß neben dem Gemeindesaal auch der Flur und unsere Toilette gereinigt wird."

Einer rief: „Ich mache doch nicht für jemand anders die Scheiße weg." Alle lachten. Franziska entgegnete: „Ich habe es aber schon vier Wochen ganz allein getan." Ein ganz Schlauer sagte: „Frau Rosen, gehen sie doch nachsehen, wenn jemand auf der Toilette war und rufen sie den Schuldigen zurück. Das sind sowieso die Weiber, weil wir meistens in den Garten gehen." Daraufhin schlug ein Mädchen vor, eine Liste auf die Toilette zu hängen, wo sich jeder eintrug, der das Örtchen besuchte.

Franziska dachte, arme Kinder und sagte: „Wenn es für euch ein so großes Problem ist, mal für einen anderen Dreck wegzumachen, werde ich die Toilette so lange weiterputzen, bis ihr euch eines Besseren besinnt." Da meldete sich ein Junge und sagte: „Ich mache es Frau Rosen." Als einige anfingen zu kichern, meldeten sich noch zwei für diese Arbeit und keiner lachte mehr oder machte dumme Sprüche.

Franziska nutzte die Ruhe und sagte: „Ich danke euch und dann gibt es da noch was. Nun habe ich mir ein paar Wochen lang eure Feten angeschaut und ich denke, daß es doch mit der Zeit ziemlich langweilig ist, stundenlang zu saufen und zu rauchen und wenn ihr von beidem genug habt, zu kotzen. Zu einer schönen Feier gehört zunächst ein gutes Essen. Wie wäre es, wenn mir jeder eine Mark bezahlt und ich richte euch für die nächste Woche ein kaltes Büfett hier her." Die jungen Leute sagten erstaunt, ja wenn sie das für uns tun würden, wäre es toll. Zum Abschluß bemerkte Franziska: „Von Anfang an hatten wir hochprozentigen Alkohol verboten. Wir haben die Verantwortung für euch und wir werden beobachtet. Seid froh, daß wir euch Bier und Wein in Maßen erlaubt haben. Ab nächsten Samstag nehme ich jedem die Schnapsflasche weg, den ich erwische." Als Franziska ging, war sie stolz und glücklich, einen Anfang gemacht zu haben.

Am kommenden Freitag kaufte Franziska beim gegenüberliegenden Fleischer zwei Kilo Zwiebelleberwurst. Der Fleischer fragte: „Frau Rosen, was machen sie denn mit soviel Zwiebelleberwurst?" „Morgen kommen doch wieder meine kleinen Chaoten." Der Spitzelbericht vom Fleischer über den Einkauf der Zwiebelleberwurst war schon eine halbe Stunde später bei der zuständigen Dienststelle und der hauptamtliche Mitarbeiter unterstrich die Worte „kleine Chaoten" und malte drei Ausrufungszeichen an den Rand.

Franziska richtete ein hübsches Büfett mit einfachsten Mitteln her. Das hatte sie von Irmhild im Häuschen gelernt und wenn es auch nur Brot, Zwiebelleberwurst, Schmalz und saure Gurken gab, sah es sehr gut aus. Als Franziska nach einer Weile den Raum betrat, glaubte sie ihren Augen nicht zu trauen. Sie stand fassungslos vor ihrem so liebevoll hergerichteten Tisch. Es sah aus wie bei den letzten Asozialen. Zigarettenkippen waren in das zerfetzte Brot und in das Schmalz gedrückt und die Wurstpellen auf dem Tisch verteilt.

Doch Franzi wollte nicht aufgeben, zu groß war ihr pädagogisches Streben, etwas bei den Typen zu erreichen. Ein Junge sah ihren traurigen Blick und meinte: „Frau Rosen, sie haben wirklich viel Geduld mit uns. Ich würde so was in meinem Haus nicht zulassen." Franziska lächelte und verkündete ihren Chaoten: „Wenn ihr unfähig seid, allein vernünftig mit Lebensmitteln umzugehen, werde ich das Büfett das nächste Mal in meiner Küche aufbauen. Vielleicht habt ihr dann mehr Respekt davor."

Einige schienen peinlich berührt. Sie nutzte die Verlegenheit und trug ein weiteres Anliegen vor: „Wie wär's denn, wenn wir an jedem Samstag eine Weile über ein Thema diskutierten? Das Thema könnt ihr euch aussuchen. Ich werde eine Liste aushängen mit Themen, die euch interessieren könnten und ihr kreuzt an, was ihr am liebsten hättet. Dann behandeln wir das Thema von größtem Interesse zuerst und dann immer weiter." Wieder waren die Jugendlichen einverstanden. Es war geschafft! Franziskas offene Jugendarbeit fing an zu funktionieren.

Bevor sie den Raum verließ, sammelte sie noch zwei Schnapsflaschen ein, die unter dem Tisch versteckt waren mit den Worten: „Die Besitzer können sich die Flaschen bei mir abholen, wenn sie das Haus verlassen." Keiner meuterte und keiner holte sich bei Franziska jemals eine von ihr eingezogene Schnapsflasche ab. Alles klappte zunehmend besser.

Für Heiligabend schrieb Franziska ein kurzes Theaterstück, welches sie mit ihren Chaoten aufführen wollte. In dem Stück ging es um Jugendliche, die sich am Heiligabend wie an allen anderen Tagen nur auf der Straße treffen können. Sie unterhalten sich über ihre Probleme, ein Mädchen ist schwanger. Ein Junge schlägt vor in die Kirche zu gehen, weil es dort warm wäre.

Franziska sagte den Jungen und Mädchen: „Ihr könnt euch zurechtmachen wie ihr wollt, alles anziehen, was ihr euch sonst nicht traut. Jetzt könnt ihr mal zeigen, was ihr so drauf habt." Viele Male probte Franzi die kurze Szene, weil sie wußte, daß das Auftreten in der Öffentlichkeit nicht gerade zu den starken Seiten der Menschen im Lande gehörte. Es wurde auch nicht gefördert, weil es sich so leichter regieren ließ.

Am Heiligabend glaubte Franziska mal wieder ihren Augen nicht zu trauen, als die ersten Mitspieler um vierzehn Uhr bei ihr klingelten. Entsetzt fragte sie die Typen: „Der Gottesdienst ist erst achtzehn Uhr, was wollt ihr denn jetzt schon hier?" „Zu Hause ist es so langweilig. Wir wissen nicht, was wir tun sollen. Frau Rosen, können wir nicht hierbleiben?" „Ihr scheint nicht zu wissen, was ein Heiligabend im Pfarrhaus bedeutet. Aber geht in den Gemeindesaal, ich bringe euch was Leckeres zum Naschen." Kurze Zeit später machte ihnen Franzi einen Teller zurecht mit Stollen, Lebkuchen, Dominosteinen, Marzipanbroten und Baumbehang.

Zu Weihnachten bekamen die Rosens etliche Westpakete und so konnte Franziska großzügig sein. Wenn sie gewußt hätte, daß die Familie nie wieder Westpakete bekommen würde, hätte sie die Dinge aus den Paketen, die zwar nicht das Weihnachtsfest ausmachten, es aber versüßten, an diesem Weihnachten noch mehr genossen.

Als Franzi mit ihrer Schauspieltruppe die Sakristei der Kirche betrat, sagte der Kirchendiener: „Sie wollen wohl heute die Leute schocken." Einer der Jungen blickte durch den Türschlitz und rief entsetzt: „Die Kirche ist ja voll. Nein, da gehe ich nicht raus. Das schaffe ich nicht." Franziska sagte ganz ruhig: „Dir fehlen doch sonst nicht die Worte. Nun zeig mal, was du neben Sprücheklopfen noch kannst. Außerdem könnt ihr mich doch jetzt nicht blamieren. Also los geht's!" Sie hatte den Jugendlichen versprochen, wenn alles gut ginge, würde sie ihnen nach dem Gottesdienst ein Glas Sekt spendieren und auf Weihnachten anstoßen.

Als sie nun nach getaner Arbeit alle beieinander standen, feierlich ihr Glas hielten, sagte Franziska: „Es war toll – ich bin stolz auf euch. Ich wünsche Euch von Herzen gesegnete Weihnachten. Der Herr Jesus ist auch für euch geboren. Das dürft ihr nie vergessen." Die Jugendlichen waren stolz und glücklich, so ein Erfolgserlebnis hatten sie schon lange nicht mehr gehabt. Einer der Jungen sagte: „Frau Rosen, nächstes Jahr bin ich wieder dabei."

Nachdem Rainer noch eines der Mädchen nach Hause gefahren hatte, konnte sich die Pfarrfamilie endlich unterm Weihnachtsbaum versammeln. Auch für Alex aus Mocambique lagen die Geschenke da. Franziska machte sich Sorgen, warum er nicht gekommen war.

Sie dachte an das letzte Weihnachten. Eine bekannte Familie mit zwei Mädchen hatte mit ihnen gefeiert, weil sie zu Hause mit gepackten Koffern auf die Ausreise warteten.

Rosens setzten sich für Ausreiseantragsteller ein, die ansonsten von der Kirche wenig Unterstützung bekamen. Jeder hatte für Franziska das Recht dort hinzugehen, wohin er wollte und sie verachtete die Schikanen, denen die Leute zumeist über viele Jahre ausgesetzt waren. Einige zerbrachen daran. Manchmal fragte sich Franziska, ob es richtig wäre, in diesem Land zu bleiben. Würden ihr ihre Kinder nicht später Vorwürfe machen, den Zahn der Zeit nicht erkannt zu haben?

Gegen einundzwanzig Uhr klingelte es an diesem Heiligabend. Vier Jugendliche, die erst vor einer Stunde das Pfarrhaus verlassen hatten, standen vor der Tür. Franziska fragte nicht gerade begeistert: „Was wollt ihr denn schon wieder hier. Habt ihr denn gar kein zu Hause?" Ein Junge sagte: „Dürfen wir nicht noch ein wenig reinkommen. Bei ihnen ist es so gemütlich. Zu Hause sind alle schon besoffen oder ins Bett gegangen." Franziska lächelte müde und sagte: „Na, wenn das so ist, kommt rein."

Am nächsten Tag kam dann auch Alex. Franzi betrachtete ihn wie ihren vierten Jungen. Man hatte ihn am Heiligabend nicht aus dem Wohnheim gelassen. Seit dem zwölften Lebensjahr war das arme Schwein im Lande und seitdem war er nicht einmal zu Hause gewesen. Das verstand man unter Solidarität zwischen Bruderländern. Die Ausländer wurden abgeschirmt von der üblichen Bevölkerung. Alex's Kontakte waren die Ausnahme und wurden kritisch beobachtet.

Der sechzehnjährige Schwarze erzählte den Rosens an diesem ersten Weihnachtsfeiertag beim Mahl unterm Weihnachtsbaum, daß vor ein paar Wochen sein Freund nach einer Disco von weißen männlichen Jugendlichen eine Brücke hinuntergestürzt wurde und tot sei. Der Vorfall wurde verheimlicht und niemand zur Rechenschaft gezogen. Es gab keine offizielle Ausländerfeindlichkeit im Land. Alex hatte Angst und Franziska machte sich noch mehr Sorgen als zuvor um ihn.

Der Landesjugendpfarrer lobte Franziskas Engagement und vor allem ihren Umgang mit den Jugendlichen am Heiligabend. Es war ihr gelungen, sie zu integrieren, während sie in anderen Kirchen zunehmend zum Problem wurden, weil sie mit den kirchlichen Traditionen nichts anfangen konnten.

Erst neulich hatte ein Junge sich neugierig die Kirche angesehen und Franziska gefragt, warum hier so viele „Plus" wären. Was konnte man also erwarten?

Doch nicht allen gefiel Franziskas Engagement für die Straßenkinder. Der Staat ließ sich pro Gemeinde ein paar brave Konfirmanden gefallen, aber wenn so viele Jugendliche ins Pfarrhaus strömten, dann mußte man dagegen angehen. So intervenierte man wieder und wieder bei der Kirchenleitung und Franzi mußte sich für eine Arbeit rechtfertigen, vor der sich fünfundneunzig Prozent der Pfarrer fürchteten.

Da Franziska auf Wunsch der Jugendlichen einen Brief an den Bürgermeister geschrieben und um mehr Freizeitaktivitäten gebeten hatte, wurde sie von ihm vorgeladen, weil er ein Gespräch mit den Jugendlichen ablehnte. Franziska durfte natürlich niemanden mitbringen, doch der Bürgermeister erschien an der Seite von zwei gut vorbereiteten Herren.

Als erstes sagte der zynische Stalinist zu der für ihn unverschämten Frau Rosen: „Ihr Kirchenpräsident steht auch nicht hinter ihnen und unterstützt ihre Arbeit keineswegs. Sie können von mir aus Leute beerdigen, aber für die Jugend sorgen wir allein."

Franziska versuchte ruhig zu bleiben und antwortete: „Der Kirchenpräsident kann sagen was er will, allein weisungsberechtigt, was meine Arbeit betrifft, so lange sie auf der Grundlage des Evangeliums basiert, ist er nicht. Wir sind keine Katholiken und auch keine Partei. Durch Luther ist unsere Kirche entstanden und solange ein Pfarrer das Evangelium rein verkündet und die Sakramente richtig verwaltet, kann er in Eigenverantwortung tun und lassen was er will. Der Kirchenpräsident hat nur eine Verwaltungs- und Präsentationsaufgabe. Mein Chef in geistlichen Dingen ist nur der liebe Gott."

Die ist nicht nur unverschämt, sondern auch noch frech und aufmüpfig zugleich, dachte der Bürgermeister. Diese Rosen müssen wir auf jeden Fall mundtot machen. Er warf Franziska vor, daß sie die Jugendlichen nach westlichem Vorbild erziehe und Franzi wußte, daß dieser ungeheuerliche Vorwurf eine massive Drohung beinhaltete.

Die Jugendlichen bettelten und baten um eine Silvesterparty im Pfarrhaus. Franziska wußte, daß es eine heikle Sache war, die im Chaos enden könnte. Dennoch taten ihr die Typen leid und sie wollte sie auch nicht zurück auf die Straße schicken. Der harte Kern dürfe kommen und einen Gast mitbringen, so daß die Zahl die fünfzig nicht überschreite, verkündete sie ihnen, ohne ein Wenn und Aber zu dulden. Alles wurde schriftlich fixiert.

Auch die Rosens feierten eine Silvesterparty mit Freunden und Bekannten. Sogar Fuchsi und Hänschen waren gekommen, deren Situation im Lande immer schwieriger wurde. Überhaupt trafen sich bei den Rosens so unterschiedliche Leute, daß Franzi während des Essens zufrieden um sich blickte. Hatte sie nicht das erreicht, was sie immer haben wollte – ein offenes Haus, in dem sich die Gäste wohlfühlten?

Jäh wurde sie aus ihrem Gedankengang unterbrochen. Ein Mädchen betrat die Diele, in der der große Eßtisch, ein Geschirrschrank und das Klavier standen und rief: „Frau Rosen, Frau Rosen, kommen sie schnell. Da unten sind welche, die haben wir nicht eingeladen. Sie verdreschen die Jungen."

„Scheiße", sagte Franziska, „jetzt ist genau das eingetreten, was wir immer so befürchtet hatten." Wenige Augenblicke später stand sie vor einem großen, kräftigen, besoffenen Kerl und versuchte die Ruhe zu bewahren. Sie fühlte sich sicherer, weil sie wußte, daß Hans-Ullrich hinter ihr stand. Ein ebenso großer und starker junger Mann, allerdings mit feinen Gesichtszügen und garantiert keinem Talent zum Schläger. Alle versuchten gemeinsam die Schläger ohne Gewalt aus dem Haus zu bekommen, weil auch die Freunde der Rosens wußten, was auf dem Spiel stand. Man durfte sich bloß nicht provozieren lassen. Zu der gewünschten Massenschlägerei durfte es nicht kommen.

Als der dumm dreinblickende Typ zu Franziska lallend sagte: „Soll ich jetzt zur Polizei gehen und sagen, daß sie hier eine unangemeldete Disco veranstalten?", gab es keinen Zweifel mehr, woher die Kerle kamen. Später, als der Typ das Haus verlassen hatte, sagte Hans-Ullrich: „Mensch, Franziska, hattest du keine Angst vor dem Typen? Ich hätte nicht mit dem diskutieren wollen." „Doch, aber du hast hinter mir gestanden und mir den Rücken gestärkt." Als die Rosens und ihre Gäste endlich weiterdinieren wollten, hatten die kleinen Chaoten alles bis auf den letzten Krümel aufgegessen.

Um zwölf Uhr gingen die Freunde gemeinsam auf den Turm mit einer Flasche Sekt, um das neue Jahr einzuläuten. Der Pfarrer blieb bei seinen jugendlichen Schafen, um die Jugendfete unter Kontrolle zu halten.

Für Menschen, die noch nie auf einem großen Kirchturm gestanden und Glocken aus nächster Nähe gehört haben, ist eine Kirchturmbesteigung ein besonderes Erlebnis. Als alle im Zimmer des Türmers aus dem Mittelalter anstießen, verabschiedete Franzi wie immer das alte Jahr und war neugierig auf das, was das neue Jahr bringen würde. Sie ahnte nicht, daß es für sie soviel an Schicksalsträchtigem bereit hielt.

Beim Hinuntersteigen fing Hänschen, der Marxist, noch mal in Euphorie zu läuten an und Franzi schimpfte mit ihm, daß man nicht Glocken läutete zum Spaßvergnügen, sondern nur aus besonderen Anlässen. Gegen Ende der Party schleppte Franziska den betrunkenen Alex in ihr ehemaliges Studierzimmer zu Bett. Er hatte versucht, seinen Geborgenheitsverlust im Alkohol zu ertränken und in seinen aufkeimenden männlichen Trieben jedes weibliche Wesen betatscht, was ihn natürlich bei den Anwesenden nicht gerade sympathischer machte. Nun umarmte er ständig Franziska, die seine Mutter hätte sein können und Franzi ließ ihn gewähren, weil sie wußte, daß er seit Jahren auf Körperkontakt verzichten mußte. Armer Alex, dachte sie, als sie ihm behutsam die Decke über den Körper zog.

Die Rosens waren froh über den glücklichen Verlauf der Silvesterparty mit den vielen unterschiedlichen Menschen. Die staatlichen Stellen sahen das anders. Wieder bekam Franziska eine Vorladung zum Bürgermeister. Zuvor hatte sie erfahren, daß einige der Jugendlichen von der Staatssicherheit aufgefordert worden waren, im Pfarrhaus zu spionieren.

Ein Junge erzählte, daß man ihn auf der Lehrstelle abgeholt und vor das Pfarrhaus gefahren habe. Dort forderte man ihn auf, ins Haus zu gehen unter dem Vorwand, am Samstag den Schlüssel verloren zu haben und danach zu erzählen, welche Plakate an den Wänden hingen. Man drohte dem Jugendlichen mit Entzug der Lehrstelle.

Franziska war traurig. Ihr taten ihre Schützlinge leid. So etwas konnte man doch nicht machen. Sie sagte dem Jungen und allen anderen: „Wenn ihr hier herumspitzeln sollt, sagt denen, ihr habt alles dem Pfarrer erzählt. Dann seid ihr für die Typen uninteressant."

Natürlich wußte Franzi, daß die meisten tun würden, was man von ihnen verlangte. Von diesem Zeitpunkt an traf man sich wie gewohnt, doch die Stimmung war gedrückt. Keiner vertraute mehr dem anderen. Das Spiel mit der Angst hatte wieder einmal funktioniert und Franziska wollte ihre Jugendlichen keiner unnötigen Gefahr aussetzen, obwohl sie wußte, daß diese jungen Leute für sie und mit ihr vieles getan hätten. Konnte man unter solchen Umständen überhaupt noch arbeiten?

Am Tag vor dem Termin beim Bürgermeister wurde eine Fensterscheibe des Pfarrhauses mit einem Ziegelstein eingeschlagen. Rainer Rosen entfernte einen Zettel von dem Stein und zeigte ihn seiner Frau. Diese las: „Der Pfarrer und seine Alte brauchen eine Abreibung, und das ist die erste." Beide sahen sich erschrocken an, daß sie so weit gehen würden, hätte das Ehepaar nicht geglaubt.

Franziska war es egal, was man ihr antat, doch sie sorgte sich um ihre Jungen. Vor allem Lukas war nach wie vor ein kleiner Straßenköter und rannte mit seinen vier Jahren allein durch die Straßen. Wenn man ihm etwas antat, würde man nichts nachweisen können und die Kinder würden nicht verstehen warum.

Natürlich hatte der Steinwurf auch bei Franziska die gewünschten Spuren hinterlassen, auch wenn sie sich wie immer zur Stärke zwang. „Wer sich nicht in Gefahr begibt, der kommt drin um." Wie recht Biermann mit diesem Satz hatte, erfuhr sie in diesen Tagen. Nur keine Schwäche zeigen, dachte Franziska. Sie wollte ihnen wenigstens beweisen, daß ihre Methoden nicht immer zogen.

Diesmal verlief das Gespräch beim Bürgermeister wie ein offener Schlagabtausch. Der Mann warf Franziska regelrecht genüßlich vor, daß sie die Sache nicht im Griff habe und Franzi warf dem Staat eine Brutalität vor, die sie erschrecken würde. Wenn Jugendliche zusammengeschlagen und zu Spitzeldiensten angeworben würden, wäre das nicht nur traurig, sondern gefährlich.

Zum Steinwurf mit dem Drohbrief sagte der für Franzi so fiese Bonze: „Ja, Frau Rosen, die Geister, die sie riefen, werden sie nun nicht mehr los." Dieses Schwein!, dachte Franziska und sagte ernsthaft: „Für meine Leute lege ich die Hand ins Feuer. In meinem Haus verkehrt niemand, der mir die Scheiben einschlägt."

Die Fronten waren verhärtet. Es gab nichts mehr zu reden. Als Franziska das Rathaus verließ, dachte sie darüber nach, wie weit sie noch gehen würden. Trotzdem ahnte sie nicht, daß man sie schikanierte, um sie loszuwerden, weil man im Lande fest daran glaubte, daß es besser sei, die Hirten zu vertreiben, um die Schafe in die volkseigenen Großställe zurücktreiben zu können.

Zu Hause angekommen, kochte sie sich einen Kaffee, zündete sich eine Zigarette an, um sich von dem Gespräch zu erholen. Gleich war ihr aufgefallen, daß der Bürgermeister und die beiden anderen Herren nie nachfragten, wenn sie von den Anschlägen auf das Pfarrhaus etwas erwähnte. Die Herren schienen bestens informiert.

Plötzlich betrat Rainer die Küche und Franzi spürte sofort, daß etwas Furchtbares passiert war. „Man hat Fuchsi und Hänschen verhaftet", sagte Rainer blaß. Franzi fragte entsetzt: „Und Stephan?" „Ihn und seine Frau auch", antwortete er. Die Rosens tranken stumm ihren Kaffee. Ihre Betroffenheit fand keine Worte.

Abends telefonierte Franzi umher, um zu erfahren, was mit Fuchsis Jungen passiert war. Sie waren nach der Verhaftung gegen fünf Uhr morgens ins Heim gekommen, weil es keine schriftliche Erklärung der Eltern gab. Doch es gab mehrere Freunde, die sich um die Kinder bemühten. Das haben sie von den „Sowjetmenschen" gelernt, im Morgengrauen die Leute abzuholen, dachte Franzi traurig.

Jede Geheimpolizei holte politische Gegner im Morgengrauen ab. Die Nachbarn schlafen noch, die Verfolgten sind zu Hause, aus dem Schlaf Gerissene sind leichter zu überrumpeln. Immer die gleichen fiesen Spielchen um die Macht!

*

Der letzte Akt der Inszenierung um die Rosens hatte begonnen. Die Ereignisse überschlugen sich. Es war kein langweiliges Stück. Die Hauptdarsteller waren sich ihrer Rolle nicht bewußt und kannten den Regisseur nicht, doch sie spielten ihre Rolle bis zum Ende tapfer durch.

Nach der Verhaftung der Freunde bekam das Ehepaar Rosen eine Vorladung zur Abteilung „Inneres". Schon im Vorzimmer standen drei Herren herum. Es war offensichtlich, man wollte Präsenz zeigen und einschüchtern. Der Chef dieser Abteilung verlangte von den Vorgeladenen, daß sie sich von den Inhaftierten öffentlich distanzierten. Die Rosens lehnten ab. Sie würden sich weiter für diese Leute einsetzen und ihre Solidarität bekunden, weil für sie die Sache nicht nur ein Politikum war, sondern es sich auch um persönliche Freunde handelte.

Außerdem dachte Franziska: „Das kommt mir alles so bekannt vor. Da verschwinden die Leute und man soll so tun, als ob nichts geschehen wäre." Die Herren sahen betreten in die Runde, bevor der Chef anhob zu reden: „Wir haben nur zwei Pfarrer im Kreis, die das gute Verhältnis zwischen Kirche und Staat gefährden. Einer davon sind Sie, Herr Rosen. Ich hoffe, daß wir uns in nächster Zeit nicht unter ganz anderen Umständen wiedersehen." Mit dieser Rede wurden die Rosens verabschiedet. Rainer und Franzi wußten, daß ihnen nun offiziell Haft angedroht wurde. Sie hinterließen in ihrem Tresor Schriftstücke, wohin ihre Söhne kommen sollten, falls es soweit kam.

Zu allem Unglück erfuhr Franziska auch noch vom Personaldezernenten, daß sie nach dem zweiten theologischen Examen die vorgesehene Anstellung innerhalb der Jugendarbeit nicht bekommen würde.

Der einzig Franziska zugetane Oberkirchenrat sagte zu ihr: „Es tut mir leid, Frau Rosen. Ich weiß, daß sie durch ihre zwei wissenschaftlichen Arbeiten und ihre praktische Erfahrung sehr kompetent für diese Arbeit wären. Doch die staatlichen Stellen haben interveniert und sie haben wenig Freunde in der Kirchenleitung. Vor allem der Kirchenpräsident ist strikt dagegen. Ich kann nichts tun. Das alles habe ich ihnen im Vertrauen gesagt, wenn sie in der Öffentlichkeit diese Informationen wiederholen, würde ich leugnen, ihnen jemals so etwas erzählt zu haben. Offiziell bietet ihnen die Kirchenleitung nur eine Pfarrstelle an und zwar die beiden Dörfer, die sie schon seit Monaten als Vikarin betreuen." Eine größere Gemeinheit gab es für Franziska nicht. Sie sollte ans Ende der Welt abgeschoben werden – fünfzig Kilometer lagen die Dörfer von ihrer Heimatstadt entfernt. Nicht mal eine Pfarrstelle in der Stadt oder im Umkreis bot man ihr an.

Franziska sagte nach kurzem Überlegen: „Das nehme ich nicht an. Ich mache die Pfarrdienste auf diesen Dörfern gern weiter, die von der Landeskirche als Enklave eh schon aufgegeben sind. Doch ich lasse mich nicht auf diese Pfarrstelle ordinieren. Ich hätte nicht mal mehr ein Mitspracherecht in der Jugendarbeit. Von meiner offenen Jugendarbeit ganz zu schweigen. Jahrelang wurde mir eine diesbezügliche Anstellung versprochen und ich habe alles getan, um gute Kenntnisse in Theorie und Praxis zu erwerben. Nun soll alles umsonst gewesen sein, nur weil es ein paar Bonzen so wollen. Nein, dann müssen wir uns etwas anderes suchen. So lasse ich mich nicht verbraten."

„Ich hatte gehofft, Frau Rosen, daß sie das Angebot doch annehmen und sich alle Unannehmlichkeiten ersparen. Ich kann sie allerdings verstehen und werde ihren Entschluß dem Landeskirchenrat mitteilen. Sie gehen einen schwierigen Weg," sagte der Oberkirchenrat traurig. „Ich bin noch nie den Weg des geringsten Widerstandes gegangen", sagte Franziska entschlossen.

Inzwischen war Franzi immer weniger motiviert, für die mündlichen Prüfungen des zweiten theologischen Examens zu lernen.

Sie hatte ihr Vikariat ohne Schwierigkeiten hinter sich gebracht, doch das würdigte niemand. Sie war beliebt bei allen Altersgruppen, auch das schien ihre Kirchenleitung nicht zu interessieren. Wozu dann noch mal die Paukerei – wenn alles doch sinnlos war? Die Freunde standen kurz vor ihrer Abschiebung in den Westen. Konnte man in einem Land leben, wo man zwischen alle Stühle geraten war? Sie wußte zu diesem Zeitpunkt nur, sie würde keinen Schritt in ihrem Leben zurückgehen und sie würde sich ihr Rückgrat nicht brechen lassen. Beides wäre für Franziska der Beginn des Todes gewesen und gab es etwas Schlimmeres als der langsame Tod im Leben?.

Doch sie riß sich zusammen und nahm auch die letzte große Hürde ihrer langjährigen theologischen Ausbildung. Wieder saß sie vor schwarz gekleideten Herren, die sie nicht leiden konnten. Nur ihr einstiger Professor für Praktische Theologie, der als Vertreter der Uni der Prüfung beiwohnte, begegnete ihr erstaunlicherweise sehr freundlich und unverklemmt. Der Kirchenpräsident hatte ihr schon auf ihre Pre-

digt ein mangelhaft gegeben und Franziska wußte, daß es ungerecht war. Die erste Frage, die ihr einer der Herren mit einem süßlichen Lächeln stellte: „Frau Rosen, sagen sie uns bitte mal, wie oft wird im Gottesdienst nach Agende A und Agende B gebetet."
Franzi hätte am liebsten Schreikrämpfe bekommen und den Frager angebrüllt: „Wenn sie keine anderen Sorgen haben, tun sie mir leid. Sehen sie doch nach, wenn es sie so brennend interessiert. Wozu sind den Agenden da?" Wieder beherrschte sie sich. Würde es die Herren nicht freuen, wenn sie in der Prüfung Dinge sagte, die ihre Meinung über sie bestätigten? Nach kurzer Überlegung beantwortete sie die Frage. Sie wurde von einem Kreisoberpfarrer in Jugendarbeit geprüft, der die meisten jungen Leute nur zum Lachen bringen konnte. Ängstlich und verklemmt fragte er: „Frau Rosen, würden sie sich in eine Motorradgang hineintrauen?" Franzi mußte lächeln und war sich sicher, daß sich ihr Prüfer das nicht trauen würde. Sie antwortete: „Es kommt darauf an, was ich da wollte. Natürlich würde ich hingehen und sie nach der Uhrzeit fragen. Aber das Evangelium würde ich ihnen nicht um die Ohren hauen. Aber ihre Frage beantworte ich mit ja. Ja, ich hätte keine Angst vor einer Horde Motorradfahrer." Franzi war nicht der Meinung, daß man Leute von der Straße mit Sprüchen wie „Jesus lebt" beeindrucken konnte. Sie wußte, daß man nur durch Vorbildwirkung im Sinne von gelebter Nächstenliebe eine Chance hatte.
Als sie einige Tage später ihr Zeugnis über die zweite theologische Prüfung in der Hand hielt, konnte sie nur darüber lachen. Der Herr Kirchenpräsident hatte ihr zweimal ein mangelhaft gegeben, wobei die anderen Herren fair gewesen waren. Egal, auch diese Prüfung hatte sie mit einem „befriedigend" bestanden und sie wußte selbst, was sie geleistet hatte. Noch dazu, weil sie erlebt hatte, daß eine andere Vikarin in der Prüfung zwar die schlechteren Antworten gab und dennoch die besseren Noten erhielt.

Es war wieder einmal geschafft. Sie hatte in einem nicht der Tragik entbehrenden Weg alle theologischen Examen hinter sich gebracht. Wenn man sie bei der Kirche gewollt hätte, wäre sie sicher eine gute Pastorin geworden. Doch es kam anders...

*

Die Rosens sprachen in diesen Zeiten wenig miteinander. Jeder machte sich seine eigenen Gedanken. Wie sollte es weitergehen? Sollten sie sich auf eine einsame Insel verkriechen und der Politik ihren Lauf lassen? Doch einsame Inseln gab es wenig im Land. Einmal hatten sie sich mit dem Gedanken getragen, auf die Insel Hiddensee zu gehen. Franziska liebte das Meer. Dort fühlte sie sich zu Hause. Doch war sie kein Aussteigertyp und noch viel weniger ihr Mann.

Die Pfarrstelle auf der Insel war längst besetzt. Ihre Reife für die Insel kam erst viel später. Sollten sie sich auf ein mecklenburgisches Dorf verziehen und Freude am Schafezüchten haben? Rainer dachte mit Grauen an seine erste Pfarrstelle und Franzi fand nichts Anziehendes am Landleben. Oder sollten sie etwas ganz anderes tun? Diese Erde ist größer und schöner als das kleine Kackland, das wußte das Ehepaar Rosen. Dennoch wäre es ein großer, nicht rückgängig zu machender Schritt. Die Heimat mit den vertrauten Menschen würde für immer verloren sein. War es andererseits nicht auch wichtig, daß ein Pfarrer im Lande Zeichen setzte? Fragen über Fragen, allein eine Antwort gab es nicht.

Eines Abends fragte Rainer seine Frau, ob es nicht das Klügste wäre, das Land zu verlassen. Franzi war nicht erstaunt über die Frage. Zu lange schwebte sie schon im Raum. Nach einigen Minuten des Überlegens, welche unendlich schienen, antwortete sie: „Entscheide du, für mich stehen die Dinge fünfzig zu fünfzig. Du weißt, daß wir im Westen wenig Chancen habe, eine Pfarrstelle zu bekommen. Ich kann dort jederzeit in meinem alten Beruf arbeiten, aber du...?" Rainer ging schweigend aus dem Raum und wieder sprachen sie tagelang nicht über das Thema und gingen ihrer Arbeit nach.

Nach einigen Tagen sagte Rainer zu seiner Frau: „Meine Entscheidung steht fest, wir werden den Ausreiseantrag stellen. Es hat doch hier keinen Zweck. Wenn wir in diesem Land woanders hingehen, dann fängt alles wieder von vorne an. Warum soll ein Pfarrer nicht mit so einem Antrag ein Zeichen setzen und sich mit denen solidarisieren, die das Land verlassen wollen? Die Kirche schweigt darüber und läßt die Leute allein."

Wieder schwieg Franzi betroffen, bis sie endlich sagte: „Wenn wir diesen Antrag stellen, dann aber nur mit einer wahren Begründung, egal was uns dann passiert. Sie werden uns sicher schneller rauslassen als andere Leute, aber ein Jahr wird es mindestens dauern." Franziska wollte verdrängen, was nicht mehr zu verdrängen ging. Doch an einen Abschied für immer wollte sie nicht denken und sie war sich sicher, daß dieser Abschied auch noch nicht heute oder morgen ins Haus stand. Vielleicht würde ja noch ein Wunder geschehen. Das Wunder geschah und war ganz anderer Natur als von Franzi vorgestellt.

Rainer bekam in diesen Tagen auch noch einen Job bei der Kirchenzeitung angeboten. Ein paar Wochen vorher hätte er sich darüber gefreut. Wäre diese Arbeit ein Ausweg? Mit Sicherheit nicht! Würde er nicht noch mehr im Licht der Beobachtung stehen? Auch in die Synode hatte man ihn gewählt. Er freute sich darüber, weil er für sich überhaupt nicht die Werbetrommel gerührt hatte.

Die Kirchenleitung war entsetzt. Dieser Mann in der Synode war ein Skandal, der verhindert werden mußte.

Als Rainer Franzi endlich den Antrag vorlegte, wußten beide, daß es nun kein Zurück mehr gab. Trotzdem scheuten sie sich, den Brief in den Kasten zu werfen. Zwei Tage später war es dann soweit.

Morgens war ein blonder, blauäugiger Jüngling in Rosens Korridortür erschienen und hatte Franzi die Tageszeitung übergeben. Sie fragte ihn, wie sie zu der Ehre käme, daß ihr der Postbote die Zeitung direkt in die Wohnung liefere. Der schöne junge Mann, der gar nicht wie ein Postbote aussah, antwortete: „Ich möchte, daß sie etwas wissen. Heute Morgen war noch Post in ihrem Fach, als ich sie nehmen wollte, war sie verschwunden." Franziska fragte: „Wird denn alle Post kontrolliert?" „Nein, aber ihre jeden Tag. Mir war es wichtig, ihnen das mitzuteilen." Franzi bedankte sich gerührt. Diesen Engel sah sie nie wieder. Später fanden die Rosens in der Tat Originalbriefe von ihrer Westverwandtschaft in den Akten. Man hatte sich nicht einmal die Mühe gemacht, sie zu kopieren.

Rainer und Franziska Rosen standen lange Zeit im Dunkeln vor dem Briefkasten. Endlich faßte sich Rainer ein Herz, öffnete die Klappe vom Briefschlitz und gleich darauf war der ihr Leben verändernde Brief verschwunden. Nun konnten sie nur noch der Dinge harren, die da kamen.

Die Kirchenleitung beauftragte die Rosens, nachdem sie von der Antragstellung gehört hatte, so weiter zu arbeiten wie bisher. Man wollte so wenig Aufsehen wie möglich erregen. Auch die Rosens erzählten nur ihren besten Freunden von dem Vorhaben. Die in den Westen Ausgewiesenen telefonierten nun häufiger und hielten den Kontakt, wenn auch die Telefongespräche meist nach kurzer Zeit unterbrochen wurden.

Den Eltern wollte man die Sache im Sommer schonend beibringen. Knapp zwei Wochen vergingen, so als ob nichts geschehen sei, und Franziska war es recht so. Sie lebte weiter wie bisher und wußte doch, daß sie etwas getan hatten, das ihr Leben verändern würde. Allerdings wußte sie noch immer nicht, ob sie das überhaupt wollte. Sie war nicht unzufrieden mit ihrem derzeitigen Leben. Alles war wohl organisiert mit Kindern, Arbeit und mit den Freunden hatte sie viel Spaß.

Rainer fuhr zu einer Konferenz der Mitarbeiter für die Kirchenzeitung in die Hauptstadt. Als er seine Frau von dort anrief, sagte Franzi zu ihm: „Hast du etwas Dringendes? Ich muß wieder ins Bett. Es ist so kalt in der Wohnung." Rainer verabschiedete sich lächelnd und sagte zu einem Kollegen: „Meine Frau ist zu faul zum Heizen, sie liegt lieber im Bett."

Die Rosens hatten zwar eine Zentralheizung, doch die Bestückung der zwei Öfen im Keller mit Braunkohlenbrikett war nicht einfach. Nur einmal war es ihm gelungen, Ruhrkoks zu ergattern. Man war den ganzen Tag beschäftigt und Franzi verpaßte ständig den Moment zum Nachlegen. Als Rainer am nächsten Tag aus einer Veranstaltung ans Telefon gerufen wurde, dachte er: „Was hat sie denn nun schon wieder angestellt, meine kleine Chaotin." Schon bei Franzis erstem Wort war ihm klar, daß etwas passiert war. „Du mußt sofort nach Hause kommen. Wir müssen das Land binnen zwei Tage verlassen." Das Ehepaar wußte, daß es der letzte üble Streich war, den man ihnen spielte und deshalb brauchte man nicht viele Worte darüber verlieren. Um seine Fassung ringend sagte Rainer: „Gut, ich komme so schnell ich kann", und legte den Hörer auf.

Nie vergaß Franziska diesen Mittwoch, Ende April, im Jahre 1988. Am Morgen war ein Freund gekommen, der zur Zeit bei ihnen als Kirchenhandwerker arbeitete. Dieser Mann hatte wegen seines Ausreiseantrages und eines Fluchtversuches über Ungarn seine Arbeit verloren. Ständig hatte er, wie alle Ausreisewilligen, neue Geschichten von der Stasi zu erzählen. An diesem Morgen wollte er den Trabbi mit dem Hänger holen, um Holz zu transportieren. Franzi sagte ihm, daß sie noch schnell mit dem Auto Brötchen holen würde. Danach könnten sie noch gemütlich frühstücken, bevor jeder seiner Arbeit nachging. Als Franzi ihre Küche wieder betrat, sagte der Freund: „Die haben angerufen, du sollst zurückrufen." „Die rufen öfter mal an". entgegnete sie lächelnd und ließ sich genüßlich mit einem frischen Brötchen in der Hand am Tisch nieder. Beide frühstückten schweigend und als Franzi die Teller zusammenräumte, sagte ihr Frühstücksgast wieder: „Franziska, du sollst da anrufen, die haben eine Telefonnummer hinterlassen. Aber du brauchst dir keine Gedanken zu machen. Wenn es um euren Antrag geht, bestellen sie euch nur zu zweit. Wenn sie hören, daß Rainer nicht da ist, werden sie nichts tun."

Entnervt ging Franziska zum Telefon und dachte, der arme Kerl hört es auch überall läuten. Wirklich lag neben dem Telefon eine von ihm aufgeschriebene Nummer. Franziska wählte und meldete sich mit „Frau Rosen". Am anderen Ende der Leitung hörte sie Getuschel. Eine Stimme sagte zu ihr: „Frau Rosen, erscheinen sie bitte um 13 Uhr mit ihrem Mann bei der Abteilung Inneres." Nicht ohne Schadenfreude sagte Franzi betont höflich: „Oh, das tut mir aber leid, mein Mann weilt gerade für vier Tage in der Hauptstadt." Wieder hörte sie Getuschel, dann die gleiche Stimme: „Wann kommt er zurück?" „Frühestens übermorgen", antwortete Franzi. Wieder hörte sie Stimmen im Hintergrund, eine Tür klappte. Als sie auflegen wollte, weil sie es unverschämt fand, sie ohne Entschuldigung so lange warten zu lassen, hörte sie die gleiche Stimme im förmlichen Ton sagen: „Dann kommen sie um 13 Uhr allein."

Nachdenklich legte Franziska den Hörer auf und ging langsam in die Küche, wo der Freund mit Spannung auf sie wartete. Es war die erste Reaktion auf den Ausreiseantrag, den man als Provokation sehen mußte. Einige Leute hatten zu ihr gesagt, daß man mit einem solchen Antrag nur ins Gefängnis kommen kann, aber nicht in den Westen. Franziska sagte, nachdem sie sich eine Zigarette angezündet hatte: „Ich soll allein kommen. Wenn ich um 15 Uhr nicht zurück bin, schlägst du dort Krach von wegen der Kinder usw." Beide saßen in der Küche und rauchten schweigend. Franziska wäre lieber gleich ge-

gangen, die zwei Stunden dauerten eine Ewigkeit. Sie versuchte so gelassen und ruhig wie möglich ihrer Hausarbeit nachzugehen.
Pünktlich um 13 Uhr betrat sie das Gebäude und ging zielstrebig in das Büro des Chefs, in welchem sie erst vor wenigen Wochen gesessen hatte. Keinen Augenblick mußte sie warten. Sofort wurde sie in den Raum mit dem langen Tisch geführt, man hatte sie erwartet. Vier Herren saßen ihr gegenüber, doch langsam war sie an die männliche Übermacht bei derartigen Zusammenkünften gewöhnt. Der berüchtigte Chef der Abteilung sagte zu Franziska Rosen einen Satz, den sie zeitlebens nicht vergessen sollte: „Frau Rosen, wir haben ihren Ausreiseantrag gründlich gelesen. Dem wird stattgegeben, und zwar sofort." Franziska hörte ihre eigene Stimme weit entfernt sagen: „Was bedeutet sofort?" „Heute ist Mittwoch, am Freitag bis vierundzwanzig Uhr müssen sie die Deutsche Demokratische Republik verlassen haben", antwortete ihr dieser Mann und ließ seiner Zufriedenheit vollen Lauf. Genüßlich, jede Sekunde ihrer Betroffenheit auskostend, sagte er weiter: „Hier sitzt Hauptmann Müller, er wird ihnen mitteilen, was sie noch zu erledigen haben. Nehmen sie Papier und Bleistift zur Hand."

In Franziskas Kopf wirbelten die Gedanken durcheinander, wie konnte man sich von fünfunddreißig Jahren Lebenszeit in zwei Tagen verabschieden? Wie sollte es gehen mit den Kindern? Weder ihre Eltern noch ihre Geschwister hatten eine Ahnung. Aus diesen Gedanken heraus sagte sie, unfähig ihre verzagte Stimme zu verbergen: „Aber wie stellen sie sich das vor, wir haben ein Pfarrhaus aufzulösen." Als sie in die Gesichter der vier schmierig lächelnden Herren sah, wußte sie, daß solche Einwände hier fehl am Platze waren. Man wollte sie loswerden und zwar ganz schnell. Worauf andere Jahre warteten und nicht selten daran zu Grunde gingen, wurde ihnen hinterhergeschmissen. Plötzlich hörte sie ihre innere Stimme, die ihr immer half, wenn alles über ihr zusammenbrach wie ein Kartenhaus: „Franziska, reiß dich zusammen, zeige diesen Kerlen keine Schwäche und vor allem zeige ihnen nicht deine Verzweiflung. Es würde sie nur freuen."
Franziska schluckte und sagte so arrogant wie möglich: „Was mir Herr Müller zu sagen hat, kann ich mir immer noch merken. Ich brauche nichts aufzuschreiben." Die ihr gegenübersitzenden Männer

dachten alle dasselbe: „Sie ist unverschämt wie eh und je. Solche Menschen können wir hier nicht gebrauchen. Zum Glück sind wir sie bald los."

Hauptmann Müller sprach seinen Text mechanisch runter. Ein Laufzettel wäre abzuarbeiten und Franziska dachte bei sich, wenn er jetzt ein pampiges Wort sagt, stehe ich auf und gehe. Als er sie nach der Pflegeverzichtserklärung der Eltern fragte, sagte Franziska – sie hatte sich gefangen –:„So eine Erklärung werde ich von meinen Eltern nicht verlangen. Wenn ich nicht einmal bei Krankheit meiner Eltern in mein Heimatland einreisen darf, ist das nicht mein Problem, sondern das ihre." Entnervt sahen sich die Männer an. Dann sagte der Chef: „Dann verzichten wir darauf. Hier haben sie ihre Papiere. Sie kommen damit in zwei Tagen morgens auf die Polizei. Dort bekommen sie ihre Ausbürgerungsurkunde und ihre Identitätskarte."

Nach noch nicht einmal fünfzehn Minuten verließ Franziska zum letzten Mal als Bürgerin ihres Landes das Gebäude, in welchem über Menschen entschieden wurde, als ob sie Gartenzwerge wären. Nur einen Gartenzwerg konnte man von einem Tag auf den anderen in einen anderen Garten stellen. Franziska war wütend und traurig zugleich, weil der Abschiedsschmerz schon an ihr nagte. Nur eines konnte sie nicht, sich freuen, worüber auch?

Ihr fiel ein, daß sie noch ein paar Westmark in der Tasche hatte. Auf dem Heimweg fuhr sie im Intershop vorbei und kaufte eine Kiste Sekt. Ein paar Jugendliche winkten ihr zu, sie winkte zurück und Tränen stiegen ihr in die Augen. Nein, sie würde es nicht fertigbringen ihnen zu sagen, daß es keine Samstage im Pfarrhaus mehr geben würde. Diese Schweine, weder kann ich meinen Kram von fünfunddreißig Jahren zusammenpacken noch mich gebührend von allen Leuten verabschieden. Statt dessen werde ich nur mit meiner Trauer zu tun haben, dachte Franzi.

Als sie ihre Küche betrat, saß Uwe immer noch auf dem selben Stuhl und hatte in der kurzen Zeit den Aschenbecher vollgeraucht. Er sah Franzi erleichtert an und wartete nun auf ihren Bericht. Solche Gespräche hatte er schon viele Male geführt und er meinte, daß sie mit Franziska genau so verfahren waren.

Statt dessen schmiß Franzi ihm in hohem Bogen die Papiere auf den Tisch und sagte: „Ich würde sie euch so gern überlassen. Ihr wartet schon so lange darauf. Nun sollen wir in zwei Tagen hier weg sein. Mir ist das richtig peinlich, dir das sagen zu müssen." Dem Mann auf dem Küchenstuhl klappte der Unterkiefer herunter und es dauerte eine Weile, bis er sagte: „Mensch, Franziska, freu dich doch. Das ist die Sensation. Ihr habt etwas geschafft, was es noch nie gab. Darf ich mal Elke anrufen?" Franziska nickte und dachte plötzlich an die vielen Dinge, welche zu tun waren. Es war überhaupt nicht zu schaffen, am liebsten hätte sie sich einen angesoffen und sich ins Bett gelegt. Doch sie wußte, daß sie sich zusammenreißen mußte, um dieses dunkelste Kapitel ihres Lebens so schnell wie möglich über die Bühne zu bringen.

Wenige Augenblicke später betrat Uwe mit seiner Frau die Küche. Sie mußte hergeflogen sein. Unter den Antragstellern, die sich durch gemeinsame Probleme alle miteinander verbunden fühlten, wird es umgehen wie ein Lauffeuer, dachte Franzi. Elke stürzte auf Franziska zu und gratulierte ihr. Wieder sagte Franzi verlegen. „Tut mir leid, ich würde euch gern die Papiere überlassen. Und wenn ich mich krankschreiben lasse? Ich sehe nicht ein, daß ich nach deren Pfeife tanzen soll. Ich will in Ruhe meine Sachen packen." Elke konnte Franziskas Reaktion nicht verstehen. Seit Jahren wollte sie in den Westen. Deshalb sagte sie nur: „Das geht nicht. Sie würden dich vor den Amtsarzt zitieren und der würde dich, selbst wenn du halbtot wärst, für reisefähig erklären. Also sei froh, daß du gehen kannst." Elke war selbst Ärztin und Franziska wußte, daß sie wohl recht hatte.

Nachdem die drei eine Flasche Sekt getrunken hatten, wurde auch Franziska wieder etwas fröhlicher und begann mit den unvermeidlichen Dingen, auch wenn sie noch so schmerzhaft sein würden. Zunächst versuchte sie ihren Mann zu erreichen, und es gelang ihr sogar. Rainer versprach, so schnell wie möglich zu Hause zu sein. Als sie den Hörer auflegte, machte ihr der Gedanke Angst, daß das Ehepaar Rosen jetzt allein auf sich gestellt war. Sie waren zwei so ungleiche Menschen und sie verband außer ihrer großen tragischen Liebesgeschichte und ihrer Söhne nichts miteinander. Würde es reichen, um in einem anderen Land nicht nur zu überleben, sondern auch zu leben und die Ansprüche Franziskas an das Leben waren hoch. Es war zu spät, sich diesen Gedanken hinzugeben. Das Urteil war gefällt. Die

Verurteilte empfand die Strafe zu hart, zu ungerecht und vor allem zu endgültig.

Es graute Franziska furchtbar davor, ihren Eltern die Nachricht zu hinterbringen und so rief sie zunächst ihre Skatschwestern an. Sie wußte, wie furchtbar und schrecklich der Abschied vor allem von Ute sein würde, ihrer treuen Freundin, bei der sie sich so gut erholen konnte. Beide Freundinnen versprachen, so schnell wie möglich im Hause Rosen zu erscheinen und boten ihre Hilfe an. Es war rührend, wie sie nach und nach alle erschienen, die Freunde, und mithelfen wollten, und Franzi war stolz auf ihre vielen lieben mutigen Freunde und Freundinnen, die sich nicht fürchteten, das Pfarrhaus zu betreten, obwohl sie beobachtet wurden.

Nachdem Franziska alle Menschen, die sie informieren wollte, benachrichtigt hatte, konnte sie das Telefonat mit ihren Eltern nicht mehr länger aufschieben. In zwei kurzen sachlichen Sätzen teilte sie ihrer Mutter mit, daß sie und ihre Familie in zwei Tagen hier nicht mehr anzutreffen seien. Erst verstand die Mutter nicht, dann schwieg sie aus dem Schock heraus wenige Augenblicke. Plötzlich fing sie an, fürchterlich laut zu heulen und Franzi fragte sich, warum ihre Mutter ihr das nicht erspare. Zwischen den Heulkrämpfen wurde sie wieder von ihr beschimpft, daß sie egoistisch sei und immer nur an sich selbst denken würde. Wie froh war Franzi, als sie die Stimme des Vaters vernahm. Er teilte ihr mit, daß er alles mitbekommen habe und daß es für sie vielleicht wirklich besser wäre, das Land zu verlassen. Dann fragte er seine Tochter, ob sie etwas dagegen hätte, wenn sie morgen noch vorbeikämen, falls die Mutter sich beruhigt hätte, sonst käme er allein. Franziska verneinte und kämpfte mit den Tränen und sie wußte, daß ihr Vater am anderen Ende das Gleiche tat und dafür liebte sie ihn.

Als die Eltern am nächsten Tag erschienen, begegneten beide Franziska so gelassen wie möglich. Margarete Kaufmann war sehr schnell damit beschäftigt, sich aus dem riesigen Klamottenberg, den Franziska zur Selbstbedienung freigegeben hatte, für sich herauszusuchen, was ihr einigermaßen paßte, denn sie war viel kleiner und korpulenter als ihre Tochter. Franziska lehnte in ihrer Schlafzimmertür und sah zu, wie ihre Mutter und die neue Gattin ihres Schwiegervaters hektisch in diesem Berg herumzupften. Sie kam sich vor wie eine lebendige Tote, die zusieht, wie man sich aus ihrem Nachlaß bedient. Zu Franziska gesellte sich eine ihrer Skatschwestern und beide Frauen lächelten sich verständig an, sie hatten die gleichen Gedanken. Franziska sagte zu ihrer Freundin: „Was macht eigentlich dieser Chorsänger den ganzen Tag in meiner Wohnung, der ist bestimmt von der Stasi."

Zwei Jahre später konnte Franziska in ihren Akten in allen Details nachlesen, was sich die letzten beiden Tage im Pfarrhaus abgespielt hatte, sogar, daß dieser Spitzel ihre Koffer geschlossen hatte. Selbst konnte sie sich an fast gar nichts mehr erinnern. Sie erlebte die letzten Stunden in ihrer Heimat wie in Trance. Der Tod hatte sich in ihr Leben gedrängt und Franziska begegnete ihm fröhlich, traurig, gelassen, ja fast schon lethargisch.

Sie war aus ihrem eigenen Körper herausgetreten, sonst hätte sie die vielen Tränen, Umarmungen und Abschiedsworte nicht ertragen. Sie ließ sich von den Menschen, die in diesen Stunden Abschied von ihr nehmen wollten, in den Arm nehmen wie eine leblose Puppe. Es war so, als ob der eiserne Vorhang schon zwischen sie getreten war und Franziska fühlte sich schon auf der anderen Seite. Sie war noch da und gehörte doch nicht mehr dazu.

Die Rosens sahen sich in diesen Stunden wenig. Rainer wurde mit der Amtsübergabe in Schach gehalten. Selbst die beiden Trabbis mußten sofort abgegeben werden und wären da nicht die Freunde mit ihren Autos eingesprungen, wäre es für die Familie schwierig geworden, den Leipziger Bahnhof rechtzeitig zu erreichen. Kein tröstendes Wort, keine guten Wünsche, nicht einmal ein Dankeschön hatte die Institution Kirche für ihre Mitarbeiter übrig.

Auch Michael war kaum in der Wohnung zu sehen. Wie ein Faustschlag ins Gesicht hatte ihn die Nachricht seiner Mutter getroffen. Erst vor zwei Tagen war er in das ehemalige Paukerzimmer seiner Mutter gezogen. Er hatte sich so auf das eigene Zimmer gefreut und ein Leben ohne seinen besten Freund, der nur um die Ecke wohnte, konnte er sich überhaupt nicht vorstellen.

Nun ging er an der Hand seiner Großmutter ein letztes Mal seinen Schulweg, um sein Zeugnis abzuholen. Zum Glück ging die Oma mit ihrem Lieblingsenkel, die Eltern waren viel zu beschäftigt. Es war ihm peinlich, als kleiner Staatsfeind herumzulaufen. Was hatte er mit den Aktivitäten seiner Eltern zu tun? Doch Westpakete waren schön und rochen gut und das Leben wie in einem großen Westpaket hatte etwas Verlockendes.

Die Direktorin begegnete Michael und seiner Großmutter wie Schülern, die etwas Furchtbares ausgefressen haben. In hohem Bogen schmiß sie den beiden das Zeugnis zu und verbot Michael, sich von seiner Klasse und seiner Lehrerin zu verabschieden. Insgeheim war sie froh, dieses Pfarrergör los zu sein. Hatte man doch nur Ärger mit diesen Bälgern, die ständig aus der Reihe tanzten. Blöde Kuh, dachte Frau Kaufmann, was kann denn der Junge dafür?

Ganz anders verhielt man sich in Lukas Kindergarten. Er wurde verabschiedet und bekam sogar ein Geschenk. Man wünschte ihm alles Gute und Lukas hatte zwar nicht mitgekriegt, warum man so schnell umziehen mußte, doch „nach Westen„ zog er gern, weil es dort Westwagen gab.

Am Tag der Abreise ging Franziska mit Rainer ein letztes Mal in das Gebäude, wo die Reisepässe mit Willkür verteilt und wieder eingezogen wurden. Einen solchen Paß bekamen die Rosens nicht. Mit zwei Blättern schickte man sie in die große, weite Welt. Nicht einmal den Führerschein ließ man ihnen. Franziska mußte an Martin Luther und sein Vogelfreidasein denken. Als Staatenlose würden sie das Gebäude verlassen. „Wer sich nicht in Gefahr begibt, der kommt drin um..." Plötzlich weitete sich das häßliche graue Büro und Franziska sah den blauen, weiten Himmel und sie fühlte, wie sie sich emporschwang und alles hinter sich ließ, was sie an diesen Boden fesselte.

Sie hörte den Volkspolizisten sagen: „Ich bekomme achtzig Mark von ihnen." Am liebsten hätte Franzi laut losgelacht. Nicht einen Pfennig hatten sie bei sich. Als die drei Beamten hörten, daß die Rosens nicht mal ihre Urkunden bezahlen konnten, stieg ihre Verachtung für diese Elemente ins Unermeßliche. Ihren Laufzettel hatten sie nicht gründlich abgearbeitet und ihre Paßphotos waren nicht vom Photographen gemacht.

Gegenseitig hatten sich Franzi und Rainer nachts photographiert und Rainer hatte die Bilder in seinem Photolabor selbst entwickelt. Franzi hatte lachend zu ihm gesagt: „Wenn ein Karnickel drauf wäre, würden die es auch nehmen. Sie tun alles, um uns loszuwerden." Als Rainer die Paßbilder aus der Entwicklerlösung zog, dachte er: „Schade, ich hatte mich hier gerade so gut eingerichtet." Es war das dritte, heruntergekommene Pfarrhaus, welches er zu einem Schmuckkästchen herausgeputzt hatte. Jedes Mal mußte er gehen, wenn alles so war, wie er es sich mit seinem ästhetischen Feingefühl vorgestellt hatte.

Irgendwie taten die treuen Befehlsempfänger Franziska an diesem Morgen nur noch leid, deshalb sagte sie: „Ein Freund wartet in seinem Auto vor der Tür. Er kann das Geld holen." Erleichtert sahen sich die drei Herren an und plazierten die Rosens auf einer Bank vor dem Büro. Dreimal steckte eine Beamtin während der zwanzigminütigen Wartezeit den Kopf aus der Tür und fragte, ob der Freund immer noch nicht da wäre. Traurig, sehr traurig, daß sich auch Frauen für diesen miesen Job hergeben, dachte Franziska.

Eine Stunde später stand Franziska mit ihren vier Männern vor der großen Einfahrt des Pfarrhauses und konnte die Tränen nicht mehr unterdrücken. Zum Glück hatte sie schon am Vortag ihre Eltern verabschiedet. Sie war umringt von Freunden, Bekannten und Gemeindemitgliedern, die den Pfarrersleuten zugetan waren. Alle standen da, kämpften mit den Tränen und konnten sich voneinander nicht trennen.

Der kleine Lukas rettete die unerträgliche Situation: „Macht's gut, ich fahr nach Westen", brüllte er über die Straße seiner Kindergartentruppe zu. Alle lachten, verabschiedeten sich und die Fahrt mit zwei gefüllten Autos konnte beginnen.

Franziska fiel ein Stein vom Herzen. Wie hatte sie diesen Augenblick gefürchtet, nun war er überstanden. Es ging los – in zwei Autos wurde die Familie Rosen von den Freunden ein letztes Mal durch die ihnen zur Heimat gewordene Stadt chauffiert. Die Insassen der beiden Wagen benahmen sich ernst und diszipliniert, selbst die kleinen Jungen. Sie spürten die Anspannung der Erwachsenen und zogen es vor, durch Artigkeit zu brillieren. Keiner wollte dem anderen diesen grausamen Abschied erschweren. Es gab keinen Trost und jedes Wort wäre fehl am Platze gewesen – also schwieg man.

Als der schönste Bahnhof des Landes nach einstündiger Fahrt endlich erreicht war, atmete Franziska auf. Sie haßte tragische Abschiede und dieser Abschied dauerte schon viel zu lange. Eigentlich sollte sie ihren Rausschmeißern dankbar sein, daß sie ihr so wenig Zeit ließen; dachte sie. Wäre ein längerer Zeitraum nicht unerträglich geworden? Nun blieben ihnen immer noch fast zwei Stunden mit den Freunden und man entschloß sich, sie im Bahnhofsrestaurant zu verbringen, obwohl die Kehlen wie zugeschnürt waren und es einige Kraftaufwendung kostete, das bestellte Essen hinunterzuschlucken.

Franziska mußte an die letzte Galgenmahlzeit denken, die man immer schon den Todgeweihten gewährte. Ein letztes Mal saß sie mit ihren Skatschwestern am Tisch, mit denen sie zuvor so oft und so gut gegessen hatte. „Ich nehme Schnitzel", sagte sie, da gibt es Gurkensalat dazu, eine Delikatesse zu dieser Jahreszeit." „Ab morgen kannst du so viel Gurkensalat essen wie du willst", entgegnete ihre liebste Freundin lachend und Franziska wurde bewußt, wie sehr sie in ihrer alten Welt verhaftet war. Noch keinen Gedanken hatte sie bisher an die neue Welt verschwendet. Auf dem Bahnsteig wurden die Minuten zur Ewigkeit.

Tränen schossen ihr in die Augen, als sie kurz vor Abfahrt des Zuges ihren treuen Freund Torsten mit seiner Familie angehetzt kommen sah. Torstens Frau, die das Land schon lange verlassen wollte, sagte zu ihr: „Diese Schweine, sie bewegen euch wie Schachfiguren, das kann man nicht ungeschoren verkraften." „Ich weiß", sagte Franziska abwesend. Ein letztes Mal nahm sie ihre treuen Freunde in den Arm und war ihnen unbeschreiblich dankbar für dieses letzte Geleit, welches in diesem Land eine Menge Zivilcourage abverlangte. Daß sie beobachtet wurden, wußten nur die Kinder nicht. Sie konnten sich auch nicht die Tränen der Großen erklären. Es machte ihnen Angst, ihre Eltern weinen zu sehen.

Was das kleine traurige Häufchen nicht wußte, war, daß eines der Autos am nächsten Tag völlig demoliert in der Garage stehen sollte. Ein Denkzettel für Menschen, die es gewagt hatten, Freunde zu begleiten, die als Staatsfeinde galten.

Endlich ruckte der Zug und die Fahrt in die Ungewißheit begann. Franziska beneidete die zurückgelassenen Freunde auf dem Bahnsteig nicht. Immerhin ging sie auf die Reise und den anderen blieb nur der Verlust. Viele Male zuvor hatte sie auf dem Bahnsteig gestanden.

Sie schloß die Augen und mußte sofort an den Tod denken. War so der Tod? Bilder tauchten auf...

Sie sah sich im Gitterbettchen stehen und nach ihrem Bruder schreien. „Herr Schild, Herr Schild", rief sie ängstlich auf ihrem Fahrrad. Sie spürte den weichen warmen Körper ihres geliebten Schildchens und die große, trockene, warme Hand ihrer Lehrerin. Sie hörte ihre klare deutliche Kinderstimme sagen „Fürchtet euch nicht...", und sah den wunderschönen Weihnachtsbaum im Wohnzimmer ihrer Eltern. Warm und geborgen fühlte sie sich auf dem Schoß ihres Vaters. Sie hörte die Bremsen des Motorradfahrers quietschen, der um ein Haar ihren kleinen Bruder überfahren hätte. Sie sah sich mit der großen Zuckertüte und auf dem Balkon stehend in Versuchung, sich hinunterzustürzen. „Ich bin das Licht der Welt, wer mir nachfolget, wird nicht wandeln in der Finsternis, sondern wird das Licht des Lebens haben", sagte sie in ihrem schwarzen Konfirmationskleid. Sie sah sich mit Helene lachend in der Schulbank und weinte um ihr Schildchen. Sie fühlte ihr Herz klopfen in den Nächten mit dem schönen Ungarn. Sie spürte ihre Hände zittern, als sie zum ersten Mal ein glitschiges Neugeborenes im Arm hielt und freute sich über ihr Hebammendiplom. Sie sah sich wie eine Märchenprinzessin mit Blume zum Traualtar schreiten und sah sich gleichzeitig mit ihm abgemagert und blaß im Gerichtssaal sitzen. Sie spürte den Besenstil in ihrer Hand beim Tanz im Häuschen und lachte glücklich den Wohlsdorfs zu. Sie sah ihre große Liebe auf der Kanzel stehen und konnte es nicht fassen, daß dieser Mann jetzt neben ihr saß. War diese Liebe groß genug, um mit ihm auf diese Reise zu gehen? Panik überfiel sie. Sie sah sich im Kreißbett liegen und am Kreißbett stehen und um das Leben von Frauen kämpfen, die ihr in diesem Augenblick näher waren als alle geliebten Menschen zusammen. Sie hörte sich auf der Kanzel und an Gräbern von Menschen, die sie nicht kannte, reden. Sie hörte Klavierspiel und ihr wurde schwindlig vom Tanzen mit den geliebten Freunden und Freundinnen. Sie spürte das Kribbeln des Sektes auf ihrer Zunge, den sie am Heiligabend mit ihren Jugendlichen getrunken hatte. Sie hörte Stephan singen: „Wenn die Wasser Balken hätten" und sah ihn gleichzeitig hinter Gittern. Sie hörte die harte schadenfrohe Stimme sagen: „Ihrem Ausreiseantrag wird stattgegeben, und zwar sofort." Sie fühlte warme Tränen über ihr Gesicht rollen und sah ihren Vater blaß in der Tür stehen. Würde sie den kranken Mann jemals wiedersehen? Würden ihr diese Schweine verweigern, an seinem Totenbett zu stehen?

Als sie die Augen öffnete, sah sie verschwommen durch die Tränen rechts und links Stacheldraht. Sie fuhren durch den Todesstreifen und sie mußte an die unzähligen Juden denken und deren letzte Fahrt.

Hinter dem Zaun standen Menschen Spalier und winkten ihr freundlich zu. Alle waren sie gekommen und es fiel Franziska schwer, die ihr vertrauten Gesichter so schnell zu erkennen. Alle sind sie gekommen, dachte Franziska, alle diese guten Menschen, die das Leben für sie so lebenswert gemacht hatten. Sie versuchte ihnen zuzulächeln und zurückzuwinken. Diese lieben Menschen hatten ihre Tränen nicht verdient. Daß es so viele waren, die ihr das Geleit gaben, hätte sie nicht gedacht. Eine große Dankbarkeit überfiel sie. Nie würde sie auch nur einen von ihnen vergessen.

Ganz am Ende des Spaliers standen zwei Frauen, die sie nicht erkannte. Es waren Emma und Emilie...

Franziska zuckte zusammen, als sie ihren Sohn Lukas rufen hörte: „Westwagen, Mama, alles Westwagen." Sie hörte sich aus einiger Entfernung sagen: „Mein Junge, ab heute gibt es keine Westwagen mehr. Es sind alles nur noch ganz normale Autos für dich."

Franziska Kaufmann blickte müde lächelnd in den blauen Himmel, weil sie den Anblick der neuen Welt noch nicht ertragen konnte und dachte: Ich möchte mich emporschwingen wie ein Vogel, um diese von Menschenhand erschaffenen Grenzen nicht mehr sehen zu müssen und dem Schöpfer meine Hand reichen. Wie gut, daß der Himmel der gleiche ist wie in meiner Heimat.

Ende